JN077330

入門

国際租税法

〔改訂版〕

村井 正【編著】

清文社

はしがき

　初版から５年が経過した。在庫がなくなり、増刷という弥縫策では対処できなくなり、改訂が急がれたにもかかわらず、その作業が大幅に遅延してしまった。改訂版では、改正情報を能う限り、本文に取り込んだが、念の為文末に最近の改正の概要を入れることにした。BEPS プロジェクトの動向、OECD モデル条約2017年版の改訂、国内法改正等国際課税をとりまく内外の環境も大きく変わった。税の改変は、条約を含め必ず国会を媒介として決められる。国会の批准もない BEPS プロジェクト（法多元主義・多元的システム）が、なぜかくも騒がれ、強いインパクトを与えるのか。BEPS 防止措置実施条約等の実施に係る平成30年度税制改正以降、恒久的施設もタックス・ヘイブン対策税制も移転価格税制も大きく変わった。ところで国際租税法の制度に工夫を重ね意図的に税の最小化スキームを目論むプレイヤーの際たるものは、いうまでもなく多国籍企業である。そのスキームの帰趨は、一国の税収に大きく影響するのみならず、新たな税の不公平ないしは税の真空化を生む。彼等のスキームは、二重課税と真逆で、どの国にも税収を齎さない国際的二重不課税（真空化）を惹起する。それによって一番困るのは、納税者でなく、税務当局である。しかし、よくよく考えてみると、デジタル化、電子化に対抗する OECD の動きは、1980年代から既に本格化していたのである。各国の財政に深刻な影響を及ぼし、遂には主要各国の政治家を動かしたのは、GAFA 等による税収ロスが顕著になってからである。BEPS プロジェクトは急展開し、現在も進行中である。だが、ゲームはこれで終わらない。

　2017年夏多国籍企業向けのシンクタンクをアムステルダムに訪ね、意見交換をした時のことである。CEO のオランダ人が、いきなり "BEPS is enemy" といった。私は、咄嗟のことで何と返答すればよいのか困惑したのだが、これは BEPS 事象のことではなく、BEPS-Project のことだと理解し、なるほどシンクタンクからみれば、そうなるのか、プロジェクトそのものが「敵対関係」にあたるのだなと妙に納得し、意見交換を続けた。多国籍企業の BEPS スキー

ムが各国政府の税収減を齎し、時には課税真空化に至ると、G７、G20はこれを問題視し、この agenda を支持し、OECD、各国政府等は standardsetter の役割を演ずる。彼等からみれば、BEPS のプレイヤーである多国籍企業は「敵」にあたる。その意味では、"BEPS is enemy" も正しいし、その逆も正しい。確かに、シンクタンクの責任者が、助言先の多国籍企業の BEPS を「敵視」するはずがない。だとすれば、BEPS is enemy は、あくまでも政府側の見方であって、やはり多国籍企業の立場にたつシンクタンクの者がいうはずはない。

　「BEPS は敵だ」と明言したシンクタンクの専門家は、もう次の一手を模索し始めている。OECD 等がどのような対抗措置を講じようとも、多国籍企業は、必ず新たな抜け穴を見出すことだろう。地球上には、そうした場所が必ずあり、隅々までネットワークを張り巡らした多国籍企業は、反 BEPS 規範を潜脱するスキームを次々と編み出す。抜け穴をいくら塞いでも、必ずまた抜け穴を見つける。いつまでたっても鼬ごっこである。学者は、この終わりのないゲームにどのようにコミットすればよいのだろうか。デジタル化した経済の下では、BEPS 事象の評価は、微妙であり、両論があり得るが、各執筆者には、能う限り BEPS 関連の情報を織り込んでもらった。加えて2017年の年末に、OECD モデル条約改訂版（2017年版）が公表された。特に大きく変わったのは、PPT を盛り込んだ29条である。

　改訂に際し、本書の構成の一部を合章又は分章化した。また執筆者の一部を入れ替えたりして内容の充実をはかった。内容の充実とともに『入門』と大きく乖離することになれば、書名の変更も検討する必要がでてくるところ、今回はそのままにした。また各章は繁閑精粗宜しきを得ず、若干のばらつきがある。

　改訂作業については、清文社編集部の尾形和子さん、佐伯奈月さんに大変お世話になったのみならず、超多忙な宮本十至子、浦東久男、辻美枝の三先生にも編集協力をお願いした。記して謝意を表すものである。

　令和２年３月

　　　　　　　　　　　　　　　　　　　　　　　　　村井　正

目　次

第5章　非居住者・外国法人に対する課税の仕組み

第12章　租税条約の構造

第13章　移転価格税制(1)

執 筆 者 一 覧　　　　　　　　　　　　　　　　（順不同）

〈本文〉

村井　正（関西大学名誉教授）……… 第1章・第2章・第12章12－5・第20章20－2担当

一高龍司（関西学院大学法学部教授）… 第4章・第5章・第9章・第13章・第14章担当

浦東久男（関西大学法学部教授）…………… 第6章・第7章・第11章・第21章担当

占部裕典（同志社大学法科大学院教授）……………………………………… 第17章担当

辻　美枝（関西大学商学部教授）……………………………… 第8章・第10章担当

野一色直人（京都産業大学法学部教授）……… 第15章・第16章・第19章担当

宮本十至子（立命館大学経済学部教授）

　　　………………………………… 第3章・第12章12－1～4・第18章・第20章20－1担当

　※本文執筆者は、コラムについても担当している。

〈コラム〉

中嶋美樹子（関西大学非常勤講師・立命館大学大学院経済学研究科博士課程後期課程）

濵田　洋（兵庫県立大学国際商経学部准教授）

林　幸一（広島大学人間社会科学研究科教授）

水野惠子（愛知学院大学法学部教授）

（2020年3月1日現在）

―――――――――――――――【凡 例】―――――――――――――――

法税……………	法人税法	税徴……………	国税徴収法
法税令…………	法人税法施行令	商………………	商法
法税規…………	法人税法施行規則	民………………	民法
法基通…………	法人税基本通達	会社……………	会社法
所税……………	所得税法	特許……………	特許法
所税令…………	所得税法施行令	著作……………	著作権法
所基通…………	所得税基本通達	民訴……………	民事訴訟法
相税……………	相続税法	破………………	破産法
相基通…………	相続税法基本通達	憲法……………	日本国憲法
消税……………	消費税法	実特法………	租税条約等の実施に伴う所得税法、法人
消税令…………	消費税法施行令		税法及び地方税法の特例等に関する法律
租特……………	租税特別措置法	BEPS防止措置実施条約……税源浸食及び利益移転を防止す
租特令…………	租税特別措置法施行令		るための租税条約関連措置を実施するための多数国
租特規…………	租税特別措置法施行規則		間条約
租特通…………	租税特別措置法関係通達	金商……………	金融商品取引法
税通……………	国税通則法		

（注）本書の内容は本文中に特に記載がない限り、2018年4月1日現在の法令による。

第1章　国際租税法への誘い

1-1　はじめに—国際租税法が扱う問題は非日常の事象ではない

　本章は、第2章以下で扱うものはできるだけ避けて、ややランダムに国際租税法の根底にある考え方をとりあげてみたい。

　租税法専門家は、顧問先が海外進出すれば、否応無しに国際租税法の問題に直面する。国内税法では見られないような複雑な問題処理を強いられることになる。

　従来は国境を跨ぐ企業活動の主な主体は、法人であるため、国際租税法の中心は法人税法であり、現在でも基本的には変わらない。しかし、現在は個人も所得税、相続・贈与税、消費税等の分野で国境を跨ぐプレイヤーとして登場しているので、国際租税法の問題は非日常的な別世界の事象ではなくなっているという現実を先ず認識してもらいたい。我々が身近に経験する日常的な事象なのである。例えば、ある日本人が転勤のため、住所と財産を日本から相手国にそれぞれ移し、そこでその親族に財産を贈与するようなことは案外身近な事象と思われる。別に作為的、計画的に租税負担を軽減・回避する目的で住所を移すのでなく、そこで様々な目的で生活するために、ごく自然に相手国に住所を移し、そこを生活の拠点として活動することが当たり前の時代になっており、その国で財産の贈与・受贈を行うことは、世の中がグローバル化すれば、ごく日常的に生ずる事象であって、日本国内の場合と異ならない。

　しかし、このような普通の事象が起きても、課税当局は相手国の住所が本当にその人の生活の本拠にあたるかどうかを問題にし、その贈与をめぐり日本と相手国のどちらが課税管轄をもつかという問題へ巻き込んでしまうことがある。これはまさに我々が一人のプレイヤーとして国際租税法の分野に登場していることを意味する。更に言えば、相手国と日本とそれぞれに住所のある二重住所もありうるとすれば、問題は更に複雑になる。そこまでいかなくても我々の日

常生活の中にごく自然に国際租税法の問題が入り込んでいる一例をあげてみよう。我々はインターネットを通じて日常的に国境を越えて情報を得ている。国境を越えるという認識すらない。情報が有償のときもある。ごく普通にインターネットというブラックボックスの中で日常的に役務提供契約が行われている。この契約が消費税の埒外ということでなければ、これはまさに国際消費税の問題である。国境を跨ぐサービスの提供を受け、対価も払っている。これが国際消費税の問題として焦眉の急であることについては、第20章を読んでいただければ、理解していただけると思う。

　上記の日常的な事象とはがらりと変わり、金融機関等（これらの多くはなぜかアメリカの金融機関である）が技巧をこらし開発した国境を跨ぐ租税軽減スキームが商品として販売され、そのスキーム通りに行った取引が課税上問われるという全く別世界も登場している。たとえ高価で購入しても、当局が設計者の思惑通りに当該スキームを認めてくれるという保証はどこにもない。しかし、巨額の節税に成功すれば、これは安い買い物である。そうした類いのスキームが訴訟になったケースを例示すれば、「パラツィーナ事件」[1]、「外国税額控除余裕枠りそな銀行事件」[2]、「オウブンシャホールディング事件」[3]、「武富士事件」[4]、「ファイナイト再保険事件」[5]、「中央出版事件」[6]等が目に付く。これらのスキームは一部下級審の認容する事例もあったが、最高裁では武富士事件を除きことごとく消極に解されている。そうしたスキームを開発し、商品化することは、私的自治に属することがらであるが、租税法との関係から見て余りにも作為的・技巧的なスキームは、同時に課税上の否認という大きなリスクを負担することになる。ここでは、それらのスキームの中から一例として外国税額控除余裕枠スキームのみをとりあげ、なぜ問題となったのか、裁判所はどういう論理

1　最判平18・1・24（民集60巻1号252頁）。

2　最判平17・12・19（民集59巻10号2964頁）。

3　最判平18・1・24（訟月53号10号2946頁）。

4　最判平23・2・18（判タ1345号115頁）。

5　東京地判平20・11・27（判時2037号22頁）、東京高判平22・5・27（判時2115号35頁）。

6　名古屋地判平23・3・24（訟月60巻3号655頁）、名古屋高判平25・4・3（訟月60巻3号618頁）。

でこれを解決したのか、について考えてみよう。外税控除余裕枠スキームを利用した取引は、本国での外税控除枠のない外国法人に対して日本の銀行がもっている外税控除余裕枠を利用させることを目的として、ローン契約と預金契約をそれぞれ結び、意図的に日本の銀行の「納付」（法税69条）を作出させた取引をどのように認定し、これを正当な事業目的ありとみるべきか否かが争われた。下級審はほぼこれを妥当な取引と見て、控除を容認したが、最高裁はこれを斥けた。この事例では、あらゆる法的構成が駆使され、当事者の攻防が交わされたが、最終的に下級審と最高裁は判断の視点を異にし、前者が69条の適用の是非を論点としたのに対し、後者は、これをとらず、外税控除制度の濫用であると論断し、銀行の請求を棄却した。本件で使われた論理は、「私法上の法律構成による否認」、「課税減免規定の限定解釈」（目的論的解釈）、仮装行為、通謀虚偽表示、正当な事業目的、グレゴリー判決、濫用と多岐にわたる。最高裁のとった「濫用」と「全体的観察法」（全体としてみれば、69条の趣旨目的を著しく逸脱するものとして69条そのものを適用しなかった）についてどの様に考えればよいのか。これらのスキームは一連の取引が国境を跨ぎ、連鎖的であることが多く、その中の二当事者間取引だけを分離して観察すると、取引全体の意図が見え難くなる。最高裁は、この「一体的・全体的観察法」をとったものと思われるが、この「一体的・全体的把握」アプローチをとりこんだと思われる立法例も現れている。ドイツ租税通則法42条2項でいう「事情の全体像」（Gesamtbild der Verhältnisse）[7] は、取引全体からみて取引の合理的な事業目的の存することを納税者が立証すれば、濫用ありとは認定しない、とする趣旨であろうが、これと裏腹に「事情の全体像」から濫用ありと認定することも考えられるのではなかろうか。最高裁は、まさにその一例を示したものと思われ

7　「(1)法の形成可能性の濫用により租税法律を回避することはできない。……それ以外の場合において、2項でいう濫用が存するときは、経済事象に相応する法的形成をしたならば発生するのと同じように、租税請求権が生ずる。(2)不相応な法的形成が選択され、相応する形成と比べて納税義務者又は第三者に法律が想定しない租税便益をもたらす場合に濫用が存在する。納税義務者が選択した当該法的形成につき事情の全体像に照らし相当な租税外の理由を証明したときは、この限りでない。」（2008年 AO42条）。

4

る。いずれにせよ、ここで例示した多様なスキームに対しては、独、豪等のような租税回避に関する一般否認規定をもたない我が国は、抜け穴封じとして個別否認規定で対抗するか、それともあらゆる法律構成の可能性を探るしかないであろう。その際、これらのスキームが国境を跨ぐことに注視すれば、国際租税法の論理が重要となる。この事例で問題となった外国税額控除制度そのものについても、これを例外的な課税減免規定とみるか、それとも二重課税を排除する国際租税法の基本的制度とみるかという根本のところで認識の違いが現れていることに注目しなければならない[8]。

1-2 輸出から直接投資へ—企業は税負担の最小化による利益の最大化を戦略とする

　法人は租税負担の最小化を意図して、低課税の相手国に支店等かそれとも子会社を設けて最終的には本国レベルの利益の最大化を享受する戦略をとってきた。これはそうしたスキームが余りにも作為的に過ぎる場合を除き租税回避を構成することはない。多国籍企業は我が国でものを製造し、世界に輸出するという初期の形態から軽課国に拠点を設け、直接投資をグローバルに展開する形態に戦略を変えていった。我が国の法人税負担が相対的に重いことも一因であろう。これは我が国と相手国のそれぞれの法人税の負担等を比べ、支店等の形式で相手国へ進出し、本国、相手国のグループ構成単位全体の利益を最大化することを戦略とするものであるが、世界中で展開するグループを構成する単位（支店等、子会社）の利益は最終的には本国で二重課税を調整しつつ、課税される。この場合は、最終的な課税管轄は我が国に残る。これを全世界所得課税

8　私は、一連の外税控除事件のうち、住友銀行のケースについての意見書（村井正『国際金融革命と法　第3巻』（関西大学法学研究所・2005）118-119頁）で、この制度を国際租税法の基本的制度と解する考え方をとったが、私見と同旨のものとして、水野忠恒『租税法（第5版）』（有斐閣・2011）589頁注248及び同『所得税の制度と理論—「租税法と私法」論の再検討』（有斐閣・2006）81頁を参照。

主義（居住地国主義、属人主義）という。我が国の最近の税制改正により源泉
地主義（属地主義）に転換したものとして評価されているのが、利益還流税制
（法税23条の２）である。たしかに、これによって我が国の課税管轄は制限され
たが、我が国が基本的原則を完全に転換したと言いきれるか、については尚も
今後の国際租税政策を観察する必要があろう。だが、各構成単位が世界のどの
国で企業活動を展開しても本国の日本の法人税率が高い水準である限りは、租
税負担の最小化の戦略にも限界がある。ただ第二次大戦後の所得課税は、シャ
ンツ・ヘイグ＝サイモンズの包括的所得概念と高度に累進的な税率構造を採
用していたのに対し、サッチャー改革（1984年）[9]、レーガン改革（1986年）[10]
は強いインパクトを与え、それぞれ法人税率をドラスティックに引き下げると
共に課税ベースを拡げる税制に大きく変貌した。累進所得税のフラット化と法
人税率の引き下げが現在の世界的な潮流となったとみてよかろう。特に企業の
グローバル化は各国法人税の競争を促し、税率は一定の幅に収斂しつつある
（level playing field）。これまで法人税負担の最も高いといわれてきたドイツが、
2008年メルケル政権[11]によって法人税率を思い切って引き下げた結果、ドイツ
企業の国際競争力は飛躍的に改善されたといわれている。一般的には世界の法
人税率は引き下げ傾向にあるが、我が国はまだ相対的に高いと言われる。我が
国法人税率をドイツのメルケル改革に倣いドイツ並みに引き下げたとすれば、
我が国企業はこれまでに比べ対外投資を思いとどまり対内投資にシフトするで
あろうか。対外投資の増加傾向は必ずしも租税だけが要因ではないとすれば、
税の即効性に過剰な期待をかけるべきではなかろう。我が国の投資環境を改善
するとすれば、大胆な法人税をはじめとする企業課税改革が求められているこ
とも確かである。

　国境を跨ぐ主体は法人のみならず、個人も登場することとなり、税目も所得

9　概要として、村井正「法人税制のグローバル化―英米独の改革の動向」近畿税理士界408号（1998）。

10　Tax Reform Act of 1986 Law and Controlling Committee Reports P.L. 99-514（1986CCH）、渋谷
　　博史『レーガン財政の研究』（東京大学出版会・1992）。

11　Unternehmensteuerreformgesetz 2008 vom 14. August 2007.

税（ユニマット事件）[12]、贈与税（武富士事件）[13]のみならず、消費税にも及ぶことになった。これらの分野における問題点については、第20章で概観する。問題が続出しつつあるにもかかわらず、所得税を除き租税条約でカバーする動きは全く見られない（唯一の例外は日米の相続税条約のみで、これとても占領軍との特殊事情による不完全なもの）。グローバルな展開をめざすと共に、他方では我が国を魅力的な投資市場として「島国」から開放するためにも租税条約の新しいネットワークを構築すると共にサッチャー、レーガン、メルケルの税制改革に学ばなければならない。その意味でメルケル改革をベースとする独仏企業課税「グリーンペーパー」[14]に独仏政府は合意したが、仏側の政権交代により頓挫したままである。我々は大胆な税制改革の成功例を謙虚に学ぶべきであろう。

1−2−1　FDIと国際課税

我が国の国内投資環境が先進国の level playing field に照らして、必ずしも競争中立的でなく、また途上国の投資環境が我が国と比べ魅力的であることが貿易から対外直接投資へシフトする理由である。それ故相手国の投資環境を考える場合は、単に税制上のインセンティブだけでなく、会社法、環境法、労働法、紛争処理等の全体から投資先を選択することになる。我が企業が貿易、輸出を中心とした時期は、輸出税額控除等の輸出振興税制が整備されており、政府が徹底的にこれを支援したため、GATTはこれを輸出補助金とみなし、GATT16条違反[15]のおそれありと見るに至り、そうした輸出振興税制を見直し、

12　東京高判平20・2・28（判タ1278号163頁）。

13　前掲注4。

14　Grünbuch der Deutsch-Französischen Zusammenarbeit–Konvergenzpunkte bei der Unternehmensbesteuerung (Stand:1.Februar 2012) 村井正「企業課税の収束に関する独仏共同作業グリーンペーパーについて」（上）、（下）税研165号（2012）27頁、166号（2012）24頁。その後の状況については、Martin Simmler, Bérengère Rudelle, Deutsch-französische Harmonisierung der Unternehmensbesteuerung：keine überzeugenden Fortschritte, DIW Wochenbericht Nr.8, 2013.

政策を転換せざるをえなくなった。対外直接投資へスイッチすることは、結局投資相手国における税制を含むインセンティブを享受することを意味する。我が輸出振興税インセンティブから投資相手国の租税インセンティブへの享受に転換することになる。そうなると投資家は投資相手国の税制を含む投資環境関連法を調査する必要がある。

　この場合、特に注意すべきことは、契約の際に予想外のことが起こるおそれがあることである。例えば、我が親会社と現地の子会社間で親会社の特許権の実施契約を結ぶとする。使用料の契約は本来当事者間で自由に決める私的自治の事柄であるはずである。ところが相手国が途上国である場合、相手国の通貨で決済することは通常考えられない。相手国にとって貴重な外貨を割り当てて、決済せざるを得ない。そうなると相手国の中央銀行等が登場し、子会社に対してそんなに多額の対価を払う必要はないと介入する例がしばしばである。中央銀行等は貴重な外貨保有を管理する立場から、できるだけ外貨を使わせないため私的自治に介入するのである。こうした事例に対して我が国税当局が親会社の受け取る対価が低すぎるとして移転価額税制を適用し、増額更正をし、これについて争われたとすれば、我が権限ある当局は一体誰を相手に交渉をすればよいのであろうか。国税不服審判所であれ、裁判所であれ、あるいは租税条約による相互協議であれ、いかなる救済ルートに乗せるにしても、中央銀行等の介入は厄介である。開発途上国にとって、外貨保有は国策である。こういう私

15　GATT違反のパネルが設立される前に我が国は、輸出振興税制を止めた。この他特に焼酎とウォッカとは同種産品でありながら、後者に日本の酒税を重課するのはGATT3条2項1文に違反し、更に焼酎とウィスキー等は、代替可能産品でありながら、同格に課税されていないのは、同条同項2文に違反するとの1996年6月21日パネル報告があり、更に1996年10月2日上級委員会報告で、違反するとの結論が確定した。日本は、大半が中小企業である焼酎2種の扱いについて困難な状況に立たされ、仲裁判断の後、焼酎甲類の増税とウィスキー等の減税、バーボン、ウィスキー、ウォッカ、ジン、ラム、リキュール等の関税率を撤廃することと引替えに、焼酎乙類の日本酒税法上の特別扱いが認められた。なお、サービスの貿易に関する一般協定22条3の適用上、先決問題としてサービス貿易に関する理事会に付託することができるが、一定の場合は、付託せずに相互協議で解決することを定めた条約例がある（日豪租税条約27条5）。松下満雄・清水章雄・中川淳司編『ケースブックガット・WTO法』（有斐閣・2000）74頁以下（道垣内正人執筆）。

8

的自治への介入に対しては、移転価格税制の適用は難しい。国によって、必ずしも中央銀行とは限らず、経済産業省であったり、金融庁であったり外貨を管理する所轄庁はいろいろである。開発途上国の租税行政は、徴税能力が低く、自由裁量の範囲が広い。途上国の租税行政を侮っていたら、思わぬしっぺ返しが起こる。我が国の木材輸入業者がパプア・ニューギニアの木材を日本へ搬送する際に木材の直径を偽って不適正な価格をつけるという不正行為があったと指摘したのは、現地の租税行政でなく、パプア・ニューギニアの委任を受けたオーストラリアの調査団報告書[16]であり、多くの日本企業の名が実名ででてくる。Barnett は、オーストラリアの裁判官の名前である。開発途上国への投資にともなう課税問題の一齣を記しておいた。いずれにせよ、途上国に投資すると、日本と大きく異なる租税法の現実を経験することになる。

── 事例 1 ────────────────

ユニマット事件、武富士事件の裁判例を調べ、問題点がどこにあるかを検討してみよう。

---

1 - 3　課税管轄の離脱─法人本店の国外移転（corporate inversion）

我が国の高い法人税率の適用を避けようと思えば、日本法人の本店所在地を租税負担の低い相手国に移転する方法が考えられる。租税負担の軽減だけが必ずしも唯一の目的ではないが、従来大阪に本店をもっていた法人がスイスに移

　The Barnett Report- A Summary of the Report of the Commission of Inquiry into Aspects of the Timber Industry in Papua New Guinea. 重要文献は次の通り。Easson, Taxation of FDI- An Introduction 1999: OECD Documents Taxation and Investments flows: An exchange of experiences between the OECD and the Dynamic Asian Economies 1994：田近栄治・渡辺智之編著『アジア投資からみた日本企業の課税』（中央経済社・2007）：前川聡子『企業の投資行動と法人課税の経済分析』（関西大学出版部・2005）。

転した事例がある。サンスターの事例がそうである。そうなると、従来地球規模で稼得された利益が我が国で最終的に課税されていたものが、今後は本店所在地を移した相手国（サンスターであれば、スイス）に全世界で稼得した利益の課税管轄が移ってしまう。本店を我が国から低課税国に移転するのは、そう簡単なことではないが、三角合併等の組織再編のスキームを使えば可能である。我が国がこのまま高い法人税率を存続すれば、我が国の法人が本店等を低課税国に移してしまう事例が今後増加することもあり得る。アメリカの多国籍企業がケイマン島、バミューダ等へ本店を移し、グループ全体の租税負担の最小化を行う事例が続出したため、これを防止する思い切った立法措置（内国歳入法典7874条）[17]を講じられたのは、その一例である。7874条によれば、ほぼすべての資産を外国法人に移転する内国法人を「米国離脱事業体（expatriated entity）」と定義されている。アメリカは従来から課税管轄を能う限り拡大し、OECD モデル条約では禁止されている「追っ掛け課税」（域外課税）[18]を「留保」し、それどころかもしも corporate inversion の規定をそのまま適用すれば、相手国の課税管轄を侵害するおそれもでてくる。この場合、アメリカが本店を移した企業を自国企業とみなし、課税管轄を行使したとしても相手国がこれを黙認するはずがない。そうした課税管轄から見て疑義の生じるおそれのある立法にアメリカを踏み切らせたのは一体奈辺にあるのだろうか。元来アメリカの域外課税については、外国法人の配当に関する、源泉徴収の困難さをカバーする徴収上の便宜に由来するものであるが、課税管轄の配分を歪めることから好ましいとはいえない。アメリカは、域外課税を弾力的に適用してきた経験に照らせば、corporate inversion もその延長線上に位置づけることもできるにしても、この制度は更にこれを一歩踏み込んだものと見るべきである。相手国の立

17　内国歳入法典7874条(b)によれば、「内国歳入法典7701条（a）(4)の定義規定に拘わらず、内国歳入法典の適用上、代理外国法人（surrogate foreign corporation）を内国法人とみなす」と定める。この場合、代理外国法人の旧株主による保有割合は80% 超である。岡村忠生編『新しい法人税法』（有斐閣・2007）285頁及び倉見智亮「コーポレート・インバージョン対策税制の現状と課題―タックス・ヘイブン対策税制との関係からのアプローチ―」税法学561号（2009）25頁。

18　村井正「租税法の域外適用―追っ掛け課税の禁止」国際経済法学会年報２号（1993）。

場を考えれば、これは行き過ぎと見られても仕方がなく、到底国際的合意を得ることは困難である。

　我が国のコーポレート・インバージョン税制はどうか。

　コーポレート・インバージョン対策合算税制は、内国法人が、その経済実態や実質的な株主構成を変えずに、外国法人の子会社になる事象（コーポレート・インバージョン）に対して、当該外国法人の所得を居住者株主の所得として合算課税する制度である。

　平成30年改正法により、コーポレート・インバージョン税制は外国子会社合算税制により接近した構成となった。コーポレート・インバージョン税制は、特定外国関係法人又は対象外国関係法人の各事業年度の適用対象金額からその各事業年度の調整金額（各事業年度の剰余金の処分により支出される金額＋各事業年度の費用として支出された金額のうち所得の金額の計算上損金の額に算入されなかったため又は所得の金額に加算されたためその各事業年度の適用対象金額に含まれた金額）を控除した残額に一定の請求権等勘案合算割合（租特令25の19第2項1号）を乗じて計算した金額である（租特令25の25第7項）。

--- **事例2** ----

(1)　サンスターはなぜ本店を日本からスイスに移したのだろうか。サンスターの他に本店を国外移転した例があるか。調べてみよう。

(2)　コーポレイト・インバージョンとは何か。アメリカの制度を調べ、我が国の制度と比べてみよう。

(3)　追っ掛け課税とは何か。OECDはなぜこれを禁止しているのか。

1-4　国際二重課税と国際二重不課税―取引の先行性と法の後行性

　このように見てくると、国境を跨ぐ企業活動は、複数の課税管轄間の摩擦、衝突、抵触という問題を引き起こす。これが国際的二重課税の問題である。逆

にいずれの課税管轄にも服さないという二重不課税（Double Non-Taxation）[19]
の問題も生じうる。BEPS が多国籍企業による租税回避スキームとして主とし
て標的としたのは、国際的二重不課税である。こうした国際的二重課税や二重
不課税は課税中立性に照らし国境を跨ぐ企業活動に対して歪み（distortion）
を構成する。企業活動が地球規模となるにつれて国際連盟、国際連合、OECD、
EU は、この問題の解決のためにモデル租税条約等を策定した。なかでも
OECD は持続的に研究調査報告及びモデル条約の改訂作業を行い、内容は時
代と共に変遷しつつある。我が国が条約を締結していない相手国で企業活動を
展開する日本法人も少なくないはずである。その場合は我が国内法で二重課税
を排除する外国税額控除の規定等が整備されている。しかし、これらは「経済
の先行性と法の後行性のアンチノミー」という法の永遠の課題を解くことはで
きない。経済ないし取引は時代と共に変化し続け、課税要件法（国内法、租税
条約）は後から追っても追っても後手に回る宿命にある。分かり易い例を挙げ
ておこう。PE 概念を構築した当時に現在の電子商取引ないしはグローバル・
トレーディングのような事象を誰が予測したであろうか。現行の PE 概念では
新しく登場した電子商取引を取り込むことは土台無理である。最近の我が国債
権法改正の動きの中で電子商取引の事象をどのように認識し、かつ、これを取
り込もうとしているのかが注目される。私法は基本的には当事者の合意の世界
であるから、実定法の足らざるところがあれば判例法、取引慣行等で補完すれ
ば足りる。どうせ百年もすれば、世の中は大きく変わっている。民法典（財産
法）が百年以上も存続し得たのは、数千年間のローマ法の経験、蓄積に基づく
ものであるからであろう。しかし、租税法はそうはいかない。租税法はたかだ
か近代国家以降であり、精々二百有余年（英所得税1798年）の歴史である。何
と言っても租税法律主義である。近未来のあらゆる取引を事前に想定した完全
無欠の課税要件法の設計は実際上無理である。それに加えて国際租税法の対象

19　Michael Lang, Avoidance of Double Non-Taxation. Linde Verlag 2002, 松田直樹「二重非課税を
　　巡る問題（上・中・下）」国際税務24巻11号、12号（2004）、25巻 1 号（2005）。

となる「国境を跨ぐ取引」を法規範に取り込むためには、国際政治、国際経済、国際金融等の複雑な諸要素を斟酌することが求められる。この法と経済のアンチノミーの解決は、勿論国内法でも生ずる問題であるが、国際租税法では、はるかに難題である。課税管轄をいかに決めるかは、元来各国の主権に属し、独立国の数だけ税制が存在する。まさに国益が支配する世界である。複数の課税管轄の調整上一番難しいことは、国益の衝突をいかに調整するかである。相互協議の内容はコンフィデンシャルであり、知る由もないが、米国側は国内法上の法的救済ルートに乗せるよりも外交交渉である相互協議ルートで解決することを好む傾向がある。当事国間の力関係が大きく働く場面である。EUは米国の圧倒的な交渉能力に対抗するために、当事国のほかに仲裁人を第三のプレイヤーとして取り込んだ仲裁条項を導入している（1989年米独租税条約が最初）[20]。我が国も2010年日蘭租税条約にはじめて仲裁条項が導入された（同24条5、同議定書12）。

1-5　国際課税の法と事象を客観的に評価・分析するツール

1-5-1　資本輸出中立性（capital export neutrality）[21]

　国際租税法の規範及び事象について法的価値判断を下すときに、その拠るべき評価基準が必要である。中立性の概念が経済学に由来するものか、それとも法律学に内在するものかはともかくとして、租税法の世界では、これまでから広く使われてきた。世界的に承認された分析概念ないし道具概念といってよい。
　資本輸出中立性とは、対外投資の場合、投資場所の選択に対する課税の中立性をいう。企業は、利益の最大化、資源の適正配分のためなら投資場所を選ば

20 村井正・川端康之「新米独租税条約の問題点」税経通信46巻1号（1991）28頁以下。
21　Peggy B. Musgrave, Tax Policy in the Global Economy 2002. なお我が国の判例は外国税額控除について、その根拠を資本輸出中立性として見たり、これを課税軽減規定と見て限定解釈すべきであるとして若干の動揺が見られる。外国税額控除余裕スキームに関する一連の判例に関する批判的見解として水野忠恒（2006）前掲注8、81頁。私見も賛成である。

ない。企業の本国と投資の相手国は、それぞれ税制を異にするので、最終的に本国で負担の差を調整しないと本国と相手国という投資の場所によって租税負担の差が残ってしまう。差が残れば、中立でないという。それぞれ税制の異なる国に投資しても税引き後の差が生じなければ、中立であるという。そのまま投資先の税負担の差が残れば、投資先の違いによって有利、不利が生じてしまう。投資場所によって左右されるので、これを「投資場所の中立性」（locational neutrality）ともいう。税負担の有利、不利という企業競争上の差が生ずるので、「競争中立性」ともいう。外国税額控除は資本輸出中立性を担保する制度である。相手国の税負担がそれぞれ違う場合、本国の税額からそれぞれの外国税を無制限に控除する方法を「完全税額控除方式」（full crediting）[22]という。米国が1922年に一度入れたが、直ぐに止めた。今日では完全控除方式をとる気前の良い国はない。本国の実効税率を超過する外国税分については、限度額を設け、限度超過分は控除できない。完全中立性を確保することはできないが、国際的二重課税の目的は達成できるからである。外国税額控除の制度は資本輸出中立性に基づくものであるが、現行制度でこの中立性を完全に充たす国はない。

1－5－2　資本輸入中立性（capital import neutrality）

ある国に対内投資をすれば、その国の租税法が適用されるが、もしも投資者が居住者か非居住者によって課税上の差別をすれば、資本輸入に対して非中立に働く。資本輸入に対し、居住者、非居住者を同じ取り扱いにすることを資本輸入中立性という。これらは国際課税の歪みを分析する道具概念とともに、あるべき国際税制を設計する道具概念ともなる。

　OECD 及び国連の各モデル条約は課税上の差別禁止規定（24条）を置く。この規定は資本輸入中立性とほぼ同じ機能を果たす。OECD モデルが禁止しているのは、あくまでも非居住者の課税上の不利益取り扱いであって、逆の有利

22　村井正編『国際租税法の研究』（法研出版・1990）14頁。

な取り扱いではない。開発途上国は、先進国からの外資導入、資金導入、技術移転を強く求める為、そうした非居住者に限定した租税優遇措置、即ち居住者と比べて有利に扱うことは禁止していないのである。もしこの措置が非居住者のみに適用されるとすれば、居住者、非居住者間の課税中立性、資本輸入中立性は担保されないが、差別禁止規定に違反することはない。さればこそ途上国は資本輸入中立性を犠牲にして外資誘致競争に突き進むのである。これがrace to the bottom の事象である。いくら外資導入目的といっても、居住者を犠牲にしてまで誘致競争を行うのは好ましくないと言われている。つまりこの場合資本輸入中立性に照らして、そうした誘致競争に歯止めをかけるのである。資本輸入中立性に照らせば、フリーゾーン、経済特区[23]等のインセンティブについては、居住者、非居住者ともに同じ条件で利用することになる。またEUは単一市場を目標とするから、域内での国境を跨ぐヒト、モノ、カネの自由移動を阻害する制度は、税制を含めEU共同体法（ローマ条約等）違反が問われることになる。EU加盟国の租税法は、元来自己完結的であり、EU共同体法と整合しないのは止むを得ないが、まだ残っている課税上の内外差別は、EU域内の移動の自由に抵触するおそれがある。一連の欧州司法裁判所の判例の結果、各加盟国の実定税法の改正が求められたものもある。

1−5−3　資本所有中立性（capital ownership neutrality）

　最近資本所有中立性（CON）という別の中立概念が登場した。この提唱者は、Desai,M と Hines,J.R[24]である。以下は、Wolfgang Schön に従い、CON の概念について紹介しよう。

23　村井正・宮本十至子「名護市金融特区のモデルとしてのダブリン・ドック」国際税務24巻1号（2004）36頁、宮本十至子「復興特区税制とその課題」立命館経済学61巻6号（2013）360頁。

24　Desai,M., and Hines,J.R.,"Evaluation International Tax Reform",*56 National Tax Journal*(2003), p.487 et seq. (at 494 et seq,) Griffith, Hines and Sorensen,"International Capital Taxation", in: The Institute for Fiscal Studies, *Reforming the Tax System for the 21ˢᵗ Century: The Mirrlees Review* (Oxford University Press, 2008).

　「これは新投資家への投資の移転が tax wedge[25]により侵食されないような税制を擁護するものである。投資に対する利益はそれぞれの所有者の要素いかんによって異なることを受け入れたならば、伝統的分析の範囲を超えてしまう。即ち、例えば無体財産の使用、生産シナジー、規模の経済、市場へのアクセス等の多国籍企業を構成する各企業の賃料の切り出し。更に、即座の契約をベースにその産出へアクセスすることが事業活動の実効ある調整には重要であり、かつ国際課税において見逃すべきでないことよりもむしろ納税者が一定の活動を企業のヒエラルキーに統合する決断をしたとき、『企業の理論』の諸要素を国際課税に適用する必要性が前面に出てくることになる。しかもこれは国際租税調整の徹底的分析を突き詰めていくとコーポレイト・ガーバナンス及びコーポレイト・ファイナンスという複雑な論点に直面せざるを得ないことが明らかになる。資本所有中立性の概念は、当該概念が居住地課税か源泉地課税のどちらかによって達成されるとすれば、この概念は資本輸入中立性の分析の成果を何とかして再活性化してきた。居住地課税は現実の世界では、最も賞賛すべきでないパースペクティブであるのに対して、源泉地課税は過去多くの国で採用され、かつ配当が外国法人によって分配される限りにおいて、最近合衆国及び英国で検討されている選択肢の一つである。かくして合衆国及び英国における属地主義課税への動きは、現行の源泉地課税をとる国の国際共同体を強化し、結局は、資本所有中立性の実効性という目標を促進することになる。」[26]

25　個別的な租税尺度に基因する経済的歪みを表す用語。特に使用者の労働コストとこれに対応する被用者の税引き後の手取り給与の差額について用いられる。これは所得税、使用者・被用者社会保障拠出金プラス給与所得税（pay role tax）マイナス労働コスト百分率としての便益の合計額を表す（IBFD, International Tax Glossary 2009 P.435）。

26　Schön, W.,"International Tax Cordination for a Second-Best World", *World Tax Journal*（2009）IBFD p.81.

1 - 6　多国籍企業が濫用する BEPS のスキーム - DIDS

　BEPS とは、課税標準を浸食し、利益を移転する aggressive なスキームのことであり、これを演ずるプレーヤーは、グローバルなネットワークを駆使する多国籍企業である。OECD が、こうしたスキームに対する報告書を公表したのは、2013年2月12日のことである。ここで標的となるのは、グーグル、アップル、スターバックス、マイクロソフト、ツイッター等の米 IT 多国籍企業であり、スキームを介した税収減の故に各国税務当局から敵視されてきた。

　そこでこれらの企業が濫用するスキームの仕組みを見ることにしよう。これらの多国籍企業が用いるスキームの基本型は、下記の DIDS（Double Irish with a Dutch Sandwich）である。

図表1-1　DIDS の概念図

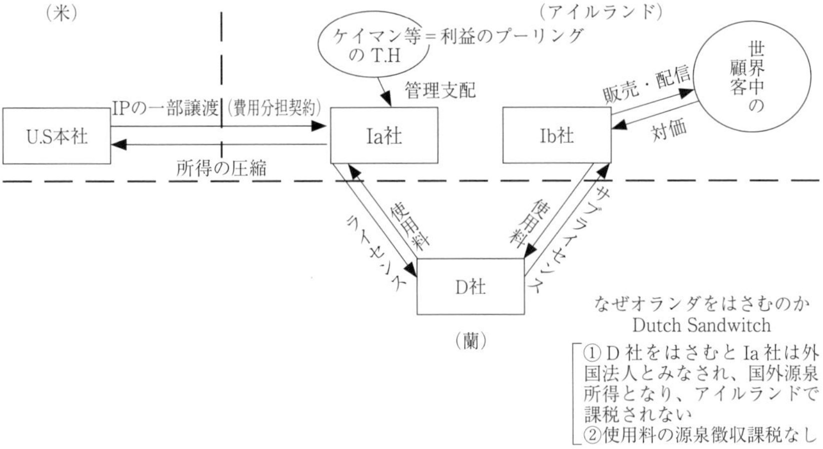

　カネの流れで見ると、① Ia → U.S 本社の使用料は、研究開発における費用分担契約により Ia 社に分属、圧縮され、②世界中の顧客の払う対価は、それぞれの所在地国に P.E を置かず、Ib 社を介して販売される（コミッショネア機能）ため課税されず、③なぜわざわざここでオランダの D 社をはさむのか。Ib 社→ D 社→ Ia 社の使用料は、アイルランド法上、国外源泉所得となるため、

源泉徴収されず、Ia社に帰属する所得はケイマン、英領バミューダ等のタックス・ヘイブンに管理支配地があるため課税が繰り延べられ、所得はプールされたままである[27]。

　このような BEPS のスキームに対して OECD は、G20の支援をうけて一連の対抗措置を講じた。その概要については、次の Column があるので、これに譲る。

Column　BEPS（税源浸食と利益移転）

　近年、多国籍企業の国際的な租税回避により税負担を軽減する行為が問題視されている。企業は税を事業上の費用と考え、所得帰属を変更しやすい特許・ノウハウ等の無形資産を利用し、タックス・ヘイブンにある関連会社にその帰属を移転し、税負担を極力低減しようとする。一方、法人税収の確保に悩む各国政府は多国籍企業のこうした租税回避を看過できないとしている。

(1)　BEPS 行動計画の概要

　多国籍企業の行為は各国の税制の隙間や違いを利用して行われるため、国際的なルール作りが必要である。経済協力開発機構（OECD）租税委員会では、国際課税における分析活動を行っているが、2015年末、同機構は税源浸食と利益移転への対策として15の行動計画をまとめ、各国に国内法や租税条約を改正するよう勧告を行っている（OECD, BEPS 2015 Final Reports）。勧告は、①国際課税原則の再構築、②活動に関する透明性向上、③企業の不確実性排除の三本柱で構成されており、概ね次の内容からなる。

　①では、「価値創造の場」において適切に課税がなされるべきとの基本的観点から、電子取引を利用した海外からの企業と消費者間（B to C）取引に対する課税のあり方等に関するガイドラインの策定、各国間の税制の隙間を利用した多国籍企業による租税回避を防止するため制度の国際的一貫性の確立、モデル租税条約や移転価格ガイドラインなどの伝統的な国際基準が近年の多国籍企業のビジネスモデルに対応できていないことからその見直しを図っている。

　②では、多国籍企業による租税回避防止のため、国際的な協調のもと、税務当局が多国籍企業の活動やタックス・プランニングの実態を把握できるようにする制度の構築を図っている。さらに、③では、BEPS 対抗措置によって予期しない二重課税が生じる等の問題に対処するため、租税条約に関連する紛争解決のための相互協議手続き

27　BEPS のスキームについては、太田洋「BEPS とは何か - その現状の素描」ジュリスト1468号（2014）36頁以下及び同「多国籍企業のタックス・プランニングと OECD の BEPS への対応」JMS ジャーナル2013年 8・9 月号39頁以下参照。

をより実効的なものとするとしている。

(2) 現在の取組

　OECD では、プロジェクトの実施段階における取組として、以下の課題に対処している（税制調査会（2017年11月１日）資料「[総14-１] 財務省説明資料（国際課税について）」３頁をもとに加筆修正）。

・各国による合意事項の実施状況について、各作業部会におけるモニタリング方法の検討。

・「移転価格ガイドライン」改訂版の発表（2017年７月）。

・開発途上国を含む幅広い国と関係機関が協調する技術支援等を含む枠組みを構築し、IMF・OECD・世銀・国連等の国際機関並びに先進国及び開発途上国協調の場としての「税に関する協働のためのプラットフォーム」を設置。

　また、国際的な租税回避防止は、その枠組みに入らない国が存在することで、実効性が阻害される。実効性の担保のため BEPS プロジェクトでは、こうした考えのもと「税源浸食及び利益移転を防止するための租税条約関連措置を実施するための多数国間条約」が採択され、2019年９月末現在、わが国をはじめ87ヶ国・地域がこれに署名している。

(3) OECD モデル租税条約の改訂

　2017年11月、BEPS プロジェクトの大幅な変更を取り入れ、OECD 理事会はモデル租税条約及び関連するコメンタリーの改訂版を承認した。改訂版は、主に国により課税上の取扱いが異なることを利用した事業体・商品の二重非課税等効果の否認（行動計画②）、租税条約濫用の防止（行動計画⑥）、相互協議の効果的実施（行動計画⑭）の３つの BEPS 行動計画から構成されている。とりわけ、特典を受ける権利について定めるモデル租税条約29条及び同コメンタリーは、BEPS 提言を受け改訂版において新設されている。同条では、条約特典を受ける権利として次の規定等が盛り込まれている。

・免税規定等の条約便益の適用を受けるためには、一定の適格者としての要件を満たすことが必要：特典制限規定（Limitation on Benefits）（OECD モデル租税条約29条(1)～(6)）

・第三国に位置する恒久的施設（PE）を用いた租税回避の防止規定（同29条(8)）

・条約の特典を受けることが取引等の主たる目的の一つであったと認められる場合には、原則として条約特典が与えられない：主要目的テスト（Principal Purpose Test）（同29条(9)）

(4) わが国の対応状況

　BEPS 提言に関連し、わが国が既に導入しているものには、有害税制への対抗（行動計画⑤）として、租税条約への特典制限（LOB）条項の盛込み・国外転出時課税・国外財産調書制度等のほか、米国をはじめ数力国との租税条約において相互協議で合意できない場合に仲裁委員会の決定による問題解決の受入れの義務付けを行う、相互

協議条項への義務的仲裁条項の組み入れがある（行動計画⑭）。

　また、平成27年度改正で導入したものに、電子商取引への対応（行動計画①）として、国外事業者が国境を越えて行う電子書籍・音楽・広告の配信等の電子商取引について消費税の課税対象とする、ハイブリッド・ミスマッチ・アレンジメント効果の否認（行動計画②）として、外国子会社配当益金不算入の対象外化がある。平成28年度では移転価格の文書化（行動計画⑬）として、多国籍企業情報の国別報告・事業概況報告制度・独立企業間価格の算定書類の作成保存義務を導入し、平成29年度ではCFC税制の強化（行動計画③）として、外国子会社合算税制の判断基準となる租税回避リスクを外国子会社の税負担率により把握する現行制度から、受動的所得は原則として合算対象とする制度に改めている。さらに平成30年度では、PE認定の人為的回避防止（行動計画⑦）として、コミッショネア（問屋）を代理人PEに加える改正が行われている。

　なおOECDは、サービス利用者がいる国により多くの税収を配分する仕組み等、デジタル経済に対応した国際課税ルールについて、2020年1月までの大枠合意を目指すとしている。

（林　幸一）

（参考）

　本文及び脚注に示したOECDのBEPSに関するレポートは、次のホームページ参照。http://www.oecd.org/ctp/beps-2015-final-reports.htm　また、OECDモデル租税条約については、水野忠恒監訳『OECDモデル租税条約2017年版』（日本租税研究協会・2019）参照。最終確認2020.2.11

　BEPS最終報告までの取組については、公益社団法人日本租税研究協会「税制改正と国際課税（BEPS）への取組」第67回租税研究大会記録2015に詳しい。

Column　Harmful Tax Competition

　有害な税の競争（*Harmful Tax Competition*）とは、自国経済の活性化を図るための資金の引寄せのための優遇税制、見るべき産業のない小さな国が銀行守秘義務と無税とで経済活動を引寄せるタックス・ヘイブンなど、税を巡る国家間の競争により、それぞれの国の自律的な税制を過度に歪めることをいう。このような競争は、他の国々の課税基準を浸食して、税制の公正・中立を阻害する点において、有害であるとされる。

　OECDは、加盟国の外資優遇税制、タックス・ヘイブン、非居住者に対する金融サービスを提供するオフショア地域についての議論を進めている。2000年の報告書（Progress in Identifying and Eliminating Harmful Tax Practices）では、1998年の報告書（*Harmful Tax Competition: An Emerging Global Issue*）で示された①無税または名目上の課税、②有効な情報交換の欠如、③透明性の欠如、④実質的

活動がないことの4要素に基づき、タックス・ヘイブンとして35の国・地域を特定し公表している。2002年には、タックス・ヘイブンに対し課税要件や銀行守秘義務に関係なく、情報交換の要請があれば、税法の運用に関わる問題に関して情報交換すべきとするモデル租税情報交換条約（*Agreement on Exchange of Information on Tax Matters*, TIEA）を公表している（モデル租税情報交換条約については、増井良啓「タックス・ヘイブンとの租税情報交換条約（TIEA）」税大ジャーナル11号（2009）において詳しく紹介されている）。TIEA の公表は、タックス・ヘイブン対策としての情報交換や透明性の確保の議論の有効性が一定程度認識されたことによる。近年米国との間における条約を中心にその締結数は増加している。　　　　（林　幸一）

〈参考文献〉

　1章の脚注で引用した文献の他、次の文献を読んでほしい。これは、1章の足らざるところを補完する役割を果たす。

- 村井正「国際租税法の基本的コンセプト」（同『租税法と取引法』清文社・2003）第23章377-409頁（村井正編『国際租税法の研究』（法研出版・1990）第1章と同じ）
- マスグレイブ夫妻の国際課税に関する一連の作品については、次の川端康之他による日本語訳があり、参考となる。「国家間の衡平」（関西大学大学院法学ジャーナル51号（1988））、「国際的課税ベース分割と多国籍企業」（関西大学大学院法学ジャーナル53号（1989））、「管轄権間の租税秩序」（関西大学大学院法学ジャーナル53号（1989））
- 水野忠恒『国際課税の制度と理論』（有斐閣・2000）の特に第1章「国際租税法の基礎的考察」は、米独の考え方の違いを解明した優れた論文である。是非読んで欲しい。
- リチャード・L・ドーンバーグ・川端康之監訳『アメリカ国際租税法』（清文社・2001）
- 増井良啓・宮崎裕子『国際租税法（第4版）』（東京大学出版会・2019）
- 資本所有中立性（CON）については、浅妻章如「CON（capital ownership neutrality：資本所有中立性）の応用―事業承継における信託等の活用に向けて―」立教法学86号（2012）216頁

第2章　国内租税法と租税条約の関係

2-1　国際的二重課税を除くことが国際租税法の最大の目的

　ある国の租税法規範の基本はいうまでもなく国内租税法である。取引が施行地内で完結するのであれば、基本通りでよい。取引が一旦国境を跨ぐと、そうはいかない。これを国際租税法規範（国際租税法）と呼ぶとすれば、これを規律するのは主に租税条約である。しかし、国内実定租税法においても最低限、国際的側面の規定を整備するのが、通常である。我が国に投資するinboundの場合であれば、外国法人、非居住者、源泉徴収、国内源泉所得（ソース・ルール）、恒久的施設等の規定が適用され、内国法人、居住者の対外投資（outbound）ならば、外国税額控除等に関する規定が適用され、当該国内法が威力を発揮するのは、とりわけ相手国との租税条約が結ばれていない場合である。いずれにせよ、国際的二重課税等を国内法のみで排除することはできない。二当事国がそれぞれの国家主権に基づき課税管轄をほしいままに主張すれば、納税者は二回以上課税され、自己完結型の国内一回課税と比べ中立でない。国際的二重課税等を排除するには、相手国税法と自国税法のミスマッチが起こることに照らし、国内法による画一的規律には限界があるから、二国間ないし多国間で租税条約等による何らかの合意、調整が必要となる。特に相手国が、課税根拠（nexus）を広く構成し、域外課税（追っ掛け課税）により課税管轄を主張する場合、租税条約でこれを調整しない限り、国際的二重課税等を排除しきれない。

課税真空化に対する国内法

　更にいえば、多国籍企業のように、集団を形成しつつ、地球規模で活動すれば、そのグローバル・ネットワークを介したaggressive hybrid tax planningのスキームが人為的に設計され、租税負担の極小化、真空化がはかられる事象

が顕在化する。そうした現象がG20で問題視され、OECDを中心に対抗措置がとられつつある。どの国でも課税されない国際課税の真空化事象への対処が今後強化されるだろう。真空化で困るのは、直接的には税収減に悩む税務行政であって、納税者ではない。これが国際的二重不課税（真空化）対策の遅れた理由である。真空化を無効化するためには、相手国のみならず、多国間の協調が不可欠である。その意味で、<u>外国子会社から受ける配当等の益金不算入について「内国法人が外国子会社から受ける剰余金の配当等の額の全部又は一部が当該子会社の本店又は主たる事務所の所在する国又は地域の法令において当該外国子会社の所得の額の計算上損金の額に算入することとされている剰余金の配当等の額に該当する場合におけるその剰余金の配当等の額」</u>を適用除外する日本法（法人税法23条の2第2項1号）の対処は、真空化への素早い対応として評価できる。更に法人税法施行令176条5項もそうした真空化への対抗規定の一つである。我が国の国内源泉所得に必ずしも当たらない場合でも、相手国が課税管轄を行使しない限り、真空化の現象が生じ、これを避けるための措置である。BEPSプロジェクトは、そうした課税浸食スキームに対する各国課税管轄の喪失のおそれに対する強い対抗措置の表明である。このプロジェクトは、漸次、二国間条約及び国内法に具現化されつつあるが、国際的二重不課税の規定化は、必ずしも進んでいない[1]。

2-2　租税条約と国内租税法の関係―各国憲法構造と treaty override

　相手国の投資環境及び国内税法の多様性に照らせば、本国の国内税法のみで両当事国の適正な国際租税法関係の規律を賄いきれない（二つの国の税法のミスマッチ）。これを調整するためには二国間租税条約を締結せざるを得ない。租税条約を介して二重課税を排除するには、通常国内法上の税率をはじめとする課税ベースを制限ないし軽減する方法がとられる。二国間条約で国内法課税

1　条約の前文に掲げることになっている。OECD Model Tax Convention on Income and on Capital 21 November 2017の Preamble to the Convention 及び29条―Entitlement to Benefits 参照。

要件を加重する不利益変更も論理的にはあり得るが、そうした締約例は稀である。そもそも投資相手国との租税条約の締結を政府に強く要望するのは、投資環境に敏感な企業であるとすれば、国内法よりも不利益な条約の締結を求めることは、論理矛盾である。投資企業の意に反する条約の条項があるとすれば、条約便益を不当に享受する者に対する適用制限規定（LOB）が、一例である。しかし租税条約優先を採用する国でも、国内法の便益を不利益変更する条約締結は、むしろ例外に属する。

　租税条約と国内法の優先劣後の関係について憲法構造を含めて類型化すれば、これを二つに大別することができる。第一は日本型であり、第二はアメリカ型である。前者では、租税条約と国内法が抵触すれば、条約が優先することを明示しており、所得税法162条及び法人税法138条がその法的根拠の適例である。ところでアメリカは、どの国に対してもプリザーベーション条項、セービング条項の挿入を必ず求める。これらの条項は機械的な条約優先をとらず、むしろ自国民に国内法上の特典享受の継続適用を求め、条約による国内法上の特典条項の適用制限を拒否する（但しLOBは例外）。その限りにおいては、特典の享受については、条約規定があたかも存在しないかのように扱われる。但しこれは一定の範囲に限定される。一国の最高意思決定機関（国会）が納税者に付与した国内法上の特典、便益は、たとえ条約といえどもこれを制限することができないのは、むしろ当然の事理を確認したものと解する学説（小松芳明）、判例（東京高判平17・1・26税資255号順号9911）もある。そうだとすれば、なぜOECDモデル条約がこれを条文ないしコメンタリーで要件化しないのかの疑問があったが、2017年モデル条約1条に両条項のうちセービング条項が新設された。これによって長年にわたる疑問、学説の対立が制度的に解消されたものと思われる。

2−2−1　日本型―条約優先型

　日本型をとる国は多い。日本法上、その法的根拠を求めるとすれば、それは

憲法前文であり、これを具体化した規定例は法人税法138条である。但し条約優先の射程については必ずしも明らかでない。138条の様な明示の条項は、むしろ珍しいからである。とすれば、明示的な条項に拘らず、日本法は、憲法の精神に照らし、条約優先は暗黙の了解というべきかもしれない。ところで条約例の中には、自国国内税法上の特典、便益の優先適用を定めるセービング条項、プリザーベーション条項がみられる。これらの規定は、租税条約をその限りで制限し、条約優先性を否定するかのように見える。我が国に於いては、そうしたセービング条項等を当然視する説（確認規定）とこれを否定する説（創設規定）に分かれる。前説をとれば、明文のプリザーベーション条項（米、墺、加、中、旧ソ連、クエート）は当然のことを明定したにすぎず、そうした条項の有無にかかわらず、有利な国内法上の特典、便益の適用が条約上否定されることはない。確かに国内租税法によって認められた特典、便益（非課税、控除等）の享受が条約上否定されることは、いかにも理不尽であるが、国際的二重課税排除上は、有利、不利にかかわらず、これを制限することは論理的には皆無とはいえないし、そうした締結例も過去にはあった。なぜプリザーベーション条項が挿入されるのかは、必ずしも明らかでないが、自国国内法と条約の同位性に由来するものと思われる。しかし、少なくとも我が国がセービング条項等の導入に合意した以上は、我が国は、その条項の意味するところを認識したのであり、これを尊重すべきことは、いうまでもない。たとえセービング条項等の内容が国内法上の特典、便益の優先であったとしても、それに合意した以上は、これを遵守するのが条約優先型である由縁であるからである。

2-2-2 アメリカ型—条約連邦法同位型

アメリカ型では、連邦憲法上、連邦法と条約は同位の最高法規である。もし両者の抵触があれば、どちらが優先するのか。憲法はこれを明示しない。しかし、条約締結後に連邦法を制定ないし改正すれば、連邦法が優先する（後法優位）。その典型例が1990年代のFIRPTA（外国投資家不動産課税法）である。

土地を現物出資した後、化体株式を譲渡しても、これを株式の譲渡とみず、株式に化体された土地の譲渡とみなす連邦法（FIRPTA）を制定した結果、既存の租税条約との抵触が問題となったが、米政府は、もしもFIRPTAと抵触する条約があるとみる国があれば、それに適合するため租税条約の改定交渉を一定期間内に申し出ることを一方的に求めた。日本型からみれば、こうしたアメリカ型は理解しにくいが、アメリカ法によれば、これは連邦憲法の許容するところである（憲法6条2項の解釈）。歳入法7852(d)条も「歳入に影響するすべての条約と合衆国法の関係の適用上、条約か法律かという理由で、いずれかが優先的地位をもつことはない」とし、両者の同位性を明定する。ドイツ法もほぼアメリカ型に属し、納税者による条約濫用を制限したいとするドイツ側の条約改訂交渉に応じようとしないアイルランドを事実上標的とした連邦法（AStG）改正に踏み切った例がある[2]。また租税条約を一部制限するドイツの所得税法50d条8項1文について、「国際法上の条約は、他の個別開放条項（欧州連合のための諸原則、主権移譲…）の適用範囲に含まれない限り、国内法上は、連邦法と同位である。…基本法59条2項1文は、国際法の条約上後法優位（*lex posterior*）原則を制限しない」[3]とtreaty overrideを合憲とする連邦憲法裁判所の判例がある。

treaty override

　同位型を強引に適用すれば、租税条約それ自体の存在を無視してしまい、treaty overrideを許容してしまう。米独ともにこれは違憲とならないが、国際的にはtreaty overrideと非難されることは必定であり、OECDもtreaty overrideの要件化を検討している。そういう憲法構造をとる米独の学者もそうした自国立法には批判的である（Doernberg, Klaus Vogel）。違憲でなくても相手国との条約遵守義務違反のおそれが強く指摘されている。treaty

---

2　Klaus Vogel, Handelsblatt.

3　BVerfG, Beschluss v.15.Dez.2015-2 BvL 1/12-juris.

override が米独の憲法上の「同位」構造に由来し、国際的非難を招くとすれば、憲法構造に仮借した弁明だけではこれを正当化できない。ましてや条約改定の困難を意図的に国内法改正で代替する挙にでるようなことがあれば、これは厳しい国際的非難を覚悟しなければならない[4]。

　条約による国内法の全面的制限もなければ、条約に対する全面的な国内立法の留保もない日本型であっても、条約の合意範囲は限定されており、国内法で留保する例（所得税法3条1項による公務員のみなし住所）は、セービング条項の一種である。

　日本が締結した租税条約のうち、国内法との関係で注目すべきセービング条項に日比28条がある。フィリピン内国歳入法（National Internal Revenue Code）23条によれば、「(A)施行地に居住するフィリピン市民は、フィリピン内外から生ずる全所得に課税される。(B)非居住者である市民はフィリピン国内源泉所得にのみ課税される。(C)海外の契約労働者として海外の稼得を有するフィリピンの市民は、フィリピン国内源泉所得のみに課税される。」の規定のごとく市民（citizen）が、基本的な納税義務者である。現行法上、市民でも居住、非居住によって課税対象が全世界所得となるか、国内源泉所得のみになるかと異なる。非居住市民の納税義務は、国内源泉所得に制限されるが、同条には「別段の定めがある場合を除き」という条件が付されているので、市民であれば、常にその範囲が拡大されるおそれがある。さればこそ日比租税条約28条は「この条約のいかなる規定も、日本国の居住者であるフィリピンの市民に対してフィリピンの法令に従って租税を課するフィリピンの権利を害するものと解してはならない。もっとも、日本国は、当該租税について税額控除を認めることを義務付けられない。」と定め、自国市民の課税管轄を留保している。しかし、この留保は、OECD 又は UN のモデル条約の特定条項の留保と違う。モデル条約が一方的な留保の宣言であるのに対し、日比28条は、フィリピンの課税留保に日本側も同意しているからである。国際法上、留保とは、多辺条約におけ

4　村井正編『国際シンポジウム　国際租税秩序の構築』関西大学法学研究所　1995年における Klaus Vogel の報告参照。

る場合のみをいい、二国間条約ではいわない（後述）。OECD モデル条約のコメンタリーに、各国の留保がある（後述2-2-4）。

2-2-3　saving 条項と preservation 条項

saving 条項の一例をあげれば、「この条約は、5 項の場合を除くほか、第 4 条の規定に基づき一方の締約国の居住者とされる者に対する当該一方の締約国の課税及び合衆国の市民に対する合衆国の課税に影響を及ぼすものではない」とする日米 1 条 4 (a)項がある[5]。

preservation 条項の例をあげれば、「この条約の規定は、次のものによって現在又は将来認められる非課税、免税、所得控除、税額控除その他の租税の減免をいかなる態様においても制限するものと解してはならない。(a)一方の締約国が課する租税の額を決定するに当たって適用される当該一方の締約国の法令(b)両締約国の間の他の二国間協定又は両締約国が当事者となっている多数国間協定」とする日米 1 条 2 項がある[6]。

saving 条項は、そもそもアメリカ法に由来するものであるが、2017年のOECD モデル条約 1 条 3 項で要件化され、この点の疑問が解消された。但し、7 条 3 、9 条 2 、19条、20条、23条 A 、23条 B 、24条、25条、28条に基づく特典は除外されている。我が国でもこれを当然の事理と解する説が有力である[7]。

saving、preservation 両条項は必ずしも日米に限らず、日中、日加等もこれ

5　IRC877条によれば、もと市民に対する合衆国の課税権の留保がある。

6　US モデル条約 1 条 2 項「この条約のいかなる規定も締約国の国内税法又は締約国間の他の条約によって現在又は将来認められる非課税、免税、所得控除、税額控除、その他の便益（benefit）を制限することはできない」と定めるが、この preservation 条項は、必ずしも貫徹されていない。利子、配当、使用料等について制限する LOB 条項がそうである。

7　小松芳明「法人税法における国際課税の側面について─問題点の究明と若干の提言─」西野嘉一郎編『現代企業課税論─その機能と課題』1977年東洋経済、谷口勢津夫『租税条約論』、増井良啓「租税条約におけるプリザベーション条項の意義」税務事例研究102号（2008）45頁。

をとる。しかし、条約締結にあたり、この両条項の挿入を相手国に必ず求める
のは主としてアメリカである。だがこれは必ずしも普遍的とはいえない。両条
項のうちセービング条項は、2017年モデル条約により新たに挿入されたが、プ
リザーベーション条項は入っていない。なぜセービング条項だけなのかについ
ては、明らかでないが、条約政策上 LOB に見られる様に条約便益等の制限の
余地を残しておきたいからであろうか。preservation、すなわち条約による制
限禁止の範囲条項（日米１条２項）については、その範囲を非課税等に限定す
る「狭義説」とこれに必ずしも限定しない「広義説」と納税者の選択に委ねる
選択説（例えば、国内源泉所得について国内法と条約のどちらか有利な方を選ぶ）
の対立がある。具体的には、所得税法162条を置き換え規定と解するか否かに
ついても争いがある[8]。

　米国においてプリザーベーション条項の挿入はなぜ必要なのか。米国の連邦
憲法上歳入法案は、下院から発するのに対し、条約は大統領が上院の助言と同
意を得て締結する。そのため、条約限りで租税を増額することのないよう保障
するためのルールを租税条約に明記する必要があったという。アメリカ憲法の
特殊な構造に由来する[9]。
　確かに preservation 条項の範囲が特典であることに照らせば、国内法で認め
られた特典を条約がこれを否定することは納税者にとり理不尽な話である。
或いはこれは条約交渉者の瑕疵、過誤のおそれを包括的に防止する規定であろ
うか。アメリカの憲法構造、国際課税の法理が欧州大陸と異なって独自に形成
されたことも関係するのかもしれない。これは当たり前のことを確認したにす
ぎないという見解（確認説）が日本でも有力であるが、OECD モデルに照ら
せば、果たしてこれを自明の理と断定できるであろうか。しかし、よく考えて
みると、そもそも OECD モデル条約についてもすべての条項に賛成する国は、

8　井上康一／仲谷栄一郎『租税条約と国内税法の交錯』
　　東京高判平17・1・26税資255号順号9911、東京地判平16・9・17税資254号順号9751、日加25条2項。
9　Klaus Vogel/Schannon Ⅱ/RichardDoernberg,United States Income Tax Treaties 1990 26.

むしろ珍しく、日本を含め殆どの加盟国が部分的には留保の態度を表明するのが通常である。アメリカが二国間条約で saving なり、preservation の条項を要求することは、「連邦法の留保」を意味するが、二国間で合意すれば、これは、もはや条約上の留保ではない。「留保」とは多辺条約においてのみ存在し、二国間条約では成立しない。どのような条項でも、二当事国が同意すれば、それはもはや留保ではないからである[10]。

　このことは、saving、preservation の条項についても同様である。OECD がたとえ部分的留保は容認したとしても全条項の留保を容認することは、ありえない。それは OECD モデルの全部否定を意味するからである。

２－２－４　モデル租税条約における留保―国内税法との抵触を避けるための弥縫策

　二重課税は、原則として二国間の合意で排除される。別に OECD モデル条約がなかったとしても、二重課税が相異なる二つの国の国内法のミスマッチから生ずるのであれば、二国間の協議により、それを排除する条約の設計は可能である。19世紀には欧州で国際的二重課税を排除する二国間租税条約の萌芽がみられた[11]。人類はそうした二国間租税条約の積み重ねと国際連盟、国際連合、欧州共同体等の叡智の結集を介して多辺的モデル条約（多国間モデル協定）を構築してきた。しかし、そもそも各国の租税法は、多様である。国の数が100あるとすれば、100通りの租税法が存在する。100の国が集まって共通の国際租税規範となる多辺条約を設計、構築するとすれば、100通りの国内租税法は、大きな障害となる。規範構築に参加する国が増えれば増えるほど、合意が困難となるのは、理の当然である。そうした多辺条約（多国間協定）をまとめるために編み出された手法、知恵が「留保」という弥縫策である（小異を捨てて大

10　高野によれば、多辺条約に特有、二辺条約ではある条項の適用制限の合意が成立すれば、その部分はもはや条約内容としては不存在、留保は生じないはずである（高野雄一・国際法概論73頁）という。

同につく）。これは、人類がこれまで戦争と平和について多国間の合意を得、普遍性を確保するための貴重な経験から編み出された知恵である。国際租税規範の普遍性を得んがためには、参加国の租税法の多様性にかかわらず、能う限り、多数の国がその設計・構築に参加することが望ましい。国内租税法上の制約、抵触等があり、到底合意の可能性がないにもかかわらず、無理をしてこれに参加し、結果的に多くの条項に「留保」すれば、普遍性を確保するどころか、むしろ弊害の方が多い。留保条項が余りにも多ければ、多辺条約は、形骸化してしまう。OECDモデル租税条約も条項によっては留保も少なくない[12]。

域外課税（追っ掛け課税）の禁止

　留保の一例をみよう。例えば、「一方の締約国の居住者である法人が他方の締約国から利得又は所得を取得する場合には、当該他方の締約国は、当該法人が支払う配当及び当該法人の留保所得については、これらの配当及び留保所得の全部又は一部が当該他方の締約国内で生じた利得又は所得から成るときにおいても、当該配当（当該他方の締約国の居住者に支払われる配当及び配当の支払の基因となった株式その他の持分が当該他方の締約国内にある恒久的施設と実質的な関連を有するものである場合の配当を除く。）に対していかなる租税も課することができず、また、当該留保所得に対して租税を課することができ

11　世界で最古の二重課税防止条約は、1899年6月21日に締結されたプロイセンとオーストリア・ハンガリー間の二重課税防止条約であるといわれているが、実はこれに先行してプロイセン（正確には北ドイツ連邦）では、いわばドイツ型モデル条約ともいうべき『1870年北ドイツ連邦二重課税排除法案』(Entwurf eines Gesetzes wegen Beseitigung der Doppelbesteuerung)（1870/2/14）が制定されており、この1899年プロイセンとオーストリア・ハンガリー間租税条約もほぼ同法案に従い締結されたものである。北ドイツ・モデルによれば、「北ドイツ人は、3条及び4条を留保しつつ、その住所を有する各領邦においてのみ直接税に服するものとする。」（1条）「土地の保有及び営業ならびにこれらの源泉から生ずる所得は、土地が存し、又は営業が行われる連邦各領邦においてのみ課税できる」（3条）とする規定に見られる様に、国籍でなく、居住者を納税義務者とし、源泉地国課税管轄を採用することで二重課税を防止している。PE、外国税額控除等の注目すべき条約例も見られるが、別稿で詳論したい。

12　小川芳彦「条約の留保」『条約法の理論』69-180頁、坂元茂樹『条約法の理論と実際』Anzilotti, Cours de droit international,1929,p400.

ない。」(OECD モデル10条5項) という配当域外課税禁止条項がある。この条文は、あくまでも一方締約国の居住法人が他方締約国の居住者に配当する場合を扱い、「自国施行地内で生じた利得の非居住法人による分配」(10条パラ33)については、7条による場合を除き、「いかなる税率をもってしても、租税を課されてはなら」ず、「ある国が、法人の分配の原資たる利得の源泉が自国施行地内にある（例、恒久的施設を介した実現）ことのみを以て非居住法人が分配した配当に対して租税を課すことを禁止する」(パラ34)。これが配当に関する域外課税（extra-territorial taxation of dividends）、いわゆる追っ掛け課税の禁止条項である。

米加の配当域外課税の留保

OECD は、上述の様に配当の域外課税を禁止しているところ、若干の国は、これを留保する。5項について、カナダと米国は、それぞれの施行地に存在する恒久的施設に帰せられる法人の利益に対して支店税を課する権利を留保する(パラ83)。米国の留保は、従来から採用している支店税が仮に5項に抵触すると批判されたとしても、米国の視点からは、この課税を放棄する意思のないことを表明するものである。但し留保は、時代の変化によりこれを改めることは、勿論あり得る。仏の次例がそうである。

仏の留保は廃止

フランスは、かつて自国施行地内で事業を行う外国法人は、仏国外にある本店が行う配当等についても仏の動産資本所得税を課し、当該外国法人につき仏における事業活動割合を配当に乗じて算出された課税標準に24％を適用する税制を1872年以来維持し、域外課税禁止条項を留保していた[13]。

フランスは、1977年 OECD モデル条約コメンタリー（パラ81）に引き続き1992年 OECD モデル条約コメンタリーでも「PE と子会社の課税上の取り扱い

13　平尾照夫『租税条約の解説—OECD 租税条約草案』日本租税研究協会（昭和39年）65頁。

をバランスさせるために、フランスは、非居住法人の所得のうち、フランスで生じたものについては、非居住株主に対する支払配当として、課税するフランス国内法上の制度を適用する可能性を留保することを希望する」(パラ84) として、配当の域外課税を留保していた。日仏租税条約についていえば、フランスの留保は、平成7年改訂前の旧条約までは維持されていたが、平成7年改訂条約でこれを廃止した。従って、フランスは、現在では、配当に対する域外課税の留保はしていない。

ユニタリー・タックス

1970年代後半から1980年代前半にかけて米国の州際課税であるユニタリー・タックスも域外課税に該当するとして国際的に問題となった。ある法人の米連邦の所得が欠損であっても、全世界の売上高、資産、支払い給与、に対するある州のその按分比例割合があれば、その割合分に課税され、結果的には当該州外の所得にも課税される。これは明らかに域外課税であるが、OECDモデル10条5項の射程外のため実効的にこれを排除できない点に問題点があったものの多くの州が水際方式をとったため沈静化した。

課税管轄の根拠

そもそも課税管轄は、当該国の施行地内でのみに及ぶものである。これを域外に拡げるには、課税管轄を行使する国との関連性ないし牽連性(connection, nexus, genuine link, Anknüpfungspunkt)が求められる[14]。旧日仏租税条約のネクサスは、PEの存在をあげるのみであり(10条)、配当の原資との実質的関連性を求めていない点でOECDモデル条約の許容範囲をこえているものと思われる。但し、フランスの留保の理由がPEと子会社の課税中立性に由来するものとすれば、留保が全く理不尽な考えとは必ずしもいえない。又日比条約議定書5項及び日インドネシア条約議定書5項(a)が利子、配当、使用料の支店送金税を容認したのも、これを域外課税と解さず、現地法人か支店かといった進出形態の違いによる課税中立性の維持と解したものと思われる。

　留保は各加盟国の「政治的態度の宣言」であるが、その背景には、多数の国の参加に伴う多様性を容認しつつ、最大公約数の合意に収斂するものとすれば、参加国の一方的留保をある程度認めざるを得ない。OECD モデル条約が欧州の考え方を根底に形成、拡大されたものとすれば、合衆国のように大陸諸国と離れて独自に形成された国際課税ルールをもつ国がこれに多くの留保を表明したとしても、ある意味で当然といえる。

2−2−5　租税条約等実施特例法とは何か

　租税条約は、二国間で合意されたものであり、そのまま直接適用する効力をもつ。しかし、国内法と比べ条約上の課税要件等が必ずしも一義的かつ明確とはいえず、国内税法との関連でこれを実施する手続等を定める必要上「租税条

14　村井正「租税法の域外適用―追っ掛け課税の禁止―」日本国際経済法学会・国際経済法第2号『国家法の域外適用』1993年65頁以下。
　　ウェーバー＝ファスは域外適用の要素として真正の牽連性（genuine link）を強調し、次の様にいう。「国際法上、原則として他方の国の領土において一方の国の統治行為及び行政行為を行うことは許されない。この様な行為を許容すれば、領土主権者がこれに同意しない限り、他方の国の排他的領土高権が侵害される。この他国領土内の主権行為の禁止と一方の国が外国領土における事実関係および事件について法律を制定し、かつ裁判所で判決を下す権限があるか否かという問題とは区別すべきである」（S.35−36）「一方の国が他方の領土で高権的行為（acta iure imperii）を行うという一定の例外規定を留保することは一般国際法上は禁止されている」（S.38）「この様な形式的な領土内の制限の外では、課税権力に国境を越える効果の認められる広い分野が開かれているのである」（S.38）「国の法規範を法制定国と十分な連結（真正の牽連性）をもたない様な域外の事実関係にまで拡大適用することは、一般国際法の禁止するところであり、かつドイツについていえば、違憲ですらある（基本法二五条）。国家を越えた租税法規範の妥当性の要件とされる「真正牽連性」は、ドイツの所得税無制限納税義務の場合についていえば、内国住所又は内国の常居所地というかたちで内国牽連性（Inlandsbeziehung）を有するときには、明らかに認めることができる。それ故ドイツ所得税法の域外適用は、その限りにおいて、国際法に対して存続するのである。租税法規範の場所的適用範囲を定める国内立法は、とりわけ「真正牽連性」という国際法上の審査基準によって測定されねばならない。外国牽連性（Auslandsbeziehung）のある事実関係について随意に定める立法者の無制限の自由、これは最近の租税法文献の中にその代弁者が見られる見解であるが、一般国際法の承認するところでない。」（S.38−39）Rudolf Weber-Fas, Staatsverträge im Internationalen Steuerrecht Zur Rechtsnatur, Geschichte u. Funktion der deutschen Doppelbesteuerungsabkommen 1982（J. C. B. Mohr）.

約等の実施に伴う所得税法、法人税法及び地方税法の特例等に関する法律」（以下、「実特法」という）がある。

1960年代までは、二国間の租税条約が結ばれる都度、個別の実施法を定めていたが、1963年OECDモデル条約以後、個別の条約が定型化するに至り、従来の個別実施法に替えて、この実特法が定められた。

この実特法は、用語の定義、投資所得に対する源泉徴収税率特例、投資所得又は譲渡収益の申告納税に係る税の軽減、投資所得等の地方税の特例、二重居住者の取り扱い、…協議等で地方税に係る…手続…等を定める。

実特法省令上の届出がなければ、租税条約の軽減は適用されないのか否かが問われた事例について「実特法省令は、実特法12条の委任規定に基づくものであるところ、同条は『租税条約の実施及びこの法律の適用に関し必要な事項は、総務省令、財務省令で定める』とのみ規定しており、その委任の方法は、一般的、包括的なものであって、租税法律主義…に照らし、実特法12条が課税要件等の定めを省令に委ねたものと解することはできない。…日米租税条約7条1項による税の軽減又は免除を受けることができるか否かについては、同項に基づき判断されるべきものであって、Xが実特法省令に基づく届出書を提出しなかったことをもって、同項の適用を否定することはできない」として、税務当局の主張を斥けた（東京地判平27・5・28訟月63巻4号1252頁）。

例えば、日米租税条約10条2項をみると、「配当に対しては、これを支払う法人が居住者とされる締約国においても、当該締約国の法令に従って租税を課することができる。その租税の額は、…配当の受益者が他方の締約国の居住者である場合には…次の額を超えないものとする。

  (a) 当該配当の受益者が…配当を支払う法人の議決権のある株式の10％以上を直接又は間接に所有する法人である場合には、当該配当の額の5％

  (b) その他のすべての場合には、当該配当の額の10％」と定める。

この2項でいう「超えない」の法意については、それぞれ上限を定めたものと解し得るが、実特法2条5項によれば、限度税率について「租税条約におい

て相手国居住者等に対する課税につき一定の税率又は一定の割合で計算した金額を超えないものとしている場合におけるその一定の税率又は一定の割合をいう」とし、それぞれ5％、10％と確定している。

　　日米租税条約22条によれば、LOB三要件（適格者、能動的事業活動、権限のある当局の認定）を充足すれば、条約特典の享受を認める。

　三番目の「その者の設立、取得又は維持及びその業務の遂行が租税条約の特典を受けること」を主たる目的の一つとするものでないとする当局の認定（22条4項）があれば、条約特典を受けることができる。これを受けて実特法は、日本の権限のある当局（国税庁長官）の認定手続等を定めた（6の2①、令5①、令9の2①、令9の5①）。

　実特法は、租税条約を国内法として具体化（implementation）するための手続きを定めたものであるところ、租税条約の課税要件が一般に抽象的かつ曖昧であるためそのままでは適用し難い。例えば条約では10％の限界税率を定めるのみとすれば、0〜10％のうち、どの税率を適用するのかわからない。地方税法に限度税率が定められており（枠法）、各地方公共団体が限度内の税率を具体的に条例化しない限り、適用できないのと同様である。また日米租税条約ではLOB条項が定められているところ、LOB要件に該当するか否かの認定手続については、条約では定められていない。実特法にLOB要件の認定手続を定めたとしても、これは条約に適合しており、問題はない。例えば条約上の便益享受に関する実体法規定（軽減、免除等）があり、それを適用するために手続規定を設け、例えば一定の書類の届出を求めること自体は問題ないが、届出の不備を理由に条約上の便益の享受を否認することは、条約の優先性に抵触する（判例）。

　これに加えて次の実施特例法がある。
・情報交換のための租税条約等実施特例法
・徴収共助・送達共助のための租税条約等実施特例法

2－3　租税条約の解釈

2－3－1　租税条約の解釈—モデル条約の解釈条項（3条2項）新設に影響を及ぼしたメルフォード事件

　メルフォード事件は、加独租税条約上の「利子」条項に関する解釈をめぐり、保証料を利子に含めないとする静態的方法をとるか、それとも利子に含めるとする動態的方法をとるかを巡り争われ、最終的に静態的解釈を採用したカナダ最高裁判決に対してカナダ財務省はこれを是とせず、最高裁判決を否定する租税条約解釈法の制定に踏み切った事件である。

　＊R.V.Melford Developments Inc.[1982]CTC 330；82 DTC 6281（SCC））
　カナダ財務省は、それにあきたらず行政の立場から動態的解釈のOECDモデル条約への要件化を強く主張した結果、1995年現行3条2項の挿入となった。当時のOECDは、この点の解釈が必ずしも固まっていなかった。1995年OECD改訂モデル条約によれば、「この条約において定義されていない用語は、…この条約の適用を受ける租税に関する当該一方の締約国の法令において当該用語がその適用の時点で有する意義を有するものとする。当該一方の締約国において適用される租税に関する法令における当該用語の意義は、当該一方の締約国の他の法令における当該用語の意義に優先する」として動態的解釈を組み入れた。
　なお2017年改訂によれば、相互協議により権限ある当局が異なる意義に合意する可能性を追加した。つまり権限ある当局に解釈の余地を許容したのである。
　この1995年の新設規定が、税務当局寄りの動態的解釈を採用したとしても、そもそもOECDモデルの設計が、税務当局によって牽引されてきたことに照らせば、そうなるのかもしれない。

2 - 3 - 2　租税条約の解釈—ウィーン条約法条約

　あらゆる国際条約に関するルールの一般化を目的とするウィーン条約法条約は、租税条約にも適用される。但しその射程範囲については、租税条約の性質に照らし、制限される場合もある。対象となる条約の大半は、国と国の関係を律するのに対し、租税条約の効果は、直接又は間接に納税者にも及ぶため国内法上の特典、便益との関係に照らし、最大公約数をまとめたウィーン条約法条約の適用は微妙である。

条約法条約31条—文脈、趣旨及び目的

　この条文は、条約解釈にあたり、考慮すべき重要な要素を挙げる。先ず「文脈」については、「条約本文」、「条約の締結に関連してすべての当事国の間でされた条約の関係合意」及び「条約の締結に関連して当事国の一又は二以上が作成した文書であってこれらの当事国以外の当事国が条約の関係文書として認めたもの」が含まれる（同31条 2 項）が、「条約の解釈又は適用につき当事国の間で後になされた合意」、「条約の適用につき後に生じた慣行であって、条約の解釈について当事国の合意を確立するもの」及び「当事国の間の関係において適用される国際法の関連規則」（31条 3 項）は、含まれない。前者が当事国の合意の対象として条約のパッケージを構成するのに対し、後者は、あくまでも条約解釈の考慮要素にすぎないからである。前者には、パッケージを構成する議定書、交換公文のみならず、合意議事録、細目取極めが含まれる。当事国間で条約解釈をめぐる意見の離齬が生ずると、相互協議が行われるが、これは、必ずしも合意するとは限らない。しかし、相互協議が合意に達すると、これは条約の合意に匹敵するものとして、無視できない。これは、個別事案協議、解釈適用協議、立法的解決協議のいずれを問わず、その合意は、「文脈」に含まれるものと解すべきであろう。アメリカの財務省が議会に提出する二国間租税条約の技術的説明書（Technical Explanation）や、ドイツ財務省が議会に提出する租税条約法律案に添付される説明書（Denkschrift）（改訂日独租税条約で

新たに入った）は、どうか。これは、一方の国の当局が相手国の同意なしに一方的に議会に提出する公権解釈であるから、法源ないし文脈を構成しないことはいうまでもない。

　合衆国は概して多国間条約を好まない傾向がある。故に合衆国が条約法条約に対してどのような態度をとるかは重要である。比較的客観的なものとしては、ALI 報告書が定評があると思われるので、ここでもこれを引用する。

　「条約法に関するウィーン条約は多様な法体系における裁判所による国際的合意の解釈を支配する一連の基本原則を列挙している。……ウィーン条約は、たとえそれが合衆国で正式に受け入れられていなくても、慣習国際法を表明するものとして扱われている。合衆国はウィーン条約に調印しているが、批准はしておらず、慣習国際法としてのウィーン条約の地位は合衆国では全く不明確である。国務省はウィーン条約の31条、32条を含む特定条項を法典化された現行国際法とみなすと述べている。リステイトメント（第三）は……ウィーン条約が合衆国で施行されるまでは、リステイトメント（第三）325条（ウィーン条約31条１項及び３項を遵守）の原則は合衆国の条約解釈を厳格に支配しないという見解をとる。……報告者はリステイトメントの立場に従う。……31条２項は……条約締結に関連して当事国間でされた条約の関係合意（議定書、交換書簡）や条約締結に関連して一方の当事国が作成した文書で他方締約国が条約関係文書として認めたものを含むことを明記している。「文脈」は条約締結に関するすべての事情を参照することをせず、明白な付属合意や文書のみを参照する。文脈…は…合衆国モデル条約３条２項における同一用語の使用よりも狭い。ウィーン条約31条３項は…当事国の事後的慣行によって確立されたものも含めて条約の解釈適用について当事国間で後になされた合意も参照できると定める。……32条は31条の下で到達した解釈を確認する目的又は同条の解釈によっては意味があいまい又は不明確である場合、それとも明らかに常識に反する結果又は不合理な結果が生ずる場合にのみ補助的資料を参照することができると定める。参照できる追加的証拠は32条で明確に定義されておらず……証拠には一方だけの立法資料は含まれないであろう……条約解釈において合衆国裁判

所はウィーン条約の下で許容される程度よりも広い範囲で条約本文から離れた証拠や一方的な資料に依拠している。」[15]

2-3-3　租税条約の目的論的解釈—合意なき外部資料を解釈要素に使えるか（アメリカ法）

　租税法の解釈の基本は、あくまでも文理（文言）解釈であり、目的論的解釈に対して制限的な態度をとるのが、我が国では一般的である。その点アメリカは特異であり、他の国と比べ、目的論的解釈としても度を過ぎている。本来租税条約の解釈においては、当事国が合意した条約本文、議定書、交換公文が対象となるはずにもかかわらず、条約交渉の対象とならず、合意されていない外部資料が解釈要素として用いられており、議会における広範な資料等が広義の証拠として受け入れられている。主張を裏付ける証拠を広く解する結果、条約正文の文意と全く逆の解釈をとる判決が生まれることもありうる（この点、米、英、独の判例比較を参照）。但しアメリカの最高裁裁判官の中にも極端な目的論的解釈に批判的な Scalia のような存在もいる。

目的論的解釈—アメリカはなぜ相手国の合意なき外部資料を解釈に使うのか

　アメリカにおける租税条約の解釈は、他の国と比べやや特殊であると言われている。条約の文言に拘泥しない目的論的解釈が支配的であると言われている。そこでアメリカのそうした特殊性が奈辺にあり、なぜアメリカがかくも柔軟な解釈をとり、目的論的解釈をひろく認めるのかについて見てみよう。この事情について最も客観的に述べているものと思われるのは、やはり ALI 報告である。この点に関する重要と思われる記述を抜き出してみよう。「合衆国では、裁判所や租税行政はしばしば法令解釈について広範なアプローチをとっており、法規の文言自体だけでなく、各種ソースの立法史（委員会報告、公聴会、議会

15　The American Law Institute, Federal Income Tax Project : International　Aspects of United States Income Taxation Ⅱ, 1992, pp.32-35.　小川芳彦『条約法の理論』（東信堂・1989）。

外での議論等)、確立された行政慣行、政策目的等が含まれ、実質主義の様な
各種のコモン・ロー上の概念が参照される。加えて実務が参照されるとともに
法の執行を担当する当局に委任された規則の解釈が重視される。英、加の裁判
所は……依然として合衆国裁判所よりも文言解釈に忠実である。「目的」や「趣
旨」は法律の文言それ自体に具現化されているのであって、立法者の意図の中
に具現化されているのではない。一例をあげれば、英、加の裁判所は法令の文
言の意図や意味を明確にするため法案審議中の議会記録を参照しない。仏、白
の実務では、租税法は疑わしい場合は租税当局の不利に解釈される。」16国内法
の解釈のそれぞれの伝統が、そのまま条約解釈に反映しているのである。「合
衆国の条約解釈は、国内法の慣行を反映して、現行の国際慣行から離れており、
合衆国裁判所や行政機関は解釈のため補助的手段に訴えたり、両締約国の一方
だけの見解を反映する資料を使ったりする。合衆国の解釈慣行の柔軟性は、よ
り厳格なアプローチをとるウィーン条約と比べて有意義な利点をもつが、少な
くとも一方の締約国は合衆国がウィーン条約の解釈により近づくことが望まし
いと考えるだろう。合衆国の慣行は二国間条約についての両当事者の共通の見
解の所産である資料に反する一方的な解釈資料に過度に重きを置く。」17「合衆
国裁判所は条約本文から出発するが、条約の文言上の語句が「その明らかな意
味が調印者の意図や期待と矛盾する結果をもたらす」場合には、合衆国裁判所
はその文言上の語句を支配的なものとは扱わない。合衆国裁判所はまた条約解
釈について外部の証拠(extrinsic evidence)の使用について柔軟なアプロー
チをとる。合衆国裁判所は合意の発展や交渉をなす資料を活用することを躊躇
わなかったし、条約調印者の交渉過程を単なる合意の証拠としてだけでなく、
条約の正式の意味の証拠と見る。合衆国裁判所は、また「条約の交渉と執行を
担当する政府当局が条約の条文に帰せられる意味」を「重視」する。合衆国裁

16 ALL, *Id.,* p.25-26. なお、コモン・ローにおける厳格解釈と「疑わしきは納税者の有利に」の分析
については、吉村典久「租税法規の伝統的な解釈方法についての一考察」村井正先生喜寿記念論文
集平成24年の643頁以下、特に669頁がある。

17 ALI, *Id.,* pp. 27.

判所は通常、交渉後の条約批准の経緯を、それらの資料が一方的な性質を持つ
にも拘らず、斟酌する。交渉の経緯に反する立法資料を参照することには反論
もあるが、このことは合衆国の条約慣行において確固たる確立をみているよう
に思われる。」[18]

　アメリカの裁判官の中でもただ一人文言解釈に拘るのがScalia最高裁判事
である。Scalia判事によれば、条約の本文が不明瞭な場合でも外部資料
(extrinsic materials) の参照に賛成しない[19]。

　以上の記述で租税条約の解釈について、アメリカが国際的潮流から離れ、や
や独自のスタンスを取り続けていることがわかった。こうしたアメリカの考え
方を最も客観的にあらわしているのが、ALIがまとめた以下の「租税条約の
解釈に関する勧告」[20]である。これは、合衆国政府の見解そのものではなく、
むしろ権威のあるALI（報告者はHugh J. Ault及びDavid R. Tillinghastであ
る。）による政府に対する勧告である。そのまま読めば、合衆国の考え方がほ
ぼ分かると思う。

租税条約の解釈に関する勧告（ALI）
１．租税条約の明白な文言は、条約締結国の相互期待を阻害することが明白で
　ない限り、その用語に従い適用されるべきである。
２．条約で使用される用語の意義について条約締結国が同時に行った合意で批
　准手続の過程で公表されたものは、当該用語に与えられる意義に関して最終
　的なものである。
３．条約それ自体の明白な文言に反しない限り、条約解釈に関連する資料で、
　一方の締約国が条約の交渉や批准に関連して公表したものは、他方締約国が
　条約批准前に当該資料で表明した立場について合意していることが確認でき

18　ALI, *Id.*, pp. 28-29.
19　United States v. Stuart, 489 U.S. 353, 371-73 (1989).
20　村井正『租税法―理論と政策（第3版）』（青林書院・1999）279頁。

るときは、通常これを最終的なものとすべきである。

4．条約で与えられた明白な権限にしたがい条約批准後に行われた条約用語の意義に関する権限ある当局の合意は、当該解釈が条約の改訂に匹敵するほど条約文言の意義に抵触するものでない限り、支配的なものである。

5．条約用語の解釈上、個々の条約交渉者の証拠や歳入庁の解釈ルーリングを含む批准後に一方的に出された宣言が係争中の紛争又は紛争のおそれと関連して公表されたときは、これは通常ほとんど重要性をもたないか、又は全く重要性をもたないものとすべきである。

6．条約解釈上、通常以下のうちの関連部分に実質的な比重を置くべきである。

　(a)　事後的に公表された二国間行政協定又は事後的な二国間慣行。この場合、明白な権限ある当局の合意の所産か、又は条約相手国の行政当局による同一解釈かはこれを問わない。

　(b)　一方締約国の課税当局が発行し、それについて他方締約国が受諾も反対も表明しない条約批准前又は批准と同時に公表された資料。

　(c)　OECD モデル租税条約及び同コメンタリー。

　(d)　類似の条約条項を解釈した合衆国裁判所の判決。

7．適切な事例であれば重要性を与えられるべきその他の資料に含まれるものは次の通りである。

　(a)　条約解釈に関する条約相手国の裁判所の判決

　(b)　類似の条約条項について解釈した他国裁判所の判決

　(c)　条約の交渉及び執行にあたる政府部局の一方的な実際

　(d)　条約交渉の非公開公式記録

8．条約条項の意義が勧告1－4によって確定できないときは、勧告6及び7で列挙された資料のどれかを参照することができる。

9．勧告1－8でとりあげた資料が解釈問題を解決するのに適切でないときは、その用語は、一般に源泉地国の国内法と一致した意義を与えることになろう。

2-3-4 EU域外国はEU加盟国との条約締結の際にEU共同体法をどこまで斟酌すべきか―派生的便益条項をめぐる米EUの綱引き

　国際社会が変化すると、これまで予想もしなかった要素を租税条約の解釈上斟酌しなければならなくなる。例えばEU域内の法規範であるローマ条約（その後の改訂条約を含む）は、域外国の日本を直接拘束するものではないが、日本がEU加盟国と租税条約を締結する場合に、少なくとも相手国はローマ条約の拘束を受ける。条約便益の不当な享受に対しては、条約便益制限条項を導入する条約例が増えている（OECDモデル条約1条のコメンタリーの第7パラグラフ54～56（条約の不当な利用）に根拠がある）が、その場合、相手国がEU加盟国であれば条約便益制限条項とローマ条約が抵触するおそれが生ずる。そのためには制限条項を軽減緩和する必要が生ずる。これは制限条項の導入を強く求めるアメリカとローマ条約との抵触回避を求めるEU加盟国間の利害関係に照らせば、そうした条約において顕著であるが、近時我が国とEU加盟国間の改訂条約（日英、日仏、日蘭、日スイス、日独）にもそうした条項が相次いで新設されている。これが派生的便益（derivative benefit）である。しかし、派生的便益の研究は我が国では殆ど行われていない[21]。ただこれまで疎遠であったEU共同体法がこれら一連の条約によって、我が国の問題として認識し、間接的な法源の一つに加えざるを得ないということだけを指摘しておこう。

　米国との租税条約を持たない国の投資家は、米国の資本市場へ投資すれば、

21　村井正・岩田一政『EU通貨統合と税制・資本市場への影響』（日本租税研究協会・2000）の特に88頁以下。

　「派生的便益（受益）概念は、EU加盟国のEC条約上の義務と合致したLOB条項を推進する」（Vanistendael）ねらいから導入されたものであるが、「合衆国とデンマーク、仏、アイルランド、ルクセンブルク、蘭、英間の条約でみられる派生的便益（受益）条項は、差別問題に包括的にとりかかるのに十分なほど成功をおさめたとはいえない。仮にLOB条項の所有者条項が差別的かつ禁止的であれば、この問題は派生的便益（受益）概念を媒介として差別の射程を縮小することにより軽減緩和されるが、解決されてはいない」Georg W. Kofler, European Taxation Under an 'Open Sky': Lob Clauses in Tax Treaties Between the U.S. and EU Member States, *Tax Notes Int'l*, July 5, 2004, P.45（P.71）. 村井正「租税条約とEU法規範―改訂日独租税条約を素材に―（上）」税研195号（2017年9月号）31-37頁。

直接米国国内税法が適用される。租税条約が適用される場合と比べると、租税負担は格段に重い。そこで米国と租税条約を持つ国に子会社を設立し、それを媒介として対米投資を行う。その結果、米政府は、「得べかりし」税収を失う。それに対する対抗措置として、米国が考えだしたのが、条約漁り制限又は条約便益制限（LOB）である。米国との条約相手国に設立された子会社が実体のない存在でなく、能動的に企業活動を行っている場合は、LOBの対象にならないことは、いうまでもない。単なる見せ掛けの存在には、条約適格を認めない為のLOBの中には、オーナーシップ・テストをはじめとする要件等がある。ところが、それらの要件とローマ条約の中の開業の自由とが抵触するのではないかという問題が提起された。それらと異なるものとして、派生的便益がある。

条約上の特典を享受できる条約適格者は条約を締結する二国それぞれの納税者である。条約便益の享受だけを目的として設立されるペーパーカンパニーの如きは、条約便益の濫用例と解することができる。そうした者が不当に特典（便益）を利用して軽減税率等を享受すると、源泉地国は得べかりし税収を失うことになる。税収喪失に照らせば、LOB条項の導入も止むを得ないだろう。米独、米蘭条約は初期のLOB条項の導入例であるが、その要件化の一部がEU法と抵触するのではないか、との問題提起が契機となり、租税条約史上、はじめて米蘭条約（1992）に米側の利益とEU側の利益の調整規定として派生的受益基準が入った。EU法（例　開業の自由）との抵触を避ける為LOBを制限するものである。この派生的便益について米国、EU間の条約締約例と比べて日本の条約締結例は、いくつかの点で異なる。

具体例として、日英租税条約22条に即して派生的便益について考えてみよう。条約便益の適格者については、22条1及び2に定められているが、この適格者に該当しない一方の締約国の居住法人について、当該法人の所有要件（7以上の同等受益者が当該法人の議決権の75%以上を直接又は間接に所有する場合）を充足する場合、特典対象所得についての特典を享受できる（3）。ここでいう「同等受益者」とは、日英租税条約の特典を濫用するおそれのない第三国（源泉地国と当該第三国間に租税条約が存することが前提）の居住者で当該租税条

約の税率その他の要件が日英の税率その他の要件よりも制限的でない場合をいう。したがって、直接の条約の対象とならないにも拘らず、第三国の居住者にこうした便益（特典）の享受を認めるためには、次の3要件を充足する必要がある。①源泉地国と当該第三国間に租税条約が存し、実効的な情報交換規定があり、②第三国が適格者基準に該当し、③当該条約の税率等が日英に比べ制限的でないこと、である。なお、これについては、当局による救済規定（6）がある。日英条約では、派生的便益の対象を「第三国」としているが、合衆国がEU加盟国と結んだ最近の条約例では、これを更に制限し、「EU加盟国」に限定している。現在のところ、派生的便益規定は我が国がEU加盟国と締結した租税条約のみにあり、「第三国」の中には要件さえ充たせば、すべてのEU加盟国が含まれるが、元来「合衆国対EU」の利益調整を狙いとしたはずの派生的便益を「第三国」にまで拡大する日英、日仏、日蘭、日スイスの租税条約の意図は奈辺にあるのだろうか。

2-3-5　技術的説明

　日米租税条約の解釈において、しばしば合衆国財務省の「技術的説明」（Technical Explanation 以下「T.E」と省略）が登場する。この技術的説明とは、一体何であろうか。我が国でもこのT.Eをあたかも有権解釈の一つとして引用したり、権威的に参照したと思われる判例が一部みうけられる。そこで誤解をしないように、米国の最も客観的な文献であるALIに従いT.Eについて考えてみよう。

　「……条約が調印された後、合衆国財務省は条約の技術的説明（以下T.Eという）を用意する。これは条約の検討にあたり上院に提供されるものである。T.Eは条約解釈にあたり内国歳入庁によって参照され、歳入庁ほど頻繁ではないにせよ合衆国裁判所によっても参照される。特別の場合を除き、T.Eは条約相手国の同意を得ておらず、それ故一方的な資料である。Xerox事件[22]において裁判所は、条約のT.Eが英政府の条約調印前に英側の交渉者に送付し

た（と思われる）事実から、英政府が合衆国の解釈を受け入れたものと推論した。これは行き過ぎである。良心的な交渉者でも、明確な拒否を示さない限り、交渉の席でうっかり見過ごしてしまったことまで合意の責めを負うことはない。もしも条約相手国が明白に T.E に合意したのであれば、これは締約国の有効な合意と認められるべきである。しかし合意は単なる黙認（passivity）から推論されるべきではない。」[23]

　T.E は明らかに両当事国の合意の対象ではない。Xerox 事件において、米政府から英国の調印前に英国側の交渉者に T.E を送付した事実があるからといって、英側が T.E に示された米国の有権的解釈を承認したと推認することができるであろうか。裁判所の推論を「行き過ぎである」とした論者のコメントは極めて健全である。そうだとすれば、T.E が米国内でどのような効力をもつかはともかくとして、少なくとも我が国を拘束するものでないことは確かである。ただ上記 ALI 勧告 6（b）でいう資料に T.E が含まれるとすれば、これに「実質的な比重」を置くことをどの様に考えればよいのだろうか。それはともかくとして、抽象的で曖昧な租税条約の内容について日本側が全く条約締結の経緯等を示さないのも透明性に照らして問題である。有権解釈を示すことはともかくとして、せめて行政指導の一環として重要な条約内容は示してほしい。条約も国民を拘束することに照らせば、OECD コメンタリーの参照だけでは不十分である。

　アメリカ法上の T.E に相当するものとして、ドイツ法には Denkschrift がある。日独租税条約にも新たにこれが入った。シャウムブルクによれば、Denkschrift とは「連邦政府側で立法手続を始める際に、条約本文に添付される書面で、それ自体は条約の構成部分とならないが、専ら条約パートナーの主

22　Xerox v. United States, 14 Cl. Ct. 455, 1988.
23　ALI, *supra.* note 4, pp. 35-36 ; Harry A. Shannon, Die Doppelbesteuerungsabkommen der USA-Abkommenspolitik und geltendes Abkommensrecht. 1987はアメリカの租税条約を類型化した有益な研究である。それによると、T.E. は、条約の公式ガイドないしは amtlicher Führer と位置付けている。

観的考え方を再現するものである限りで、解釈上これを使用できないのは当然である。」[24]

2 - 3 - 6　米、英、独の裁判官の条約解釈—目的論的解釈　vs　文理解釈

　　ここで比較の対象とするのは、米、英、独の利子課税に関する裁判例である。米加租税条約 7 条（1942年）に関する合衆国控訴裁判所の Great-West Life Assurance Co. v. United States 事件[25]、米英租税条約15条（1945年）に関するイギリス高等法院の Commissioners of Inland Revenue v. Commerzbank AG 事件[26]及びドイツ連邦財政裁判所判決[27]（1985.10.9）である。これらの比較研究の前提は、対象とする条約の条文がほぼ同じであるということである。アメリカの裁判所は、合衆国がカナダ法人からカナダ法人に支払われた利子に対する課税を禁止した規定について、利子が合衆国にある恒久的施設を通じてカナダ法人に支配されている合衆国の生命保険会社に受け取られ、帰属する場合に 7 条の適用の是非が問われた。控訴裁判所は、条約の沿革や説明条項、その後の立法改正、財務省の解釈（Report by the Senate Committee on Foreign Relations on the treaty hearings, Transmittal Letter from the Acting Secretary of State to the Senate）に依拠した上で、当該条約の免除規定はカナダ法人のアメリカ支店に帰属する利子に適用することを意図していない、という結論に達した。

　イギリス高等法院は、合衆国の者からイギリスの非居住者に支払われた利子に対する課税を禁止する米英租税条約15条が金融業を営むドイツ法人のイギリスにある恒久的施設が受け取った利子について適用されるかどうかについて判断した。イギリス高等法院は、15条の文言の自然かつ通常の意義の下では、外

24　Schaumburg, Internationales Steuerrecht, 3 Auf 1. S. 647.

25　(1982) 678 F. 2d 180.

26　(1990) S.T.C.305.

27　I.R. 128/80, (1985) 145 BFHE 341.

国銀行が受け取る利子は免税とするとの判決を下した。この場合、イギリスの高等法院は、合衆国控訴院の Great-West Life Assurance 判決及び米英租税条約の「明確な文言を決定する」目的上、米英の権限ある当局によって作られた共同ステイトメントの参照を拒否したのである。イギリス高等法院の Mummery 裁判官は、この事件で米国の委員会記録等の参照を拒否したが、その理由はイギリスの裁判所はそうした書類を顧慮しないということにつきる。

　ドイツの連邦財政裁判所は、免除規定を拡大解釈すれば起こるであろう潜在的二重課税のおそれに注目した。ドイツの裁判所はウィーン条約を参照し、米の控訴裁判所判決及び米英の相互協議の結果はウィーン条約31条（3）（a）の事後的慣行にあたらないという理由でイギリスの裁判所とほぼ同じ態度をとった。ドイツの裁判所も基本的には、文理解釈をとったのである。

　米国の裁判所が目的論的解釈をとったのに対し、英・独の裁判所は、共に文言解釈に撤した結果、米国と英・独は真逆の判決となった。

〈参考文献〉

　第2章の脚注で引用した文献の他に次の文献を参考にしてほしい。

・村井正編『国際シンポジウム　国際租税秩序の構築』（関西大学法学研究所・1995）の「シンポジウム1：タックス・トリーティー・オーバーライド」に関する村井正、ドーンバーグ、フォーゲル、ベーカー、谷口、占部の報告を読んでほしい。
・増井良啓「租税条約上の仲裁に関する IFA 報告書」ジュリスト1244号（2003）278頁
・村井正・川端康之「新米独租税条約の問題点」経経通信46巻1号（1991）28頁以下
・村井正「租税条約をめぐる紛争解決のあり方―仲裁手続の導入をめぐって―」税務弘報39巻12号（1993）6頁以下
・増井良啓「租税政策と通商政策」小早川光郎・宇賀克也編『塩野宏先生古稀記念　行政法の発展と変革・下巻』（有斐閣・2001）517頁
・村井正・岩田一政『EU 通貨統合と税制・資本市場への影響』（日本租税研究協会・2000）
・村井正「明治20年所得税法のルーツを探る－なぜプロシャ階級税か－〔上〕〔中〕〔下〕」税研186・187・188（2016.3, 2016.5, 2016.7）
・村井正「租税条約とEU法規範－改訂日独租税条約を素材に－（上）（下）」税研195・196（2017.9, 2017.11）

第3章　納税義務者

3－1　居住者・非居住者

── 事例1 ──────────

(1) Xは、内国法人Aの代表取締役である。Xは、平成28年以降、住所をB国に移転させ、日本とB国間の移動を繰り返していた。平成28年度から平成30年度の日本とB国の滞在日数は、平成28年度（日本186日、B国180日）、平成29年度（日本189日、B国176日）、平成30年度（日本195日、B国170日）である。Xの配偶者は、Xが所有している京都のマンションに居住しており、生活費はXが負担している。Xは、日本の居住者として所得税法上扱われるか。

(2) (1)の事例において、XがB国の国内法上、居住者として扱われた場合に、租税条約ではどのように調整が行われるか。なお、日本とB国では、OECDモデル型の租税条約が締結されているものとする。

────────────────────

　国際取引に対する課税管轄は、本拠地管轄（domiciliary jurisdiction）ないし居住地管轄（residential jurisdiction）に基づくものと源泉地管轄（source jurisdiction）に基づくものがある[1]。前者は、所得と人的なネクサスを根拠とするもので、全世界所得（worldwide income）に課税する。それに対して後者は、所得と物的な関連性を根拠とするもので、自国内に源泉をもつ所得、すなわち、国内源泉所得（domestic source income）に課税する。

　人的なネクサスの有無については、個人の場合は、国籍又は市民権（国籍基準）、住所又は居所（居住地基準）などの基準により判断し、居住者又は非居住者を区別する。多くの国は居住地基準をとるが、米国のように国籍基準をと

───────────────

[1]　水野忠恒『国際課税の制度と理論　国際租税法の基礎的考察』（有斐閣・2000）4頁。

る国もある[2]。居住地基準については、183日ルールのように、一定期間の国内滞在日数で振り分ける客観的基準を採用する国、滞在日数にとらわれず、住所又は居所を実質基準によって判断する国がある。例えば、米国では我が国とは異なる居住者と非居住者を区分する基準を定めており（内国歳入法典§7701(b)）、当該基準によれば、暦年のいずれかの時点で合法的な恒久的居住者（lawful permanent resident）であるか、183日ルールのいずれかで居住者としての判定がなされる。

　我が国の所得税法では、個人が居住者か非居住者かで納税義務者の課税の範囲が区別される。つまり、現行所得税法は、住所基準に基づき納税義務者を区分し、課税所得の範囲を定めている（図表3-1）。国内に住所を有し、又は現在まで引き続いて1年以上居所を有する個人を「居住者」（所税2条1項3号）、居住者以外の個人を「非居住者」（所税2条1項5号）とし、居住者のうち、日本の国籍を有しておらず、かつ、過去10年以内において国内に住所又は居所を有していた期間の合計が5年以下である個人を「非永住者」とする（所税2条1項4号）。これらの区分に基づき、非永住者以外の「居住者」は、全世界所得に（所税7条1項1号）、「非居住者」は、国内源泉所得に（所税7条1項3号）、「非永住者」は、国内源泉所得と送金分（所税7条1項2号）に課税される。非永住者制度は、昭和32年度改正で所得税法に定められたものであるが、昭和25年の非円通貨による外国人所得の非課税措置に伴い導入された、半額課税措置、国内払課税方式、送金ベース課税方式等の経過措置が、この制度の原型といわれている[3]。

2　Rijkele Betten, Income Tax Aspects of Emigration and Immigration of Individuals, IBFD, 1, 1998. 米国は、住所基準のほか、市民権（citizenship）を考慮する。

3　非永住者の課税については、増井良啓「非永住者制度の存在意義」ジュリスト1128号（1998）107頁、藤本哲也『国際租税法』（中央経済社・2005）51頁、矢内一好『日本・国際税務発達史』（中央経済社・2018）15頁以下。

図表 3 － 1　　所得税法における納税義務者と課税所得の範囲

個人の納税義務者		課税所得の範囲
居住者 （所税 2 条 1 項 3 号）	非永住者以外の居住者	全世界所得 （所税 7 条 1 項 1 号）
	非永住者 （所税 2 条 1 項 4 号）	法95条 1 項に規定する国外源泉所得以外の所得及び国外源泉所得で国内において支払われ、又は国外から送金されたもの （所税 7 条 1 項 2 号）
非居住者 （所税 2 条 1 項 5 号）	居住者以外の個人	法164条 1 項各号に掲げる非居住者の区分に応じそれぞれ同項各号及び同条 2 項各号に定める国内源泉所得 （所税 7 条 1 項 3 号）

　納税義務者の判定は「住所」の有無で区分されているが、その意義は所得税法では定められていない[4]。「住所」概念は、民法の住所の概念を借用したものであるとされ（民22条）、裁判例も「所得税法が民法におけるのと同一の用語を使用している場合に、同法規が明文をもってあるいは、その趣旨から民法と異なる意義をもって使用していると解すべき特段の事由がある場合を除き、民法上使用されているのと同一の意義を有する概念として使用するものと解するのが相当である」とし、それを支持する[5]。借用概念については、民法と同義に解される統一説をとる見解が多い[6]。

　判例法上、「住所」とは各人の生活の本拠をいい[7]、その人の生活に最も関連の深い一般的生活、全生活の中心を持ってその者の住所と解釈される[8]。生活の本拠であるかどうかは、客観的事実によって判断されるとされるが（所基通 2 － 1 ）、その具体的判断基準については定められていない。住所の認定は、単に滞在日数が多いかどうかによってのみ判断すべきものでなく、客観的事実

4　我が国の個人の納税義務者について、英文で紹介したものとして、Akiyuki Asatsuma, Chapter 17, Guglielmo Maisto ed., Residence of Individuals under Tax Treaties and EC Law, IBFD, 433, 2010.
5　神戸地判昭60・12・2（判タ614号58頁）、大阪高判昭61・9・25（訟月33巻 5 号1297頁）。
6　東京地判昭56・3・23（訟月27巻 6 号1190頁）。
7　最判昭29・10・20（民集 8 巻10号1907頁）。
8　最判昭35・3・22（民集14巻 4 号551頁）。

を総合して判断すべきとした裁判例がある[9]。生活の本拠については、一般的に、住居、職業、国内において生計を一にする配偶者その他の親族の存否、資産の所在等の客観的事実に基づき、総合的に判定するのが相当とされる[10]。

　所得税法、相続税法上も「住所」の定義が定められていないことから、しばしば「住所」の解釈が問題になる。「住所」の有無を判定するにあたり、居住意思が考慮されるのか否かについては、主観主義と客観主義という考え方ないし理論がある[11]。

　相続税法上、「住所」の解釈が争われた武富士事件の高裁判決では、「一定の場所が生活の本拠に当たるか否かは、住居、職業、生計を一にする配偶者その他の親族の存否、資産の所在等の客観的事実に、居住者の言動等により外部から客観的に認識することができる居住者の居住意思を総合して判断するのが相当である」とし、前者の見解をとる[12]。それに対して、所得税法上、「住所」の解釈が争われたユニマット事件では、後者の見解をとり、租税回避の意図にかかわらず、客観的事実を重視し、住所は国内にないと判断した[13]。武富士事件の最高裁も「住所とは、反対の解釈をすべき特段の事由はない以上、生活の本拠、すなわち、その者の生活に最も関係の深い一般的生活、全生活の中心を指すものであり、一定の場所がある者の住所であるか否かは、客観的に生活の本拠たる実体を具備しているか否かにより決すべきものと解するのが相当である」とし、判例法上は後者の見解が有力である[14]。

9　最判昭27・4・15（民集6巻4号413頁）。

10　大阪高判昭61・9・25（訟月33巻5号1297頁）。

11　佐藤正勝「武富士事件と租税法上の住所の意義―住所の判定要素と関連理論の考察―」税大ジャーナル10号（2009）55頁。

12　東京高判平20・1・23（判タ1283号119頁）。

13　東京高判平20・2・28（判タ1278号163頁）。

14　最判平23・2・18（判タ1345号115頁）。東京地判平25・5・30（税資263号順号12227）も、「『住所』とは、反対の解釈をすべき特段の事由がない以上、生活の本拠、すなわち、その者の生活に最も関係の深い一般的生活、全生活の中心を指し、一定の場所がその者の住所に当たるか否かは、客観的に生活の本拠たる実態を具備しているか否かにより決すべきであると解される」とする。「住所」の解釈基準については、占部裕典「租税法における『住所』の意義とその判決基準・考慮要素」同志社法学60巻1号（2008）21頁。

　住所及び永住の意思に関する推定規定には、国内に住所を有する者と推定する場合（所税令14）、国内に住所を有しない者と推定する場合（所税令15）、国内に永住する意思がないものと推定する場合（所税令16）がある。住所の推定規定がおかれたのは、次のような経緯である[15]。戦後来日した外国人は、日本に住所を有する意思表示がない限り、住所を有しないもの（非居住者）として取り扱われていたため、家族を伴って来日し、かつ、雇用契約等で相当長期間日本に滞在することが明らかな者まで、最初の1年間は非居住者として低い課税を受けており適正さを欠いていた。こうした事情を踏まえ、住所の本来の意義により非居住者か否かの判定を行うこととしたが、判定を個別に行うことには執行上の困難を伴うことから、このような推定規定が置かれたとされる。

　国家公務員又は地方公務員は、外国に居住していても、所得税法上、居住者として扱われる（所税3条）。それに対して、米国軍隊の構成員及び軍属並びにその家族は、我が国に居住していても、非居住者として扱われる[16]。

━ Column　明治20年所得税法 ━

　明治20年法1条は「凡ソ人民ノ資産又ハ営業其他ヨリ生ズル所得……以上アル者ハ此税法ニ依テ所得税ヲ納ムヘシ」と定め、「居住者」は納税義務者から除外されている。この規定は、雇外国人であるルードルフ及びロエスレルの二人のドイツ人の意見である「収入税法律案」を参酌して作成されたものであることは、伊東巳代治から伊藤参議宛明治17年12月文書及びルードルフから伊藤参議宛1874年11月29日文書を入手された汐見三郎教授によって裏づけられている（汐見三郎『各国所得税制論』（有斐閣・1934）247-260頁）。この原案によると、この1条に相当するものは、「1条　凡ソ日本国民ニシテ本国或ハ外国ニ住居シ一人ニテ或ハ其家族ノ有スル……円以上ヲ収入スル者ハ……収入税ヲ納ムルノ義務ヲ有ス」、「2条　外国ニ住居スル日本国民ハ外国ニ於テ有スル土地ノ収入ニ付外国政府ニ収入税ヲ納メタルコトヲ証明スルトキハ此収入税を免除スベシ」、「3条　凡ソ外国人ニシテ営業ノ為メ又ハ一年以上日本国内ニ住居スル者ハ収入税ヲ納ムヘシ但此義務各国ト締結セル現行条約ニ抵触スルトキハ此限ニアラス　外国人ニシテ日本国内ニ於テ土地ヲ所有スル者其収入金額……円以上ナルトキハ同ク収入税ヲ納ヘシ　外国人ニシテ内地ニ於テ商工営業所ヲ有スル者モ亦之ニ準

15　藤本哲也編『設例から考える国際租税法』（2019）19頁以下。
16　日米地位協定13条2項、日米臨時特例法3条3項。

54

ス」の３か条であり、当初あった「外国人」がなぜ削られたのかについて、汐見三郎
教授は「…対外経済関係が単純なりし為か又は外国人に対する遠慮ありし為か当時の
所得税に於いて全く具体化せられず、漸く明治32年の税法に於いて収入税案の精神が
実現せられる事となった」(汐見前掲書259頁) と説明するのが正解であろう。ところ
で「人民」のほか "Nationals（フィリピン）"、"Citizens（合衆国）" という用語も使
われているが、これらは、ほぼ同義と解してよかろう。更に「国内に住所も居所もな
いドイツ国籍を有する者」(ドイツ所得税法１条２項)、「国内に住所をもたないで、
５年以内継続して外国に滞在したことのあるドイツ国籍を有する者」(ドイツ相続
税・贈与税法２条１項１号 (b)) とほぼ同趣旨のものとして日本相続税法１条の３第
２項があり、納税義務の全部又は一部について拡張するものである。OECD モデル
条約の「国民」の語につき３条のコメンタリーのパラ８では「国籍または市民権を有
する全ての個人」とし、「当該用語が通常使われる意味及び国籍又は市民権の得喪に
関する各国の具体的準則を参照しなければならない」(水野忠恒監訳『OECD モデル
租税条約2017年版』(日本租税研究協会・2019)３条パラ８) とのみ注解する。

(村井　正)

（参考）

村井正「明治20年所得税法のルーツを探る―なぜプロシャ階級税か（上）（中）（下）」税研31
　巻６号（2016）28頁、32巻１号（2016）25頁、32巻２号（2016）25頁

３−２　内国法人・外国法人

―― 事例２

内国法人Ａは、電子機器をマレーシアで製造販売し、世界中にその製品を輸出し
ている。Ａは、マレーシアの事業を統括するために子会社Ｂを設立した。Ｂは、Ａ
から役員を迎え、Ｂの取締役会を日本で行うなど、事実上Ｂの経営管理はＡによっ
て行われている。Ｂは、我が国の法人税法上、外国法人として扱うことができるか。

法人税の納税義務者については、設立準拠法主義、本店所在地（登録）主義、
管理支配地主義などの判定基準により、内国法人と外国法人に区分される[17, 18]。
設立準拠法主義と本店所在地（登録）主義は、形式的な基準であり、前者は法

17　(1)から(4)の分類については、村井正編著『教材国際租税法　新版』(慈学社・2006) 65頁。
18　Guglielmo Maisto ed., Residence of Companies under Tax Treaties and EC Law, IBFD, 2009.

人の設立がどの国の法律に基づくものかで判断し、後者は、法人の本店を置いている国又は本店を登録している国で判断する。このような基準では、軽課税国の法律に基づき法人を設立し、そこに本店を置くことで、容易に課税逃れを行うことが可能になる。それに対して、管理支配地主義は、実質的側面を重視した考え方であり、取締役会の開催地等など、法人の実質管理支配の場所（place of control or management）がどこかで判断する[19]。

(1)　設立準拠法主義をとる国

　アメリカ、スウェーデン、フィリピンなど

(2)　本店所在地主義をとる国

　日本

(3)　管理支配地主義をとる国

　韓国、シンガポール、インドネシア、マレーシアなど

(4)　本店所在地主義と管理支配地主義を併用する国

　イギリス、カナダ、ドイツなど

　本店所在地主義をとる我が国の法人税法では、国内に本店又は主たる事務所がある法人を「内国法人」、内国法人以外の法人を「外国法人」に区分する（法税 2 条 1 項 3・4 号）。内国法人は、全世界所得（worldwide income）、外国法人は国内源泉所得（domestic source income）に課税される（図表3-2）。政府税制調査会「法人課税小委員会報告」（1996）によれば、本店所在地主義では、課税逃れが行われやすいことから管理支配地主義の導入といった意見も一部にみられたとされる。法人の本店を国外に移転させる時点で、法人の財産にみなし譲渡課税、いわゆる法人に対する出国課税を行う国がある。当該出国課税がEU 法に抵触するとした判決が欧州司法裁判所で下されている[20]（出国課税については、**第18章**参照）。

19　ドイツについては、木村弘之亮「ドイツ租税法における法人の住所—『管理の場所（管理支配地）』条項の追加」法学研究68巻 1 号（1995）97頁。

20　C-371/10 National Grid Indus（2011）ECR I-12273. 宮本十至子「法人に対する出国税をめぐる諸問題—EU の動向を中心に—」村井喜寿『租税の複合法的構成』（清文社・2012）623頁。

図表３−２　法人税法における納税義務者と課税所得の範囲

法人の納税義務者	課税所得の範囲
内国法人（法税２条３号）	全世界所得（法税５条）
外国法人（法税２条４号）	国内源泉所得（法税９条）

　法人税法では、「法人」についての定義規定がないことから、しばしばある事業体が法人に該当するかどうかが問題になる[21]。我が国では、個人か、法人かで、前者には所得税法、後者には法人税法といった二分法をベースにルールを適用してきた。信託、匿名組合、民法上の組合、特定目的会社（SPC）、特定目的信託（SPT）、有限責任会社（LLC）、有限責任組合（LLP）などの多様な事業体をどのように課税上扱うかという課題があった。各国において法人格を有する事業形態が異なるため、例えば、米国の各州法によるLLC、LLP、無限責任組合員を有する有限責任組合（LPS）などの外国法に基づいて組成された事業体を我が国においてどのように課税上扱うのかも課題である。

　外国事業体の法人該当性については、いくつかの裁判例がある。これまでの裁判例における外国事業体の法人該当性の判断方法は、外国事業体の設立準拠法国（地域）の法令が当該事業体の法人格を付与しているかどうかを検討すべきとする「外国私法準拠説」と我が国の私法の法人の属性を鑑みて、当該外国事業体の属性を検討すべきとする「内国私法準拠説」に大別される[22]。米国ニューヨーク州法に基づき設立されたLLCの事業につき生じた損失が、その構成員の損失となるかどうかが争点となった事件では、LLCを「外国法人」と認定し[23]、その後、国税庁は「米国LLCに関する税務上の取扱い」を公表して、米国の課税上の取扱いに関わらず、米国LLCを外国法人として扱うことを明確にした。外国法に基づくLPSについては、米国デラウェア州法に基づき設

21　増井良啓「多様な事業組織をめぐる税制上の問題点」フィナンシャル・レビュー69号（2003）100頁、同「組織形態の多様化と所得課税」租税法研究30号（2002）10頁。

22　加藤友佳「判批」ジュリスト1496号（2016）111、112頁。

23　東京高判平19・10・10（訟月54巻10号2516頁）、原審さいたま地判平19・5・16（訟月54巻10号2537頁）。

立された LPS の法人該当性につき下級審で判断が分かれていたところ、最高裁は「外国法人」と認定した[24]。その後、国税庁は、米国税法上、法人として扱われることを選択しないかぎり、米国 LPS をパス・スルー事業体と扱うことに異議を唱えないとする文書（The tax treatment under Japanese law of items of income derived through a U.S. Limited Partnership by Japanese resident partners）をホームページで公表した[25]。

Column　パス・スルー

　パス・スルーとは、事業活動から得られた損益について、当該活動を行う団体を通りぬけ（団体に課税せず）、その団体を構成する構成員が直接、その帰属主体となることをいい、この損益に課税する方式をパス・スルー課税（もしくは構成員課税）という。このような課税方式を採用する団体は、導管（conduits）と考えられ、米国における Partnership や我が国における任意組合、有限責任事業組合、投資事業有限責任組合、受益者等課税信託等が挙げられる。

　この課税方式では、損益が直接構成員に帰属することから、その多様な形態を利用し、事業から生じる損失を利用した損益通算を行う租税回避行為が発生することへの懸念から、その損失の利用に制限がかけられている（租特41条４の２等）。

　また、国際的な投資活動においては、我が国に定めのない諸外国の事業体（LPS等）について、パス・スルー課税が適用される事業体であるのか、あるいは我が国の租税法上、法人として損益が帰属する事業体であるのか判断する必要がある（最判平27・7・17民集69巻5号1253頁）。なお、日米租税条約では、締約国間で課税の取扱いが異なる事業体については、構成員の居住地国の定めによることを原則としている。

（濵田　洋）

　（参考）

水野忠恒『大系租税法（第２版）』（中央経済社、2018）390頁以下

---

[24]　米国デラウェア州法に基づく LPS の法人該当性については、最判平27・7・17（民集69巻5号1253頁）、名古屋高判平25・1・24（税資263号順号12136）、名古屋地判平23・12・14（民集69巻5号1297頁）、東京高判平25・3・13（訟月60巻1号165頁）、東京地判23・7・19（税資261号順号11714）。なお、バミューダの LPS については、法人該当性につき消極判断が確定している。東京高判平26・2・5（判タ1407号86頁）。

[25]　https://www.nta.go.jp/english/tax_information.pdf（最終閲覧日2020年2月11日）。増井良啓・宮崎裕子『国際租税法［第4版］』（東京大学出版会・2019）12、245頁以下。

┌─ **Column　ペイ・スルー** ─
│　　ペイ・スルーとは、投資活動によって得られた利益を直接構成員に帰属させるパ
│　ス・スルーとは異なり、一旦、事業体において課税対象とし、構成員たる社員にその
│　利益を分配する際に、その分配金額を損金に算入し、事業体の所得の計算上、当該分
│　配金額を課税対象外とすることをいい、この課税方式をペイ・スルー課税という。こ
│　の課税方式の対象となる我が国の代表的な事業体（ペイ・スルー型法人）は、特定目
│　的会社、投資法人、法人課税信託（特定投資信託、特定目的信託）が挙げられる。な
│　お、これらの事業体は、利益分配額の損金算入の要件として、その収益の90%超を分
│　配することが定められている。　　　　　　　　　　　　　　　　　　（濱田　洋）
└─

3－3　双方居住者、ハイブリッド・ミスマッチ

─── **事例3** ───

　日本の居住者Yは、米国のニューヨーク州法によって組織されたLLCを通じて米
国の株式に投資し、配当所得を得ている。当該LLCは、米国では、check-the-box
規則により、パス・スルー課税を選択していたが、日本法上「外国法人」として認
定された。日米租税条約上、条約適格を有する者はどのように決定されるか。

　居住者、非居住者の判定基準の違いにより、両国で居住者として認定される
場合がある。同じく、内国法人、外国法人の判定基準の違いにより、両国で内
国法人として認定される場合もある。そうすると、居住者又は内国法人として、
全世界所得に課税された場合には、両国で居住地管轄の抵触による二重課税が
生じる。

　租税条約は、一方又は双方の締約国の「居住者（resident）」に適用される
（OECDモデル租税条約1条1）。国内税法では「居住者」は自然人である個人
を意味するが、租税条約上の「居住者」には、個人だけでなく法人も含まれる。
OECDモデル租税条約4条は、二重居住者による二重課税問題を解決すべく、
「一方の締約国の居住者」の意義を明らかにし、「居住者」の具体的範囲を定め
る。当該規定によれば、「一方の締約国の居住者」は、国内法上、住所、居所、
事業の管理の場所その他これに類する基準によって、当該一方の締約国におい

て「租税を課されるべきもの」とされる者と定義される。

　「租税を課されるべきもの」には、①国内法で非課税とされる実体の該当性と②パートナーシップ等の該当性について解釈が分かれている[26]。①については、一定の要件の下、国内法で非課税扱いされている慈善団体等が「租税を課されるべきもの」にあたるかどうかである（第4条、パラ8.11-8.12）。慈善団体等は国内法の非課税要件を充足した場合においてのみ非課税になり、充足しない場合には課税されることから、条約の適用上、「租税を課されるべきもの」と考えている国が多い。それに対して、国内法上非課税とされるものは「租税を課されるべきもの」と考えていない国もある。「租税を課されるべきもの」として、2017年モデル租税条約4条1では、第3条1i）で定める「公認年金基金（recognised pension fund)[27]」が含まれることを明確化した（「公認年金基金」については、**第12章**参照）。これは、自国内に設立された年金基金がその国で課税上非課税などの扱いがなされるにもかかわらず、居住者と考えてきた国があり、年金基金の扱いは、設立された国の国内法及び法的性格に依拠するため、「公認年金基金」の定義を充足する年金基金を「租税を課されるべきもの」としたのである（パラ8.6-8.10）。②については、パートナーシップの所在地国が課税上透明な事業体として扱うあるいは課税主体と扱うというように、両国でパートナーシップ所得が異なる方法で課税される場合があり、OECDはこの取扱いについて報告書を公表してきた[28]。OECDモデル租税条約1条2によれば、パートナーシップ所在地国が課税上存在しない（fiscally transparent）ものとして認識し、居住者であるパートナーの所得として取り扱われる限りにおいて、当該所得について条約の適用があるとする。この取扱

26　OECD, Model Tax Convention on Income and on Capital, condensed version 2017, Art. 4. 川田剛・徳永匡子『2017OECDモデル租税条約コメンタリー逐条解説第4版』（税務研究会・2018) 107頁。

27　当該用語について、「公認された年金基金」、「認定年金基金」と訳出されているが、ここでは（公財）納税協会連合会『令和元年版　租税条約関係法規集』（清文社・2019）の訳語による。

28　OECD, The Application of the OECD Model Tax Convention to Partnerships: Issues in International Taxation No.6, 1999.（古賀明監訳『OECDモデル租税条約のパートナーシップへの適用』（日本租税研究協会編・2000))。

いは、パートナーシップだけでなく、課税上存在しないものとみなされる団体や仕組みについても適用される（パラ8.13）。

　上述のように、両締約国の国内法上の納税義務者が「居住者」とされていることから、国内法の納税義務者の範囲が異なることにより、両国とも「居住者」とされる場合がある。例えば、本店所在地主義をとる X 国に本店を置き、管理支配地主義をとる Y 国に経営の中心をおく法人の場合も、両国で内国法人となりうる。その結果、二重課税が生ずるが、それは国内法では救済できない。それゆえ、双方居住者については、租税条約のタイ・ブレーカー条項によって、いずれかの国の居住者又は内国法人に振り分け、当該二重課税の調整をする[29]。

　OECD モデル租税条約 4 条 2 では、個人の双方居住者の振り分け基準を定めており、個人の「恒久的住居（permanent home）」、「重要な利害関係の中心（center of vital interests）」、「常用の住居（habitual abode）」、「国籍（nationality）」によっていずれの締約国の居住者として取り扱われるかを決定する。日米租税条約 4 条では、米国が自国の市民権を有する者に対して居住の有無にかかわらず全世界所得課税を行うことから、それを踏まえて二重課税の振り分け規定を定める[30]。

　我が国が締結した租税条約における個人の双方居住者の取り扱いは、次のように分類できる。

　①OECD モデル租税条約型
　②恒久的住居の要件を除いた OECD モデル租税条約型
　③両国間の協議によって二重居住者の振り分けを行うもの
　④条約に規定が定められていないもの

　OECD モデル租税条約 4 条 3 は、個人以外の双方居住者の振り分け基準を定める。当該規定は、事業の実質的な管理の場所、設立された場所その他関連するすべての要因を考慮して、両締約国の権限ある当局の合意によって、いず

29　OECD, Model Tax Convention on Income and on Capital, condensed version 2017, Art. 4. 川田剛・徳永匡子・前掲注26 109頁。

30　浅川雅嗣編著『コンメンタール改訂日米租税条約』（大蔵財務協会・2005）51頁。

れかの国の「居住者」であることを決定する努力義務を定め、合意がない場合には条約の減免措置が受けられないとする。OECD モデル租税条約は、法人の居住地を判定するにあたり、「実質的な管理の場所」が考慮要素とされているところ、我が国は本店所在地主義を採用しているため、コメンタリーに留保を付している（パラ28）。

我が国が締結した租税条約の個人以外の双方居住者の取り扱いは、次のように分類できる。

①法人の本店所在地のある国

②両国間の協議によって二重居住者の振り分けを行うもの

③条約に規定が定められていないもの

上述のように、法人税法上、「法人」の定義がないため、我が国において外国の事業体をどのように性質決定するかが問題となる。源泉地国では事業体を納税義務者として認識して団体課税を適用し、事業体の居住地国では事業体を透明な事業体としてパス・スルー課税を適用した場合に、両国間で事業体の性質決定が異なり、二重課税又は課税の空白が起こりうる（このような事業体を「ハイブリッド事業体」という）[31]。例えば、我が国の国内法では、組合自体は法人税の納税義務者にならず、パス・スルー課税が適用されるが、租税条約上、組合は、「者」として扱われ、条約適格を享受できる場合がある（条約適格の議論については、**第12章**参照）。

米国では check-the-box 規則により、納税者が当然法人（per se corporation）以外の適格エンティティについて、パス・スルー課税又は団体課税を選択することができる。したがって、米国の LLC について、我が国で「外国法人」と性質決定した場合であっても、納税者が当該事業体の課税について、パス・スルー課税を選択した場合には、両国間で課税上の取扱いが異なることになり、事業体の性質決定の違いを利用した裁定取引が行われる可能性

---

31 増井良啓「投資ファンド税制の国際的側面―外国パートナーシップの性質決定を中心として」日税研論集55号（2004）75頁、髙橋祐介「パートナーシップと国際課税」フィナンシャル・レビュー84号（2006）84頁。

62

がある[32]。

OECD は、両国で居住者とされる双方居住者や両国で課税上の取扱いが異なる事業体への対応について多くの議論を重ね、2015年に BEPS（Base Erosion and Profit Shifting、税源浸食と利益移転）プロジェクト行動計画２「ハイブリッド・ミスマッチの効果の無効化」として最終報告書を公表した[33]。各国が BEPS 防止措置を個別の租税条約に導入するには時間がかかることから、既存の租税条約に一挙に導入するために、行動計画15において多数国間条約の策定が勧告された[34]。それを受けて、「税源浸食及び利益移転を防止するための租税条約関連措置を実施するための多数国間条約」（以下、「BEPS 防止措置実施条約」という。）が締結され、我が国も当該条約に署名した[35]。BEPS 防止措置実施条約では、ハイブリッド・ミスマッチに対して、パス・スルー・エンティティのような課税上存在しない団体を通じて取得した所得の条約上の扱い（第３条）、双方居住者に該当する団体の振り分け基準（第４条）、二重課税の除去のための方法の適用（第５条）について定めている。

BEPS 防止措置実施条約は、ハイブリッド事業体についての対応措置として、いずれかの締約国の国内法で全面又は部分的に課税上存在しないものとして扱われる団体もしくは仕組みを通じて取得する所得は、一方締約国で居住者の所得として取り扱われる限りにおいて、一方締約国の居住者の所得とみなされる（第３条１）とし、2017年 OECD モデル租税条約第１条２でもそれを明らかに

32　OECD, Hybrid Mismatch Arrangements: Tax Policy and Compliance Issues, 2012.

33　OECD, Neutralising the Effects of Hybrid Mismatch Arrangement, Action 2: 2015 Final Report, OECD/G20 Base Erosion and Profit Shifting Project, 2015. 最終報告書については、伊藤剛志「行動２：ハイブリッド・ミスマッチ・アレンジメントの無効化」中里実他編『BEPS とグローバル経済活動』（有斐閣・2017）82頁、平野嘉秋「ハイブリッド事業体と国際課税問題：ハイブリッド・ミスマッチによる BEPS 問題を中心として」日税研論集73号（2018）101頁、栗原克文「BEPS プロジェクト（行動２）ハイブリッド・ミスマッチ・ルールについて」国際税務38巻６号（2018）26頁など。

34　OECD, Developing a Multilateral Instrument to Modify Bilateral Tax Treaties, Action15: 2015 Final Report, OECD/G20 Base Erosion and Profit Shifting Project, 2015. 大蔵財務協会『平成30年版改正税法のすべて』（2018）902頁。

35　当該条約については、矢内一好『解説 BEPS 防止措置条約』（財務詳報社・2018）などがある。

している。既存の二国間租税条約は、日本と相手国の選択が合致する範囲で、BEPS防止措置実施条約により修正されるが、米国はこれに署名しておらず、影響は受けない。

　日米租税条約4条6ではハイブリッド事業体についての対応を具体的に定めている[36]。原則としてその所得を稼得する者の居住地国における課税上の取扱いをベースに、源泉地国における課税を減免するといった考え方に基づいており、(a)日本（団体課税）・米国（事業体・パス・スルー課税）、(b)日本（パス・スルー課税）・米国（事業体・団体課税）、(c)日本（団体課税）・第三国（事業体）・米国（パス・スルー課税）などについて条約の適用関係を明らかにする（**図表3-3から3-5**）[37]。(a)及び(b)の場合は、租税条約上は、日本の取扱いにかかわらず、事業体の存在する米国の課税上の取扱いに従って課税関係を調整する。(c)のように第三国に事業体が存在する場合は、第三国が事業体に団体課税を適用するのであれば、日米租税条約の適用はないが、第三国が事業体にパス・スルー課税を適用するのであれば、事業体の各構成員のうち居住者となる部分につき、日米租税条約の適用対象者となる。なお、米国源泉の所得を米国の事業体が稼得する場合や日本源泉の所得を日本の事業体が稼得する場合のように両国間を跨がないものについては、当然日米租税条約の適用はない。

36　浅川雅嗣編著・前掲注30、55頁。
37　図表については、浅川雅嗣編著・前掲注30、57～60頁を参考に作成。

図表3-3　(a)日本（団体課税）・米国（事業体・パス・スルー課税）

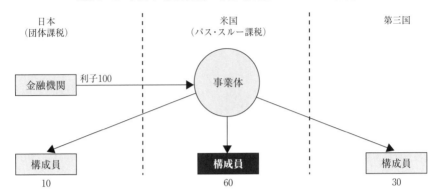

図表3-4　(b)日本（パス・スルー課税）・米国（事業体・団体課税）

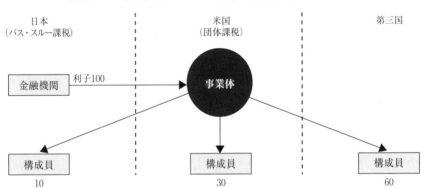

図表3-5　(c)日本（団体課税）・第三国（事業体）・米国（パス・スルー課税）

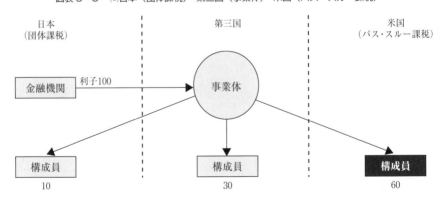

＜参考文献＞

一高龍司「LLPと租税回避の論点」租税研究669号（2005）94頁

今村宏嗣「ハイブリッド・ミスマッチに対する各国の対応及び我が国における執行上の問題点」税務大学校論叢87号（2016）1頁

占部裕典「OECDモデル条約と国際的なパートナーシップの課税問題」総合税制研究3号（1995）22頁

岡村忠生「二重連結損失とハイブリッド・ミスマッチ」法学論叢176巻2・3号（2014）173頁

小野傑・渡辺健樹「租税法上の法人概念と先端的金融商品及び国際課税」金子宏編『国際課税の理論と実務』（有斐閣・1997）346頁

川端康之「租税条約における受益者の意義と機能」碓井光明他編『公法学の法と政策（上）』（有斐閣・2000）359頁

田中啓之「租税法における外国の法形態」北大法学論集65巻5号（2015）1187頁

中里実「外国法人・非居住者に対する所得課税」日税研論集33号（1995）139頁

永峰潤『非居住者・非永住者課税』（税務経理協会・2000）

藤井恵『新版 これならわかる！租税条約』（清文社・2010）

増井良啓「日本の租税条約」金子宏編『租税法の基本問題』（有斐閣・2007）569頁

吉村政穂「BEPS行動計画2：ハイブリッド・ミスマッチ取決めの効果否認について」21世紀政策研究所『グローバル時代における新たな国際租税制度のあり方』（2014）

渡邊幸則「チェック・ザ・ボックス規則について」碓井光明他編『公法学の法と政策（上）』（有斐閣・2000）589頁

第4章　企業の利得に対する課税と恒久的施設

　非居住者及び外国法人は、国内源泉所得に対して日本で所得税又は法人税が課される。国内源泉所得の一部は、支払時に源泉徴収の対象となる。源泉徴収税は、常に所得税である。

　非居住者及び外国法人に対する課税の基本的な仕組みは、平成26年度の法改正で（所得税法上の計算の細部については平成27年度改正で）、租税条約に関する経済協力開発機構（OECD）におけるコンセンサスとの整合を図るべく、かなり根本的な変更が加えられた。そしてその実施が、所得税は平成29年から、法人税は平成28年4月以降開始の事業年度から始まっている。このような経緯から、現行制度の仕組みを本質的に理解するには、改正前の制度と、OECDが示した方向付けに関する基礎的な理解が欠かせない。そこで、本章は、外国法人への課税を主に念頭に置きつつ、現行制度の理解に欠かせない最小限度の範囲で、平成26年度改正前の制度（以下、旧法）とOECDが承認した企業の利得に対する課税の設計についても、現行制度と併せて確認する。

―― **事例** ―――――――――――――――――――――――――――――――――

　X国法人P社（製造業）は、X国本店で製造した製品甲を複数の国で販売している。日本の顧客向けのものは、日本国内の支店を通じて販売している。P社は、Y国（無税国）に子会社S（Y国外に支店等を有しない）を有している。P社は、日本での売上を益金に含めて法人税の申告をしている。

(1)　仮に、P社が製品甲を専らS社に販売し、S社が日本で締結した契約に基づき直接日本の顧客に販売すると、その売上に係る益金に対するP社及びS社の法人税はどうなるか。

(2)　P社の国内支店が、留保していた事業資金の一部10億円を本店の指示に従いS社に融資し、S社から1億円の利子を受領した。この利子は、P社の法人税の申

―――――――――――――

　（注）本章の内容は2019年4月1日現在の法令及び当該時点で入手可能な情報による。

告上どのように扱われるべきか。

(3)　P社本店は、各国での販売促進目的で、10億円を支出して市場調査を実施し、同額を各国での事業に係る売上総利益に応じて配賦した。その結果、日本支店への配賦額が4億円となり、さらに本店は、比較可能な独立企業間の適正な値入率25％を反映して5億円の負担を要求したので、日本支店は同額を内部対価として本店に支払った。この5億円は、P社の日本での法人税の申告に際しどのように取り扱われるべきか。

4-1　総合課税と源泉徴収

4-1-1　基本設計

　非居住者及び外国法人については、国内源泉所得に対して我が国で課税を受けるところ、課税の方法には、所得の種類ごとに、1)源泉徴収を受けずに総合課税又は法人税課税される場合、2)源泉徴収を受けて総合課税又は法人税課税される場合、3)源泉徴収を受けるが、総合課税又は法人税課税はされない場合（つまり源泉徴収されるのみ）がある。法人の所得の金額の計算は、総合して全ての収益と全ての原価・費用・損失が考慮される。

　法人税課税については確定申告を要し（法税144条の6・144条の10）、納税者にとって都合の良い面と悪い面とがある。一般に、都合の良い面としては、経費控除が可能となること、異なる所得区分間での損益の通算が可能となることなどであり、都合の悪い面には、申告の費用と手間がかかること、税率が高くなることが多いこと、などが含まれる。非居住者に対する総合課税の場合も同様である。

　旧法上の法人税課税の態様と源泉徴収の有無については、平成26年改正前の法人税基本通達20-2-12に示される図表が有用であった（非居住者に関しては同改正前の所得税基本通達164-1があった）。この図表を簡略化して以下に示す。第一行は、恒久的施設（PE）の有無と種類に基づく外国法人の区分（旧

法税141条各号参照）、第一列は、国内源泉所得の種類（旧法税138条各号参照）、そして色塗り部分が、法人税及び所得税（源泉徴収）が課される範囲であった。

図表 4 - 1　外国法人に対する法人税課税と源泉徴収税の関係（平成26年度改正前）

国内源泉所得 （旧法税138条）	1号PE	2号／3号PE		4号 （PEなし）	源泉徴収
		PE事業帰属	同帰属なし	—	—
事業所得（1号）					
資産運用保有所得（1号）					
資産の譲渡による所得（1号）				資産譲渡益は一部のみ	不動産等
その他政令所得（1号）					
人的役務提供事業対価（2号）					
不動産貸付等収益（3号）					
預金利子等収益（4号）					
配当等収益（5号）					
貸付金利子等収益（6号）					
使用料・無形資産譲渡益（7号）					
広告宣伝賞金（8号）					
生命保険等年金（9号）					
所定金融商品に係る利益等 （所税174条3～8号）（10号）					
匿名組合契約の利益（11号）					

(注) 国内にPEを有する外国法人については、事業所得のうち組合事業から生じる利益の配分について、所得税の源泉徴収が行われる（旧所税178条）。非居住者の場合も同様である（旧所税212条1項）。

　国内に支店等のPEを有する1号外国法人は、全ての国内源泉所得が法人税課税の対象とされた。2号外国法人（国内に建設現場等のPEを有する外国法人）と3号外国法人（同様に従属的代理人に当たるPEを有する外国法人）は、1号外国法人の場合とは、投資性の国内源泉所得のうち国内PEの事業に帰属しない部分について源泉分離課税（20％税率が多い）とされる点で異なっていた。4号外国法人（PEなし）も同様であったが、「事業所得についてはPEなければ課税なし」という重要な原則の適用がある点と、法人税が課される1号国内源泉所得の資産性所得の範囲が、2号・3号外国法人の場合とは異なっていた。

4 - 1 - 2　旧法上の費用配賦[1]

　外国法人の国内源泉所得に係る所得の金額は、内国法人に適用される法人税法上の通常の計算ルール（以下、「計算ルール」と呼ぶ）に準じて計算された（旧法税142条、旧法税令188条）。外国法人にも確定決算基準主義は妥当し、例えば、PE の減価償却資産につき、特定の償却方法によって課税上の便益を受けられるのは、企業会計上そのような償却方法を採った場合に限られるとする裁判例がある[2]。

　国内源泉所得に係る所得の金額の計算において、「計算ルール」による場合に、販売費及び一般管理費その他の費用（法税22条3項2号）については、「国内源泉所得に係る収入金額若しくは経費又は固定資産の価額その他の合理的な基準」により、国内業務に配分されていた（旧法税令188条1項）。

　費目ごとの配分が困難である場合は、外国税額控除制度における費用配賦の取扱いに準じることとされていた（旧法基通20-3-5）。これにより、原則として、共通費用（負債利子を除く）の額を一括して売上総利益の額（利子、配当等及び使用料は収入金額）で按分することとされていた（共通費用×国内業務売上総利益／全売上総利益）（旧法基通16-3-12）。

　負債の利子については、(1)国内事業所等における国内業務のために直接関連した負債の利子（直接利子）は、当該国内業務に配分されるが、(2)これ以外の利子（共通利子）は、大雑把に言えば、(a)卸売業・製造業は、国内業務に係る資産／全資産、(b)銀行業は、国内源泉所得の源泉となる金融資産／（負債＋自己資本－固定資産）、(c)その他の事業は、(a)又は(b)に準ずる配賦基準によって、国内業務に係る損金の額を配分することとされていた（旧法基通16-3-13）。

　他方、損失（法税22条3項3号）は、国内業務又は国内にある資産につき生じた損失のみ考慮された。

1　一高龍司「国際的二重課税の発生態様と外国子会社配当益金不算入制度」水野武夫先生古稀記念論文集刊行委員会『行政と国民の権利』（法律文化社・2011）669頁参照。

2　東京高判昭59・3・14（行集35巻3号231頁）参照。また、旧法基通20-3-1参照。

4−2　帰属主義化と AOA の要点[3]

4−2−1　総合主義と帰属主義

　非居住者・外国法人である企業の利得（事業所得）に対する課税の仕方は、総合主義と帰属主義（帰属所得主義ともいう）に大別される。**図表4−1**で見たように、国内に支店等の PE を有する旧法人税法141条1号の外国法人（旧所得税法164条1号の非居住者も同様）は、全ての国内源泉所得に対し、それが当該 PE を通じて行う事業に帰するべきものか否かを問わず、法人税が課されていた。全ての国内源泉所得が総合して課税されることから、この課税方法は総合主義又は全所得主義と呼ばれる。租税条約の動向と米国法等を考慮しつつ昭和37年度改正時に整備されたこの方式について、例えば昭和40年度改正の立案当局者は以下の如く説明していた。

　　「支店等を有して行う事業については、その企業のわが国に対する属地的応益関係も深く、一般的に国内に源泉がある所得の課税上居住者、内国法人の場合と取扱いを異にする理由も乏しいので全ての国内源泉所得を総合して課税（エンタイヤー・インカム主義）［する］[4]」

　総合主義は、当該 PE の事業とは無関係の取引から生じる国内源泉所得であっても、課税上当該 PE の事業に引きつける力を有する点を描写して、吸引力（force of attraction）原則とも称される。

　これに対し、帰属主義においては、総合課税又は法人税課税される所得の範囲は、国内 PE を通じて行う事業に帰せられるべき所得に限られる。旧法人税

3　以下の記述は、一高龍司「帰属主義の導入に関わる国内法上の若干の論点」『村井正先生喜寿記念論文集　租税の複合法的構成』（清文社・2012）307頁による。

4　田口勝彦「非居住者、外国法人課税の改正の概要」税経通信20巻7号（1965）236頁。

法上は、2号・3号外国法人の国内源泉所得の一部にこの考え方が反映されていた。ソース・ルール（国内源泉所得を判定する基準）との関係では、そのような所得はすべて国内源泉の事業所得だとする定め方（例：ドイツ、日本（平成26年度改正後））と、取引・所得類型毎に国内源泉所得か否かを定めるソース・ルールを維持しつつ、国内 PE の事業に帰するべき国内源泉所得と国外源泉所得の双方を総合課税の対象とするという定め方（例：米国）とが代表的な立法例である[5]。

　帰属主義から見れば、例えば、外国法人の本店（当該外国に所在する）が、PE なしで棚卸資産を直接日本の顧客に販売してきたところ、日本で一切この販売所得（国内源泉所得とする）に課税されることはなかったのに、この販売事業と全く関係のない PE を日本に設置した途端に、このような販売所得が日本で（総合）課税されるのは不合理だと見る。この見方は、「事業所得については PE なければ課税なし」の原則は、事業又は取引単位で適用されるべきだという判断を暗に基礎にしている。

　他方で、帰属主義の下では、例えば、外国法人が国内支店で扱ってきた棚卸資産の販売に関し、一部又は全部の棚卸資産を本店の直取引とすることで、以後の国内での課税を逃れうることになる。総合主義なら吸引力を効かせてこの種の課税逃れに対抗できるとも言える。

　いずれの懸念も成り立つから、どちらを重視するかは、税収と経済への影響を踏まえた一国の政策的な選択の問題である。ただ、一般論としては、総合主義は源泉地国課税を重視する資本輸入国に好まれ、帰属主義は居住地国課税を強調する資本輸出国に好まれる傾向がある。現に、OECD モデル租税条約が事業所得条項等（7条2項、10条4項等）に関し帰属主義を採用するのに対し、

5　谷口勢津夫「外国企業課税に関する帰属所得主義と全所得主義(1)（2・完）」税法学389号（1983）1頁・390号（1983）1頁、水野忠恒「国際租税法の基礎的考察」『小嶋和司博士東北大学退職記念 憲法と行政法』（良書普及会・1987）731頁等参照。なお、国内法を帰属主義に改めるべき旨の主張は、小松芳明『国際取引と課税問題―国際租税法の考え方』（信山社・1994）61頁以下（初出1993）等参照。

国連モデル租税条約の事業所得条項（7条1項）は、PE所在地国で課税できる所得の範囲を、PEの事業に帰属する所得のみならず、PE経由で販売する資産と同種資産の当該国内での販売益と、PEを通じて行う事業と同種事業の当該国内での遂行から生じる所得にまで拡張している。

Column 吸引力（Force of Attraction）

吸引力とは、恒久的施設（以下PE）を有している場合、企業が事業によりPEを経て得る所得以外の所得であっても、自国の領域内において源泉を持つ所得については PE に引きつけ課税対象とすることをいう。過去においては、一般的に「吸引力」を認め、自国で発生する所得はすべて課税対象としうるという原則（総合主義）が主張されたこともあったが、現在では、OECD モデル租税条約及び主要国において PE に帰属する所得のみを課税対象とする帰属主義が採用されている。

我が国では、昭和37年度税制改正より、原則として総合主義を採用し、他方で帰属主義に基づく各租税条約を締約するという二元的な体制が維持されてきた。しかしながら、平成22年11月9日に税制調査会専門家委員会は、「国際課税に関する論点整理」を公表して、帰属主義を明記した今回の OECD モデル租税条約の改定を契機に、帰属主義への変更が提言され、平成26年度税制改正により帰属主義への統一が図られた。これにより二元的な課税原則が簡素化され、国際的な調和が図られることになり、対内・対外投資に好影響をもたらし、また支店形態と子会社形態との間の課税上のミスマッチの解消が期待される。 （濱田　洋）

（参考）
水野忠恒「大系租税法（第2版）」（中央経済社、2018）、719頁以下

4-2-2　AOA を契機とする立法動向

我が国でも、国内法上総合主義を脱して帰属主義に改めるべきとの主張がかねてなされてきた。現に、我が国が当事国であるすべての租税条約が今や帰属主義を採用している。

そのような中で、OECD では、PE 課税とモデル条約7条2項の解釈に関し共通の理解を欠いているとの認識の下で、移転価格ガイドライン（本書**第13章・14章**参照）における独立当事者間基準を、PE に帰属する利得の計算に類

推適用する途を検討してきた。同項に関し、関連事業活動アプローチ（企業全体の利得はすべての事業活動から生じる利得と損失の総計から成ると見る）と機能的分離企業アプローチ（PE の利得は法人の他の部分の所得を考慮せずに内部取引を起点に測定しうると見る）という二つの理解が対立してきたところ、OECD は、後者に基づく OECD 承認アプローチ（AOA）を2008年の報告書（改定版を2010年に公表）[6]で確立し、2010年の OECD モデル条約 7 条の改定に繋がった。我が国の税制調査会の専門委員会は、モデル条約 7 条の改定が国内法を帰属主義に見直す契機を与えているとの認識を公言し[7]、平成26年度改正でこれが実現した（**次章**参照）。

4 - 2 - 3　AOA の基本構造[8]

4 - 2 - 3 - 1　二段階分析

　AOA においては、移転価格ガイドラインを類推適用し、1)PE の機能・事実分析に基づき内部取引を識別し（無償資本も割当てる）、2)最適な方法で独立当事者間価格を決定する、という二段階を経て、PE に帰属する利得を算定する。費用配賦などを含む具体的計算については、かなりの程度国内法に委ねられている。

4 - 2 - 3 - 2　機能・事実分析と内部取引（第一段階）

　第一段階において、資産とリスクを当該 PE に割り当てる。資産は経済的所有に基づき帰属が決まる。経済的所有は、当該所有に関係する重要な人的機能（significant people functions）の遂行を基に判定するが、有形資産に関しては、その使用の場所を原則的な経済的所有の場所とする。リスクは、当該リスクの

6　OECD, Report on the Attribution of Profits to Permanent Establishments, July 2008; OECD, 2010 Report on the Attribution of Profits to Permanent Establishments, 22 July 2010.

7　政府税制調査会・専門家委員会「国際課税に関する論点整理」（平成22年11月 9 日）11頁。

8　一高・前掲注 3・310 - 320頁参照。AOA の銀行業への適用につき、宮本十至子「多国籍銀行企業の恒久的施設課税」税法学560号（2008）175頁参照。

引受と支配に係る重要な人的機能の遂行の場所に基づいて割り当てられる。理論上、無償資本はリスクの多寡に応じて配賦されるべきであるところ、その具体的な手法には、資本配賦アプローチ（資産又はリスクに基づく）、過少資本アプローチ（比較可能な独立企業と同程度の無償資本を配賦）等が含まれる。一般に、無償資本の割当ての増加は、損金算入されるべき利子の減額（課税を受ける所得の増額）を導く。

　内部取引の認識基準は、文書化された潜在的内部取引に関し、1)「現実のかつ識別可能な事象」が生じていることと、2)経済的に重要性がある、という二つである。内部取引が認識されたとしても、原価相当の対価を要求すれば足りる場合もあり（その結果費用配賦と変わらない）、また、経済的な重要性から、例えば準備的・補助的役務等に関し、内部取引として認識せずに費用配賦のみとして扱う範囲をどう設定するかも、実際上は国内法に委ねられている。例えば、法人の本店が外部から融資を受けた金銭の一部をPEが利用する場合、当該本店が、金融機関等でない一般の事業会社であれば、多くが単なる費用配賦の問題となりそうである。他方で、内部財務取引と称すべき（例えば、金融機関に匹敵するような）重要な人的機能を当該本店が提供している場合には、報酬が与えられるが、同一法人内では信用力に差はないので、その差に対する報酬を除いた対価のみ正当化しうる。

　AOAが関係するのは、企業の利得の計算と、それへの課税に係る二重課税や無差別の問題のみであるのが原則である。もっとも、内部取引に係る対価を現実の支払と見て、国内法や具体的な条約の該当規定の適用の結果、例えば源泉徴収税を課することが禁止されるわけではなく、各国がそうしたければ自由である。

4－2－3－3　価格算定等（第二段階）

　第二段階は、移転価格ガイドラインを類推適用して、内部取引に係る独立企業原則に基づく価格算定を行う。

　有形資産の使用の場所の変動は、内部譲渡損益の認識や減価償却費の配分に

影響し、内部賃料を要求するべき場合もあるが、具体論はここでも国内法にかなり委ねられている。

　役務提供については、一般に独立価格比準法や原価基準法が有用とされるが、重要性に照らし費用配賦のみとする余地も残っている。

　無形資産に関しても移転価格ガイドライン（第6章等）に従う。例えば、経済的所有の帰属する拠点が、利益分割法等に照らして適切に報酬を与えられているのであれば、敢えて内部使用料を認識する必要はない。費用分担契約に関する指針（第8章）も、同一法人内での無形資産の共同研究開発に関しては、依拠されるべきである。

4−2−4　従属的代理人 PE に関する考慮

　後述のように、従属的代理人 PE は、従属的である以上重要なリスクを負うことはないはずであるし、本人の包括的な支配に服するから、重要な人的機能を遂行するということは考えがたい。また、別法人（関連当事者かもしれない）である従属的代理人企業に対して支払う代理人報酬は、代理人 PE の利得の計算上費用として控除されるべき関係にある。

　そうすると、重要な人的機能を遂行せず、重要なリスクを負わない代理人 PE に重要な利得が帰属するというのは、AOA の下では矛盾である。仮に、当該 PE として重要な機能を果たす場合があるとしても、それを実際に遂行するのは別法人である代理人企業であり、当該別法人に対し、相応の独立当事者間の対価を支払わねばならず、それが代理人 PE の利得を減じるのである。この関係から、条約又は国内法上の AOA の適用は、正常な代理人報酬が支払われている限り、代理人 PE に対する課税の重要性を大きく減じるに違いない。このような見方は、いわゆる単一納税者アプローチ（独立当事者間の代理人報酬支払後は PE に利得は残らないと見る）に近いが、OECD モデル条約5条5項を無意味化してしまうことなどを根拠に、OECD は同アプローチを採るには至ってはいない。

4-2-5　PE に対する二重課税救済

　前述のとおり、PE の外国法人税については、1 号 PE の場合のみ、事実上
の国外所得免除方式によって対応してきたが、帰属主義の導入後は、2 号・3
号 PE と 1 号 PE とで総合課税（法人税課税）する範囲を変える根拠は見出し
がたい。そこでは、すべての PE を対象に、内国法人と同様の条件の下で、外
国税額控除の対象にするのが本筋である[9]。もっとも、この救済を、条約相手
国以外の国の法人の PE にまで拡張するか（それとも単に損金算入に止める
か）どうかは政策判断の問題である。平成26年度改正は、条約相手国の法人か
否かを問わず、外国法人の PE にも外国税額控除を適用することを選択した。

4-2-6　内国法人への影響

　内国法人にとっての主な関心事は、外国に所在する PE に対する外国法人税
が、我が国の法人税率の範囲で確実に税額控除されるか否かである。特に、外
税控除限度額の計算に係る国外所得金額の計算が関係する。従来から、内国法
人の外税控除における国外所得金額の計算には柔軟な定めで対応してきた（旧
法税令142条 4 項）。平成26年度改正により、内国法人の外国法人税は、AOA に
基づく国外事業所等帰属所得とそれ以外の国外源泉所得から成る国外所得金額
に対応する所定の範囲で、外国税額控除を受けうることとされている。

9　米国及びドイツにおける議論からの示唆は、増井良啓「支店外国税額控除の設計」『金融取引と課
　税(3)』（トラスト60）（2014年）25頁を参照。

4－3　恒久的施設

4－3－1　国内法上の恒久的施設

　PE の国内法上の定義は、平成26年度改正前後で実質的な変更はなかったが、BEPS 最終報告書の反映を含む平成30年度の改正で、幾つかの見直しがなされた。

4－3－1－1　支店・工場・鉱山等

　「外国法人の国内にある支店、工場その他事業を行う一定の場所で政令で定めるもの」（法税 2 条12号の19イ）との委任を受けた政令（法税令 4 条の 4 第 1 項）は、以下のとおり定める。

　　「一　事業の管理を行う場所、支店、事務所、工場又は作業場
　　　二　鉱山、石油又は天然ガスの坑井、採石場その他の天然資源を採取する
　　　　　場所
　　　三　その他事業を行う一定の場所」

4－3－1－2　建設現場等

　「外国法人の国内にある建設若しくは据付けの工事又はこれらの指揮監督の役務の提供を行う場所その他これに準ずるものとして政令で定めるもの」（法税 2 条12号の19ロ）との委任を受けた政令（法税令 4 条の 4 第 2 項）は、以下のとおり定める。

　「外国法人の国内にある長期建設工事現場等（外国法人が国内において長期建設工事等（建設若しくは据付けの工事又はこれらの指揮監督の役務の提供で 1 年を超えて行われるものをいう。…）を行う場所をいい、外国法人の国内における長期建設工事等を含む。…）とする。」

　但し、建設工事等に係る契約を2以上に分割することで建設工事等の期間を1年以下とした場合でも、「長期建設工事現場等に該当しないこととすることが当該分割の主たる目的の一つであったと認められるとき」は、分割された他の契約に係る建設工事等の期間を足して、期間を判定することとされる。「正当な理由に基づいて契約の分割をしたとき」は、かかる判定はしない（法税令4条の4第3項）。

　課税実務は、建設作業等に要する期間が1年を超えることが契約等からみて明らかである場合、連続する二以上の契約に基づく建設作業等が通算で1年を超える場合には、2号PEに当たるとする（法基通20－1－4）。

　2号PEとの関係では、東京高判昭和59年3月14日行集35巻3号231頁が参考になる。本件で、パナマ法人Xが、日本の領海外の大陸棚（内国法人が鉱業法上の試掘権者）において、石油及び天然ガス等の探索のため掘削作業を行い、請負の対価を内国法人及び米国法人から収受したが、Xは、大陸棚は領海外であって、当該対価は国内源泉所得に当たらないとして、法人税の申告をしていなかった。これに対し、被告芝税務署長が、Xは国内に2号PEを有し、かつ、国内源泉の事業所得を有するとして、法人税の決定処分及び無申告加算税の賦課決定処分を行ったため、Xがこの処分の取消を求めた事案である。

　判旨は、「日本国沿岸の大陸棚については、本件各係争年度当時日本国が大陸棚条約に加入していなくても、確立した慣習国際法により、海底及びその下の鉱物資源を探索・開発する目的・範囲内においては、日本国の領土主権の自然的な延長である主権的権利が及び、鉱物資源の探索・開発行為及びこれに関連する行為は当然に日本国の管轄・統制に服するのであり、右の主権的権利には右行為（事業）から生じた所得に対する課税権も含まれるというべきである。したがつて、右のような内容の慣習国際法が成立したことにより、当然に、日本国沿岸の大陸棚は法人税の「施行地」となつたと解すべきである。」と判示して、大陸棚を、本件の課税に関し「国内」（＝「この法律の施行地」、法税2条1号）に当たると解した上で、Xの請求を棄却する第一審の判決を維持している。本件は、国際法と国際租税法とが交錯する問題を扱い、帰属所得主義、

PE、及び納税地についても学ぶ機会を提供している[10]。

4－3－1－3　準備的・補助的活動の除外

但し、次の活動の区分に応じ、次の場所（当該活動を含む）は、恒久的施設に該当しない。ただし、これらの活動（6号の場合は活動の全体）が「事業の遂行にとって準備的又は補助的な性格のものである場合に限る」（法税令4条の4第4項）。

> 「一　当該外国法人に属する物品又は商品の保管、展示又は引渡しのためにのみ施設を使用すること　　当該施設
> 　二　当該外国法人に属する物品又は商品の在庫を保管、展示又は引渡しのためにのみ保有すること　　当該保有することのみを行う場所
> 　三　当該外国法人に属する物品又は商品の在庫を事業を行う他の者による加工のためにのみ保有すること　　当該保有することのみを行う場所
> 　四　その事業のために物品若しくは商品を購入し、又は情報を収集することのみを目的として、第一項各号に掲げる場所を保有すること　　当該場所
> 　五　その事業のために前各号に掲げる活動以外の活動を行うことのみを目的として、第一項各号に掲げる場所を保有すること　　当該場所
> 　六　第一号から第四号までに掲げる活動及び当該活動以外の活動を組み合わせた活動を行うことのみを目的として、第一項各号に掲げる場所を保有すること　　当該場所」

この除外ルールは、いわゆる準備的・補助的活動をPEから除く趣旨のものである。AOAにおいては、単純購入非課税原則は廃止された上に、補助的な活動でも内部対価をPEの事業所得の計算に反映するべき状況も起こりうる。

10　村井正「判批」租税判例百選（第3版、1992）20頁、一高龍司「判批」同左（第6版、2015）130頁等参照。

だが、OECDモデル条約は、AOAを取り入れた2010年改定以後も、PEの定義上、やはり単純購入、資産保管、その他補助的活動はPEに該当しない旨のルールを維持しており（同条約5条4項）[11]、上の国内法の定めもこれに即したものである。なお、会社法上、外国会社の「営業所」は支店とみなされその設立に登記を要する（会社933条3項）。いわゆる駐在員事務所は、一般に準備的・補助的な活動を行う拠点であって（登記も通常不要）、通例であればPEには該当しない。

　平成30年度改正では、事業活動の細分化を通じた人為的なPE認定の回避に対する防止措置が導入された。例えば、ある外国法人が、仕入販売機能と市場情報収集機能を共に有する日本支店Aを置いて国内で活動を行っていたが、仕入販売機能を切り離して新設した国内拠点Bに移転し、BがAに対して情報の対価を支払う（そして内部対価として認識される）場合、Aが準備的・補助的活動のみを担うことを理由にPEとされない（法税令4条の4第4項4号）ならば、当該外国法人は日本での課税（B拠点への課税）を減じることが可能になってしまう。

　そこで、外国法人が、国内にある支店等の「事業を行う一定の場所」（法税令4条の4第1項各号）と、国内の「他の場所」（代理人による活動の場合も含む）において共に事業上の活動を行う場合に、これらの両方の活動（細分化活動）が「一体的な業務の一部として補完的な機能を果たすとき」においては、(1)当該他の場所がPEに該当する場合、又は、(2)当該細分化活動の組み合わせの全体は準備的・補助的な性格のものでない場合は、当該支店等の「事業を行う一定の場所」には、準備的・補助的活動の除外規定（上記法税令4条の4第4項）は適用されない（よってPEとされる。同条第5項1号）。他にも、類似の状況で関連者の事業活動との一体性と補完性がある場合に関する定め[12]もある。

11　この問題については、伴忠彦「恒久的施設の範囲に関する考察—AOAの導入と人的役務に係るPE認定—」税務大学校論叢67号（2010）181頁参照。

4－3－1－4　契約締結代理人等（従属的代理人）

　PE とされるいわゆる従属的代理人の定義も、平成30年度改正で BEPS 最終報告書を反映するべく見直された。「外国法人が国内に置く自己のために契約を締結する権限のある者その他これに準ずる者で政令で定めるもの」（法税2条12号の19ハ）という規定を受け、政令は以下のとおり定めている（法税令4条の4第7項）。

> 「国内において外国法人に代わって、その事業に関し、反復して次に掲げる契約を締結し、又は当該外国法人によって重要な修正が行われることなく日常的に締結される次に掲げる契約の締結のために反復して主要な役割を果たす者（当該者の…活動（…）が、当該外国法人の事業の遂行にとって準備的又は補助的な性格のもの（…）のみである場合における当該者を除く。次項において「契約締結代理人等」という。）とする。
> 　一　当該外国法人の名において締結される契約
> 　二　当該外国法人が所有し、又は使用の権利を有する財産について、所有権を移転し、又は使用の権利を与えるための契約
> 　三　当該外国法人による役務の提供のための契約」

12　同様に外国法人とその関連者（代理人を含む）とが、当該外国法人の国内の支店等において事業活動（細分化活動）を行う場合に、当該細分化活動がこれらの者による「一体的な業務の一部として補完的な機能を果たすとき」は、(1)当該支店等が当該関連者（代理人を除く）の PE（に相当するもの）に該当する場合と、(2)当該細分化活動の組み合わせによる活動の全体が、当該外国法人の事業の遂行にとって準備的又は補助的な性格のものでない場合は、当該支店等には、準備的・補助的活動の除外規定（上記法税令4条の4第4項）は適用されない（よって PE とされる）。法税令4条の4第5項2号。
　さらに、同様に外国法人が、国内に有する支店等で事業活動を行い、かつ、その関連者が、他の場所で事業活動を行う場合は、これらの活動（細分化活動）が、「一体的な業務の一部として補完的な機能を果たすとき」において、(1)当該他の場所が当該関連者の PE（に相当するもの）に該当する場合と、(2)当該細分化活動の組み合わせによる活動の全体が、当該外国法人の事業の遂行にとって準備的又は補助的な性格のものでない場合は、当該支店等には、準備的・補助的活動の除外規定（上記法税令4条の4第4項）は適用されない（よって PE とされる）。法税令4条の4第5項3号。

いわゆる在庫保有代理人（旧法税令186条2項）と注文取得代理人（同3項）は、一般に準備的・補助的活動を行うものであって、租税条約上はPEとされない類型であり、平成30年度改正で国内法上の従属的代理人PEの定義からも除外された。

なお、従属的代理人PEからは、当該代理人となる者が、「その事業に係る業務を、［本人である］当該外国法人に対し独立して行い、かつ、通常の方法により行う場合には」、従属的代理人PEから除かれる（平成20年度改正）。平成30年度改正で、かかる独立代理人の範囲から、「専ら又は主として一又は二以上の自己と特殊の関係にある者に代わって行動する」者が除外された（よってPEとされうる。法税令4条の4第8項）。「特殊の関係」には、発行済株式総数の50%超を直接・間接に保有する関係（親子関係に加え、兄弟関係も含む）を意味する（法税令4条の4第9項、法税規3条の4第1項）。

4-3-2　租税条約上の恒久的施設

4-3-2-1　概要とPE該当性の指針

OECDモデル条約上、PEは「事業を行う一定の場所（a fixed place of business）であって企業がその事業の全部又は一部を行っている場所をいう」（5条1項）。具体的には、事業の管理の場所、支店、事務所、工場、作業場、及び鉱山、石油又は天然ガスの坑井、採石場その他天然資源を採取する場所が含まれる（5条2項）。建設現場等は12か月超でPEとなる（5条3項）が、この期間要件の充足を避けることを主たる目的の一つとして、請負人側で関連企業を使って契約を分割しても、条約上の特典（作業地での非課税）は否定される可能性が高い[13]。

13　一高龍司「租税条約の濫用防止に関するBEPS最終報告書―米国の動向と我が国の対応のあり方―」青山慶二研究主幹『グローバル時代における新たな国際課税制度のあり方〜BEPSプロジェクトの総括と今後の国際租税の展望〜』（21世紀政策研究所・2016）72頁参照。

　日本の国内法上のPEの定義に関する定めは詳細とは言えないのに対し、OECDモデル条約に関しては、そのコメンタリにおいて具体的な解釈指針が示されている[14]。PEには、1) 有形資産の存在、2) 一定の場所、3) 当該場所を通じて事業を行う、という3要件があり、さらに、2)は、「ある程度恒久的な」（時間的要件）と「個別の場所」（地理的要件）から成る（パラ6）。

　地理的要件との関係では、「企業の自由になる一定の広さの場所」（パラ10）があれば足りる。また、移動性のある活動の場合、「一定」のものと言えるかが問われ、「活動が移動する特定の場所的範囲が当該事業について商業的にも地理的にもまとまったものである」（パラ22）かどうかが問われる。時間的要件との関係では、ある程度の恒久性を要するところ、加盟国の経験則として6か月未満かどうかが一応参考にはなるが、ごく短時間でもPEが認定されうるので決定因ではない（パラ28）。

4－3－2－2　若干の具体的な論点

(1)　サービスPE

　途上国に進出する国際企業が直面しやすいのがサービスPEの問題である。例えば、日本の親会社が、外国子会社の現地業務を支援するために、一定期間当該外国に当該親会社の従業員を送り、当該支援のための活動に従事させると、当該外国から、当該支援（つまりサービス）の存在を根拠に、当該親会社のPEがあると擬制されて、思わぬ課税を受けることが起こりうる。このようなサービスPEは、現に国連モデル条約5条3(b)で採用されている。

　OECDモデル条約5条に関するコメンタリも2008年改定以後、個々の条約における擬制上のサービスPEの導入を選択肢として認め、その際の規定案を明記するに至っている（パラ144）。すなわち、当該規定案において、以下のいずれかの場合に、PEが存在が擬制され、そこに所得も帰属するものとみなさ

れる[15]。

　　1)　183日超源泉地国に滞在する個人を通じた役務の提供があり、かつ、企
　　　　業の能動的事業活動に帰せられる総収益の50%超が当該個人を通じた当
　　　　該源泉地国での役務から生じる、又は

　　2)　183日超の源泉地国での役務の提供があり、かつ、同一又は相互に関連
　　　　する計画のために源泉地国に滞在する一以上の個人を通じて行う役務

(2)　自動設備

　自動設備のPE該当性は、当該企業が機械の当初設置とは別に事業活動を行
うか否かによる。設置後、他人にリースするのみではPEに該当しないが、設
置企業が自己の計算で操作しかつ維持するならば、PEが認定されうる（パラ
41)。人的介入はPEとされる必要条件ではない。

(3)　準備的・補助的活動該当性

　5条1項の一般的定義の例外を定めるのが同条4項であり、その共通の特徴
は、準備的又は補助的な性格の活動である。だが、例えば物品の「引渡し」の
みを行う場所もPEとはされない（5条4項a)）が、所得実現の行為で重要だ
と考えると、準備的でも補助的でもないとも言える（国連モデル条約5条4項(a)
参照)。決定的基準は、「活動が本来、企業の全体としての活動の本質的かつ重
要な部分を形成するか否か」であり（パラ59)、管理機能も準備的・補助的と
はされない（パラ71)。

　OECDモデル条約5条4項を読む限り、そこに列挙された個別除外項目（同
項a)からd)）に該当する活動のみを行う場合は、PEの不存在が擬制される
と解することが可能であった[16]。近時、かかる項目に該当させるべく、結合し
た活動を人為的に細分化する課税逃れが問題となった。これに対処するべく

15　関連して、高嶋健一・関隆一郎・安武幹雄・中岡昭彦「PE（恒久的施設）を巡る最近の動き（一
　　定の場所を有しないPEを中心として)」青山慶二研究主幹『国際租税制度の動向とアジアにおける
　　わが国企業の国際課税問題』(21世紀政策研究所・2011) 41‐42頁参照。

16　OECD, Preventing the Artificial Avoidance of Permanent Establishment Status, Action 7‐2015
　　Final Report, OECD/G20 Base Erosion and Profit Shifting Project, para. 10 (2015).

2017年に改定された同項は、これら個別除外項目を含む全ての活動に関し、PE不存在が擬制されるには、当該活動が準備的又は補助的な性格のものであることを要するとしている。例えば、重要な割合の資産又は従業員を必要とする活動が補助的性格のものとされる可能性は低い（パラ60）ため、本業に関わる商品の引渡しのために有する大規模な倉庫は、準備的でも補助的でもなく（パラ62）、PEに該当しうることになる。加えて、関連企業を使った活動の細分化に対処するための新たな規定（5条4.1項）も取り入れられた。

　ケーブル又はパイプラインについて（パラ64）は、他の企業に属する財産を運送するために利用される場合は、これらの施設の所有者又は操業者に5条4項a）、e)の適用はない（つまりPE該当の可能性あり）。他方、自身の財産を運送するために、これらを所有・操業し、かつ、当該運送が当該企業の事業に付随的であるならば、5条4項a)が適用されうる（PEとされない）。操業者の顧客にとってのPEとなることも考えられない。

(4)　電子商取引

　「有形資産」に該当するサーバのみ、PEに該当する可能性があるという見方を採る（パラ123）。PEに該当しうる機能としては、当該企業の事業活動の本質的かつ重要な部分を構成する場合、又は、当該企業のその他の核となる機能が行われる場合（パラ130）である。もっとも、仮にPEに該当したとしても、重要な人的機能を重視するAOAに従うと、帰属する利得はとるに足りないものとなりえよう。

　個別の租税条約が、上述のOECDモデル条約5条4項の最近の改定を取り込めば、例えばインターネットを介して大規模に販売活動を行う企業の利得に対する販売先国での課税に影響が及びうる。もっとも、東京高判平成28年1月28日（訟月63巻4号1211頁）は、推計課税を伴う課税処分を肯定する原審東京地判平成27年5月28日（税資265号順号12672）の判断を維持する中で、日米租税条約上の個別除外項目にも、準備的又は補助的な性格の活動であることを要するとする要請が及ぶと解した上で、非居住者（個人）が行うインターネット販売の国内拠点（アパート及び倉庫）を恒久的施設に該当すると判示している。

国内法は、倉庫に関しては、倉庫業者が事業の用に供する場合にのみ PE に該当すると定めていた（旧所税令289条1項1号）こととの関係も問われる。

4-3-2-3　代理人 PE

⑴　2017年改定前の代理人 PE 該当性

　2017年改定前（以下、単に改定前という）の OECD モデル条約上の代理人 PE の要件は、1)当該企業の名において契約を締結する権限を有することと、2)この権限を反復して行使すること、であった（旧5条5項）。ただし、当該代理人の行動が上述の準備的または補助的な性格のものである場合と（旧同項）、通常の方法で業務を行う独立の地位を有する代理人（以下、独立代理人という）は PE とはされなかった（旧同6項）。我が国が当事国である既存の租税条約における同種の規定は、原則としてかかる規定を交渉の出発点としていると考えられる。

　このような規定を有する租税条約の下で、BEPS プロジェクトで問題視されたのは、いわゆるコミッショネア（独立代理人に該当する）の仕組みを通じた課税逃れである。典型的には、X 国（低税率国）法人の X は、自社製品 A を Y 国（高税率国）向けに販売する際、Y 国法人の Y（X と同じ企業グループ Z に属する）にまず A を販売し、Y が顧客に転売していたが、これを改めて、Y をコミッショネア（問屋）とし、Y は Y の名において顧客に A を販売するが、A の所有権は直接 X から顧客に移転することとする（A の販売に必要な資産等も Y は X に譲渡する）。こうして、従前 Y に帰属していた転売益は、Y の役割の低下を反映する低廉な役務報酬に転換され、Y は代理人 PE にも該当しない結果、Y 国は税収を失う（グループ Z は課税を逃れる）。

　BEPS 最終報告書を反映し、同モデル条約は、2017年の改定で、代理人 PE の基本的な定義規定（5条5項）を拡張する一方で、独立代理人の範囲（5条6項）を限定して、この問題に対処した。

(2) 2017年改定後の代理人PE該当性

2017年改定後は、代理人PEとされる要件は以下の3つから成る（5条5項）。1)企業に代わって行動する者が、2)その行動に際し、反復して契約を締結し又は契約（当該企業が重要な修正を行うことなく日常的に締結するもの）の締結を導く主要な役割を反復して果たし、かつ、3)当該契約は、a)当該企業の名においてなされるものであるか、又は、b)当該企業が所有する（若しくは当該企業が使用する権利を有する）財産に係る所有権の移転（若しくは使用する権利の譲渡）、若しくは、c)当該企業による役務の提供のためになされるものである。

第5項の趣旨目的は、「ある者がその国で行う活動が、外国の企業によって履行される契約の日常的な締結に至るよう企図されている事案（すなわち、当該者が当該企業の営業戦力として行動するとき）を対象とすること」である（パラ88）。契約の締結を導く主要な役割は、当該企業との契約に向けて第三者を説得する行動に関連するものであるのが典型的である（パラ88）。

1)の者には、本人のために行動する代理人のみならず、パートナーシップのために行動するパートナー、会社のために行動する役員、使用者のために行動する使用人なども含まれる（パラ86、92）。その者による契約の署名が国外でなされても構わない（パラ87）。

契約の締結に直接結びつかない態様で販売促進を行うのみでは、2)にいう主要な役割に該当しないが、例えば、ある者が勧誘をして注文を受け、当該注文を倉庫に直接送り、当該倉庫が企業の商品を発送する（当該企業が当該取引を日常的に承認する）場合であれば該当する（パラ89）。「反復」の具体的な頻度を基準にすることはできないが、単に一時的な存在でPEが認定されることはない（パラ98）。3)のb)とc)に基づき、上述のようなコミッショネアが代理人PEに該当しうることになる（パラ92）。改定前と同様、契約上の顕名は、「企業の名において」という要件を充足するための必要条件ではない（パラ93）。

PEに該当する場合、本人のために行うすべての活動についてPEが存在することになるのであって、その者が契約を締結し、あるいは契約の締結を導く

主要な役割を果たす範囲に限定されない（パラ99）。帰属する利得については、OECD モデル条約 7 条の原則に従う（パラ101）。

　企業に代わって行動する者が、その行動を行う国で独立の代理人として事業を行い、かつ、その通常の方法で業務を行う場合には、代理人 PE とはされない（5条6項前段）。もっとも、2017年改定後は、この者が、専ら又は殆ど専ら、密接に関連のある 1 以上の企業に代わって行動する場合は、独立の代理人とはされず（同後段）、PE に該当しうる。議決権と株価で50% 超の支配関係があれば、密接に関連があるとされる（5条8項）。

　独立性の判断基準は、改定前と同じく、企業の詳細な指示や包括的支配に従うか、あるいは企業家リスクを有するかである（パラ104）。改定前は重要な用語とみられていた法的独立性と経済的独立性（旧パラ37）は削除された。専ら又は殆ど専らという新たな要件との関係では、例えば、密接に関連しない企業のために代理人として締結した売上が、代理人として締結する全売上の10% 未満であれば、専ら又は殆ど専ら密接に関連する企業のために行動したとみられるべきである（パラ112）。

(3)　大陸法とコモンロー

　改定前の5条6項は、「企業は、通常の方法でその業務を行う仲立人、問屋（a broker, general commission agent）その他の独立の地位を有する代理人を通じて一方の締約国内で事業を行っているという理由のみでは」、PE を有するものとはされないとしていた。従来、この定めの解釈を巡って議論が蓄積されてきた。一般に既存の租税条約も同様の定めを有するため、ここでの議論は今なお重要である[17]。ここで出てくる日本の私法上の用語の基本的な意味をまず押さえる必要がある[18]。

　その上で、この規定の意味の理解が容易でないのは、代理制度に関する大陸法とコモンロー（ここでは英米法の意）の基本的な違いに起因する[19]。

17　Id. para 4.

　大陸法上、代理には直接代理と間接代理がある。直接代理では、代理行為に係る法律行為の効果が本人に帰属するのであり、本人の名を示すこと（顕名）がその要件となる。間接代理では、間接代理人（例えば、問屋）の行為につき、本人に法律効果が帰属しない（よって間接代理人の行為の相手方は本人に対し権利行使できない）。ならば、第5項の代理人（「［本人］の名において契約を締結する権限を有」する者）には、間接代理人はそもそも含まれない。だから、「仲立人、問屋」は第6項で除外されるまでもなく、当然第5項の代理人に該当しないという理解が成り立つ。現に、"a broker, general commission agent" はコモンローに由来する概念（これらは代理の範疇にある）であって、モデル条約コメンタリ仏語版の概念 "courtier, commissionnaire"（政府訳では「仲立人、問屋」）とは合致していないとされる。

　これに対し、コモンロー上は、代理（agency）又は代理人（agent）に直接代理と間接代理の区別はなく（大陸法的に言えば全部直接代理）、代理においては、代理人の法律行為の効果が本人に帰属する（従って、当該行為の相手方は本人に対しても権利行使が可能）。そこでは顕名は要件ではない。"a broker, general commission agent" の行為も同様である。よってこれらの代理人も第

18　仲立人とは、商品売買等の他人間の商行為の媒介（いわゆる取り持ち、斡旋、周旋）をなすことを業とする者（商543条）。旅行業者、外国為替ブローカー、商行為（商501条以下）である不動産取引を媒介する不動産仲介業者（宅地建物取引業者）等が典型例。商行為以外の媒介者は「民事仲立人」である。
　　問屋とは、自己の名をもって（自分が権利義務の主体となって）他人のために（損益を他人に帰属させて）、物品の販売又は買入を行うことを業とする者（商551条）。証券会社（有価証券の売買取次）が典型例である。法律効果はいったん問屋に帰属し、次いで、当該他人に移転する。販売委託なら、販売時まで当該物品の所有権は委託者に帰属する。
　　代理は、本人と第三者との間で、本人のために意思表示を行い、または本人のために意思表示を受け、当該意思表示の法律効果を本人に生じさせる制度（民99条）である。
19　以下の基本文献を参照した。John F. Avery Jones and David A. Ward, Agents as Permanent Establishments under the OECD Model Tax Convention, 33 European Taxation 154（1993）. 我が国の研究として、吉村典久「恒久的施設としての代理人の概念―アメリカにおける1995年大成事件をきっかけに」金子宏編『国際課税の理論と実務―移転価格と金融取引』（有斐閣・1997）389頁、松下滋春「代理人PEに関する考察」税大論叢45号（2004）369頁等参照。

一義的に第5項の代理人PEに該当しうるので、第6項で、独立の地位を有する場合にPEから除外することに意味があることになる。

　では、我が国において、第5項と第6項の関係をどう理解すれば良いか。解釈上いくつかの論点があるが、条約で現に「問屋」「仲立人」という私法上の概念が借用されており、これらは、日本法に従って（OECDモデル条約3条2項参照）本人を拘束しない者を指すと解しつつ、第5項は、これらの者が「企業に代わって行動する者」に該当し得ることを前提に、括弧書きで明示的にこれらの者を除外したと解しておく。もっとも、これらの者が、通常の業務から外れる業務で行動する場合等は別途検討を要しよう。

(4)　独立の地位の判断基準

　日本の既存の租税条約において、独立の地位を有する代理人とされるのは、1)当該代理人が法的にも経済的にも当該企業（つまり本人）から独立し、かつ、2)当該代理人が、当該企業に代わって行動する際に、事業の通常の過程において行動する場合である（2017年改訂前OECDモデル条約5条コメンタリ・パラ37）。

　1)に関しては、企業に対する代理人の責任の範囲に依存し、活動が当該企業からの詳細な指示や包括的支配に服するか、そして企業家リスクが代理人によって負担されているか、が問われる（同パラ38以下）。

　この点に関連する裁判例として、アメリカの租税裁判所の大成火災事件[20]がよく知られている。日本の保険会社たるXほか3社が、米国法人Fとの契約で、Xらの名において再保険契約を締結する権限をFに与えており、Fへの重要な制限は、net acceptance limit（再々保険部分を除くXらの正味の再保険に係る責任の上限）のみであったという事案である。そこでは、1972年に締結された当時の日米租税条約9条(5)にいう「その他独立の地位を有する代理人」にFが該当するかが争点となった。租税裁判所は、合意時の両国の意図を重

20　Taisei Fire and Marine Ins. Co. v. Commissioner, 104 T.C. 535（1995）. この裁判例については、宮武敏夫「米国租税裁判所における大成火災海上㈱等対IRS長官95年5月2日判決について」国際税務15巻7号（1995）9頁、及び吉村・前掲注19論文参照。

視するアプローチをとり、日米がこの用語を OECD の1963年モデル条約から
取り入れたとしつつも、むしろ、法的独立性と経済的独立性の双方を満たすこ
とを要求する1928年国際連盟モデルと77年 OECD モデル条約に従い、いずれ
の独立性も満たすと判示したため、納税者が勝訴している。

〈参考文献〉
本文又は脚注で挙げたもののほか、以下の文献等を参照。

青山慶二研究主幹『グローバル時代における新たな国際租税制度のあり方　中間報告書』(21
　世紀政策研究所・2012)　1 頁以下
赤松晃『国際租税原則と日本の国際租税法—国際的事業活動と独立企業原則を中心に—』(税
　務研究会・2001)
浅妻章如「PE をめぐる課税問題」租税法研究36号（2008）27頁
渕圭吾『所得課税の国際的側面』(有斐閣・2016)

第5章　非居住者・外国法人に対する課税の仕組み

　本章では、非居住者と外国法人の事業所得が所得税法上及び法人税法上どのように課税されるのかを、主に外国法人を念頭に置きつつ、具体的に見ていく[1]。

―― **事例** ――

(A)　X国法人Xは、X国（国外所得免除方式を採る国）に本店を有し、日本国内に恒久的施設（j支店）を有する。2017年6月にj支店が100万円で仕入れた商品甲を、2017年12月にY国法人Yに対し、Y国内での重要な契約交渉を経て、130万円で譲渡した。この仕入販売は、専らj支店長の意思決定と管理の下になされている。商品甲はY国内のXの倉庫からYに引き渡された。なお、XがY国に有する支店（y支店）は甲の販売に全く関与していない。法人の事業年度はすべて暦年とする（以下の事例も同じ）。

　(1)　Xは2017事業年度にこの販売益30を法人税の申告所得に含めるべきか。

　(2)　Y国が販売益30にY国の法人税6を課した場合、AはこのY国法人税に関し日本で二重課税の救済を受けることができるか。

(B)　内国法人Jは、X国に恒久的施設（x支店）を有する。Jの本店が製造した原価1000万円の製品乙を、2017年6月にx支店に正常な振替価格1200万円で移転し、x支店は2018年1月にX国内で第三者に1300万円で譲渡した。X国の法令に従い、x支店は譲渡益100万円を2018事業年度の申告所得に含めてX国法人税を納付した。

　(1)　Jは内部譲渡に係る200万円の譲渡益を、2017事業年度の法人税の申告所得に含めるべきか。

　(2)　Jは、2018事業年度にX国に納付した製品乙の譲渡益に係る法人税を、法人税法上（いつ）外国税額控除の対象にしうるか。

（注）本章の内容は、2019年4月1日現在の法令による。

1　本章の記述は、一高龍司「恒久的施設帰属所得の具体的内容と関連する課題」租税研究785号（2014）44頁に基づいている。

(C)　Z国法人Zは、Z国で製造した工業用機械を購入した日本の得意先に、その使用に係る役務（設置、操作説明、保守点検、不具合対応等）を提供するため、大阪に恒久的施設（o事務所）を置き、従業員を配置している。2017年1月から8月まで、新市場の調査のため東京にアパートの一室（t事務所）を賃借し、o事務所から市場調査に精通した従業員丙を選び、専らそこでの調査に当たらせた。当該調査に関し2017事業年度に対外的に生じた800万円の費用（丙の給与を除く）はZ本店が支出し、これを同年度のo事務所の国内源泉所得に係る所得の金額の計算上損金に算入した。なお丙の2017年の給与（1200万円）も同様に全額損金に算入されている。

(1)　t事務所は法人税法上恒久的施設に当たるか。

(2)　t事務所の調査費用と丙の給与をDの国内源泉所得に係る所得の金額の計算上損金に算入する処理は適法であるか。

5-1　概要

　現行法上、外国法人は、恒久的施設（PE）の種類を問わない仕組みの下で法人税及び所得税の課税を受ける。OECD承認アプローチ（AOA）を反映し、法人税法上、事業所得（恒久的施設帰属所得と称される）と他の所得とは、損金を控除した後、別個に税率を適用する。外国法人にも、恒久的施設帰属所得（以下、PE帰属所得）に係る所得に対する外国法人税の額につき、国外源泉所得に係る所得に対応する部分を限度として（超過分の繰越・繰戻もある）、外国税額控除が適用可能である。AOAと整合させるべく、内国法人の外税控除と関連する申告・納付手続に加え、移転価格税制と同様の制度も整備がなされている。

　以下で外国法人に対する我が国での課税の仕組みの基本を確認する。なお、銀行等金融機関、保険会社に関しては特則がある（法税142条の3、同142条の5等）が、本章では扱わない。

5-2　企業の利得に対する課税の仕組み

5-2-1　法人税

5-2-1-1　ソース・ルール

　まず、ソース・ルール（国内源泉所得の判定基準）と法人税の課税方法の関係を**図表5-1**に示す。読者には、まずこの図表を**図表5-2**と共にしっかり押さえてもらいたい。

図表5-1　法人税法138/141条 — 外国法人課税

国内源泉所得（法税138条1項）		法人税課税			所得税源泉徴収
		PE あり		PE なし	
		帰属あり	帰属なし	—	—
PE 帰属所得（1号）	以下以外	PE 帰属所得			
	所161条1項4～11号、13～16号国内源泉所得*				組合利益（所4号）を除きPE非帰属部分も（実質源泉分離）*
資産の運用保有所得（2号）（所161条1項8～11、13～16号区分除く）					
資産の譲渡による所得（3号）					不動産等（所5号）*
人的役務提供事業対価（4号）					（所6号）*
不動産貸付等収益（5号）					（所7号）*
その他政令所得（6号）					（所17号）

（筆者作成[2]）

＊　政令所定の要件を満たすPEを有する外国法人は、「対象国内源泉所得」（所税161条1項4～7号・10号・11号・13号・14号の国内源泉所得）に関し、所轄税務署長が交付した証明書を支払者に提示することで、所得税の課税を免れうるが、4号所得（組合利益配分）に関しては、当該組合事業に係るPE以外のPEに帰せられるもののみが免除の対象になりうる（所税180条）。

2　財務省ウェブサイト『平成26年度税制改正の解説』686頁（陣田直也・岡野泰大・安河内誠・山田博志執筆）を参考にした。

　第一列がソース・ルール（法税138条1項）である（課税方法については後述）。旧法（つまり平成26年度改正前法人税法）138条1号所得に含まれていた各類型の所得が、法人税法138条1項1号（PE帰属所得。PEの譲渡による所得を含む）、2号（国内資産運用保有所得）、3号（国内資産譲渡所得）及び6号（その他政令所得）の各所得とされる。これらに、4号（人的役務提供事業対価）及び5号（不動産貸付対価）を加えたものが、現在のソース・ルールの構成である。

　2号所得（国内資産運用保有所得）からは、所得税法161条1項8号〜11号、及び13号〜16号に該当する所得が明示的に除かれる。よって、これら除外された所得（主に資産性所得）が国内源泉所得ならば、PE帰属所得として法人税を課されるか又は所得税のみ課されることになる。

　3号所得（国内資産譲渡所得）の基因となる国内資産は、PEを有しない外国法人の場合の扱いに合わせ、不動産（の上に存する権利）、鉱業権・採石権、山林の伐採・譲渡、内国法人株式（買い集め譲渡・特殊関係株式譲渡のみ）、不動産関連法人の株式、ゴルフ場所有法人株式、ゴルフ会員権に限定される（法税令178条）[3]。

　PEを有する外国法人の国際運輸所得については、1号所得となる特別のソース・ルール（法税138条3項、法税令182条）の下で、乗船地・船積み地を基準に（船舶の場合）、又は収入・経費・固定資産等の寄与度を基準に（航空機の場合）して、1号所得該当部分が決まる[4]。

3　つまり、旧法（法税令177条2項）上の項目のうち次の資産の譲渡が除かれた（よってPE帰属がなければ非課税）〜日本の法令に基づく免許等、有価証券又は権利（取引所金融商品市場で譲渡されるもの、国内営業所を通じて譲渡されるもの、引渡の直前に国内にある証券等）、振替社債等、合名・合資・合同会社の社員持分、国内預貯金の権利等、国内業務者に対する貸付金債権、国内営業所契約の保険年金の権利、抵当証券の利息債権、匿名契約の利益分配請求権、国内事業の営業権、譲渡契約等に基づく引渡直前の国内資産。

5−2−1−2　課税方式

　PE を有する外国法人は、⑴1号所得と、⑵2号所得乃至6号所得（1号所得該当分を除く）、のそれぞれに係る所得の金額に、法人税が課される（法税141条1号イ・ロ）。1号所得に係る所得と、2号所得乃至6号所得に係る所得とは区別して、それぞれ内国法人と同じ税率を適用する（法税143条1項・2項）。欠損金の繰越も同様に区別して行う（法税令184条）。

　PE を有しない外国法人の場合は、2号所得乃至6号所得に係る所得の金額に、同様の税率で法人税が課される（法税141条2号、143条1項・2項）。

5−2−2　所得税

5−2−2−1　ソース・ルール

　同様にまず、所得税法上のソース・ルールと課税方法の関係を**図表5−2**に示す（所基通164−1・表5も参照）。

　第一列がソース・ルールである。旧1号の内容は、1号（PE 帰属所得）、2号（国内資産運用保有所得）、3号（国内資産譲渡所得）及び17号（その他政令所得）に分かれた。1号所得に PE の譲渡により生ずる所得を明示的に含む点、2号所得からは、8号〜16号までに該当するものが除かれる点も、法人税におけるのと同様である（所得税法上は2号所得からの除外類型に8号所得を含む）。

　なお、PE に帰属する所得の種類の中で、PE 帰属組合利益（4号）のみ1号から独立した。他方、人的役務提供事業対価（6号）は PE に帰属する限り1号に吸収される（帰属主義化）が、PE 帰属の有無に拘わらず、国内事業の対価

4　旧法税令176条1項は、法人が国内及び国外の双方で事業を行う場合に関し、1)棚卸資産の仕入・譲渡、2)製造棚卸資産の製造・譲渡、3)建設作業等、船舶航空機運送事業、4)損害保険・生命保険、5)出版・放送事業者による広告事業、6)その他事業、に区分して、それぞれソース・ルール（の細目）を定めていた。このうち船舶航空機運送事業に関しては、その性質上、定式的なソース・ルールに拠らざるを得ず、これが AOA の帰結とは異なりうることから別個のソース・ルールを明文化したと解される。なお我が国の租税条約上は一般に居住地国に排他的課税権を認める（つまり相互免除）

図表5－2　所得税法161/164条 — 非居住者課税

国内源泉所得（所税161条1項）		総合課税			源泉徴収＊
		PE あり		PE なし	
		帰属あり	帰属なし	—	—
PE帰属所得（1号）	以下以外	PE帰属所得			
	2、3、5～17号区分				
	4号区分				
資産の運用保有所得（2号）（8号乃至16号区分該当を除く）		PE帰属所得			
資産の譲渡による所得（3号）					
組合事業配分利益（4号）					
不動産譲渡益（5号）		PE帰属所得	分離課税	分離課税	
人的役務提供事業対価（6号）					
不動産貸付等収益（7号）					
利子等収益（8号）					
配当等収益（9号）					
貸付金利子等収益（10号）					
使用料・無形資産譲渡益（11号）					
給与・報酬、公的年金（12号）					
広告宣伝賞金（13号）					
個人年金（14号）					
所定金融商品に係る利益等（所税174条3～8号）（15号）					
匿名組合契約の利益（16号）					
その他政令所得（17号）					

（筆者作成）

＊　PE を有する非居住者で政令所定の要件を備えているもののうち「対象国内源泉所得」、つまり、4号・6号・7号・10号・11号・12号イ（給与に係る部分除く）・14号の国内源泉所得で PE に帰属するもの（4号所得(組合利益配分)は当該組合事業に係る PE 以外の PE に帰属するものに限る）については、所轄税務署長から交付を受けた証明書を支払者に提示して、源泉徴収税（所税212条1項）を免れうる（所税244条）。

が原則として源泉徴収の上総合課税される。

5－2－2－2　課税方式

　PE を有する非居住者は、⑴1号所得＋4号所得、⑵2号所得＋3号所得＋5号所得＋6号所得＋7号所得＋17号所得（いずれも1号所得該当分を除く）について、居住者の課税標準、税率等の規定を基本的に準用して、総合課税を受ける（所税164条1項1号・165条）。⑶8号所得乃至16号所得（いずれも1号

98

所得該当分を除く）に対しては、所得税の分離課税の規定（所税169条〜173条）を適用し、税率20％又は（8号所得・15号所得のみ）15％で分離課税を受ける（所税164条2項1号、169条・170条）。

　PEを有しない（1号所得も有しない）非居住者は、上記(2)と同じ範囲の国内源泉所得が総合課税となり（所税164条1項2号・165条）、上記(3)の範囲の国内源泉所得につき分離課税を受けることになる（所税164条2項2号・169条）。

5−2−3　源泉徴収

　外国法人に係る所得税（源泉徴収税）の課税標準は、所得税法161条1項の4号所得乃至16号所得（但し12号（給与等）所得を除く）であり（所税178条）、その税率は、20％（原則）、10％（5号所得）又は15％（8号所得・15号所得）である（所税179条）。非居住者又は外国法人に対し、4号所得乃至16号所得（外国法人は12号所得を除く）を国内において支払う者は源泉徴収義務を負い（所税212条）、その税率は上記各税率と同じである（所税213条）。

　なお、PEを有する外国法人及び非居住者に関する所得税免除の特例（所税180条・214条）については、**図表5−1**及び同**5−2**の注記を参照されたい。

5−2−4　PEの撤退等

　法人税法上、PEを有しないこととなる場合又はPEを有することとなる場合の事業年度に関する規定（法税14条23号・24号・25号）がある[5]。

　PEを有しないこととなった場合（他者への譲渡を除く）には、閉鎖事業年

5　外国法人がPEを有しないこととなる場合（所定の適格合併等の場合を除く）には、欠損金の繰戻還付に関する規定等の適用上、当該外国法人が解散したものとみなされる（法税10条の3第3項）。外国法人がPEを有することとなった場合（前事業年度以前にPEを有していた場合のみ）には、PE帰属所得に係る所得の金額の計算に係る規定（法税142条2項）で準用される所定の規定の適用上、当該外国法人が設立されたものとみなされる（法税10条の3第4項）。

度終了時にPEに帰せられる資産（売買目的有価証券及び償還有価証券を除く）の評価損益が、閉鎖事業年度の1号所得に係る所得の金額の計算上、益金又は損金に算入される（一種の退出税である。法税142条の8第1項・法税令190条2項）。評価損益の額の計算等について委任を受けた法人税法施行令190条が、簿価調整、閉鎖後再設置の場合の扱い等かなり詳細な定めを用意している（法税142条の8、法税令190条）。なお、納税管理人の届出をしないでPEを有しないこととなる場合は、当該事業年度終了の日の翌日から二月を経過した日の前日とその有しないこととなる日のいずれか早い日までに、確定申告をしなければならない（法税144条の6第1項）。

　所得税法上、所得のある非居住者（納税管理人なし）は、出国時までに確定申告を要するところ（所税126条1項・127条1項・166条）、出国の定義に、国内に居所を有しない非居住者がPEを有しないこととなること、及び、国内に居所もPEも有しない非居住者が6号（人的役務提供事業対価）に規定する事業を廃止すること、が含まれる（所税2条1項42号）。非居住者に関しては、退出時の評価損益課税の定めは見あたらない。

5-3　恒久的施設帰属所得に係る所得

5-3-1　1号所得と他の号の所得

　法人税法は、AOAを反映する帰属主義に従い、国内源泉所得となる恒久的施設帰属所得（1号所得）を以下の如く定める。

　　「外国法人が［PE］を通じて事業を行う場合において、当該［PE］が当該外国法人から独立して事業を行う事業者であるとしたならば、当該［PE］が果たす機能、当該［PE］において使用する資産、当該［PE］と当該外国法人の本店等（当該外国法人の本店、支店、工場その他これらに準ずるものとして政令で定めるものであって当該［PE］以外のものをいう。…）との

間の内部取引その他の状況を勘案して、当該［PE］に帰せられるべき所得
（当該［PE］の譲渡により生ずる所得を含む。)[6]」

1号所得は、恒久的施設帰属所得に係る所得の金額の計算に関する款等で、
「恒久的施設帰属所得」（PE 帰属所得）と称される（法税142条1項）。ソース・
ルール上ではなく法人税の課税標準に関する箇所でこのように称する理由に関
連し、立案当局者は以下の如く解説する。

「改正後の法人税法第138条第1項では各種の国内源泉所得への該当性の
重複を排除しないこととされ、その上で、課税標準を定める法人税法第141
条において外国法人の課税標準たる国内源泉所得に係る所得を「恒久的施設
帰属所得」と「その他の国内源泉所得」の2区分にグルーピングし、その他
の国内源泉所得の範囲から、恒久的施設帰属所得に該当するものを除外する
ことにより、外国法人に対する法人税の課税標準の場面においては、恒久的
施設帰属所得への該当性を優先させることとされています。[7]」

所得税でもかかる設計は類似しており、所得税法165条2項において、同項
が引用する同164条1項1号イの所得（1号所得＋4号所得）を PE 帰属所得
と称している[8]。

おそらく、所得税法161条1項4号及び同5号以下の国内源泉所得は、源泉
徴収規定との関係では PE 帰属分も含めておく必要があり、また、同項2号所
得と3号所得に関しても、そこでの定めが PE を有しない非居住者に対し総合
課税のために適用されるときには PE への帰属が無関係となることから、条文
上このような構造になっているのであろう。法人税法に関しても、PE のない

6　ここでの本店等の定義に係る委任政令は、各種 PE に相当するもの及びそれらに準ずるものに言
　及している（法税令176条）。

7　財務省・前掲注2・677頁。

8　同上、786頁。

外国法人にも適合し、また所得税法のソース・ルールと整合的な定めとする観点から、同様になったものと解される。

　ソース・ルール上は、2号所得においてのみ「(第8号から第16号までに該当するものを除く。)」(所税161条1項2号)と言及される(法税138条1項2号も同旨)。ここでは、8号から16号の規定で国外源泉となる所得が2号で国内源泉とされる余地に関し議論が想像できるが、8号から16号までに「掲げる<u>国内源泉所得に該当するものを除く</u>」(所税164条1項1号ロ参照)とはされなかったことから、かかる余地は基本的に残さなかったものと解しておく。

　PEを構成する資産の譲渡による所得の扱いは若干検討を要する。外国法人のこのような所得は、平成26年度改正前1号所得内部において、事業主体たる法人の活動である以上、国内資産譲渡所得ではなく国内事業所得に該当すると解する有力な学説がある[9]。租税条約は、一般に、事業所得と譲渡所得の区分や譲渡益の計算は国内法に委ねつつ、いずれの区分でも同じ当事国に課税権を配分してきた(OECDモデル条約13条コメンタリ・パラ4、10、12、24、25参照)。立案当局者の解説からは、PEに帰属する事業用資産の譲渡は、改正後も一般に1号所得(PE帰属所得)に該当すると解した上で、PEの全部の譲渡の場合も同様に扱うため、括弧書きの「当該[PE]の譲渡による所得」を確認的に入れたと考えられる[10]。

5-3-2　内部取引

　法人税法上、内部取引が以下のとおり定義される(法税138条2項)。

　　「内部取引とは、外国法人の恒久的施設と本店等との間で行われた資産の

9　中里実「国内支店への海外本店からの資産の持ち込み」論究ジュリスト4号(2013)188-189頁。

10　財務省主税局参事官「国際課税原則の総合主義(全所得主義)から帰属主義への見直し」(2013年10月)、19頁。

102

移転、役務の提供その他の事実で、独立の事業者の間で同様の事実があった
としたならば、これらの事業者の間で、資産の販売、資産の購入、役務の提
供その他の取引（資金の借入れに係る債務の保証、保証契約に係る保険責任
についての再保険の引受けその他これらに類する取引として政令で定めるも
のを除く。）が行われたと認められるもの」。

　所得税法161条2項も同旨だが、「本店等」（法税138条1項1号・法税令176条）
に代えて、当該PE以外の事業場等（所税161条1項・所税令279条）とされる。
　内部取引の認識時期は、外部取引による損益の認識時ではなく、その内部取
引の種類・内容に応じて、内部取引が行われたときといわれる[11]。AOAが採
用する機能的分離企業アプローチの利点の一つは、非居住者（外国法人）の他
の拠点に係る所得計算を考慮せずにPEの所得計算が可能になることであるか
ら、外部取引による実現を待たない課税を選択したと解される。ただその具体
的な認識時期が、内部取引の「行われたとき」というのみでは明確とはいえな
い。なお、内部取引に係る源泉課税はなされない[12]。
　国内に当該外国法人の事業拠点が複数ある場合には、「複数の拠点の集合を
一つの恒久的施設としてわが国に配分されるべき課税権を認識すれば足りるこ
とになり…したがって、国内の拠点の間では内部取引は認識されず、恒久的施
設に帰せられるべき資本や恒久的施設帰属所得に係る繰越欠損金の額は複数の
国内の拠点を一つの恒久的施設として計算する[13]」とされる（法基通20-5-1参
照）。国内拠点間の内部取引は様々であるから、この解説の応用範囲が問題と
なる。複数拠点を一つのPEと見る旨の言及は、拠点毎にPE該当性と利得の
帰属を判定せず、国内の一拠点がPEとされれば他の拠点も同一のPEとして
扱う状況を想像させる。そうであれば、例えば、PEとは別の準備的又は補助
的な活動拠点に帰属すべき事業上の収益が課税対象となり、逆にそのような拠

11　財務省・前掲注2・680頁。
12　同上、681頁。
13　同上、679頁。

点に係る経費が損金に算入される状況も生じうる。この点、2017年改定前の OECD モデル条約5条コメンタリ（パラ27.1）では、国内の複数拠点（互々、準備的又は補助的活動を行う）が補完的な機能を遂行していて、地理的及び組織的に互いに独立しているとは言えない場合には、複数の拠点を全体として見て、そこでの PE 該当性を判断するが、互いに独立した拠点は別個に PE 該当性を判断するとしていたことが参考になる。AOA は国内拠点間の一体的扱いを特に要求していないこと、特定の PE にとって無関係の損益をも計上する場合の納税コストと計算の歪み、さらに、機能的分離企業アプローチとの整合性を考慮すると、私見は、各拠点に相互補完性と非独立性が認められる場合には、内部取引を否認し、各拠点を一体とみて PE の判定と帰属する利得の計算をすべきであるが、そうでなければ原則どおり内部取引を認識した上で別個に扱うべきであると考える。平成30年度改正で導入された細分化活動に係る定め（法税令4条の4第5項）も、複数の国内拠点は別個に PE 該当性を判断される状況があることが前提であり、私見の理解と矛盾しない（4－3－1－3参照）。

　保証債務、再保険その他これらに類する政令所定の取引（債務の保証に準ずる債務負担行為等）は内部取引から除かれており認識されない（法税138条2項・法税令181条）。AOA は一法人内で信用力を均一と見るからである。政策的には、内部保証役務を通じ納税者が課税上都合の良い拠点にリスクと所得を人為的に集めることへの予防の意味があると解される。関連して、貸倒引当金の設定対象には、内部取引で PE に帰属した金銭債権等は含まれない（法税令184条1項14号イ）。「恒久的施設と本店等との間で債務不履行に相当する事実が生ずる可能性は想定し難い[14]」からである。

14　財務省・前掲注2・694頁。

5－3－3　PE 帰属所得に係る所得の金額の計算

5－3－3－1　概要

　法人税法上、PE 帰属所得に係る所得の金額は、「外国法人の当該事業年度の恒久的施設を通じて行う事業に係る益金の額から当該事業年度の当該事業に係る損金の額を控除した金額」（法税142条 1 項）である。このような益金の額又は損金の額は、内国法人の一般的な計算規定（法税22条～64条の 3 、65条）に準じて計算した場合に益金の額となる金額又は損金の額となる金額であるが、幾つかの重要な除外と特例がある（法税142条 2 項、142条の 2 以下）。当該金額の計算上必要な事項は政令に従う（法税142条 4 項、法税令184条）。

　当該事業年度の損金には、費用（法税22条 3 項 2 号）のうち内部取引に係るものについては債務の確定しないものを含む（法税142条 3 項 1 号）。PE を通じて行う事業及びそれ以外の事業に共通する費用のうち、前者に係る費用として政令に従い配分した金額も含む（法税142条 3 項 2 号）。政令は、当該 PE「を通じて行う事業及びそれ以外の事業に係る収入金額、資産の価額、使用人の数その他の基準のうち、これらの事業の内容及び当該費用の性質に照らして合理的と認められる基準」を配分基準とする（法税令184条 2 項）。配分に関する計算の基礎となる書類その他の財務省令で定める書類の保存がないときは、原則として保存のない部分の配賦経費は損金不算入となる（法税142条の 7 第 1 項）[15]。当該書類は、1)共通費用であることについての説明、その明細及び内容、2)法人税法施行令184条 2 項に従った配分の計算方法の明細、並びに、3)当該方法が合理的である理由、を記載した書類である（法税規60条の10）。

　他に、連結納税制度は元より、例えば、外国子会社配当益金不算入制度（法税23条の 2 ）、グループ法人税制（法税61条の13）等は、従前どおり準用されない。

　所得税法にも、非居住者の総合課税のための所得と税額の計算に係る一般的

15　やむを得ない事情があれば、税務署長は、当該書類の提出があった場合に限り、当該損金不算入規定の適用をしないことができる（法税142条の 7 第 2 項）。

な準用規定がある（所税165条）。所定の書類の保存がなければ、PE 帰属所得
に係る各種所得の金額の計算上、配賦経費の計上は認められない（所税165条の
5）。

5 − 3 − 3 − 2　若干の費用項目

　以下で、損金の額に関するものを中心に、PE 帰属所得に係る所得の金額の
計算に関する法人税法上の委任命令における幾つかの特徴的な定めを見る。例
えば、旧法上は、法人税法29条（売上原価計算・評価方法）の準用は国内所在
の棚卸資産のみを対象としていた（旧法税令188条 1 項 3 号）が、PE 事業に係る
ものを所在地を問わず対象とするべく改正された（法税令184条 1 項 4 号）。また、
国外所在棚卸資産の移入は内部取引該当性と如何なる内部取引であるかを「検
討することとなるため[16]」、移入時取得の取扱いに係る定め（旧法税令188条 8 項）
は廃止された（減価償却資産に関しても同様に廃止）。内部取引で PE が取得
した資産に関し、当該内部取引時に資産を取得したものとして、PE 帰属所得
に係る所得の計算に関する法人税法令の規定を適用する（法税令184条 6 項）。
つまり、「本店等における帳簿価額ではなく、内部取引の種類及び内容に応じ
た取得価額」となり、PE 設立時に持ち込んだ資産があれば現物出資に相当す
る内部取引として、時価による取得価額が認識されることになる（含み損益が
持ち込まれない）と言われる[17]。これは、1)源泉地国として課税上考慮する損
益の範囲から過去の含み損益を排除することには合理性があり、2)このように
排除しても取得原価の嵩上げ（ステップアップ）による過去の含み損益の非課
税化は一般に生じない、という判断に基づくものと解される。理論上は、2)に
関し、居住地国（国外所得免除方式を採る）が含み損益の認識をしない場合は
非課税ステップアップとなり、あるいは居住地国（一括限度額管理による外税
控除方式を採る）が国外所得金額の計算上同様の取得原価の嵩上げをしなけれ

16　財務省・前掲注 2 ・692 頁。

17　同上、696頁。なお、適格現物出資等には該当せず、また、合併・分割等の組織再編行為が内部取
　引として認識されることもないとされる。同上、680頁。

ば過大な外税控除枠が生まれるが、仮にこのような問題があったとしても、それは当該居住地国の制度の問題と考えられている可能性がある。

　交換取得資産の圧縮記帳（法税50条）の対象には、PE が内部取引により取得する国内固定資産（譲渡資産も国内資産の場合）も含まれる（法税令184条1項13号イ・ロ）。

　法人税等それ自体の扱いに関し、旧法上は、外国法人は法人税法38条の準用上日本の法人税等及び外国（本店所在地国・第三国とも）の法人税等のいずれも損金不算入であったが、これを改め、日本の法人税等と本店所在地国（外国）の法人税等のみを損金不算入とした（法税令184条1項10号）。よって、PE 帰属所得に係る所得に対する第三国での法人税等は、日本で外国税額控除を適用しないときには、損金算入が可能となった[18]。対称的に、ここで損金不算入となる法人税額の還付金を含む4項目の還付金等については益金不算入である（法税142条の2第1項）。同様に、罰金・科料等損金不算入（法税55条4項）となるものの還付を受けても益金不算入となる（法税142条の2第3項）[19]。

5-3-3-3　文書化

　AOA の鍵概念は重要な人的機能の遂行であり、これが資産の経済的所有の帰属先を決め、内部取引の認識を導き、リスクと所得の帰属と大きさを決定づける。従って、文書化は、重要な人的機能の識別・評価に資する項目について要求されている。

　PE 帰属所得を有する外国法人は、外部取引及び内部取引に係る明細その他の省令所定の書類を作成する義務を負う（法税146条の2）。ここでの書類は、

18　財務省・前掲注2・693頁。なお、本店所在地ではなく管理支配地基準で居住者（内国法人）の判定を本国が行っているときは、文理上は、当該本国の法人税等も損金算入の余地を生じる。

19　他に、例えば、外国税額控除の適用（法税144条の2）を受けた事業年度開始の日後7年以内に開始する当該外国法人の各事業年度において当該外国法人税の額が減額された場合、控除対象外国法人税の額が減額された部分として政令で定める金額（益金の額に算入する額として政令で定める金額を除く）は、益金不算入となる（法税142条の2第2項）。

　要約すると、外部取引に関しては、1)その内容を記載した書類、2)PE と本店等の使用資産と負債の明細、3)PE と本店等のリスク（為替、市場金利、経済情勢等の変動による当該取引に係る損益の増減の生ずるおそれ）の引受と管理に関する人的機能、資産の帰属に係る人的機能その他の機能、及びこれらの機能に関連するリスクに係る事項を記載した書類、4)PE と本店等が果たした機能に関連する部門及びその業務内容を記載した書類、である（法税規62条の２）。

　次に、内部取引に関しては、上記2)乃至4)と同様の書類等に加え、1)内部取引に該当する資産の移転、役務の提供その他の事実を記載した注文書、契約書、送り状、領収書、見積書その他これらに準ずる書類又はその写し、及び、5)内部取引に関連する事実（資産の移転、役務の提供その他内部取引に関連して生じた事実）が生じたことを証する書類の作成を要する（法税規62条の３)[20]。作成した書類は、当該外国法人の保存するべき帳簿書類に含まれる（法税146条・150条の２第１項）。

　所得税法上、PE 帰属所得を有する非居住者に対しても同様の文書化及び帳簿保存が要請される（所税166条・166条の２・232条）。

5−3−3−4　無償資本の配賦

　PE 開設のためにする本店等から PE への資金の供与、PE から本店等への剰余金の送金その他これらに類する事実は、資本等取引に含まれる（法税142条3項3号）。

　各事業年度の PE に係る自己資本の額が、当該外国法人の資本に相当する額のうち当該 PE に帰せられるべき所定の金額に満たない場合は、PE 事業に帰属する負債利子の金額のうち、その満たない金額に対応する部分の金額が損金不算入となる（法税142条の４第１項）。委任命令に従い、ここでの損金不算入額は以下の算式に従って計算される（法税令188条）。

20　なお、内部取引に係る文書作成の負担に関連し、古川禎久財務副大臣は、「企業が既に作成しているもの、それで代用できますということにな［る］」と国会で説明している。第186回国会衆議院財務金融委員会議録第4号（平成26年2月26日）、19頁。

損金不算入額

= PE 帰属負債利子(A)×（PE 帰属資本相当額(B)− PE に係る自己資本額(C))

÷ PE 帰属有利子負債帳簿価額（平均残高）

但し、

(A)= PE 事業の直接利子＋内部利子＋共通利子配賦分（−外国銀行等の資本に係る負債利子損金算入額[21]）

(B)は、資本配賦法（資本配賦原則法（B1）と資本配賦簡便法（B2））又は同業法人比準法（リスク資産資本比率比準法（B3）と簿価資産資本比率比準法（B4））に従い計算する（以下、算式）。なお、連結ベース計算は例外（外国法人の純資産額がマイナスのとき、又は、当該外国法人の自己資本比率が同種事業法人の自己資本比率と比して著しく低い（前者が後者の概ね1/2未満）ときのみ）である。

(B1)（連結）外国法人純資産額（簿価ベース）× PE 帰属資産額（リスクウェイト）÷（連結）外国法人総資産額（リスクウェイト）

(B2)（B1）中、全て簿価ベース（リスクウェイトなし）

(B3) PE 帰属資産額（リスクウェイト）×比較対象法人 B/S 純資産額÷比較対象法人 B/S 総資産額（リスクウェイト）

(B4)（B3）中、全て簿価・B/S ベース（リスクウェイトなし）

B1〜 B4は任意選択。継続適用が原則（法税令188条 9 項参照）だが、B1と B2間、B3と B4間のスイッチはいつでも可能とされる[22]。

(C)= PE に係る資産の帳簿価額の平均残高（合理的方法で計算）− PE に係る負債の帳簿価額の平均残高（合理的方法で計算）

　リスク（危険）は、相手方債務不履行リスク、有価証券等価格変動リスク、事務処理の誤り等日常的業務に係るリスク、その他これらに類するリスクである（法税規60条の 6 ）。なお、リスクウェイト（危険勘案）計算日は、所定の要件の下に、事業年度終了日前 6 月以内の一定の日にすることができる（法税令188条 7 項）。

21　法税142条の 5 。

22　財務省・前掲注 2 ・713頁。

なお、所得税法にも PE に帰するべき純資産の額に関連して同旨の規定がある（所税165条の3・所税令292の3）。

5-3-4　行為又は計算の否認

法人税法上、以下の一般的否認規定が制定された（法税147条の2）。

　「［PE 帰属所得］に係る所得に対する法人税につき更正又は決定をする場合において、その外国法人の行為又は計算で、これを容認した場合には、当該各事業年度の［PE 帰属所得］に係る所得の金額から控除する金額の増加、当該事業年度の［PE 帰属所得］に係る所得に対する法人税の額から控除する金額の増加、…内部取引に係る利益の額の減少又は損失の額の増加その他の事由により法人税の負担を不当に減少させる結果となると認められるものがあるときは、その行為又は計算にかかわらず、税務署長の認めるところにより、その外国法人の当該各事業年度の［PE 帰属所得］に係る所得に対する法人税の課税標準若しくは欠損金額又は［PE 帰属所得］に係る所得に対する法人税の額を計算することができる。」

この創設の理由は以下のとおり説明されている。

　「［PE］と本店等の同一法人内部で機能、資産、リスクの帰属を人為的に操作して［PE 帰属所得］やその税額を調整することが比較的容易であることから、同族会社と同様に、潜在的に租税回避リスクが高いものであると考えられるため、同族会社の行為計算否認規定に類似した租税回避防止規定が設けられました。[23]」

もっとも、本支店間取引の扱いを関連当事者間取引に接近させるのが本来の

23　財務省・前掲注2・750頁。

110

趣旨であるところ、同時に導入された移転価格税制と同様の制度（租特66条の4の3）でも対応できない状況に、一般的否認規定で対応するべきと考えられた理由は分かりにくい。例えば、重要な人的機能（よって資産の経済的所有）を国外に移す課税逃れが考えられるが、これは現実のものである限り移転価格税制でも対応し難い機能移転の問題である。仮に国内子会社なら外国親会社の留保所得に合算課税されることもない。また、前述の非課税ステップアップを通じた課税逃れが生じたとしても、本国である外国の法人税の減少ならば本規定は及ばず、関係する内部取引に関する規定の改善で対応するのが本筋である。

AOA は、特に一般の事業会社において、利ざやを付加した内部融資に係る内部利子の認識を単純には要求しておらず、内部財務取引に係る独立当事者間対価の認識と適切な費用配賦を要求するに止まる（**第4章**参照）。そこで、例えば外国法人が PE 帰属所得の減少を企図し、当該外国法人の本店が一旦タックスヘイブンの外国銀行に資金を預け、当該外国銀行が PE に融資をすれば、内部利子が外部取引の利子に転換され、その全額が PE 帰属所得に係る所得の金額の計算上損金に算入されうる（銀行は僅かな利ざやを手数料として得る）。国会で懸念が示されたこのような想定スキームに対し、情報交換等での対応に言及しつつ、法的には大丈夫である旨の答弁が古川禎久財務副大臣からなされている[24]。文理上は、本否認規定の適用可能性も否定しえない。

所得税法にも同旨の規定が創設されている（所税168条の2）。

5-4　その他の国内源泉所得に係る所得の金額

法人税法上、PE を有する又は有しない外国法人の PE 帰属所得以外の国内源泉所得（法税138条1項2号乃至6号所得）に係る所得（法税141条1号ロ・2号）の金額は、PE 帰属所得に係る所得の金額の計算における法人税法142条及び同142条の2の規定に準じて計算した金額とされる（法税142条の9）。

24　第186回国会衆議院財務金融委員会議録第3号（その1）（平成26年2月25日）、19-20頁。

5－5　租税条約との関係

　租税条約のソース・ルールと国内法のそれが異なる場合に前者が優先する点も変更がない（法税139条1項・所税162条1項）[25]。

　PE を有する外国法人の1号所得を計算する場合、内部取引から所得が生ずる旨定める租税条約以外の租税条約の適用があるときは、内部取引には内部利子の支払等の事実（他に、知的財産権の内部使用料、知的財産権の内部譲渡・取得（減価償却費、評価損益に影響する））は含まれない（但し一定の金融機関の内部利子は除く）（法税139条2項・法税令183条3項・所税162条2項）[26]。同様に、ソース・ルールにおける単純購入非課税の原則は排除されたが、この原則を採用する租税条約の適用がある場合は、当該租税条約に従う[27]。

　なお、例えば、日米租税条約は、書簡交換を通じて AOA を導入済みとの理解が、米国財務省の見解に見られる[28]。我が国では、AOA に従った内部取引の認識まではなされない（法税139条2項）といえるが、無償資本配賦は否定されないと読める点には注意が必要である。

25　なお、税制改正の解説では、旧法人税法の制度の概要の説明において、「法人税法においては、わが国に源泉がないにもかかわらず租税条約においてはわが国に源泉があるとされた所得がある場合、又は租税条約において法人税法の国内源泉所得と異なる所得区分をする場合には、その租税条約によりわが国に源泉があるとされた所得をこれに対応する法人税法第138条第2号から第11号までの所得とみなすこととしています（旧法法139）」（財務省・前掲注2・683頁）という記述がある。条約の所得の定義規定は、法税139条（所税162条）にかかわらず直接適用されず、国内法の所得区分を変更しないとみる学説（井上康一・仲谷栄一郎『租税条約と国内税法の交錯』（商事法務・2007）116-121頁）と合致しない見方である。

26　財務省・前掲注2・683頁。

27　同上、681頁。この点、内国法人の外国税額控除の文脈では明文化（法税69条9項）されているが、PE 帰属所得の文脈では、このように租税条約の直接適用又は法人税法139条1項の解釈の帰結と考えられているようである。

28　一高龍司「外国法人課税に係る帰属主義の採用における国内法改正に関する提言」青山慶二研究主幹『グローバル時代における新たな国際租税制度のあり方』（21世紀政策研究所・2013）5頁（浅川雅嗣『コンメンタール　改訂日米租税条約』（大蔵財務協会・2005）275-276頁を参照した記述）。

5－6　帰属主義と外国税額控除

5－6－1　恒久的施設帰属所得に係る所得に対する外国税額の控除

　PE帰属所得に係る所得を有する外国法人は、当該所得のうち所定の国外源泉所得に対し課された外国法人税について、我が国で外国税額控除を受けうる（法税144条の２）。非居住者についても同様である（所税165条の６）。

　基本的な要件は、内国法人の場合と同様である。つまり、1)「外国法人税」（法税69条１項と同義）を納付することとなる場合に、2)「控除対象外国法人税の額」につき、3)所定の限度額の範囲で、4)納税者の選択によって[29]、税額控除を受けうる。但し、2)は、PE帰属所得に対し課される外国法人税の額に限られ、3)の限度額の算式もこれに応じたものである。

　外国法人の本店所在地国（H国）が課す外国法人税は、控除対象外国法人税の額から除外されるが、H国の法令又は租税条約の下で、当該PEの受ける利子、配当等に対する源泉税が、H国において税額控除等されないとき（例、源泉税に係る税額控除がない、国外所得免除方式である等）は、なお控除対象外国法人税の額に含まれる（法税令195条５項１号）。これは外国法人に対する扱いとしてはかなり柔軟かつ寛大な扱いといえる。他方で、第三国（T国）の外国法人税でも、日本・T国間の租税条約の限度税率超過部分は、控除対象外国法人税の額から除かれる（法税令195条５項２号）。この除外は「内国法人がその第三国から得た所得に対して供与される外国税額控除とのバランスの観点[30]」による。加えて（もしあれば）H国とT国との租税条約上の限度税率を超える部分も除外する考え方もあるが[31]、明文上は採用されていない。

　控除限度額について見ると、PE帰属所得に対し課される法人税額のうち、

29　控除対象外国法人税の額につき外税控除等の規定の適用を受ける場合は、PE帰属所得に係る所得の金額の計算上、損金不算入とされる（法税142条２項・142条の６）。

30　財務省・前掲注２・726頁。

31　OECDモデル条約24条コメンタリ・パラ70。一高・前掲注28・17頁で述べた。

当該事業年度の国外所得金額に対応する金額が外国税額控除の限度とされる。以下が算式である（法税令193条・194条）。

限度額＝PE 帰属所得に係る所得に対する法人税額×調整国外所得金額÷PE
　　　帰属所得金額
　　（但し、下線部は90％ が上限（法税令194条 3 項））
　調整国外所得金額＝国外所得金額−非課税国外所得金額
　国外所得金額〜PE 帰属所得に係る所得のうち、国外源泉所得に係る所得
　　の金額（法税令193条 1 項）。
　　国外源泉所得〜PE 帰属所得のうち、所得税法161条 2 号乃至17号（但
　　　し、4 号・5 号・12号を除く）で扱う各種の投資性（資産性）の所得
　　　又は収益で、資産の所在地・使用地、営業所の所在地等に基づき国外
　　　源泉となるものが列挙される（法税144条の 2 第 4 項）。租税条約上の
　　　異なるソース・ルールが優先する（同 5 項）。
　　共通費用（PE 帰属所得内部で、国内源泉所得業務とそれ以外の所得業
　　　務の共通費用）は、収入金額、資産価額、使用人数その他の合理的な
　　　基準によって配分する（法税令193条 2 項）。配分計算に係る書類保存
　　　要件がある（同 3 項）。

　所定の地方法人税及び地方税から控除してもなお限度を超過する部分は、前後各 3 年の余裕枠を使った控除をなしうる（法税144条の 2 第 2 項・3 項）[32]。

5 - 6 - 2　国外事業所等帰属所得に対する外国税額の控除

　法人税法上、控除限度額の計算の文脈において国外源泉所得が明文化された（法税69条 1 項・4 項 1 号乃至16号）。その中で、内国法人にとっての国外の PE 帰属所得に当たる国外源泉所得の類型が設けられた（以下、国外事業所等[33]帰属所得という）[34]。国外事業所等帰属所得の計算ルールは、内部取引、無償資

32　他に、外国税額控除適用後 7 年以内に開始する事業年度において当該外国法人税の額が減額された場合の取扱いに関する定め（法税142条の 2 第 2 項・144条の 2 第 8 項）等も参照。

33　PE に相当するもの及びこれに準ずるものである（法税令145条の 2）。

本の扱いを含め、PE 帰属所得に関するルールがほぼ対称的に応用され、国外
事業所等帰属所得に係る国外所得金額と、それ以外の国外源泉所得に係る国外
所得金額とは別個に計算される。ここで内部取引とは、国外事業所等と本店等[35]
との間で行われた資産の移転、役務の提供その他の事実で、独立の事業者間で
あれば、資産の販売又は購入、役務の提供その他の「取引」（保証債務、再保
険引受け等を除く）が行われたと認められるものをいう（法税69条6項）。

　内部取引のタイミングについては、例えば、国外事業所等から本店等への内
部譲渡があれば、外部実現を待たず国外事業所等帰属所得に係る国外所得金額
が計算される[36]。逆に、本店等から国外事業所等への内部譲渡があれば、当該
内部譲渡時に、当該国外事業所等が資産を取得したものとして国外所得金額の
計算をする（法税令141条の2第2項）。もっとも、内国法人（の本店等）に即
時譲渡益課税が行われるとは解しえない。また、取得時に国外事業所等帰属所
得の計算上控除されるとも限らない。立案当局者は、国外事業所等が当該取得
資産を外部に販売したら、国外所得金額の計算上、（本店等の取得価額ではな
く）当該内部取引に係る取得価額ベースで売上原価を計算する旨述べる[37]。こ
こで内部取引の年度と外部実現の年度が異なる場合は、国外事業所等の所在地
国の法令に従い、一般には外部実現時に取得価額の控除が許容される（対応原
則）と考えられる。

　租税条約上、1)相手国で課税できる所得は国外源泉所得とされ（法税69条4
項15号）、2)異なるソース・ルールがあればそれに従い（同条7項）、3)内部取

34　各種の国外源泉所得の中で、国外事業所等帰属所得は、国際運輸に係る事業所得を含まず（法税
　　69条4項1号・14号）、また、他の国外源泉所得（法税69条4項1号・2号乃至13号、16号）に国外
　　事業所等帰属所得は含まれない（法税69条5項）。租税条約上相手国が外国法人税を課し得る所得
　　（国外事業所等帰属所得も含む）は、国外源泉所得とされる（法税69条4項15号・同5項、法税令
　　145条の12）。

35　内国法人の本店、支店、工場その他PEに相当するもの（に準ずるもの）を意味する（法税令145
　　条の2第2項）。

36　財務省・前掲注2・763頁。

37　同上、765頁。

引から所得を生ずる旨定めていなければ内部利子（経済的性質が利子に準ずる
ものを含む）及び内部無形資産使用料は考慮されず（同条 8 項・法税令145条の
15）、さらに、4)単純購入非課税原則があれば、単純購入に係る国外事業所等
帰属所得は生じない（法税69条 9 項）。

　外国税額控除を適用する内国法人は、国外事業所等帰属所得に関し、AOA
で肝要となる外部取引及び内部取引に係る重要な人的機能等を記載した書類を
含め、前述の PE 帰属所得を有する外国法人が作成するべき書類と同様の書類
の作成が義務づけられている（法税69条19項・20項・法税規30条の 2 ・同30条の
3 ）。

5 - 7　移転価格税制等との関係

5 - 7 - 1　移転価格税制と同様の制度

　内部取引（外国法人の本店等と日本の PE との内部取引）に関し、PE 帰属
所得に係る所得の金額が小さくなる（つまり益金が過少または損金が過大であ
る）ときに、PE 帰属所得に係る所得に対する法人税法その他法人税に関する
法令の適用上、当該内部取引は、独立企業間価格によるものとされる（租特66
条の 4 の 3 第 1 項）。ここでの独立企業間価格の算定方法は、関連当事者間取引
の移転価格税制上のそれと同様である（同 2 項）。内部寄附は全額損金不算入
となる（同 3 項）。文書化要件及び同種事業者に対する質問検査（と罰則）、帳
簿書類の留め置き等の定めがあるほか、関連当事者間取引に対する移転価格税
制における執行上の定めが基本的に準用される（租特66条の 6 第 4 項乃至11項）。

　かかる規定の導入に伴い、関連当事者間取引に対する移転価格税制の対象と
なる国外関連取引からは、国外関連者が PE を有する場合の当該 PE 帰属所得
に係る取引が除かれた（租特66条の 4 第 1 項）。

5 − 7 − 2 過少資本税制等

　過少資本税制を外国法人の国内事業に適用する扱い（旧租特66条の5第10項、旧租特令39条の13第29項）は、無償資本に係る利子の損金算入制限の扱いと重なるため、廃止された。

　過大利子支払税制（租特66条の5の2）との関係に関しては、無償資本配賦に基づく損金不算入額を超えるときのみ、同税制の下での損金不算入額が優先的に適用される（同条10項・11項）。

〈参考文献〉

青山慶二研究主幹『グローバル時代における新たな国際租税制度のあり方〜国内法への帰属主義導入と BEPS（税源浸食と利益移転）問題を中心に〜』第1章・第2章（21世紀政策研究所・2014）

青山慶二「平成26年度改正で導入された帰属主義について」租税研究780号（2014）267頁

陣田直也・岡野泰大・安河内 誠・山田博志「国際課税原則の帰属主義への見直し」ジュリスト1468号（2014）44頁

辻　美枝「保険会社の恒久的施設と所得の帰属：ドイツとの比較」生命保険論集198号（2017）21頁

第6章　国内源泉所得(1) —PE帰属所得

—— 事例 ——

(1)　米国法人であるX社は、日本沿岸の大陸棚の海底部のある箇所で原油の油井を探索するための試掘作業を日本の内国法人Y社から依頼を受けて6か月前から行っている。X社がY社から受け取る代金は、日本の国内源泉所得となるか。どのような課税を受けるか。

(2)　個人実業家であるS氏は、2011年春までは東京を拠点にして投資活動を行っていた。その後しばらくはシンガポールに滞在していたが、現在は故郷である香港に本拠を移している。いま次のような資産の処分を行った場合、日本の国内源泉所得となるか。またどのような課税を受けるか。

(a)　長野県内に所有している別荘（敷地・建物）を隣地所有者へ譲渡

(b)　東京電力の株式（20万株）を市場で売却

(c)　国内の公立美術館に預けてある絵画（ピカソ作）を米国の美術館へ売却

(3)　ドイツ法人であるD社は、関西空港の対岸に位置する「りんくうタウン」に東アジアにおける営業の拠点として日本支店を開設している。日本国内はもちろん韓国、フィリピンなどの顧客に対する営業、自社製品のメンテナンス等を行っている。このような日本支店の所得に対する課税はどのようなものとなるか。日本の法人税法の考え方を示しなさい。日本支店の代わりに日本法人（子会社）を設立してそこを拠点として活動する場合には課税はどう考えられるか。

　本章からは、非居住者及び外国法人などの制限納税義務者が、日本で国内源泉所得を得たとき、どのように課税されるかについて取り上げる。この問題のうち、この章では、日本国内の恒久的施設に帰属する所得及び日本国内に所在する資産による所得の範囲とその課税について取り上げる。

6-1　国内源泉所得基準の意義　—国内源泉所得（総論）—

　国内源泉所得かどうかを定めた基準を「国内源泉所得基準」という。国内源泉所得基準をソース・ルール（source rule）と呼ぶ。国際租税法を勉強する上でこれはたいへん重要な概念のひとつである。日本の所得税法では、161条において、法人税法では、138条において規定されている。また、租税条約において、それを修正する規定がおかれていることがある。

　この国内源泉所得基準を定める意義を考えると、非居住者や外国法人などのような制限納税義務者がどのような所得について課税されるのか、つまり制限納税義務者の課税対象となる所得の範囲を決めるための基準であるということである[1]。

　この章では、国内源泉所得を定める法源について説明した後、日本の国内税法において制限納税義務者への課税の範囲がどこまでと規定されているのかを中心に取り上げて説明する。また、租税条約がどのように規定しているのかについても述べる。さらに、どのように課税されるのかについてもそれぞれの箇所で言及したい。

6-2　国内源泉所得を定める法源　—国内税法か租税条約か—

　制限納税義務者への課税の範囲をどのようにするのかは、課税を行うそれぞれの国家にとっての問題であるから、その国内法（国内税法）により定められている。自国の課税権をどの範囲で行使する意思があるのかを国内法の制定により示すということである。国内法では、自国の税法が定める制限納税義務者に対して、どの範囲の所得について課税するのかを定めるのである。外国企業が日本国内で営業活動を行う場合、日本国はどのような条件が充足すると課

1　後述する平成26年度税制改正以前には、居住者及び内国法人の外国税額控除の控除限度額を決定するための「国外源泉所得」を求める基礎としても「国内源泉所得」を利用していた。本書前版89頁。増井良啓・宮崎裕子『国際租税法（第4版）』（東京大学出版会・2019年）165頁以下。

税するのか、あらかじめ税法に規定されている必要がある。

　国内源泉所得の範囲そのものについてではなく、課税所得の範囲に関する問題であるが、日本の法人税法 9 条 1 項では、「外国法人に対しては、第141条各号（課税標準）に掲げる外国法人の区分に応じ当該各号に定める国内源泉所得に係る所得について、各事業年度の所得に対する法人税を課する。」と規定している[2]。所得税法では、所得税の課税所得の範囲を定める第 7 条 1 項のうち、5 号で「外国法人　第161条第 1 項（国内源泉所得）に規定する国内源泉所得のうち同項第 4 号から第11号まで及び第13号から第16号に掲げるもの」との規定をおいている。

　これらの規定から、国内源泉所得と課税される所得の範囲の関係を国家が国内法の制定により、どのように措定しているか、知ることができる。そして、課税される所得の範囲を決定する基礎となっているのが「国内源泉所得」という概念であり、それを定めているのが国内源泉所得基準（ソース・ルール）である。

　それに対して、租税条約により、相手国との関係でこの国内源泉所得基準を修正することがある。これは制限納税義務者の所属する本国（居住地国）から受ける課税と源泉地国における課税とが重複する範囲を変更しようと考えているからである。いずれの国からも課税の対象とされないこと（二重非課税）を防ぐためにこの修正が行われることもあるだろう。

　また、いくつかの国にまたがって活動をすることにより得られる所得について、いずれの国が源泉地国として課税を行うのかが問題となることがあるかもしれない。例えば、A国の企業X社がB国に支店を設けてこの支店を通じてC国内でD国の企業Y社に対して、金銭を貸付けるような場合、X社の得る所得について、A国が居住地国として課税するのは別として、B国が支店所在地国であることを根拠に源泉地国として課税することが考えられる。C国が貸付けの実施場所であることを根拠に源泉地国として課税することも考えられる。D

2　なお、同条 2 項では、外国法人のうち人格のない社団等は、収益事業から生じた所得以外の所得について、第 1 項の規定にかかわらず、各事業年度の所得に対する法人税を課さない旨定めている。

国が債務者の本国であることを根拠に源泉地国として課税することも考えられる。このようなケースでは、Ｂ国、Ｃ国及びＤ国がそれぞれ国内税法により国内源泉地国基準を定めているので、それらをそのまま受け入れてしまうと各国から重複して源泉地国課税を受けることとなる。租税条約により[3]又は別の方法により、調整が必要であるといえるだろう。

租税条約に異なる定めがある場合の適用について、法人税法139条１項は、次のように定めている[4]。

「日本国が締結した所得に対する租税に関する二重課税防止のための条約（以下この条において「租税条約」という。）において国内源泉所得につき前条の規定と異なる定めがある場合には、その条約の適用を受ける法人については、同条の規定にかかわらず、国内源泉所得は、その異なる定めがある限りにおいて、その条約に定めるところによる。この場合において、その租税条約が同条第１項第４号又は第５号の規定に代わつて国内源泉所得を定めているときは、この法律中これらの号に規定する事項に関する部分の適用については、その租税条約により国内源泉所得とされたものをもつてこれに対応するこれらの号に掲げる国内源泉所得とみなす。」

この条文で、「所得に対する租税に関する二重課税防止のための条約」とは、いわゆる租税条約のことである。「国内源泉所得につき前条の規定と異なる定めが……」とある「前条」とは、所得税法138条のことである。国内法としての形式的効力において、条約が法律よりも優先する日本において[5]は、この

3　居住地国と源泉地国との関係を調整するための二国間条約が多い現状では、源泉地国基準の調整のための条項を含む条約例は実際には少ないと思われる。

4　所得税法162条でも、ほぼ同文の規定がおかれている。所得税法では「その条約の適用を受ける法人」が「その条約の適用を受ける者」に、「同条２号から11号までの」が「同条２条から12号までの」に、置き換えられている。それは、法人自身が給与や退職金を受領することがないので所得税法の８号に相当する規定がないからである。法人税法の場合とは異なり、所得税法の場合には、源泉徴収のための規定の適用ということがあるので、この規定の適用される対象の広がりは大きいといえる。

5　国内法の体系における条約と国内法との関係については、香西茂・太寿堂鼎・高林秀雄・山手治之『国際法概説〔第４版〕』（有斐閣・2001年）51頁、杉原高嶺『国際法学講義』（有斐閣・2008年）115頁。憲法98条２項は、「日本国が締結した条約および確立された国際法規は、これを誠実に遵守することを必要とする。」としている。

139条の規定は当然のことであり、不必要な条文であるとの見方もできるが、この条文は、租税条約における国内源泉所得基準（ソース・ルール）の変更だけを定めたものではなく、1号所得が除かれているが、「この法律中これらの号に規定する事項に関する部分の適用」のすべてについて、その条約により国内源泉所得とされたもので、置き換えるということを定めているのである。例えば、国内法（所税161条10号）では、貸付金の利子については「使用地主義」が定められているが、日本とアメリカ合衆国との租税条約の11条7項[6]では、債務者主義に変更されている。（日本に PE をもたない）非居住者である米国法人が（日本以外に恒久的施設を有しない）内国法人に貸付けを行いその資金が韓国で使用される場合には、米国法人が受け取る利子は国内法では国内源泉所得とはならないが、租税条約による修正によって貸付金の債務者である内国法人の所在地国である日本が源泉地国であるということになる[7]。これは、租税条約により国内源泉所得と変更されるケースである。

　また、日本とスリランカとの租税条約11条1項では人的役務所得について規定している。すなわち「一方の領域の居住者である個人が自由職業（法人の役員としての役務を含む。）又は雇用から取得する利得又は報酬については、その活動が他方の領域内で行われる場合に限り、当該他方の領域においても租税を課することができる。」との規定である。つまり、そこでは自由職業に法人の役員としての役務を含めている。結果として法人の役員としての役務の提供による報酬に係る所得は、役務提供地においても課税することができる。例えば、日本の内国法人の役員としてスリランカにおいて役務を提供する場合には、その所得はスリランカにおいて課税される。これは、日本の所得税法161条12号イの規定が、給与、報酬などに関するソース・ルールとして「俸給、給料、賃金、歳費、賞与又はこれらの性質を有する給与その他人的役務の提供に対する報酬のうち、国内において行う勤務その他の人的役務の提供（内国法人の役

6　日米租税条約11条7項は、「利子は、その支払者が一方の締約国の居住者である場合には、当該一方の締約国において生じたものとされる。……」との規定をおいている。

7　吉川保弘『国際課税質疑応答集』（法令出版・2010年）122頁。

員として国外において行う勤務その他の政令で定める人的役務の提供を含む。）に基因するもの」と定めて役員報酬については法人の居住地国を源泉地国としていることを修正している訳である。この理解については、このケースの租税条約の規定が、課税権の行使できる範囲を約束しているだけであって、国内源泉所得基準を必ずしも変更しているとは限らないとの解釈もありうるが、それは妥当な解釈とはいえない。結局、このスリランカとの条約の例は、日本の国内法では、国内源泉所得となるものを租税条約により国内源泉所得とはならないと変更した例と考えることができる。

　以下本章では、事業所得などを中心に、国内源泉所得の範囲及びそれに対する課税の基準について、主に国内法を念頭に説明する。

　事業所得、利子、配当、使用料等々、個々の所得の類型についてみてみると、租税条約において国内法とは異なる課税方法、課税範囲を定めている場合も少なくないが、それらの中には、上記の日米条約11条の例のように㋐国内源泉所得基準の変更を明示するものもあれば、㋑（明示的ではないが）国内源泉所得基準の変更と読み取れるものもある[8]。その一方で㋒課税権の行使の有無を定めた内容であって、国内源泉所得基準の変更を意味するとはいえないものもある。例えば、㋒に該当するものとして、日本とイギリスとの租税条約12条1項では、使用料について「一方の締約国内において生じ、他方の締約国の居住者が受益者である使用料に対しては、当該他方の締約国においてのみ租税を課することができる。」と定めている。これは、所得の源泉地国が一方の締約国であることを変更するものではない。源泉地国が課税を行わないことを定めているだけである。そのような条項は、所得税法162条、法人税法139条とは関係ないといえる。

8　前述したスリランカとの条約11条1項の役員報酬による所得についての定めはこれにあたるといってよいだろう。

6－3　1号所得　事業所得（恒久的施設帰属所得）

　ここでは、所得税法161条第1項第1号の規定を説明したい。

　そもそも、所得税法、法人税法では、国内源泉所得基準を定めるに際して、包括的基準と個別的基準の二つの基準が設けられている。包括的基準とは、本章で取り上げる「事業所得（恒久的施設帰属所得）」（事業による所得、事業からの所得）及び「資産所得」（資産からの所得、資産による所得）などについての基準のことである。個別的基準とは、**次章以下（7章ないし10章）** で取り上げる各所得種類（利子・配当・使用料・給与など）のための基準のことである[9]。

　包括的基準は原則的な基準ということもできる。両者の適用関係としては、個別的基準により定めれられている所得については個別的基準が優先して適用されるべきであると考えるべきか、それとも包括的基準により国内源泉所得とはされないもののうち個別的基準に該当するものがあれば国内源泉所得とすると考えるべきか、さらに両者が重複して適用されるのか、可能性としては三様に考えられるが、このうち、三番目の重複して適用されるとの説明が行われて

9　法人税法についていうと、第138条第1項のソース・ルールを（A）第1号所得、（B）第2号ないし第6号所得、（C）所得税法161条第1項8号ないし第16号（第12号を除く）と3分類して考え、（B）と（C）はそもそも重複しないものと捉えて、（A）と他の2つは重複して適用されるとの説明ができる。

10　赤松晃「帰属主義による国際課税原則の見直しの意義と機能：半世紀ぶりに改正された外国法人課税を中心にして」一橋法学14巻2号387頁以下、増井・宮崎前掲書64頁以下。

11　国内法における所得税法及び法人税法の国内源泉所得基準は、限定列挙であるといえる。これらに含まれなければ国内源泉所得とはならない。そして、租税条約では、国内法で課税対象となっているものについてどのように取り扱うかを定めているのである。租税条約が定める各種類の所得以外の所得について、当事国において課税される際に、どのように課税するのかを「その他所得」として規定している場合がある。例えば、OECDモデル条約21条1項は、「一方の締約国の居住者の所得（源泉地を問わない。）であって前各条に規定がないものに対しては、当該一方の締約国においてのみ租税を課することができる。」と規定している。わが国の条約例において、その他所得について居住地国のみが課税できるとする場合がある。それと異なる取り決めをしている条約例もある。「その他所得」を別名「明示なき所得」という場合がある。川田剛『国際課税の基礎知識〔8訂版〕』（税務経理協会・2010年）200頁。

いる[10]。妥当なものと考える。

　この節で取り上げるのは、包括的基準としての事業による所得[11]が中心である。

6-3-1　恒久的施設帰属所得（国内の恒久的施設に帰せられるべき所得）

　所得税法161条1項の柱書きでは次のように規定している。

　「この編において『国内源泉所得』とは、次に掲げるものをいう。」それを受けて第1号では、

　「一　非居住者が恒久的施設を通じて事業を行う場合において、当該恒久的施設が当該非居住者から独立して事業を行う事業者であるとしたならば、当該恒久的施設が果たす機能、当該恒久的施設において使用する資産、当該恒久的施設と当該非居住者の事業場等（当該非居住者の事業に係る事業場その他これに準ずるものとして政令で定めるものであつて当該恒久的施設以外のものをいう。次項及び次条第二項において同じ。）との間の内部取引その他の状況を勘案して、当該恒久的施設に帰せられるべき所得（当該恒久的施設の譲渡により生ずる所得を含む。）」との規定を置いている。

　同様に法人税法138条1項1号は、

　「一　外国法人が恒久的施設を通じて事業を行う場合において、当該恒久的施設が当該外国法人から独立して事業を行う事業者であるとしたならば、当該恒久的施設が果たす機能、当該恒久的施設において使用する資産、当該恒久的施設と当該外国法人の本店等（当該外国法人の本店、支店、工場その他これらに準ずるものとして政令で定めるものであつて当該恒久的施設以外のものをいう。次項及び次条第二項において同じ。）との間の内部取引その他の状況を勘案して、当該恒久的施設に帰せられるべき所得（当該恒久的施設の譲渡により生ずる所得を含む。）」との規定を置いている。

　これらの規定の意味するところを考えると、この1号所得とは、非居住者又は外国法人が、恒久的施設を通じて行う事業による所得でその恒久的施設に帰

せられるべきものを意味する[12]。そして、それは、その恒久的施設（事業場又は支店）とその他の事業場又は本店等との内部取引を適切に考慮して（AOAアプローチにより）計算しなければならないということである。

　この規定が、所得税法、法人税法に設けられたのは、平成26年度税制改正によってである。それ以前には、改正前所得税法では、161条の柱書は同様であったがそれを受けて、第1号では、「国内において行う事業から生じ、又は国内にある資産の運用、保有若しくは譲渡により生ずる所得（次号から第十二号までに該当するものを除く。）その他その源泉が国内にある所得として政令で定めるもの」と定めていた。比較すると、従前の規定が「国内において行う事業から生じ……」る所得を1号所得としていたものを、現行規定は「恒久的施設に……」帰せられるべき所得を1号所得としている点が変化している点であるといえる。

　従前の規定では、1号所得をそのように規定したうえで、国内に恒久的施設を有する非居住者又は外国法人については1号所得以外の国内源泉所得もあわせてすべてその恒久的施設の所得と一緒に課税するという考え方を採用していた。これを「総合主義」又は「全所得主義」という。これに対して、現行法の1号所得のように恒久的施設に帰属する所得を国内源泉所得として捉えて、その所得に対して（のみ）課税しようとする考え方を「帰属主義」又は「帰属所得主義」という。

　日本の所得税法、法人税法は、平成26年度税制改正において、従来の総合主義から帰属所得主義に制度変更を行ったということができる。税制にみられる様々な選択肢がそうであるように、これらの二つの考え方についても、いずれか一方だけが正しく、他方は誤っているというものではない。国内源泉所得をどのように国内法で定義するのか、それに関してどのように課税対象に含めているのかということである。単純な言い方であるが一長一短だということができる。

12　「恒久的施設」とは法人税法第2条12号の19において定義されている。支店、工場、1年を超える建設作業場、一定の条件を備える代理人等とされている。

　ではなぜ、そのような制度の変更が行われたのか[13]。これも一概に言い切ることはできないのであるが、平成25年（2013年）10月に財務省主税局参事官により出された報告書[14]によると概ね次のような説明がなされている。

　昭和30年代の議論により総合主義が採用されてきたのは、内国法人と外国法人の課税の公平性を重視したこと、日本への対内投資の大半を占めていた米国が当時総合主義（全所得主義）を採用していたこと、外国法人の本店等が源泉徴収の対象とならない国内源泉所得を得るような場合には当該恒久的施設がその外国法人を代表して申告書を提出して納税することが実務上の便宜にかなうといえることなどが理由である。

　これに対して、昭和35年の日印租税条約において、外国法人の国内事業所得についてはPEに帰属するものについてのみ課税するという帰属主義が初めて導入されて以来、帰属主義を採用した租税条約ネットワークが徐々に広がっていった[15]。

　OECDにおいては、従来のモデル租税条約7条でも帰属主義を原則としていたものの、その解釈や運用が各国で統一されていなかったため、結果として二重課税・二重非課税を効果的に排除することができていないという問題提起がなされてきた結果……多国籍企業の活動及び取引実態を踏まえPE帰属所得の算定アプローチを定式化したモデル租税条約新7条が2010年に導入された。この新7条の導入により、日本の国内法（総合主義）を、新7条に基づく帰属主義へ見直す機運が高まってきた。報告書では、その理由として次の4つが挙げられている。

　第1に、企業の多国籍化が進み、外国法人の進出形態もさまざまになっている現在において、支店形態で進出する場合と子会社形態で進出する場合とで、異なる課税原則を適用することは課税上のバランスを欠き、これを維持するこ

13　本文では財務省参事官による説明を紹介したが、従前の規定が設けられていた経緯については、併せて、赤松前掲論文391頁以下も参照。
14　財務省主税局参事官『国際課税原則の総合主義（全所得主義）から帰属主義への見直し』（2013年10月）https://www.cao.go.jp/zei-cho/content/20131025_25dis11kai7.pdf　（2020年2月11日閲覧）
15　同上報告書1頁。

とが困難となっている。第 2 に、新 7 条が OECD コンセンサスとなったことにより、日本においても今後は新 7 条に基づく租税条約に改正されることが見込まれる。国内法を総合主義（全所得主義）で維持しつつ条約は新 7 条となると、内部取引の認識の相違等による二重課税・二重非課税のリスクが一層顕在化するおそれがある。第 3 に旧 7 条締約国との間で新 7 条を導入していくということが進むであろう。旧 7 条締約国との間で、新 7 条の導入がない場合でも、国内法を本支店間の内部取引についても適切に認識するようになれば、二重課税・二重非課税の範囲が狭くなっていくと考えられる。この効果は、外国に進出している日本企業の国外 PE についても良い効果をもたらす。第 4 に、租税条約と国内法の課税原理がともに新 7 条に基づく帰属主義に統一されることにより、対内投資に好影響を及ぼすことが期待できる。特に条約非締結国の法人が PE を経由せず株式市場に投資して株式譲渡益を得るような場合を考えるとその影響は小さくないだろう。これらの理由が挙げられている[16]。

　国際的な潮流（OECD の立場）が新 7 条をベースとする帰属主義になっている以上国内法もそれに順応するしかないといった判断がなされたのではないだろうか。

　従前の旧「1 号所得」のように国内において行われる事業による所得という定義による判定が難しくなってきたということもあるのかもしれない。例えば、WEB ページを介した電子商取引を考えると、そのような事業活動を国内で行ったのかどうかを判定することには相当の困難性を伴う。これを恒久的施設との関連性で判断する方が実態に応じた判定を適切にやりやすいということがいえるのではないだろうか[17]。

　旧「1 号所得」を基礎とする従前の国内法の時代の判例であるが、事業が行われたのが「国内」かどうかが争われた事例がある。「国内」という概念自体

16　同上報告書 2 頁。
17　恒久的施設の定義を考える際にも、新しい国内法の考え方の方がより明確な議論ができると思われる。所得を帰属させるにふさわしいものこそが恒久的施設としてとらえられるという議論がやりやすいということである。

128

は居住者の判定、財産の所在地の判定などに必要な法概念である。

「国内」とは、「この法律の施行地をいう」（所税2条1項1号、法税2条1号）と規定されている。施行地とは施行されている地域を意味すると考える。領土、領海、領空を基本として、それを取り巻く大陸棚等を含む地域を指すと考えるべきであろう[18]。国家領域としては、領土、領水、領空がそれにあたると説明される[19]。

オデコ大陸棚事件[20]では、大陸棚が法人税法の施行地に当たるかどうか（すなわち、「国内」かどうか）が争点のひとつとなった。裁判所は、沿岸に位置する大陸棚においてわが国は国際法上、課税権を行使することができる。国内法からみても、改めて大陸棚に課税範囲を拡大する法令の制定はしていないが、課税権を行使することを法人税法等でもともと示しているといえるとの判断を行っている。

このような意味の国内において業務が行われた場合には、国内において行う事業から生じた所得となり、改正前の規定の下では1号所得とされていたので

18　他税目のことであるが、相続税法附則2項は、「この法律は、本州、北海道、四国、九州及びその附属の島（政令で定める地域を除く。）に、施行する。」と規定している。これを受けた相続税法施行令（昭和25年4月1日施行）の附則2項は、「法附則第二項の規定により法の施行地域から除かれる地域は、当分の間、歯舞群島、色丹島、国後島及び択捉島とする。」と定めている。これは、一般的な法律の施行地域を狭く限定している例と考えることができる。長野秀幸『法令読解の基礎知識』（学陽書房・2008年）153頁。所得税法、法人税法にこれに対応する規定はない。

19　香西茂・太寿堂鼎・高林秀雄・山手治之『国際法概説〔第4版〕』（2001年）130頁以下。杉原高嶺『国際法学講義』（2008年）275頁では、「領域の外側の大陸棚は（海底）は国家領域を構成しないものの、一般には国家管轄区域として国際公域に含めないのが通例である（そこは領土の延長部分として他国の利用に供される度合いはきわめて乏しい）。」との説明がある。長野秀幸前掲書152頁以下では、施行区域に関して、「国の法令は、国の全領土にわたってその効力が及びます。一般に、領土には、領海と領空も含まれ（広義の領土）、そのいずれにも国会主権が及びます。」「（改行）わが国の領土（狭義の領土）は、本州、四国、九州および北海道ならびにその周辺の諸島に限られます（日本国との平和条約2条）。わが国の領海は、基線からその外側12海里の線までの海域です（領海及び接続水域に関する法律1条1項）。領海は、狭義の領土と領海の上空を指します。」

20　東京高判昭59・3・14（行裁集35巻3号231頁）。これについては、村井正「課税権の及ぶ範囲―オデコ大陸棚事件」別冊ジュリスト120号・租税判例百選〔第3版〕（1992年）20頁、浅妻章如「課税権の及ぶ範囲―オデコ大陸棚事件」別冊ジュリスト207号・租税判例百選〔第5版〕（2011年）128頁。

ある。その一方、国内において業務が行われても国内源泉所得とはされない場合[21]、国外において業務が行われていても国内源泉所得となる場合[22]が定められていた。

　「国内」と「国外」の双方にまたがって行われる事業について、改正前の所得税法施行令279条1項、同じく改正前の法人税法施行令176条1項は、それぞれ1号から7号までの規定で、国内源泉所得となる範囲を定めていた。例えば、そのうち3号は、「その個人が国外において建設、すえ付け、組立てその他の作業につき契約の締結又は当該作業に必要な人員若しくは資材の調達を行ない、かつ、国内において当該作業を施行する場合　当該作業により生ずるすべての所得」としており、国内分と国外分の振り分け計算（按分計算）等は行わない。4号は、「その個人が国内及び国外にわたつて船舶又は航空機による運送の事業を行なう場合[23]」について「当該事業により生ずる所得のうち、船舶による

21　国内において商品等の購入だけをする場合（改正前法人税法施行令176条2項）、国外業務のために国内において広告、宣伝、情報の提供など準備的補助的業を行う場合（改正前同条3項1号）などがそれにあたる。赤松前掲論文400頁。これらのうち、前者の場合について藤本哲也『国際租税法』（中央経済社・2007年）63頁では、「単純購入非課税の原則」と呼んで説明している。

22　改正前の法人税法施行令176条5項は、外国法人が、国内に有する支店等を通じて行う国外にある者に対して行う金銭の貸付け又は投資その他これらに準ずる行為により生ずる所得でその支店等において行う事業に帰せられるものは、国内において行う事業から生ずる所得とする旨定めていた。ただし当該行為の行われた外国において課税を受けることを証明したときには「この限りでない」と規定し、国内源泉所得とはならないとしていた。これについて例えば赤松前掲論文395頁。恒久的施設への帰属が課税の範囲の問題だけではなく、国内源泉所得かどうかを決めることとなる。

23　同項4号が定める国際運輸業所得については、OECD モデル条約で事業を行う会社の居住地国（管理運営を行う国）においてのみ課税するとの規定がおかれている。これは、所得種類を限定して、源泉地国の課税を免除することにより国際的な二重課税を排除しようとするものである。日本が締結している租税条約においても、2、3の例外を除き、ほとんどの場合源泉地国の免除が定められている。浦東久男「わが国の租税条約と国際運輸業所得—租税条約による源泉地国免税と居住地国課税—」刊行委員会編『波多野弘先生古稀祝賀記念論文集』（1999年）所収、31頁。また、租税条約を締結していない国との間で交換公文等で相互免除を実施している例について、浦東久男「国際運輸業所得特例法と相互主義を条件とする免税措置」姫路法学25=26合併号（1999年）169頁以下。日米租税条約では、コンテナーの使用、賃貸などからの利得についても企業の居住地国でのみ課税できる旨認めている（8条4項）。旧条約時代の判例として、東京地判昭57・6・11（行集33巻6号1283頁）船舶の運用によって取得する所得の意義（旧日米租税条約）があり、その評釈として川端康之「国際運輸業所得」別冊ジュリスト178号・租税判例百選〔第4版〕（2005年）134頁。

運送の事業にあつては国内において乗船し又は船積みをした旅客又は貨物に係る収入金額を基準とし、航空機による運送の事業にあつてはその国内業務に係る収入金額又は必要経費、その国内業務の用に供する固定資産の価額その他その国内業務が当該運送の事業に係る所得の発生に寄与した程度を推測するに足りる要因を基準として判定したその個人の国内業務につき生ずべき所得」と定め国外分と国内分との按分計算を行うこととしていた[24]。

恒久的施設に帰属する所得かどうかにより国内源泉所得かどうかを判定することとした結果、国際運輸業による所得などの一部例外を除き、国内外の判定を行う必要性が小さくなったといえるだろう。

つぎに「事業」概念について考えると、所得税法27条に規定されている事業所得の「事業」と同一の概念と考えるべきであろう。所得税法施行令63条に挙げられている事業ということになる。特に同条12号が定める「対価を得て継続的に行う事業」ということになろう。

事業による所得に対してどのような課税を行うかについて、OECDモデル条約7条1項は、「一方の締約国の企業の利得に対しては、その企業が他方の締約国内にある恒久的施設を通じて当該他方の締約国内において事業を行わない限り、当該一方の締約国においてのみ租税を課することができる。一方の締約国の企業が他方の締約国内にある恒久的施設を通じて当該他方の締約国内において事業を行う場合には、2の規定に基づき当該恒久的施設に帰せられる利得に対しては、当該他方の締約国において租税を課することができる。」と規定している。前段は、「恒久的施設なければ課税なし」という課税の原則を明示したものである。さらに、後段では、恒久的施設に帰せられるもののみを課税対象とすることを示している。これは「帰属主義」を採用しているといえる。

24　川田剛前掲書43頁。改正後の法人税法の現行規定では、138条3項で「恒久的施設を有する外国法人が国内及び国外にわたつて船舶又は航空機による運送の事業を行う場合には、当該事業から生ずる所得のうち国内において行う業務につき生ずべき所得として政令で定めるものをもつて、第1項第1号に掲げる所得とする。」と定めている。これを受けた法人税法施行令182条が改正前の同施行令176条1項4号と同趣旨の内容を規定している。

　上述しているように、わが国の国内法では、改正前の法人税法141条1号等にあるように、支店等の恒久的施設を有する外国法人等の場合には、そこに帰せられないものも含めてすべての国内源泉所得が課税されることとしていた。つまり「総合主義（全所得主義)」を採用していたが、条約例では、日本が締結しているすべての租税条約において、OECDモデル条約と同様の規定をおいていたのである[25]。その事実が国内法改正の動機のひとつとなっていたのである。

6-3-1-1　恒久的施設についての課税所得の計算

　現行の国内法（法人税法）による帰属主義では、恒久的施設に帰属する所得の金額を計算するためには、留意しなければならない点がある。

(1)　外国法人の日本に所在する恒久的施設を通じて行われる事業活動は日本国内でだけ行われるとは限らない。その外国法人の本国又は日本以外の外国で行われることもある。このような活動により得られた所得であっても恒久的施設に帰属する場合には、日本の国内源泉所得となる。

　　その際に、活動を行った外国において負担することとなる法人税額（又はそれに相当するもの）は我が国における法人税の課税と重複することとなるから、外国税額控除の対象となる[26]。

(2)　当該恒久的施設がその外国法人から独立して事業を行う事業者であるとしたならば、当該恒久的施設が果たす機能、当該恒久的施設において使用する資産、当該恒久的施設とその外国法人の本店等との間の内部取引その他の状況を勘案して恒久的施設に帰属させる所得を決定することとされている[27]。

(3)　恒久的施設に帰属する所得を計算するについては、法人税法22条の通則的な考え方に基づくのだが、いくつかの例外がある。法人税法142条3項は、「外国法人の各事業年度の恒久的施設帰属所得に係る所得の金額につき前項

25　以前のパキスタンとの旧条約において、国内法同様「総合主義」を採用していたのであるが、2008年に締結された新条約が「帰属主義」を採用した（7条1項後段）。その結果、本文で述べたようになった。吉川保弘前掲書、30頁。
26　法人税法144条の2が、恒久的施設の外国税額の控除を定めている。
27　増井・宮崎前掲書58頁以下。

132

〔第2項のことを意味する〕の規定により第22条（各事業年度の所得の金額の計算）の規定に準じて計算する場合には、次に定めるところによる。」と規定し、以下第1号から第3号までの定めをおいている。

　第1号では、22条3項2号に規定する販売に、一般管理費その他の費用のうち本支店等との内部取引に係るものについては、債務の確定しないものを含むものとする旨定める。第2号では、同じく販売費、一般管理費その他の費用には、その外国法人の恒久的施設を通じて行う事業及びそれ以外の事業に共通するこれらの費用のうち、当該恒久的施設の事業に係るものとして政令で定めるところにより配分した金額を含むものとする旨定める[28]。第3号では、22条5項に規定する資本等取引には恒久的施設を開設するための本店等から恒久的施設への資金の供与又は恒久的施設から本店等への剰余金の送金その他これらに類する事実を含むものとする旨定める。

(4)　法人税法147条の2は、外国法人の恒久的施設帰属所得に係る行為又は計算の否認に関して規定している。

6-3-2　資産の保有・運用による所得

　つぎに資産の保有・運用による所得についての説明に移るが、「資産」とは、棚卸資産を除く、すべての資産が含まれることとなろう。何らかの意味で棚卸資産に関連する所得は、「事業による所得」に含まれることとなるからである。

　「資産の所在」について、国内に所在するかどうかを判断するための基準を示している通達に触れておきたい。法基通20-2-5は、「法第138条第1項第

---

[28]　ここでいう政令とは法人税法施行令184条2項を意味する。その内容は、「法第142条第3項第2号に規定する政令で定めるところにより配分した金額は、外国法人の当該事業年度の同号に規定する費用につき、当該外国法人の恒久的施設を通じて行う事業及びそれ以外の事業に係る収入金額、資産の価額、使用人の数その他の基準のうち、これらの事業の内容及び当該費用の性質に照らして合理的と認められる基準を用いて当該外国法人の恒久的施設を通じて行う事業に配分した金額とする。」というものであり、収入金額、資産の額、使用人の数などを基準として配分することを定めている。

2号又は第3号《国内にある資産の所得》の規定の適用上、外国法人の有する資産（棚卸資産である動産を除く。以下20−2−5において同じ。）が国内にあるかどうかは、令第177条《国内にある資産の運用又は保有により生ずる所得》又は令第178条《国内にある資産の譲渡により生ずる所得》に定めるところによるもののほか、おおむね次に掲げる資産の区分に応じ、それぞれ次に掲げる場所が国内にあるかどうかにより判定する」との基準を示している。概ね資産所在地主義によることを意味しているが、一部で営業所所在地主義的な考え方に、又一部で債務者主義的な考え方によっている。

　そして次のような基準を示している。

「(1)　動産　その所在地。ただし、国外又は国内に向けて輸送中の動産については、その目的地とする。

　(2)　不動産又は不動産の上に存する権利　その不動産の所在

　(3)　登録された船舶又は航空機　その登録機関の所在

　(4)　鉱業権、租鉱権又は採石権（これらの権利に類する権利を含む。）　その権利に係る鉱区又は採石場の所在」

　これは、通達ではなく本来は法令で定めるべきものであろう。

　法人税法施行令177条第1項は、日本国の国債、地方債若しくは内国法人の発行する債券などを定めている。例えば、これらを他人に貸与（消費貸借）して賃貸料を得るような場合に、資産の運用による所得が生じることになる。

6−3−3　資産の譲渡による所得

　資産の譲渡による所得についてみてみると、資産の譲渡の対価のうち、国内にある土地若しくは土地の上に存する権利又は建物及びその付属設備若しくは構築物の譲渡による対価（政令で定めるものを除く。）は、所得税法では、161条1項5号に他の資産とは区別して規定がおかれている。同じものが法人税法では、138条1項3号の「国内にある資産の譲渡により生ずる所得……」に含まれる訳だが、この相違は源泉徴収規定の適用のために設けられたものである。

所得税法212条 1 項は、非居住者及び外国法人に対して支払をするものに源泉徴収義務を課している[29]。

　つまり国内法では、外国法人等が国内に所在する資産を譲渡した場合には、国内源泉所得となり、国内に所在しない資産を譲渡した場合には国内源泉所得とはならないこととなる。

　OECD モデル条約13条では、不動産の譲渡（ 1 項）、恒久的施設に属する事業用の動産（ 2 項）、国際運輸に使用される船舶・航空機等（ 3 項）そしてその価値の50％超が不動産により直接又は間接に構成されている株式（ 4 項）を別として、「 1 から 4 までに規定する財産以外の財産の譲渡から生ずる収益に対しては譲渡者が居住者とされる締約国においてのみ租税を課することができる。」として、居住地国における課税を定めている。さらにこの点については、国連モデル条約13条 5 項では、事業譲渡類似の株式の譲渡について法人の所在地国での課税の可能性を示している。国内法とは異なる課税である。日本の条約例では、事業譲渡類似の株式の譲渡については法人の所在地国での課税を認めるものが多い。OECD モデル条約と同様の内容の条約例も少なくない[30]。

6 - 3 - 4 　その他その源泉が国内にある所得として政令で定める所得

　国内に源泉がある所得として政令で定めるものとは、所得税法施行令289条 1 号から 6 号までに定められている所得である。法人税法施行令180条 1 号から 5 号までも同趣旨の規定[31]である。法人税法施行令178条 5 号では、「前各号に掲げるもののほか、国内において行う業務又は国内にある資産に関し供与を受ける経済的な利益に係る所得」をあげているが、この経済的利益に関連して

29　この源泉徴収義務について、譲渡人が非居住者かどうか判断が困難であったとの主張を源泉徴収義務があるとされた「支払った者」が行った事例がある。国税不服審判所裁決平20・ 9・25（裁決事例集76集244頁）。

30　アイルランドとの条約（1974年署名）、イタリアとの条約（1969年署名）、インドネシアとの条約（1982年署名）、エクアドルとの条約（2019年署名）、ブラジルとの条約（1967年署名）、ルーマニアとの条約（1976年署名）、ロシアとの条約（2017年署名）など。

は、納税義務者である外国法人自身が国内において業務をなし、又は資産を有していることを要しないことはもちろんである。これに該当する所得項目は種々考えられるが、例えば債務免除益とか、新株引受権の取得があげられよう[32]。

6－4　1号所得等の課税の方法・所得の金額の計算

6－4－1　恒久的施設との関係

(1)　法人税法141条は、恒久的施設の有無によって、課税される所得の範囲を定めている。恒久的施設がない場合には、各事業年度の課税所得の計算の際には、(イ)138条1項2号から6号までに掲げる国内源泉所得を課税標準とする[33]。

　　恒久的施設がある場合には、138条1項1号に掲げる国内源泉所得及び138条1項2号から6号までに掲げる国内源泉所得（同項1号に掲げる国内源泉所得に該当するものを除く）が課税標準となる。

　　法人税法138条において国内源泉所得としてあげられていないもので、所得税法161条1項4号から11号までと13号から16号までのものは、所得税法が定める源泉徴収の対象となるが、受領する外国法人について課税関係はそれで完結する。

(2)　所得税法164条1項は、非居住者に対する総合課税について、恒久的施設の有無によって課税される所得の範囲と税額の計算の方法を定めている。まず、同項1号では、恒久的施設を有する非居住者の場合は、(イ)161条1項1号及び4号に掲げる国内源泉所得、(ロ)161条1項2号、3号、5号から7号

31　所得税法施行令の5号に「前三号に掲げるもののほか、国内においてした行為に伴い取得する一時所得」とある所得が、法人税法施行令の方には規定されていない。

32　『ＤＨＣコンメンタール法人税法』（第一法規）第138条1号所得注釈3、5708頁。

33　法人税法施行令187条。

まで及び17号に掲げる国内源泉所得（同項1号に掲げる国内源泉所得に該当するものを除く）を基礎に税額を計算することを規定している。つぎに、同164条1項2号では、恒久的施設を有しない非居住者の場合は、161条1項2号、3号、5号から7号まで及び17号に掲げる国内源泉所得を基礎に税額計算することを規定している。

つまり、恒久的施設を有しない非居住者の場合には、1号所得（「恒久的施設帰属所得」）及び4号所得（「組合契約に基づき恒久的施設を通じて行う事業から生ずる利益の配分による所得」）はいずれも存在しないから、課税の範囲に含まれていないのである。これらは総合課税の対象とされている。

所得税法164条2項は、非居住者に対する分離課税について、恒久的施設の有無によって課税される所得の範囲と計算の方法を定めている。まず、同項1号では、恒久的施設を有する非居住者の場合は、161条1項8号から16号までに掲げる国内源泉所得（同項1号に掲げる国内源泉所得に該当するものを除く）を基礎として税額を計算することを規定している。つぎに、同164条2項2号では、恒久的施設を有しない非居住者の場合は、161条8号から16号までに掲げる国内源泉所得を基礎に税額を計算することを規定している。

⑶　所得税法178条は、外国法人に対する源泉徴収され分離課税の対象となる国内源泉所得について課税標準を規定している。161条1項4号から11号まで及び13号から16号までに掲げる国内源泉所得（政令で定めるものを除く）の金額が課税標準とされている[34]。

34　カッコ書きにおいて除かれることになる政令で定めるものとは、次の所得税法施行令による。
（外国法人に係る所得税の課税標準から除かれる国内源泉所得）
　第303条の2　法第178条（外国法人に係る所得税の課税標準）に規定する政令で定める国内源泉所得は、次に掲げる国内源泉所得とする。
　一　映画若しくは演劇の俳優、音楽家その他の芸能人又は職業運動家の役務の提供に係る法第161条第1項第6号（国内源泉所得）に掲げる対価で不特定多数の者から支払われるもの
　二　外国法人が有する土地若しくは土地の上に存する権利又は家屋（以下この号において「土地家屋等」という。）に係る法第161条第1項第7号に掲げる対価で、当該土地家屋等を自己又はその親族の居住の用に供するために借り受けた個人から支払われるもの

6 - 4 - 2　法人に対する所得税の課税[35]

　源泉徴収との関係に触れておきたい。所得税法 7 条は、課税所得の範囲に関する規定であり、 3 号では、非居住者について、「第164条第 1 項各号（非居住者に対する課税の方法）に掲げる非居住者の区分に応じそれぞれ同項各号及び同条第 2 項各号に定める国内源泉所得」を課税標準として定め、 5 号では、外国法人について、「第161条第 1 項（国内源泉所得）に規定する国内源泉所得のうち同項第 4 号から第11号まで及び第13号から第16号までに掲げるもの」を課税所得の範囲として定めている。

　これを前提として、所得税法212条 1 項は、非居住者及び外国法人に対して一定の金銭の支払をする者の源泉徴収義務を定めている。213条は、その税率を定めている。

35　浦東久男「所得税法による法人への課税」姫路法学34＝35合併号（2002年）133頁以下。

第7章　国内源泉所得(2) —人的役務の提供による所得

── **事例** ─────────

⑴　英国の私立 A 大学で国際租税法を研究している X 教授が、わが国の私立 B 大学
　法学部の招聘を受けて、18か月の予定で来日した。B 大学から受ける報酬について
　は、所得課税上どのように取り扱われるか。

⑵　米国の映画俳優 C 氏は、昨年の秋、所属する米国の芸能法人 X 社を通じて日本
　国内でテレビ出演、講演などの活動を行った。日本での滞在費（食費、宿泊費、国
　内での交通費、通訳費用など）は、すべて日本での興行主催者である日本の芸能
　プロダクション Y 社が負担した。テレビ出演料、講演料などについて C 氏は、帰
　国後米国の芸能法人 X 社から受領した。X 社は Y 社から、諸経費を控除した上で
　2,300万円を受領した。課税関係はどうなるか。

　この章で取り上げるのは、主として、つぎの二つである。ひとつは、人的役
務の提供に対する報酬等（7−1ないし7−4）、もうひとつは、人的役務の
提供事業の対価（7−5）である。そして、そのうち前者の「人的役務の提供
に対する報酬等」については、「給与等」及び「退職手当等」に分けて取り上
げたい。そして、後者の「人的役務の提供事業の対価」については、「芸能人
等の役務の提供を主たる内容とする事業」、「自由職業者の役務の提供を主たる
内容とする事業」そして「専門的知識、技能等を活用して行う役務の提供を主
たる内容とする事業」に分けてその順で説明したい[1]。

1　藤本哲也編『設例から考える国際租税法』（中央経済社・2019）26頁以下。

7－1　給与等人的役務の提供

(1)　国内法　ソース・ルールとして、所得税法161条12号イでは、「俸給、給料、賃金、歳費、賞与又はこれらの性質を有する給与その他人的役務の提供に対する報酬のうち、国内において行う勤務その他の人的役務の提供（内国法人の役員として国外において行う勤務その他の政令で定める人的役務の提供を含む。）に基因するもの」を国内源泉所得としている。法人税法には、これに対応する規定はない。法人自体が勤務することはなく、法人が給与等を受けることがないからである。基本的に、雇用関係に基づく人的役務の提供を想定して定められた項目である。

161条12号イの規定が定めている要件のポイントは、「勤務が国内において行われる」という点である。人的役務を提供する者が実際にどこの場所で勤務しているのかによって国内源泉所得かどうかを決定するという考え方を基準としている。勤務が国内において行なわれるものであれば、国内源泉所得となる。

勤務が国外で行なわれるのであれば、原則として、国外源泉所得となる。これに関する特則的なものとして、政令で「居住者又は内国法人が運航する船舶又は航空機において行なう勤務その他の人的役務の提供（国外における寄港地において行なわれる一時的な人的役務の提供を除く。）」という定め（所税令285条1項2号）がある[2]。また例外として、161条12号イのカッコ書きで示された「内国法人の役員として国外において行う勤務」も国内源泉所得の基因として定められている。これについては、後述する。

勤務の場所についてであるが、実際の活動の場所が役務提供の場所になると考える。固定的な場所の例として、事務所、工場、作業所、販売店などの所在地をあげることができる。

国内外にわたって勤務する場合に関して、所得税基本通達161-28は、次のような考え方を示している。

（勤務等が国内及び国外の双方にわたって行われた場合の国内源泉所得の計算）

161-41　非居住者が国内及び国外の双方にわたって行った勤務又は人的役務の提供に基因して給与又は報酬の支払を受ける場合におけるその給与又は報酬の総額のうち、国内において行った勤務又は人的役務の提供に係る部分の金額は、国内における公演等の回数、収入金額等の状況に照らしその給与又は報酬の総額に対する金額が著しく少額であると認められる場合を除き、次の算式により計算するものとする。

《計算式》

$$（給与又は報酬の総額）× \frac{（国内において行った勤務又は人的役務の提供の期間）}{（給与又は報酬の総額の計算の基礎となった期間）}$$

（注）

1　国内において勤務し又は人的役務を提供したことにより特に給与又は報酬の額が加算されている場合等には、上記算式は適用しないものとする。

2　（略）

　この通達の計算式では、勤務期間の長さを基に国内源泉所得に係る金額を算出することができるという考え方を例示している。

2　所得税法施行令285条は以下の規定である。
　法第161条第12号イ（国内源泉所得）に規定する政令で定める人的役務の提供は、次に掲げる勤務その他の人的役務の提供とする。
　　一　内国法人の役員としての勤務で国外において行なうもの（当該役員としての勤務を行なう者が同時にその内国法人の使用人として常時勤務を行なう場合の当該役員としての勤務を除く。）
　　二　居住者又は内国法人が運航する船舶又は航空機において行なう勤務その他の人的役務の提供（国外における寄航地において行なわれる一時的な人的役務の提供を除く。）
　2　法第161条第12号ロに規定する政令で定める公的年金等は、第72条第3項第8号（外国の法令等に基づく一時金）に規定する制度に基づいて支給される年金（これに類する給付を含む。）とする。
　3　法第161条第12号ハに規定する政令で定める人的役務の提供は、第1項各号に掲げる勤務その他の人的役務の提供で当該勤務その他の人的役務の提供を行う者が非居住者であつた期間に行つたものとする。

(2)　租税条約　OECD モデル条約15条はつぎのように定めている。

1　次条、第18条及び第19条の規定が適用される場合を除くほか、一方の締約国の居住者がその勤務について取得する給料、賃金、その他これらに類する報酬に対しては、勤務が他方の締約国内において行われる場合には、当該勤務について取得する給料、賃金その他これらに類する報酬に対しては、当該他方の国において租税を課することができる。

2　1の規定にかかわらず一方の締約国の居住者が他方の締約国内において行う勤務について取得する報酬に対しては、次のa）からc）までに掲げる要件を満たす場合には、当該一方の締約国においてのみ租税を課することができる。

　a）　当該課税年度において開始し、又は終了するいずれの12箇月の期間においても、報酬の受領者が当該他方の締約国内に滞在する期間が合計183日を超えないこと。

　b）　報酬が当該他方の締約国の居住者でない雇用者又はこれらに代わる者から支払われるものであること。

　c）　報酬が雇用者の当該他方の締約国内に有する恒久的施設によって負担されるものでないこと。

3　1及び2の規定にかかわらず、国際運輸に運用する船舶若しくは航空機内又は内陸水路運輸に従事する船舶内において行われる勤務に係る報酬に対しては、企業の実質的管理の場所が存在する締約国において租税を課することができる。

　国内法の場合と同様、勤務が実際に行なわれる国において課税することができると規定している（1項）。短期滞在者に関しては、給与所得に対する課税原則の例外が規定されている（2項）。国境をまたぐ経済活動が行なわれる場合、その従業員等により海外にある支店、建設工事現場、商品納入先への出張等が行われることが多い。このような場合に原則に従って役務提供地で課税を行うと、二重課税の問題やそれを解消するための手続上の負担が発生し、円滑な経

済活動を阻害することになりかねない。それを防ぐため、2項の条件をみたすものについては、源泉地国（役務提供地）での課税を免除することとされている[3]。

2項a号の意味するところは、2年度にまたがっても12箇月のうち183日を超えないということである[4]。国連条約モデルでは、2項a号は「報酬の受領者が当該課税年度において開始し、又は終了するいずれの12箇月の期間においても合計183日を超えない期間当該他方の国内に滞在すること。」と定めている。

Column　越境労働者

　越境労働者とは、居住地国以外で雇用収入を稼得し、原則として居住地国に毎日帰宅する労働者をいう。地続きの国境を有する国の多いEUには、日帰り通勤の越境労働者が多い。各国の居住者と非居住者との税法上の取扱いが異なる場合、二重課税・外国税額控除また所得控除など課税権をめぐる諸々の問題が生ずる（生命保険掛金の所得控除の欧州裁判所での先決判決については、村井正・岩田一政『EU通貨統合と税制・資本市場への影響』（日本租税研究協会・2000）134頁）。

　これら問題を解決するため各国において条約交渉が行われ、いくつかの租税条約の下では、越境労働者の雇用収入は居住地国で課税対象とし、勤務地国での課税を免除している。

　しかし、他の多くの条約は、越境労働者の所得に対し、勤務地国での課税を認め、居住地国での課税を免除している。こうした雇用収入が勤務地国で課税されるという慣例は、越境労働者とその家族は居住地国において多くの利益を受けているにもかかわらず、所得税を課税されないということから、好ましくなく不公平であるとされる。

（林　幸一）

7－2　内国法人の役員の場合

(1)　**国内法**　上で示したように、内国法人から受け取る役員報酬は、国外で

3　藤本哲也編前掲書75頁。小松芳明『国際租税法講義〔増補版〕』（税務経理協会・1998）209頁以下。川田剛『国際課税の基礎知識（十訂版）』（税務経理協会・2017）219頁。

4　日本と中国との租税条約15条2項(a)では、「報酬の受領者が当該年を通じて合計183日を超えない期間当該他方の締約国内に滞在すること」と条件が示されており、それぞれの年度ごとに183日を超えなければ源泉地国課税に服しないこととされている。

勤務が行われている場合でも、国内源泉所得とされている（161条12号イのカッコ書き）。これを受けた政令（285条 1 項 1 号）の規定が争点となった事件をつぎに挙げる。国外での勤務について支払われた役員報酬が国内源泉所得かどうか争われた裁決例である[5]。

　この事案では、内国法人 X の代表取締役 A が海外のプラント工事に従事した期間は、A は非居住者に該当し、且つ、A は、元請会社の現地支店の支配下に入り、使用人として常時勤務しているから、X が A に支払った報酬は、所得税法施行令285条 1 項 1 号がいう「内国法人の役員としての勤務で国外において行うもの（当該役員としての勤務を行なう者が同時にその内国法人の使用人として常時勤務を行なう場合の当該役員としての勤務を除く。）」が示している「使用人として常時勤務を行なう場合」に該当するから、国内源泉所得にならないと、納税者は主張したが、裁決では、(i) X の代表取締役である A が使用人と同様の勤務をしていたとしても、それ自体は、代表者としての業務執行に従事しているものと言うべきであり[6]、これを使用人としての労働と見ることはできず、又、(ii) 代表取締役の地位にあっては、国外勤務の期間中もその勤務は、所得税法施行令285条（国内に源泉がある給与、報酬又は年金の範囲） 1 項 1 号かっこ書に規定する「使用人として常時勤務する役員としての勤

5　国税不服審判所裁決平 6・5・25（裁決事例集47集353頁）。
6　この法人 X には、他の使用人は居らず A が国外で勤務している間は、国内には給与計算等の貴重事務を担当している A の妻がいるだけで、A ひとりが X の仕事に従事している状況であった。裁決の中で審判所は「法人の代表者が他の大規模な法人の使用人と同様な現場作業に従事していたとしても、小規模法人にあっては、それ自体は代表者としての法人の業務執行に従事しているものというべきであり、これを使用人としての労働とみることはできない」と判示している。
7　所得税基本通達
（内国法人の役員が国外にあるその法人の子会社に常時勤務する場合）
161-43　内国法人の役員が国外にある国外にあるその法人の子会社に常時勤務する場合において、次に掲げる要件のいずれをも備えているときは、その者の勤務は、令第285条第 1 項第 1 号かっこ内に規定する内国法人の役員としての勤務に該当するものとする。
⑴　その子会社の設置が現地の特殊事情に基づくものであって、その子会社の実態が内国法人の支店、出張所と異ならないものであること。
⑵　その役員の子会社における勤務が内国法人の命令に基づくものであって、その内国法人の使用人としての勤務であると認められること。

務」には該当しないから、Xが代表者Aに支給した報酬は、国内源泉所得に該当すると判断されている。

内国法人の役員が国外にあるその法人の子会社に常時勤務する場合について、285条1項1号のカッコ書きに関連して「所基通161-43」が発遣されている[7]。

(2) 租税条約　OECDモデル条約によると、給与所得のうち、役員の受ける給与（役員報酬）については、その法人の居住地国で課税される（16条）。これは通常の従業員の場合と異なり、役員は役務の提供の場所の如何よりも法人経営の行為自体を重視すべきであるという立場から設けられた規定である。

最近のように、海外の数多くの子会社が設立されるようになると、当然のことながら、本社の従業員（役員以外）が子会社の役員になるようなケースがふえてくるが、この場合に受ける子会社の役員としての報酬については、親会社の所在地国ではなく、子会社の所在地国が課税権を有する[8]。

わが国が締結した条約は、対米条約（旧条約）などごく一部の例外を除き、基本的にはモデル条約の規定に従っている[9]。つぎのような内容である。

OECDモデル条約16条「一方の締約国の居住者が他方の締約国の居住者である法人の役員の資格で取得する役員報酬その他これに類する支払金に対しては、当該他方の締約国において租税を課することができる。」

これに対して、「第16条（役員報酬に対する課税）に関するコメンタリー」において、次のような注釈が付されている[10]。

１．本条はそれが個人であるか又は法人であるかにかかわらず、一方の締約国

---

8 川田剛『国際課税の基礎知識〔十訂版〕』（税務経理協会・2017）220頁以下。

9 日本とオーストリアとの条約（1961年署名）、日本とスリランカとの租税条約（1967年署名）、日本とニュージーランドとの旧条約には、役員報酬についてのこのような条項がおかれていない。その結果、これらの国との関係では、通常の給与等の所得に対する課税と同様に勤務地が源泉地国となり、短期滞在者の場合を除き，そこで源泉地国課税が行われうるといえよう。現在の日本とニュージーランドの条約及び2017年署名の日本とオーストリアの条約は、法人所在地国の課税を認めている。

10 水野忠恒監訳『OECDモデル租税条約2017年版（所得と財産に対するモデル租税条約）』（日本租税研究協会・2019）330頁。

の居住者が他方の締約国の居住者である法人の役員の資格で取得する報酬に関するものである。役員の役務の提供の場所を判断することは困難な場合があるので、本規定は、そのような役務を当該法人の居住地国で提供されたものとして取り扱うものである。

1. 1　加盟国は、「報酬その他これに類する支払金」という用語を、ある者が法人の役員としての資格で受領する現物給付（例えば、ストック・オプション、住居又は自動車の使用、健康保険若しくは生命保険の保険保護及びクラブ会員権）を含むものと、一般に解している。

2. 法人の役員は、しばしば、例えば通常の使用人、顧問若しくはコンサルタントといった、当該法人との間で役員以外の職務を有している。このような役員以外の職務についてそのような者に対して支払われる報酬に適用がないことは明らかである。

3. 法人の機関として、取締役会と類似の機能を有する機関が存在する国がある。両締約国が、二国間条約において、第16条に相当する規定に法人のこのような機関を含めることは自由である。

7-3　公的年金による所得

(1)　国内法　所得税法161条12号ロは、国内源泉所得のひとつとして、「第35条第3項（公的年金等の定義）に規定する公的年金等（政令で定めるものを除く。）」と規定している。

公的年金については、日本の国家制度のひとつとして実施されているものであり、それゆえ国内源泉所得とされているといえるだろう。そのことを国内税法で規定している。非居住者に対して支払をする者は源泉徴収義務を負う（所税212条1項）。徴収税額は、その支払われる年金の額から6万円にその支払われる年金の額に係る月数を乗じて計算した金額を控除した残額に100分の20の税率を乗じて計算した金額である（所税213条1項1号イ）。他の所得の場合と同様、214条及びそれを受けた政令が定める条件をみたし、証明書の提示をし

た者は、源泉徴収されない。

(2)　租税条約　公的年金等による所得は、OECDモデル条約18条の対象となる。18条の規定は、次のような内容である。「次条2の規定が適用される場合を除くほか、過去の勤務につき一方の締約国の居住者に支払われる退職年金その他これに類する報酬に対しては、当該一方の締約国においてのみ租税を課することができる。」ここの冒頭に「次条2の規定」とあるのは、19条2の規定のことであり、その内容は、国家公務員又は地方公務員であったものに支払われる退職年金の課税は当該国において課税されるというもの（ただし、その年金の受給者が他方の国の居住者であり、かつ、他方の国の国民である場合には他方の国においてのみ課税される）である。

　日本が締結している租税条約の多くでOECDモデル条約と同趣旨の規定がおかれている。居住地国に課税権をゆだねる趣旨の規定であり、源泉地国を変更するものではないと考える。

7-4　退職金・退職年金による所得

(1)　国内法　（一時金としての）退職金について、所得税法161条12号ハの規定は、「第30条第1項（退職所得）に規定する退職手当等のうちその支払を受ける者が居住者であつた期間に行つた勤務その他の人的役務の提供（内国法人の役員として非居住者であつた期間に行つた勤務その他の政令で定める人的役務の提供を含む。）に基因するもの」と定めている[11]。国内源泉所得となる退職手当等の金額を居住者であった期間を基に算定することを示している規定であると考える。所得税法171条は、非居住者が退職所得の支払いを受ける場合に、居住者として受けたものとみなされることを選択することができると定めている。「公的年金等」の定義に該当しない退職年金については、その多くが、

11　所得税法施行令285条3項。

給与の後払いと考えられるから、通常の給与と同じく「161条1項12号イ」に基づき、勤務地が国内かどうかにより国内源泉所得かどうかが判定されるだろう。なお、企業から退職後に受ける年金のうち給与の後払いとは考えられないものは、「国内にある資産の法人からの贈与」になると思われ、そのことから、国内源泉所得となるだろう（所税令289条2号）。

　(2)　租税条約　退職金については、給与として課税されるであろう。退職年金（pension）について、OECD モデル条約18条では、受給者の居住地国においてのみ課税することができると規定している。わが国が締結している条約も、基本的にはこれと同じ条項によっている[12]。したがって、わが国で勤務していた者が退職し、その後外国で住むようになった場合には、居住地国はその国（外国）になるので、その者が受給する退職年金に対しては日本では課税されず、その居住地国で課税されることになる[13]。

　日本とカナダとの条約、日本とスウェーデンとの条約、日本とタイとの条約には、モデル条約18条に対応する規定が設けられてはいない。「その他所得」として課税されるものと考えられる[14]。

7-5　人的役務の提供を行う事業による所得

　所得税法161条1項6号及び法人税法138条1項4号は、「国内において人的役務の提供を主たる内容とする事業で政令で定めるものを行う者《法人税法の場合は「法人」》が受ける当該人的役務の提供に係る対価」と定めている。人

12　退職金とともに保険年金（annuity）についても居住地国でのみ課税することを定めている条約も見られる。アイルランドとの条約19条、日米条約20条（離婚手当を定期金として支払う場合を含む）、日蘭条約17条、オーストラリアとの条約17条など。

13　川田剛前掲書、221頁。

14　日本とカナダとの租税条約20条1項（その他の所得）では居住地国でのみ課税できる旨規定されているが、同条3項では「1及び2の規定にかかわらず、一方の締約国の居住者の所得のうち、他方の締約国内において生ずるものであって前各条に規定のないものに対しては、当該他方の締約国において租税を課することができる。」と定めている。源泉地国（支払地国）でも課税可能な場合があるだろう。

的役務の提供を主たる内容とする事業のうち政令で定めるものを国内で行う個人又は法人が得る所得ということである。所得税法施行令282条は、1号で芸能人、職業運動家の役務提供について、2号で自由職業者の役務提供について、3号で専門的知識、特別の技能の役務提供について規定している[15]。

7-5-1　芸能人・運動家の役務提供による所得（1号）

（1）国内法　ここで取り上げるのは、芸能人や運動家の役務を提供する事業のことである。芸能人、運動家自身が依頼に応じて活動する場合は、1号所得又は12号イの所得となるだろう。芸能人や運動家の役務を提供する事業による所得のことを指す。芸能プロダクションが行う事業であり、概念的には事業所得のひとつといえる。事業による所得だとすれば、通常、国内の恒久的施設に帰属する所得があれば課税されるが、国内に恒久的施設がなければ、課税されないこととなる。このような人的役務の提供は、その内容・性質からして継続的に行われるとは限らない。恒久的施設を有しない事業者が行うことも実際多いだろう。通常の事業による所得であれば支払者に源泉徴収義務がない（所税212条1項）から、源泉徴収も行われないこととなり課税が行われない事態が生じる懸念がある。そのような背景から特別な事業による所得ととらえて、6号所得として他の事業所得と区分して源泉徴収義務も負わせている（所税212

15　政令は以下のように定める。所得税法施行令282条

　法第161条第1項第6号（国内源泉所得）に規定する政令で定める事業は、次に掲げる事業とする。

　一　映画若しくは演劇の俳優、音楽家その他の芸能人又は職業運動家の役務の提供を主たる内容とする事業

　二　弁護士、公認会計士、建築士その他の自由職業者の役務の提供を主たる内容とする事業

　三　科学技術、経営管理その他の分野に関する専門的知識又は特別の技能を有する者の当該知識又は技能を活用して行なう役務の提供を主たる内容とする事業（機械設備の販売その他事業を行なう者の主たる業務に附随して行なわれる場合における当該事業及び法第百六十四条第一項第二号（非居住者に対する課税の方法）又は法人税法第百四十一条第二号（外国法人に係る法人税の課税標準）に規定する建設、すえ付け、組立てその他の作業の指揮監督の役務の提供を主たる内容とする事業を除く。）

　なお、法人税法施行令179条も同じ内容の規定である。

条1・2項)。支払をする者には源泉徴収義務が生じ支払いを受ける者の税負担を求めることができる。しかしそれでも、現実の課税は困難を伴うといってよい。

　一般に、恒久的施設を有しない芸能法人が雇用する芸能人を日本に派遣して興行を行っても日本では課税を受けないことになる[16]。芸能人本人は国内源泉所得（1号所得・事業所得）を得たと考えられるなら申告義務がある。しかし申告せず自国に帰国してしまえば捕捉できないだろう。芸能人本人にとって給与所得（12号所得）を得たと考えられるなら、芸能法人に源泉徴収義務が生じることがある。しかしそれは、国内で支払を行った場合である。国外で支払い、しかも国内に事務所がなければ、源泉徴収義務は芸能法人には生じない（所税212条2項）。

　(2)　租税条約　そこで、租税条約では特別の所得として、ひとつのカテゴリーを設け規定を設けている。OECDモデル条約17条では、芸能人・運動家の活動に対する課税のための規定をおいている。それは、

　「1　第7条及び第15条の規定にかかわらず、一方の締約国の居住者が演劇、映画、ラジオ若しくはテレビジョンの俳優、音楽家その他の芸能人又は運動家として他方の締約国内で行う個人的活動によって取得する所得に対しては、当該他方の締約国において租税を課することができきる。

　2　芸能人又は運動家としての個人的活動に関する所得が当該芸能人又は運動家以外の者に帰属する場合には、当該所得に対しては、第7条及び第15条の規定にかかわらず、当該芸能人又は運動家の活動が行われる締約国において租税を課することができる。」と定めている。

　1項では、給与等となる場合に、短期滞在者の免税規定（15条）などを適用しないことを意味する規定になっているし、事業となる場合に、恒久的施設がないこと（7条）により課税できないこととはならぬように規定されている。

16　吉川保弘『国際課税質疑応答集』（法令出版・2010）50頁。

２項では、役務提供事業を行う際に、恒久的施設がない場合でも活動が行われた国において課税できることとしている。

このような内容の条約があれば、芸能人の納税義務をより明確にすることになるしこれへの支払をする者に源泉徴収義務を負わせる前提ともなる。

芸能法人のうち、租税条約の規定によって日本国内に恒久的施設を有しないことを理由に所得税が免除される非居住者又は法人を免税芸能法人等という（租特41条の22第１項）。

一般に、租税条約上の免除を受ける非居住者又は外国法人は、対価の支払前に対価を支払う日本企業を経由して所轄税務署長に対して、「租税条約に関する届出書」を提出すれば源泉徴収の免除を受けることができる。

しかし、免税芸能法人はこのような免除を受けることはできず、15％の源泉徴収を受ける[17]（租特41条の22第３項）。芸能人本人から源泉徴収した後に還付されることとなる（実特法３条３項）。

わが国が締結している租税条約では、特別の文化交流計画により、かつ公的資金等の実質的援助によるものは免税としているものがいくつかある[18]。

芸能法人への支払に関連して問題となった裁決例・裁判例がある[19]。

17　吉川保弘前掲書、50頁以下。

18　ノルウェーとの条約17条１項後段、同条２項後段、フィリピンとの条約17条１項後段、同条２項後段、フランスとの条約17条１項後段、同条２項後段等。

19　国税不服審判所裁決平15・２・26（裁決事例集65集283頁）は、（旧日韓条約についての事件であるが）芸能プロダクションが人的役務の提供に係る対価として韓国芸能法人に支払う対価は、衣装代、制作費、交通費等の経費分が含まれていても、その支払額すべてが源泉徴収の対象となるとされた。源泉徴収の対象となる支払は経費を控除したいわゆるネットの金額ではなくグロスの金額であるとされた例である。

　　また、新潟地判平成14・６・７（税資252号順号9131）、東京高判平15・１・30（税資253号順号9272）では、支払われた金銭は本人らを出国させることを目的とした手数料であり、来日の目的が芸能活動ではなく、ホステスとしてはたらくためのものあったこと当事者にとりあきらかだったといえるから、支払った手数料は、芸能活動の役務の対価ではない。したがって国内源泉所得にあたらない。結局源泉徴収の対象ではないとの納税者の請求がおおむね認められた。

┏ Column　大蔵大臣からマイケル・ジャクソンへの手紙 ┓

　アメリカの有名なスター、マイケル・ジャクソンに対して、ドイツ大蔵大臣ワイゲルは、1996年5月10日次のような書簡を送った。

　「あなたはドイツ公演を中止することを決められましたが、このことについては、もう一度熟考すべきです。税法上の理由からみれば、あなたが公演を中止する理由はまったく見当たりません。あなたの公演については、費用が収入の50% を超えるときは、あなたは概算課税の代りに、1996年分についても完全に通常の所得税申告を行うことができるのです。その詳細については、私の提案する所得税法改正案がこれを決めることになっております。いうまでもなく他の場合と同様、費用が考慮されます。あなたの租税負担は、ドイツに居住する同額所得の納税者と比べても決して高くないはずです。若者たちが、あなたの歌を聞き、あなたの CD を買い求めるために大金を投ずるということにあなたが思い至れば、あなたは自らの決定をおそらく改めることになるでしょう。しかも多くのファンは、税引後の所得の中から公演チケットを買い求めているのです。当地であなたの登場を待つ多くのファンたちと比べて、あなたをドイツで税法上優遇できないとしても、あなたなら、きっとわかっていただけると思います。多くの我が国のファンは、もしも、あなたがこのことを理解して下されば、必ず感謝することでしょう。」

　一国の大蔵大臣が、なぜこのような書簡を書いたのだろうか。ドイツでは、かねてからボリス・ベッカー、シューマッハー等のスターたちが近隣国へ住所を移転することに伴う租税逃避とかシュテフィ・グラフの脱税等が話題となっており、スポーツマンやアーティストたちの租税負担は軽すぎるのではないかと批判されてきた。と同時にドイツ国内で公演等を行う外国人芸能人たちの租税負担についても軽すぎるといわれてきた。そこでドイツ政府は、アーティストやスポーツマンたちのドイツでの活動に対して95年から15% の源泉徴収税を課する措置を導入したのである。ところが、政治家や報道機関から15% は低すぎるという批判が相次いだため、ドイツ政府は、96年1月1日から、源泉徴収税を25% に引き上げてしまった。勿論、源泉徴収税の導入時には、これによってドイツの文化事業に対し、ネガティブな効果をもたらすおそれがあり、外国人芸術家は、今後はドイツで契約をしなくなるのではないかとの警告も既にあったことは事実である。果せるかな、この警告は的中したのである。マイケル・ジャクソンが予定していた9月のドイツ公演をキャンセルする前に、既にバード・クリス・ド・バーグや若干のバンドがドイツ公演を中止したのであるが、マイケル・ジャクソンほど注目されはしなかった。アーティストたちのドイツ公演に対する源泉徴収税の導入に対しては、アーティストだけでなく、興行主たちも強く反対しており、今回のマイケル・ジャクソンの公演中止もそうした反対運動に利用されたきらいがある。マイケル・ジャクソンに例をとって、その新旧の税負担を比較してみよう。マイケル・ジャクソンの1公演当たりの収入を140万ドイツ・マルクとすると、1995年（15%）の税引後利益は、114万388ドイツ・マルクに対して、1996年（25%）の税

152

	1995	1996
1公演当たりの収入	1,400,000	1,400,000
アーティストに対する源泉徴収税	15% 210,000	25% 350,000
源泉徴収税に対する売上税	15% 31,500	15% 52,500
源泉徴収税及び売上税に対する連帯付加税	7.5% 18,112	7.5% 30,188
利益	1,140,388	967,312

(単位：マルク)

引後利益は、96万7,312ドイツ・マルクとなり、差引17万3,076ドイツ・マルクの利益減となる。25%は経費を引いたネットの所得に適用されるのでなく、グロスの売り上げに適用されることに注意して欲しい。だとすれば、マイケル・ジャクソンのアクションもあながち非常識とはいえなくなるだろう。

　マイケル・ジャクソンの公演中止は、熱狂的なファンの抗議を生み、更には興行主の反対運動に連なり、その結果、先に示した大蔵大臣の手紙にまで発展したのである。アーティスト等に対する課税については、OECDも熱心に取り組み、既に報告書が公表されている。

（村井正・納税月報584号（1996）8-9頁に加筆修正）

（村井　正）

７－５－２　自由職業による所得（２号）

　所得税法施行令282条２号にあげられている活動（役務提供）による所得である。弁護士、公認会計士、建築士など自由職業を対象としている。

　この項目はOECDモデル条約では、2000年に削除された。自由職業と他の業種の区分を明確にすることが難しいとの判断からである。

　OECDモデル条約14条について、コメンタリーの注釈では、第14条は、「『OECDモデル租税条約第14条に係る問題』と題された報告書（2000年１月27日に租税委員会で採択され、このOECDモデル租税条約の完成版Ⅱ巻R（16）－１頁に再録）に基づき、2000年４月29日付けでこのモデル条約から削除された。この決定は、第７条で用いられている恒久的施設の概念と第14条で用いられている固定的施設の概念の間にも、第７条と第14条のいずれが適用されるかによる利得算定方法と租税の算定方法にも意図した相違は存しなかったという事実を反映したものであった。さらに、いずれの活動が第７条ではなく

第14条の対象とされるのかが、必ずしも常に明らかであるというわけではなかった。第14条の削除により、自由職業その他独立の性格を有する活動から生ずる所得は、今後、第7条により事業所得として扱われる。」[20]と説明されている。

　日本の条約でも、2000年以降に締結された新しい条約の多くでは盛り込まれていない[21]。それより前にすでに条約に盛り込まれている条項では、固定的施設の有無により、又は、183日を超えて滞在するかどうかにより、課税の成否を判断することされている[22]。

7－5－3　専門的知識、特別の技能の役務提供による所得（3号）

　所得税法施行令282条3号にあげられている活動（役務提供）による所得である。これも役務提供地が基準となるのである。機械設備の販売等に付随して行う技術役務の提供とは、機械設備の据付、組立て、試運転等のために技術者等を派遣するような行為をさすといわれている[23]。

　OECDモデル条約で関連する条項としては、12条の使用料、7条の事業所得等であろう。条約例としては、日本とインドとの租税条約12条は、「使用料及び技術上の役務に対する料金」という見出しを付して規定されている。

7－6　その他

(1)　教授免税

　わが国の締結した租税条約のうち多くのもの[24]には、2年間を限度として教

20　水野忠恒監訳前掲翻訳、305頁。
21　川田剛前掲書、197頁。2016年1月署名の日本とチリ共和国との租税条約では、「独立の人的役務」という見出しの規定で、自由職業による所得について居住地国でのみ課税することを定めている（14条）。
22　例えば、日本とインドネシアとの条約14条、日本と韓国との条約14条。
23　法人税基本通達20-2-12参照。
24　日本との租税条約のうち、この教授免除条項を含まない例は、イギリス、オーストラリア、カザフスタン、カナダなど十数か国である。藤井恵前掲書382頁。

授等が取得する人的役務の報酬を免税とすべき旨の規定がある。OECD モデル条約にはこの教授条項は置かれていないのであるが、わが国は、教育、文化交流の重要性を考慮し、多少の弊害があってもあえてこの条項を導入してきているのである[25]。

一般に、他国に長期滞在する教授等は本国において「非居住者」となり、滞在先国（役務提供地国）で受ける報酬等が本国では国内源泉所得とならないから課税を受けない。滞在先国で課税されないとの条項が租税条約にあると課税の真空地帯が生ずることもある[26]。

OECD モデル条約にこれについての条項はないのであるが、そのことから、現実の条約に盛り込むことが適当でないと考えられているとはいえない[27]。米国財務省の条約モデルにおいてもこの教授免税の規定は置かれていないが、実際に米国が締結している租税条約に教授免税の条項が設けられることはまれではない[28]。各国の多くの租税条約にこの条項が含まれているといわれる[29]。

(2) 政府職員

OECD モデル条約では、19条において、政府職員に関する規定をおいている。19条1項及び2項は、国又は地方政府若しくは地方公共団体の政府職員がその勤務等に関し取得する報酬及び退職年金について、当該政府職員が接受国の国民である場合を除き、接受国では免税とし、派遣国においてのみ課税し得る旨を規定している。すなわち、A 国の政府職員が B 国で勤務する場合、その報

25　小松芳明『国際租税法講義』（税務経理協会・1995）198頁。

26　藤本哲也編前掲書、77頁。

27　浦東久男「租税条約の教授免税規定と国内法令適用との関係―日米租税条約のわが国における適用」姫路法学23・24合併号（1998年3月）257頁以下。

28　レジデントとして研修を受けるためにパキスタンから米国に来ている若手医師が臨床実習を受ける学生を指導して得た報酬について、米国とパキスタンとの租税条約中の教授免税条項が適用できるかどうかが租税裁判所で争われた事例がある。145 T.C. 351(2015), USMAN BHUTTA v. COMMISSIONER OF INTERNAL REVENUE.

29　Klaus Vogel on Double Taxation Conventions, 4th ed.,Vol.2,2015. Art.15 Para.343 (written by Luc De Broe).

酬については原則として A 国が排他的課税権を有するとされている[30]。

　国内法[31]では、外国政府、外国の地方公共団体又は政令で定める国際機関に勤務する者で、政令で定める要件を備えるものがその勤務により受ける給与については、相互主義を前提として非課税とされる。

　なお、所得税法 3 条 1 項は、国家公務員又は地方公務員（日本国籍を有しない者等を除く）は、国内に住所を有しない期間についても国内に住所を有するものとみなす旨を規定している。

(3)　学生・事業修習者に対する免税

　OECD モデル条約では、20条において、一定の範囲で留学生に対しての免税規定を設けている[32]。学生、事業修習者（business apprentice）については、その目的が相手国で所得を得るというよりも、相手国から技術等の習得をしたり、学問の交流という点によりウェイトがかかっている。このため、OECD モデル条約では、これらの者の得る所得が派遣国から支給されている限り、受入国での課税は行わないこととしている[33]。かつての国連モデル条約では、OECD モデル条約での免税対象に加えて、そこでは免税対象とされないような交付金（grants）、奨学金（schalorships）又は勤務からの報酬（remuneration

---

30　1963年条約草案では、排他的な課税権を認める趣旨ではなかったといわれる。川端康之監訳『モデル租税条約2010年版（所得と財産に対するモデル租税条約）』（日本租税研究協会・2011）208頁。

31　所得税法 9 条 1 項 8 号は、非課税所得として「外国政府、外国の地方公共団体又は政令で定める国際機関に勤務する者で政令で定める要件を備えるものがその勤務により受ける俸給、給料、賃金、歳費、賞与及びこれらの性質を有する給与（外国政府又は外国の地方公共団体に勤務する者が受けるこれらの給与については、その外国がその国において勤務する日本国の国家公務員又は地方公務員で当該政令で定める要件に準ずる要件を備えるものが受けるこれらの給与について所得税に相当する税を課さない場合に限る。）」を定めている。

32　OECD モデル条約20条は、「専ら教育又は訓練を受けるため一方の締約国内に滞在する学生又は事業修習者であって、現に他方の締約国の居住者であり、又はその滞在国の直前に他方の締約国の居住者であったものがその生計、教育又は訓練のため受領する給付については、当該一方の国の租税を課さないものとする。ただし、その給付が当該一方の国外の源泉から生ずるものである場合に限る。」との規定である。

33　川田剛前掲書、224頁。

from employment）についても免税とする内容になっていた（第2項）が、1999年に削除された[34]。

　わが国が締結している租税条約も、基本的にはこの方針に従っている。学生・「事業修習者」の勤務の報酬に対して免税を認める場合には、一定金額を限度として免税を認めているものが多い[35]。また、一部の条約では「事業習得者（business trainee）」について免税の規定を設けている[36]。

34　United Nations Model Double Taxation Convention between Developed and Developing Countries, 2011,p.294.

35　例えば、2008年署名の日本とパキスタンとの租税条約21条1項(b)号では、勤務に対する報酬が課税されないのは、その額の合計が年間150万円を超えない場合に限られる旨規定されている。

36　藤井恵『これならわかる租税条約（三訂版）』（清文社・2015）、407頁以下。インドネシアとの条約21条2項、スリランカとの条約14条2項、フィリピンとの条約21条3項等に「事業習得者」免税の規定例がみられる。

第8章　国内源泉所得(3) —投資性所得

8-1　本章の対象範囲

　経済のグローバル化や金融の自由化などによって経済社会及び投資環境は著しく変化し、取引は複雑化してきている。その中で、日本は、国境を跨ぐ投資取引への課税について、諸外国における状況も踏まえつつ国内法を改正し、租税条約の改正を重ねている。特に金融商品については、金融所得課税の一体化に向けて、所得税法上課税関係が再構築されてきた（金融所得課税の一体化は徐々に進められ、平成25年度税制改正では、さらにその範囲が拡大された。それについては、例えば、渡辺裕泰「税制改正大綱を評価する—金融・証券税制」税研169号（2013）44頁以下を見よ。）。また、平成26年度税制改正により非居住者等の課税原則が総合主義から帰属主義に見直された。それにより、本章の対象となる利子等の国内源泉所得が非居住者等の恒久的施設に帰属する場合には、恒久的施設帰属所得として源泉徴収を前提とする所得税の総合課税又は法人税の課税対象となるが、それ以外の場合は源泉徴収のみで課税関係が終了する。外国法人の利子等の課税関係は、平成26年度税制改正前は法人税法でも規定されていた（旧法税138条4号から11号）が、改正後は所得税法でのみ規定されている（外国法人の納税義務について所税178～180条の2で規定）。租税条約締結においては、投資所得に対する源泉地国課税を軽減することにより投資交流を図ることを基本方針とし、条約改訂に際して利子等への更なる源泉地国減免をはかっている。その一方で、BEPS問題にみられるように、利子等に係る条約濫用の問題も生じており、その対応も重要課題となっている。

　本章は、このような背景を念頭に置き、所得税法161条に規定される国内源泉所得のうち、一般に投資所得といわれる利子、配当のほか、投資的要素を含み得る組合契約に基づく利益の分配及び保険契約等に基づく給付についても投資性を有する所得として、広く対象とする。非居住者又は外国法人（以下、「非

158

居住者等」という。）が国内源泉所得を稼得する場合は、国内法上、国内源泉所得の種類、恒久的施設の有無及びその国内源泉所得が恒久的施設に帰属するか否かに応じて、所得税又は法人税の課税方法が異なる（詳細については**第5章**参照）。さらに、この国内法の取扱いは、租税条約により修正を受ける場合がある（**図表8-1**参照）。そのため、ある所得が国内法又は租税条約においてどのように性質決定されるのかは税負担に直接影響を及ぼすことになる。また、利子、配当については、支払階層構造の複層化により、源泉徴収をいかに行うかという問題が生じてきている[1]。

　本章では、国境を跨ぐ投資性所得の課税関係について、その変遷をたどりながら内容を理解する。

図表8-1　利子・配当等の課税関係

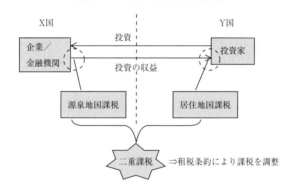

（出典）浅川雅嗣編著『コンメンタール　改訂日米租税条約』（大蔵財務協会・2005）4頁の図を参照に加筆

1　宮崎裕子「クロス・ボーダー投資と源泉徴収制度のあり方に関する一考察」金子宏編『租税法の発展』（有斐閣・2010）657頁。国際的な課税の空白への対処については、増井良啓「取引環境の電子化と資本所得の課税」金子宏編著『二訂版　所得税の理論と課題』（税務経理協会・2001）275頁以下。

　EU における EU 域内非居住者の受取利子に対する実効的な課税として、非居住者に対する利子課税の共存方式（利子の源泉徴収又は利子の支払に関する情報提供義務）から情報提供義務に一元化（居住地国課税一元化）する方向については、村井正「EU における21世紀税制の課題―モンティからボルケスタインへ―」金子古稀『公法学の法と政策（上巻）』（有斐閣・2000）230-237頁。

Column　グローバル・トレーディング

　国際取引が国境を越えると、どの所得がどの国の課税権に服するのか判定が極めて困難になる。特に金融証券取引においては、コンピュータ及び国際的に発展した通信手段を用いて国境を越えた金融取引、証券の売買賃借が頻繁になされる。単に国境を越える取引というだけでなく、世界を一つの金融市場とみた国際的金融取引がなされている。証券取引では、一日24時間取引を行うことも考えられる。グローバル・トレーディングとは、このようなグローバルに24時間にわたって市場で株式やデリバティブ等の金融商品に対する顧客の注文を実行する、金融機関の同一グループ法人に属する各国の拠点（国外関連者）間の取引をいう。国境を越えた各拠点が取引において機能を分担し、それらの機能を統合して一つの取引を成立させる取引形態であるグローバル・トレーディングは、事業実態に照らし、独立企業間価格の算定においては、①各拠点の複数の機能が当該グローバル・トレーディングに関与し、かつ、その機能の間に重要性の差がある場合には残余利益分割法、②同一のグループ法人としてのシナジー効果をより正しく評価できる寄与度利益分割法、③限定的な状況に限り取引単位営業利益分割法が、適切であろうとされている。デリバティブ取引のように複雑な取引においては、ケースバイケースにより、納税者の特別な事実や事情が考慮される利益分割法は効果的であるとされる。また、共通の定則で利益分割法を適用していく必要がある場合には、市場の違いを考慮することが制限される場面もあり得る、そのため相互協議での解決が困難となる可能性がある。　　　　　　　　　　　（水野惠子）

（参考）

赤松晃『国際課税の実務と理論』（税務研究会出版局・2009）361頁以下。

8-2 利子等・償還差益

─── **事例1** ─────────────────────────

(1) 日本のプラント会社であるA社は、中東でのプラント建設（国内の業務の用に供しない）のための融資を米国のB銀行から受けた。この場合、A社がB銀行に支払う貸付金の利子の課税関係はどうなるだろうか。

(2) 非居住者であるAさんは、内国法人が発行する割引債を複数保有している。このたび、その一部が満期償還となり、それ以外を売却した。この場合の課税関係はどうなるだろうか。

8-2-1 国内法上の取扱い

8-2-1-1 所得税法23条の利子所得との関係

国内源泉所得の分類上、利子等（消費寄託）と貸付金の利子（消費貸借）とは明確に区別されている。前者の利子等は、所得税法上の利子所得に規定する利子等（所税23条1項）に該当するものを前提としている。そのうち、①国債・地方債又は内国法人の発行する債券の利子、②外国法人の発行する債券の利子のうちその外国法人の恒久的施設を通じて行う事業に係るもの、③国内にある営業所に預け入れられた預貯金の利子、④国内にある営業所に信託された合同運用信託等の収益の分配が、国内源泉所得となる利子等に該当する（所税161条1項8号）。

利子等の源泉地の判断については、公社債の利子は債務者主義、預貯金の利子及び合同運用信託等の収益の分配金は営業所所在地基準に拠っている[2]。平成20年度税制改正前においては、外国法人が発行する債券の利子は、債務者主義により国内法上課税対象とされていなかったのに対し、多くの租税条約では、当該利子のうちその法人の恒久的施設に帰属するものは日本に源泉があるとし

─────────────────────

[2] 小松芳明『逐条研究 日米租税条約（第3版）』（税務経理協会・1997）151頁。

て課税対象とされていた（例えば、日米租税条約11条 7 (a)）。この租税条約の適用を免れるために、ダブル SPC スキームが組成されるようになった（**図表8-2参照**）。これに対処するため、改正により、上記②が国内源泉所得の範囲に含まれることとなった（所税161条 1 項 8 号ロ）。

図表8-2　ダブル SPC スキームを利用した場合の債券の利子の課税関係

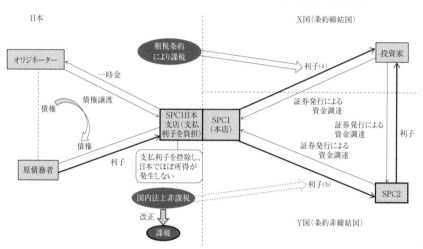

パターンⅠ　SPC1が直接 X 国投資家から資金調達し、利子(a)を支払うと租税条約により課税。
パターンⅡ　SPC2を介在させることによって、利子(b)に租税条約の適用がなく国内法により非課税。
⇒Ⅱの場合でも日本が課税できるように国内法改正

（大蔵財務協会『平成20年版改正税法のすべて』495・496頁の図、渡辺裕泰『ファイナンス課税（第 2 版）』132頁の図を参照し作成）

　非居住者等に対して国内において上記①から④の利子等の支払をする者には、源泉徴収義務がある（所税212条 1 項）。非居住者等が受け取る利子等で恒久的施設帰属所得に該当しないものは、源泉徴収のみで課税関係が終了する（所税164条 2 項、169条、170条、178条、179条）。

　源泉徴収義務の対象となる「利子等」（所税212条 3 項）、特に所得税法23条 1 項にいう預金の利子に該当するのか、また「国内において」支払われたものに該当するかについて争われた事件として、銀行預託型デットアサンプション契約に係る金員差額が問題となった事件（東京高判平17・12・21（訟月54巻 2 号472

頁））がある。そこでは、「具体的な契約内容が民法上の消費寄託契約のみではなく、他の様々な約定も存在するものであっても、銀行その他の金融機関を受寄者として消費寄託された金銭としての性質を有するものについては、原則として預金である」とし、本件金員差額は、金員の預託を受けた銀行が一定期間運用する対価として預金者に支払う金銭であり、預金の利子に該当するとした。また、預金利子の源泉地の判断基準である営業所所在地基準について、営業所は単に名目上の契約の取扱店であるだけではなく、その契約に関して実質的に事務処理を行っている必要があることを判示している。

8-2-1-2 非課税利子

　非居住者等が支払を受ける公社債等に係る利子等で国内源泉所得に該当するもののほとんどが、租税特別措置法の規定により非課税とされている。米国は、1984年に、非居住者等が受領するポートフォリオ利子を非課税とする国内法の改正を行い（I. R. C. §871(h)、§881(c)）、源泉地国課税を放棄した。金融市場が自由化しグローバル化していく中で、これを契機に、国内法による源泉地国課税の範囲を縮小する動きが国際的に活発になっている[3]。日本もその方向に動いているのである。以下、債券の種類に応じて、利子等の非課税の範囲が拡大している経緯をみていこう。

(1)　振替国債等の利子等の非課税

　平成11年度税制改正で、日本銀行による一括登録がされた国債（現在は、社債、株式等の振替に関する法律88条に規定する振替国債）の利子・償還差益（以下8-2-1-2では、利子・償還差益を「利子等」という。）で非居住者等が支払を受けるものに限り、一定の要件の下、その所有期間に対応する部分について非課税とされた（恒久的施設を有する非居住者等の恒久的施設帰属所得に該当するものを除く）（租特5条の2第1・5項、41条の13第1・5項、67条の17第1・12項）。この改正は、平成9年のアジア通貨危機や平成11年のユーロ

3　増井良啓「4号所得の空洞化」トラスト60研究叢書『金融取引と課税(2)』（トラスト60・2012）32頁。

導入を受け、円の国際化促進が求められたことから、非居住者等にリスク・フリーかつ流動性の高い円資産（国債）を提供し、その運用・保有の一層の促進を図るためのものである[4]。平成19年度税制改正により、振替地方債の利子についても、振替国債と同様に、一定の要件の下で、非課税とされた。さらに、平成25年度税制改正により、所有期間にかかわらず、全額が非課税とされている。

(2)　特定振替社債等の利子等の非課税

　振替社債等の利子等は、平成22年度税制改正において、非居住者等による日本の社債市場への一層の投資促進と、日本の金融・資本市場の活性化及び日本企業の資金調達の円滑化を図るため[5]、一定の手続要件のもと非課税とされた（恒久的施設を有する非居住者等の恒久的施設帰属所得に該当するものを除く）（租特 5 条の 3 第 1 ・ 3 項、41条の13第 2 ・ 5 項、67条の17第 2 ・ 5 項）。利益連動債については、振替社債等の利子の額を社債発行者の利益の額に連動させるものであり、実質的に配当である所得を非課税とされる利子として支払うことにより、支払側・受取側双方の配当に対する課税を免れることが可能となる[6]。これを防止するため、利益連動債の利子は非課税の対象に含まれないこととされた。また、振替社債等の発行者とその利子の受領者との間に支配関係がある場合には、所得の国外移転の誘因となりうること、振替社債等による金銭貸借取引を容易に創出できること、取引条件の設定の自由度などから、本制度を濫用した租税回避のおそれが高いとして[7]、特殊関係者が支払を受ける利子等は、非課税の対象外とされている。

　非居住者等が受ける振替社債等の利子等の非課税制度については、適用期限が設けられていたが、平成25年度税制改正により、イスラム債・レベニュー債

4　大蔵財務協会『平成11年版改正税法のすべて』342頁。

5　大蔵財務協会『平成22年版改正税法のすべて』522頁。

6　大蔵財務協会・前掲注 5 、524頁。

7　大蔵財務協会・前掲注 5 、524頁。

を除き、その適用期限が撤廃され、恒久化されることとなった。

(3) 民間国外債の利子等の非課税

　内国法人が国外において発行した債券で、その利子の支払が国外において行われるものを民間国外債という。昭和43年に、日本の国際収支の安定及び外貨準備の漸増を目的として、民間外貨債の利子が非課税とされ、昭和60年に、円の国際化を図るために円貨建の場合も非課税とされた[8]。平成20年度税制改正により、外国法人の発行する債権の利子のうちその外国法人の恒久的施設を通じて行う事業に係るものが国内源泉所得に含まれたことを踏まえ、その利子の支払が国外において行われるものは、民間国外債の範囲に含まれることとなった。同時に、非課税措置を利用した税負担の不当な回避を防止するため、軽課税国に本店等のある外国法人で実体がないとされるものが発行する民間国外債の利子等を非課税の対象外とした（旧租特6条第4項、41条の13）。その後、関係者間において日本で課税されることなく所得を国外移転するなどの方法による濫用のリスクが高いとして、平成22年度税制改正で、この取扱いに代えて振替社債等の利子等の場合と同様に、民間国外債の発行者の特殊関係者が支払を受ける利子等が非課税の対象外となった[9]（租特6条4・5項、41条の13第3項、67条の17第3項）。

　民間国外債の利子等の非課税措置は、昭和49年以降期限延長を繰り返してきたが、平成22年度税制改正で、「既に制度として定着したものと考えられること等を踏まえ」[10]、適用期限が撤廃され、恒久化された。

(4) オフショア勘定で経理された預金等の利子の非課税

　外国為替及び外国貿易法21条3項に規定する金融機関が一定の外国法人から

<hr/>

8　大蔵財務協会『平成20年版改正税法のすべて』497頁。
9　大蔵財務協会・前掲注5、528頁。
10　大蔵財務協会・前掲注5、528頁。

受け入れた預金又は借入金で特別国際金融取引勘定（オフショア勘定）で経理
したものについて、その外国法人が支払を受ける利子は、非課税とされている
（租特 7 条）。

　この非課税措置は、平成20年度税制改正により、「従来、変化の速い金融取
引に係るものであり運用状況等を踏まえた適時の見直しが必要である等の理由
から」適用期限が付されていたが、「措置が切れた場合の影響、措置の運用状況、
諸外国の状況等を精査し総合的に検討」された結果、その期限は撤廃された[11]。
次の 8 － 2 － 1 － 3 で触れる外国金融機関等のレポ取引に係る利子の非課税に
ついても、同様の理由により適用期限が撤廃されている[12]。

8 － 2 － 1 － 3　貸付金の利子

　国内において業務を行う者に対する貸付金（これに準ずるものを含む。）で
当該業務に係るものの利子は、国内源泉所得に該当する（所税161条 1 項10号）。
非居住者等が受け取る貸付金の利子で恒久的施設帰属所得に該当しないものは、
源泉徴収のみで課税関係が終了する（所税164条 2 項、169条、170条、178条、179
条、法税141条 2 号）。「当該業務に係るものの利子」とは、課税実務上、国内に
おいて業務を行う者に対する貸付金のうち、国内において行う業務の用に供さ
れている部分の貸付金に対応するものとされ（所基通161－29）、所得の源泉地
の判断は、その貸付金が業務の用に供された場所に応じて源泉地を判断する使
用地主義によっている[13]。これについては、法人税の課税実務上、「当該業務
に係るものの利子」は、国内にある事業所等によって受け入れられた貸付金に
係るものとしていた（旧法基通20－1－18）ことから、債務者主義に立つ解釈も
成り立つとの指摘があった[14]。また、貸付金の利子には、商品の輸入代金に係
る延払債権等で、その履行期間が 6 月を超えない短期のものの利子は含まれな
い[15]（所税令283条 1 項）。

11　大蔵財務協会・前掲注 5 、524頁。
12　大蔵財務協会・前掲注 5 、525頁。
13　赤松晃『国際課税の実務と理論―グローバル・エコノミーと租税法（第 3 版）』（税務研究会・
　　2011）96頁。小松芳明『国際租税法講義（増補版）』（税務経理協会・1998）75頁。
14　谷口勢津夫「ソース・ルール」ジュリスト1075号（1995）55頁。

　外国金融機関等の債券現先取引等に係る利子については、非課税規定が設けられている。すなわち、国債の更なる保有を促進する観点から[16]、平成14年度税制改正により、債券の買戻又は売戻条件付売買取引で一定の要件を満たすもの（所税令283条３項。以下「債券現先取引」という。）につき、外国金融機関等が特定の金融機関等から支払を受ける貸付金の利子で国内源泉所得に該当するものは、非課税とされた[17]（租特42条の２第１項）。平成23年度税制改正で、日本の短期金融市場への外国金融機関等の参加を促進し、その市場の活性化を図る観点から、証券貸借取引も非課税の対象とすると共に、債券現先取引における対象債券の範囲が拡充されている[18]。また、平成27年度税制改正では、店頭デリバティブ取引を取り巻く状況に鑑み、日本の店頭デリバティブ市場を拡大するとの観点から、外国金融機関等が国内金融機関等との間で行うクロスボーダーの店頭デリバティブ取引の証拠金につき支払を受ける利子についても、一定の要件のもと、所得税が非課税とされた（租特42条１項）。これらの非課税規定は、いずれも外国金融機関等が恒久的施設を有し、その利子が恒久的施設帰属所得に該当する場合には、適用されない（租特42条の２第３項、租特42条３項）。

　いわゆるレポ取引から生じるレポ差額の貸付金利子該当性について争われた事件（東京高判平20・３・12（税資258号順号10915））では、レポ取引に基づくエンド取引に係る売買代金債権が「貸付金（これに準ずるものを含む。）」に該当するか否かは、「本件各レポ取引の法形式及び経済的効果を踏まえ、本件各レポ取引のエンド取引における売買代金債権が、……消費貸借契約における貸付債権とその性質、内容等がおおむね同様ないし類似するか否かによって判断するのが相当である」とし、「本件各レポ取引は、売買・再売買を一つの契約で実行する複合的な性格を有する契約であると解するのが相当」であって、本件各レポ取引のエンド取引における売買代金債権は、消費貸借契約における貸付

15　後藤昇他共編『平成24年版所得税基本通達逐条解説』（大蔵財務協会・2012）837頁。
16　大蔵財務協会『平成14年版改正税法のすべて』722頁。
17　この非課税規定に内在する問題については、中里実「レポ取引の課税について」税研102号（2002）66頁以下、宮崎裕子「いわゆるレポ取引の進化と課税」ジュリスト1253号（2003）122頁以下を参照。
18　大蔵財務協会『平成23年版改正税法のすべて』506頁。

債権に該当せず、レポ差額は貸付金（これに準ずるものを含む。）の利子にあたらないとした[19]。（Column　国境を跨ぐレポ取引参照）

　また、造船契約解除に伴い既払分割代金とともに支払われる年8％の金員が貸付金（これに準ずるものを含む。）の利子に該当するか否かについて争われた事件においても、「貸付金（これに準ずるものを含む。）」該当性の判断基準は、上記レポ差額事件の場合とほぼ同じである。本件造船契約は船舶の売買を主たる内容とし、本件分割代金は前払による代金の一部であることから、「将来返還の余地があるものとして金銭の授受が行われた場合であっても、その可能性は小さく、例外的な事象にとどまる場合についてまで、消費貸借の本質的要素である返還約束がある」とみることは、妥当ではないとして、本件分割代金は貸付金（これに準ずるものを含む。）にあたらず、よって、本件金員は利子に該当しないと判示された（大阪高判平21・4・24（税資259号順号11188））。

─ Column　国境を跨ぐデリバティブ取引 ─

　国境を跨ぐデリバティブ取引は法人間で行われている。デリバティブ取引では、リスクが取引の直接的な対象となっており、法人はデリバティブ取引を用いて、ある法人から別の法人に対して利益を付け替えることが可能となる。デリバティブ取引の課税上の問題として、①損益発生時期をどう捉えるか、②所得の性質をどう解釈するか、③所得源泉地変更（デリバティブ取引では源泉徴収税が課されるか否かである）等がある。国境を跨ぐデリバティブ取引においては、所得源泉地の変更や利益・損失の付け替えによる国際的な課税逃れなど重大な問題が引き起こされている。例えば、日本に恒久的施設を有しない外国法人が日本に投資を行い、リスクを移転するとしながら、所得の源泉地を変更させることが可能である。近年、国境を跨ぐデリバティブの問題に、市場によらないで相対で行う店頭 (over-the-counter: 以下、O.T.C.) デリバティブ取引の問題がある。O.T.C. デリバティブの一種であるクレジット・デリバティブは、相対で条件を交渉し、取引を締結することにより、所得の種類・源泉地の変更・源泉徴収の可否といった課税上の問題を引き起こす。更に、クレジット・デリバ

19　ただし、平成21年度税制改正により、レポ差額は貸付金の利子とする立法改正がなされた。この点については、コラム及び武井一浩「国際金融取引における源泉徴収課税―いわゆる『期間利益』と利子課税」西村追悼『グローバリゼーションの中の日本法』（商事法務・2008）315頁以下を参照のこと。

ティブの最も代表的なクレジット・デフォルト・スワップ(credit default swap: 以下、C.D.S.)は、二者間で定期的な金銭の支払と引き替えに、一定の国や法人の債務の一定の仮想元本額に対する信用リスクを移転するデリバティブである。C.D.S. は、社債や国債、貸付債権などの信用リスクに対して、保険の役割を果たすデリバティブ契約をいい、取引所を通さずに相対でする取引の性質として、国境を跨ぐ取引が多い。

欧米では、デリバティブの店頭売買取引の清算集中を図る規制が導入された。清算集中とは、取引当事者間で成立した契約の債権債務関係を清算機関と呼ばれる準公的な機関に引き受けさせ、リスクを集中的に管理する施策をいう。清算集中では、取引相手のどちらか一方が存在する国、あるいは第三国にある清算機関を使う可能性が高い。規制導入を巡っては、米国と欧州で清算集中の対象者に関する規制アプローチの違いが問題視された。わが国でも、O.T.C. デリバティブ取引を行う場合に、清算集中の対象判定をどちらの国の法規制に基づいて行うのか、双方で対象となる場合にどちらの清算機関を使うのかなど、市場参加者が受ける影響についての検討が求められる。こうした中で、金融規制当局は、O.T.C. デリバティブ取引改革に関した国境を越えた報告を G20 に提出した。報告では、国境を越えた調和に向けて進展するためには、規制を柔軟に適用する必要があることが挙げられた。　　　　　　　　　（水野惠子）

（参考）
中里実『金融取引と課税』（有斐閣・1998）11頁、530頁。
野村総合研究所「金融インフラ」金融 IT イノベーション研究部（2010）14頁。

Column　国境を跨ぐレポ取引

レポ取引とは、有価証券と資金とを一定期間融通し合い、取引の前後で授受される資金の差額（レポ差額）が生じる取引をいう。国内で行われるレポ取引は貸借取引（現金担保付債券貸借取引）で行われるが、国境を跨いで行われる場合、売買取引（債券現先取引）で行われることが多いとされる。従来、課税上、国境を跨ぐレポ取引の取扱いは明確化されていなかったところ、課税庁は、わが国の銀行が行った同取引から生じるレポ差額につき、経済的実質から「貸付金（これに準ずるもの）」の「利子」（平成14年法律第15号による改正前所税161条6号）に該当するとして課税処分を行った。高裁は、レポ取引の私法上の法律構成（売買取引）をもとに課税を行うべきと判示し、課税庁側の主張を退けた（東京地判平19・4・17（判時1986号23頁）、東京高判平20・3・12（税資258号順号10915）、最高裁は上告不受理）。

その後の平成21年度税制改正において、国境を跨ぐレポ取引から生じるレポ差額は「貸付金（これに準ずるもの）」の「利子」との性質付けが行われた（所税161条10号、所税令283条3項・4項、租特42条の2）。諸外国におけるレポ取引に係る課税上の取扱いは、わが国と同様である国と、売買取引とする国に分かれる。わが国の法人が、

課税上の取扱いが異なる国の法人等との間で国境を跨ぐレポ取引を行うと、二重課税又は二重非課税が生じる可能性がある。

（取引図）

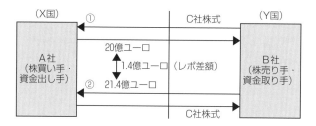

　上記取引図は、タックス・スキームの典型例として OECD（OECD, 'Building transparent tax compliance by banks', at 67, 2009.）が挙げたものをレポ取引のみ抽出して簡略化したものである。X 国に所在する A 社は、Y 国に所在する B 社との間で、C 社（X 国に所在する B 社の子会社）株式を20億ユーロで購入する（①）と同時に、一定期間後、21.4億ユーロで当該株式を売却する契約を締結し、当該契約を実行する（②：レポ取引）。このとき、①と②の資金の差額がレポ差額である。課税上、レポ取引を売買取引とする X 国では、A 社は C 社株式の売買取引により1.4億ユーロのキャピタルゲインを得たとされる（②）。この場合、X 国がキャピタルゲインに課税しない国であれば、A 社は課税されない。他方、課税上、レポ取引を貸付とする Y 国では、B 社は A 社から C 社株式を担保に20億ユーロを借り入れ（①）、一定期間後、元本の返済、担保の返還及び1.4億ユーロの利子の支払いを行ったとされる（②）。借入及び元本の返済からは課税関係は生じないが、B 社は、レポ差額である1.4億ユーロを利子として課税上控除できる。その結果、X 国では課税所得を生じさせず、他方、Y 国では費用控除されるという二重非課税が生じる租税便益の大きな取引になる。OECD は、このようなタックス・スキームが多くの国で行われ、多額の租税便益を生じさせていることを懸念している。

　2015年の BEPS 最終報告書(OECD, 'Neutralising the Effects of Hybrid Mismatch Arrangements, Action 2-2015 Final Report, OECD/G20 Base Erosion and Profit Shifting Project', 2015.)では、上記のタックス・スキームは、ハイブリッド金融商品の一種、ハイブリッド移転（hybrid transfer）の一例として取り上げられた。ハイブリッド移転は、そこから生じる所得につき、支払者（B 社）側で費用控除される一方、受取者（A 社）側の通常所得に含められない D/NI（deduction / no inclusion；支払者控除 / 受取者非課税）のハイブリッド・ミスマッチを生み出す。同報告書は、それを無効化するため、リンキング・ルールの導入を勧告した。リンキング・ルールでは、まず、支払者側の国が費用控除を否認するための国内法の対応

170

（主たる対応）を行う。次に、支払者側の国で主たる対応が行わなければ、受取者側の国で受取額を通常所得に含めるための国内法の対応を行う（防御ルール）。

その後、EUでは、2016年租税回避防止指令（Anti-Tax Avoidance Directive; ATAD）（COM（2016）26 final）、2017年にATAD2（COM（2016）687 final）が採択された。ATAD2は、ハイブリッド移転から生じるD/NIのハイブリッド・ミスマッチに対してBEPS最終報告書と同様のリンキング・ルールをほぼ踏襲した。

わが国においても、BEPSの勧告に基づく国内法の整備、あるいはこれにかわる租税条約等でしかるべき措置を検討すべきであろう。　　　　　　（中嶋美樹子）

（参考）
占部裕典『租税法における文理解釈と限界』（慈学社出版・2013）第8章
中嶋美樹子「クロスボーダーレポ取引と課税」租税資料館賞受賞論文集第19回（2010）中巻
　（2011）267頁以下
中嶋美樹子「米国のクロスボーダー・レポ課税に関する一考察─BEPSの議論を踏まえて─」
　立命館経済学65巻1号（2016）23頁以下

8−2−1−4　公社債の償還差益等

(1)　運用・保有

公社債のうち、日本国の国債、地方債、内国法人の発行する債券若しくはコマーシャル・ペーパー（金商2条1項15号、金融商品取引法第二条に規定する定義に関する内閣府令2条）（以下、「公社債等」という。）の運用又は保有により生ずる所得は、国内にある資産の運用又は保有により生ずる所得に該当する（所税161号1項2号、所税令280条1項1号、法税138条1項2号、法税令177条1項1号）。例えば、これらの債券を国内において貸し付けた場合の貸付料及び債券の償還差益又は発行差金が該当する（所基通161−14、法基通20−2−7）。この場合の所得への課税は、源泉徴収されず、申告納付のみである（所税164条1項、法税141条）。ただし、公社債又は貸付金の利子等は、所得税の源泉徴収のみで課税関係が終了することとしているため、対象から除かれている[20]。

20　大蔵財務協会『平成26年版改正税法のすべて』788頁。

(2)　譲渡

　公社債等の譲渡により生ずる所得は、従来、国内にある資産の譲渡により生ずる所得とされ（旧所税161号１号、旧所税令280条２項２・３号、旧法税138条１号、旧法税令177条２項２・３号）、この場合、源泉徴収されず、申告納付のみとなり、国内に恒久的施設を有しない非居住者等の場合は課税関係が生じなかった（旧所税164条１項４号、旧法税141条１項４号）。平成26年度税制改正において、国内資産譲渡所得の範囲が限定されたことにより、所得が恒久的施設に帰属する場合に恒久的施設帰属所得として課税され、そうでない場合には課税されないこととなった。ただし、公社債の譲渡益は、経過利子を反映したものとの考えから、租税特別措置法により、所得税が非課税とされていた（旧租特37条の15）。しかし、平成25年度税制改正では、個人所得課税において、公社債も金融所得課税の一体化の対象として株式等に係る所得と同様の課税に服するよう改正がされたことから、居住者又は恒久的施設を有する非居住者が行う公社債の譲渡益は、一般株式等に係る譲渡所得等の収入金額として申告分離課税の対象となった（租特37条の10第１項、第２項７号、37条の11第２項８号）。

(3)　償還差益

　非居住者も含めた個人が支払を受ける割引債の償還差益は、割引債の発行時に源泉分離課税とされていたが（旧租特41条の12第１項・２項）、利付債については、額面金額を下回って発行された場合の発行差金は、割引債の償還差益と同様の性質でありながら、雑所得として申告納付の対象とされていた。そのため、課税中立性の観点から、平成25年度税制改正により、割引債の償還差益は、利付債の発行差金とともに償還時に源泉徴収され、かつ、一般株式等に係る譲渡所得等の収入金額とみなして申告分離課税とされることになった（租特37条の10第３項８号、37条の11第３項）。この課税は、居住者のみならず、恒久的施設を有する非居住者に対しても行われる。

　外国法人が支払を受ける割引債の償還差益は、割引債の発行時に源泉徴収されていた（旧租特41条の12第２・３項）。このうち、内国法人の発行する割引債

の償還差益は、申告納付の対象とされ、外国法人の発行する割引債の償還差益については、発行時の源泉徴収で課税関係は終了していた。平成21年度税制改正により、外国法人の発行する割引債の償還差益のうち当該外国法人の国内において行う事業に帰せられるものについては、国内にある資産の運用又は保有により生ずる所得（旧法税138条1号）とみなして、法人税の課税対象に含まれた（旧租特67条の17第4項）。また、国内に恒久的施設を有しない外国法人が支払を受ける割引債の償還差益は、法人税の課税対象となる国内源泉所得とされず（旧租特67条の17第5項）、発行時の源泉徴収で課税関係は終了していた（旧租特41条の12第2・3項）。平成25年度税制改正により、外国法人についても、これまでの発行時ではなく、償還時に所得税が源泉徴収されている（租特41条の12の2第2項）。

8-2-2　租税条約上の取扱い

8-2-2-1　利子条項

(1)　利子の範囲

　国内法上は、国内源泉所得のうち「利子等」と「貸付金の利子」とに区分して規定しているが、租税条約上はこれらを区分せず、包括的に規定している。OECDモデル租税条約では、「利子」は、すべての種類の信用に係る債権（担保の有無及び債務者の利得の分配を受ける権利の有無を問わない。）から生じた所得、特に、公債、債券又は社債から生じた所得（公債、債券又は社債の割増金及び賞金を含む。）をいい、支払の遅延に対する延滞金は、利子条項に規定する利子には含まれない（11条3）。ただし、利益参加型社債や転換社債などのハイブリッド債券に係る利子で、その貸付が債務者である法人の負う危険を実質的に共有するものであれば、すなわち、返済が企業の業績次第である場合は、配当とみなされる[21]。また、利子条項と配当条項の適用重複を避けるために、利子条項での「利子」は、配当条項では扱わない。

　一方締約国の居住者である利子の受益者が、当該利子の生じる他方締約国内にある恒久的施設を通じて事業を行う場合に、当該利子の支払の基因となった

債権が当該恒久的施設と実質的な関連を有するものであるときは、利子条項は適用せず、事業所得条項が適用される（OECD モデル租税条約11条 4、改正議定書による日米租税条約11条 5 など）。配当・使用料条項についても同様の規定が存する。日星租税条約では、恒久的施設を通じて独立の人的役務を提供する場合に、利子に係る債権が当該恒久的施設と実質的な関連を有するものであるときは、自由職業所得条項を適用することを規定している（11条 6。その他日加租税条約11条 6 など）。1955年発効の日米租税条約 5 条にいう課税免除となる「船舶の運用による所得」該当性が争われた事件[22]（東京地判昭57・6・11（行裁集33巻 6 号1283頁））では、国際運輸業を営み、日本に恒久的施設を有する外国法人 X 社は、埠頭公団が新設するコンテナ船用埠頭の専用使用権の確保を目的として公団発行の債券を取得したのであって、その取得は投資のみを目的としていなかったが、その債券をいつでも譲渡可能であり、その債券には一般に投資対象とされる程度の利率による利息が付されているため、この利子収入は、X 社の事業活動自体によって取得する所得ではなく債券の保有により生じた資産性の所得であるから、X 社の業務の遂行とは直接の関連はないものであり、「船舶の運用によって取得する所得」には該当しないと判示した。

(2)　源泉地国課税

　OECD モデル租税条約は、居住地国課税を原則としつつ、源泉地国課税を認め、他方締約国の居住者である受益者に対して支払われる利子等については10% の限度税率を定めている（11条 1、2）。ただし、金融機関等への支払利子の源泉地国課税は免除される場合が多い。銀行の場合、その貸付資金は、一

21　OECD コメンタリー10条パラ25及び11条パラ19。本章では、"OECD, Model Tax Convention on Income and on Capital, 21 November 2017" を「OECD コメンタリー」とし、2014年版については、「2014年版 OECD コメンタリー」とする。OECD コメンタリー の日本語文献として、川田剛・徳永匡子『2017 OECD モデル租税条約コメンタリー逐条解説』（税務研究会出版局・2018）、水野忠恒監訳『OECD モデル租税条約2017年版』（日本租税研究協会・2019）、川端康之監訳『OECD モデル租税条約2010年版』（日本租税研究協会・2011）参照。以下においても同じ。
22　川端康之「国際運輸業所得―旧日米租税条約における船舶の運用によって取得する所得の意義」租税判例百選（第 4 版）134-135頁。

般に預金で受け入れた資金を元にしているが、源泉地国は、その銀行の資金調達費用を考慮せずに利子の支払総額に課税する。銀行が源泉地国で利子に課された税額をその債務者に転嫁すれば、債務者の支払利率が上昇し、債務者の財務負担は源泉地国での課税額分だけ上昇するため、取引を阻害する可能性がある[23]。そのため、金融機関に支払われる利子は源泉地国での課税を免除する国が多いとされる。国連モデル租税条約でもOECDモデル租税条約と同様に、居住地国課税を原則としつつ、限度税率による源泉地国課税を認めているが、限度税率については「二国間の交渉で決定される」とし、税率を明記していない（11条1、2）。わが国が締結している租税条約の多くは、OECDモデル租税条約に準じて、10％の限度税率としてきたが、10％を超える限度税率を付している例外もある。例えば、タイとの租税条約では、金融機関等が受け取る場合は10％、それ以外は25％、トルコ又はメキシコとの租税条約では、金融機関等が受け取る場合は10％、それ以外は15％、ブラジルとの租税条約では一律12.5％となっている。日星租税条約では10％の限度税率としているが、金融機関等の免税は、中央銀行または政府の所有する機関に限定している。また、産業的事業に従事するシンガポールの企業が発行する社債又はそのような企業に対する貸付金（延払いの形式によるものを含む。）の利子であって、シンガポール内で生じ、日本国の居住者に支払われるものは、免税となっている（議定書1）。

　2004年発効の日米租税条約では、それまで、原則として限度税率10％とする源泉地国課税を認めていたが、金融機関等の受取利子については免税とする取扱いに改正された。さらに、2013年の日米租税条約改正議定書では、両国間の投資交流を一層促進するため、利子は、原則として、源泉地国免税とされ、居住地国のみで課税されることとなっている（改正議定書による11条1）。ただし、債務者もしくはその関係者（以下、「債務者等」という。）の収入、売上などの資金の流出入、債務者等の有する資産価値の変動又は債務者等が支払う配当・

23　OECDコメンタリー11条パラ7.1及び7.7。

組合の分配金などの支払金を基礎として算定される利子については、限度税率10％での源泉地国課税を認めている（同11条2(a)）。また、引き続き、REMIC（Real Estate Mortgage Investment Conduit）に係る残余権証券など不動産により担保された債権又はその他の資産の流動化を行うための団体の持分に関して支払われる超過利子については、源泉地国の法令に従って課税することができる（同11条2(b)）。なお、米国の支店利子税制度を条約上容認している（11条10）が、2013年改正議定書によると、利子を原則として源泉地国免税とする改正に伴い削除されることとなっている（コラム参照）。

　貸付金の利子については、国内法では使用地主義を採っているが、日本が締結した租税条約では、利子の支払者の居住地国を所得の源泉地国とする債務者主義を一般に採用している（OECDモデル租税条約11条5、日米租税条約11条7など）。そのため、源泉地について、国内法が租税条約により修正されることになる。ただし、利子の支払者（いずれかの締約国の居住者であるか否かを問わない。）が一方の締約国（その者が居住者とされる国以外の国）内に恒久的施設を有する場合に、当該利子の支払の基因となった債務が当該恒久的施設について生じ、かつ、当該利子が当該恒久的施設によって負担されるときは、当該利子は、当該一方の締約国内において生じたものとされる（OECDモデル租税条約11条5、日米租税条約11条7(a)など）。さらに、日米租税条約では、重複課税を避けるため、当該恒久的施設が第三国にあるときは、日米いずれの締約国でも生じなかったものとしている（日米租税条約11条7(b)）。すなわち、この規定がないと、日本法人が第三国に恒久的施設を有し、その恒久的施設がアメリカ法人からの債務に係る利子を負担する場合に、債務者主義により日本が源泉地国となるが、その第三国とアメリカとの租税条約により第三国での源泉地国課税が認められている場合には、第三国でもその利子について課税され、源泉地国課税が重複することになる。それを避けるために規定を設け、恒久的施設の所在地国での課税を優先している[24]。

24　大蔵財務協会『平成16年版改正税法のすべて』354頁。

— Column　支店利子税（I.R.C.§884(f)(1)(A)：Branch-Level Interest Tax）

　米国では、外国法人が米国事業のために支払う利子について、米国内法人が支払うとみなし、国内源泉所得として非居住者に支払われる場合は30%源泉徴収課税（別段の定めや租税条約が存在しない限り）がなされる（I.R.C.§884(f)(1)(A)）。また、外国法人の在米支店の実質関連所得が総合課税される際に損金算入された支払利子控除額が、第三者に支払われる利子額を超過する場合、超過額は国内源泉所得として30%の源泉徴収課税がなされる（§884(f)(1)(B)）と規定している。つまり、米国では、支店利益税を回避するため、支払利子の形態で在米支店の配当相当額を減らす租税回避防止のために支店利益税の補完税として支店利子税を課す必要があるとされる。

　支店利子税は、本支店間で利子の支払がなされたものとみなして、これに支店地国で源泉地国課税するという米国において導入されている税制である。その趣旨は、一方の締約国の法人が他方の締約国に支店を有している場合と子会社を設立した場合とで課税関係を均一化しようとすることにあり、相応の合理性が認められる。日米租税条約の下では、支店利子税を条約上も容認することとし、他方で、当該税制が実際には行われていない利子の支払いを擬制してみなし課税を行うものであることから、条約上もこれを利子とみなした上、限度税率を適用し、又は免税とすることとした。すなわち、2013年1月の日米租税条約改正議定書で、日本法人が米国親会社及び関連会社に支払う利子に対する源泉税は原則として免税となった（条約11条1）。例外として、債務者等の収入、売上げ、所得、利得等に類する利子に対しては、10%を限度として源泉税が課される（条約11条2(a)）。日米間の投資所得を一層促進するため、源泉地国免税の対象が拡大されることになった。　　　　　　　　　　（水野惠子）

　（参考）

水野忠恒『国際課税の制度と理論』（有斐閣・2000）109頁以下。

---

(3)　受益者

　OECD モデル租税条約をはじめ、多くの租税条約では、その一方締約国である源泉地国において、利子の「受益者」が他方締約国の居住者である場合に、限度税率での課税を行うことができるとしている。利子の「受領者」ではなく、「受益者」（beneficial owner）としているのは、利子を単に受領するだけでは、源泉地国が利子に対する課税権を譲歩する義務がないことを明確にするためである。例えば、一方の締約国の居住者である利子の受領者が代理人又は名義人である場合には、その者は一方の締約国の居住者として条約適格であるが、そ

の居住地国で利子所得の所有者として扱われず二重課税が生じない[25]。日本においても、実質所得者課税の原則（所税12、法税11）により単なる配当等の受領者ではなくその所得が実質的に帰属する者に対して課税されるため、この受領者段階では二重課税は生じない[26]。この場合に、他方の締約国である源泉地国が、受領者に対して課税の軽減や免除をする必要はない。そのため、限度税率の適用の判断は、利子の「受領者」ではなく、「受益者」によっている。

　「受益者」の意味は、その利子条項の文脈において、二重課税の回避及び脱税と租税回避の防止を含む条約の趣旨目的に照らして理解されることになる[27]。2017年改訂の OECD コメンタリーでは、OECD の BEPS 最終報告書の行動 6（租税条約の濫用防止）をもとに導入された OECD モデル租税条約29条（特典を受ける権利）との関係に触れている[28]。「受益者」の概念は、他者に利子を渡す義務のある受領者の介在などによる租税回避に対処するものであるが、条約漁りのような濫用のケースには対処していない[29]。その場合は、29条が適用されるが、それとは別に、利子の受領者が受益者であっても、例えば、関連者から得られる利子が受益者の居住地国において税制優遇措置の適用を受ける場合には、利子条項の適用はなく源泉地国はその国内法に従って課税できる旨の規定を11条に追加することで、源泉地国での課税の減免を制限することも認めている[30]。この場合の関連者は、29条 7 でいう「関連者（connected person）」の定義に従う。

25　OECD コメンタリー11条パラ10。

26　浅川雅嗣編著『コンメンタール　改訂日米租税条約』（大蔵財務協会・2005）102-103頁。

27　OECD コメンタリー11条パラ 9.1 。

28　OECD コメンタリー11条パラ 8 。

29　OECD コメンタリー11条パラ10.3 。

30　OECD コメンタリー11条パラ 8 及び 1 条パラ85。

178

図表8-3　利子条項での受益者への条約特典の制限

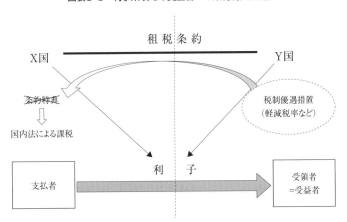

　　日米租税条約では、条約の特典は、「受領者」ではなく、所得が実質的に帰属する「受益者」に与えられている。所得の受領者が第三国居住者に対し受領者が支払を受けた所得と同種の所得を支払い、それら二つの支払に条件関係が認められる場合（いわゆる導管取引）には、その受領者はその所得の受益者とされず条約の特典は与えられない[31]（改正議定書による11条7）。この取扱いは、利子だけでなく、配当（10条11）、使用料（12条5）及びその他所得（21条4）のそれぞれに規定されている。これらの規定は、導管取引による条約特典の濫用を個別的に防止するものである。2004年の日米租税条約改正後のその他の条約改正では、導管取引のみならず、条約の特典を受けることを主たる目的として債権の設定又は移転などを行う濫用目的取引にも課税の減免を認めない規定を盛り込んでいるものもある（例えば、日英租税条約11条10、日仏租税条約10条9、日豪租税条約11条10。配当、使用料についても同様の規定が設けられている。）[32]。包括的な特典制限条項（LOB条項）については、第12章を参照。

31　大蔵財務協会・前掲注24、349頁。
32　川田・徳永前掲注21、309頁。

図表8-4　導管取引への条約特典の不適用

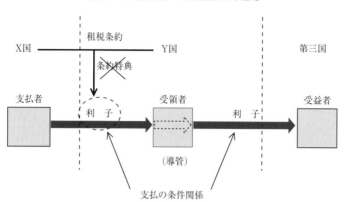

(4)　独立企業間価格超過利子

　利子の支払者と受益者との間又はその双方と第三者との間の特別の関係により、当該利子の額が、その関係がないとしたならば支払者及び受益者が合意したとみられる額を超えるときは、その超過利子については、源泉地国課税の減免はされない（OECD モデル租税条約11条 6、改正議定書による日米租税条約11条 6 など）。これは、特殊関連者間で実態から乖離した取引を行い、利益操作をした場合に、その乖離部分にまで条約特典を与えるべきではないという考慮による[33]。この場合の超過利子については、OECD モデル租税条約では、この条約の他の規定に妥当な考慮を払った上で、各締約国の法令に従って租税を課することができるとしている。日米租税条約では、利子の生じた締約国において当該超過額の 5 ％を超えない額の租税を課することができるとしている。この取扱いは、移転価格税制の適用により、超過利子が支払者の課税所得計算上損金算入を否認され、国内法に基づく課税が行われると、両国間の課税権のバランスを失するおそれがあり、そのバランスを図るためのものとされる[34]。

33　大蔵財務協会・前掲注24、350頁。

34　浅川・前掲注26、132頁。

8-2-2-2　割引債の償還差益

　割引債の償還差益の租税条約上の取扱いは、利子条項に該当する場合、その他所得に該当する場合、租税条約の適用がない場合に分かれる。

(1)　利子条項に該当する場合

　「利子」は、一般に公債、債券又は社債の割増金を含むとされている（OECDモデル租税条約11条3及び改正議定書による日米租税条約11条4）。ここでいう割増金は、公社債の発行者がその応募者の支払額を超えて支払うものであり、割引債の償還差益がこれに該当する[35]。このように規定する租税条約においては、割引債の償還差益は利子条項の適用となる。

(2)　その他所得に該当する場合

　割引債の償還差益が、租税条約上の「利子」に該当せず、「その他所得」条項に該当する場合には、居住地国のみで課税される。

　例えば、旧日独租税条約の「利子」には、「社債の割増金」の文言がないため（旧日独租税条約11条5）、割引債の償還差益は利子には含まれなかった。そのため、その他所得条項が適用されることになり、居住地国課税のみであった。旧日米租税条約、旧日蘭租税条約も、これと同様の規定ぶりであったが、いずれも条約改正により「利子」に「社債の割割金」が追加され、割引債の償還差益は「利子」に含まれることになった（改正議定書による日米租税条約11条5、日蘭租税条約11条4、日独租税条約11条2）。

(3)　租税条約の適用がない場合

　割引債の償還差益について、旧日墺租税条約（2018年改正前）のように租税条約上の規定がない（利子条項に含まれず、その他所得条項がない）場合には、国内法どおりの課税がされる。

35　浅川・前掲注26、130頁。

8－3　配当

―― 事例2 ――――――――――――――――――――――――――――――

(1)　製造業を営むアメリカ法人M社は、日本国内で自社の製品を販売するために、100％出資の日本法人N社を設立した。N社の業績は設立以来順調であり、第2決算期終了後にM社に対して配当を行った。この場合の配当の課税関係について述べよ。

(2)　不動産業を営むアメリカ法人P社は、ワールドワイドな不動産投資を行うため、アジア方面の拠点として日本国内に100％出資の特定目的会社S社を設立した。S社は、主として日本国内の商業用の不動産を取得し、その不動産の貸付又は譲渡を行い、一定の利益をあげている（全資産価額の50％超が不動産）。S社は、毎期P社に利益の90％超の配当を行っている。この配当の課税関係について述べよ。

―――――――――――――――――――――――――――――――――――――

8－3－1　国内法上の取扱い

　国内源泉所得となる配当等は、所得税法上の配当所得に規定する配当等（所税24条1項）に該当するものを前提としている。そのうち、①内国法人から受ける剰余金の配当、利益の配当、剰余金の分配又は基金利息、②国内にある営業所に信託された投資信託（公社債投資信託及び公募公社債等運用投資信託を除く。）又は特定受益証券発行信託の収益の分配を対象とする（所税161条9号）。

　この配当等についても、基本的には利子等と同じ課税関係である。すなわち、非居住者等に対して国内において配当等の支払をする者には、源泉徴収義務がある（所税212条1項）。非居住者等が受け取る配当等で恒久的施設帰属所得に該当しないものは、非居住者の場合は源泉分離課税となり、外国法人は源泉徴収のみで課税関係が終了する（所税169条、170条、178条、179条）。

　不動産投資法人（いわゆるJ-REIT）からの収益の分配は、REIT段階の所得の発生原因（不動産賃貸、不動産売買など）に関わらず、一律配当等に分類される。また、REITが支払う配当は、配当可能利益額の90％超の配当を支払

うなど一定の要件に該当すれば、REIT の所得課税上損金算入される。REIT が稼得した所得への課税は、不動産への直接投資との課税の中立性から、投資家段階での一段階課税となるが、REIT 段階の所得の性質は引き継がない[36]。なお、OECD では、そのような REIT の特殊な課税上の取扱いは REIT の課税上の地位に基づくものであり、国境を跨ぐ REIT 投資による配当の場合に BEPS 問題にいうハイブリッド・ミスマッチは生じないが、その論点の一つ（Deduction/Non-inclusion）として、REIT 側で支払配当が課税上控除される場合は、配当受領者側の国はその配当に対して課税免除その他の二重課税軽減措置を認めるべきではないと勧告している（Neutralising the Effects of Hybrid Mismatch Arrangements, Action 2 - 2015 Final Report, p44 and Example 1.10）。

8－3－2　租税条約上の取扱い

OECD モデル租税条約では、「配当」は、「株式、受益株式、鉱業株式、発起人株式その他利得の分配を受ける権利（信用に係る債権を除く。）から生ずる所得及びその他の持分から生ずる所得であって分配を行う法人が居住者とされる締約国の租税に関する法令上株式から生ずる所得と同様に取り扱われるもの」（10条3）と規定されている。日本が締結している租税条約では、このように定義しているものが多く、配当の支払者の居住地国の国内法上の取扱いに委ねられている（日米租税条約10条6など）。

8－3－2－1　源泉地国課税

OECD モデル租税条約は、居住地国課税を原則としつつ、源泉地国課税を認めている（10条1、2）。一方締約国である配当等の源泉地国においては、配当の受益者が他方締約国の居住者である場合に、支払法人の発行済株式（原文は capital）の25％以上を直接所有する法人の場合（いわゆる親子会社間配当）

36　REIT をめぐる国際課税上の問題については、例えば、宮本十至子「国境を越える REIT と課税－ドイツにおける最近の動向を中心に－」関西大学法学論集56巻2・3号（2006）401頁以下、辻美枝「国境を跨ぐ不動産投資と課税」信託研究奨励金論集第37号（2016）1頁以下を参照のこと。

には 5 ％（10条 2 a）、それ以外の場合（いわゆるポートフォリオ配当）には15％（10条 2 b）の限度税率で課税を行うことができるとしている。このように、親子会社間配当にさらに低い減免を認める理由は、繰り返し課税されることを防ぎ、国際投資を促進するためである[37]。

　さらに、OECD モデル租税条約2017年改正では、親子会社基準（10条 2 a）に365日ルールが追加された。すなわち、25％以上直接所有要件は、配当支払法人の株式の25％以上を、配当支払日を含む365日間を通じて所有していなければならないこととされた。2014年版 OECD コメンタリーにおいて、25％未満の所有をしている法人が親子会社間配当の課税便益を受けるためにその配当支払前の短期間にその株式の所有を増やす場合など規定の濫用に当たる場合には、10条 2 a は適用すべきではない、としていた。OECD の BEPS 行動 6 最終報告書において、そのような配当を移転する取引（Dividend transfer transactions）に関して、10条 2 a に具体的な最低株主期間を明記すべきである（パラ36）とされ、365日ルールが追加されたのである。日本は、2017年 6 月に BEPS 防止措置実施条約（Multilateral Convention to Implement Tax Treaty Related Measures to Prevent Base Erosion and Profit Shifting）に署名した。当該条約の 8 条は、配当を移転する取引に対する軽減税率の適用の制限に関するものであり、一方締約国の居住者である法人が支払う配当に対する課税減免規定は、一定の株式所有割合を、配当支払日を含む365日の期間を通じて満たす場合に限り適用する、と規定する。日本はこの規定を適用しないことを選択しているため、個々の租税条約の規定がそのまま適用される。例えば、日独租税条約での判定は配当受取人確定日を含む18か月、日英租税条約では 6 か月となっている。

　国連モデル租税条約では、居住地国課税を原則としつつ、限度税率による源泉地国課税を認めているが、限度税率は「二国間の交渉で決定される」とし、税率を明記していない（10条 1 、 2 ）。

---

[37]　OECD コメンタリー10条パラ10。

　日米租税条約においても居住地国課税を原則としつつ、源泉地国課税を認めている（10条１、２）。受益者に支払われる配当等の源泉地国課税については、その受益者である法人が支払法人の議決権株式の10％以上を直接又は間接に所有する場合には５％、それ以外の場合には10％の限度税率を定めている。親子会社間配当に対する限度税率が低く定められているのは、親子会社間配当に係る投資は事業活動のための直接投資としての性格が強いことを理由とする[38]。さらに、親子会社間配当のうち、受益者が保有期間12か月以上かつ支払法人の議決権株式の50％超を直接又は間接に所有している場合に支払われるもの（特定親子会社間配当）は、免税とされている。2013年の日米租税条約改正議定書では、両国間の投資交流を一層促進するため、利子とあわせて、配当も源泉地国免税の対象が拡大されている。すなわち、特定親子会社間配当の源泉地国免税の要件が、保有期間６か月以上かつ所有割合が50％以上に緩和された（10条３(a)）。これと同様の基準をすでに有する条約として、日英（10条３(a)）、日蘭（10条３(a)）、日瑞（10条３(a)）租税条約などがある。この要件に該当する場合には、源泉地国免税となるため、外国子会社配当益金不算入制度（**第11章参照**）とあいまって、例えば、日本法人が米国完全子会社から配当を受け取る際に税負担がほとんど生じないこととなる。

　「受益者」の概念は、OECDコメンタリーでは利子とほぼ同じ説明がなされている。本章利子の説明の該当箇所を参照されたい。

８−３−２−２　年金基金が受け取る配当に対する源泉地国免税

　日米租税条約では、受益者である年金基金が受け取る配当は、その年金基金が直接又は間接に事業を遂行することにより取得されたものでない場合に限り、源泉地国では課税することはできない（10条３(b)）。当該年金基金は、それが組織された居住地国で退職年金等の管理又は給付を行い、その活動に関して居住地国で租税が免除されているものをいう（３条１(m)）。そのため、「事業」とは、年金基金が本来行うべき「退職年金等の管理又は給付」のための活動以外

38　大蔵財務協会・前掲注24、349頁。

の活動をいう（例えば、年金被保険者の福祉増進を目的とする福祉施設業務など）[39]。この取扱いは、源泉地国課税を認めると年金受給者が給付時に課税される際に実質的な二重課税となり、それを排除する必要が生じるが、年金給付まで長期にわたることなどから、その二重課税排除が技術的に困難であることを理由とする[40]。

8 − 3 − 2 − 3　ペイ・スルー法人が支払う配当への適用制限

日米租税条約では、いわゆるペイ・スルー法人が支払う配当については、源泉地国における課税減免の適用を制限し、ポートフォリオ配当の限度税率を適用している（日米租税条約10条 4、5）。これは、親子会社間配当に係る源泉地国における課税減免は直接投資としての性格に着目した取扱いであるが、ペイ・スルー法人への拠出はその性格が希薄であることによる[41]。また、不動産投資に用いられるペイ・スルー法人は、不動産から生じる所得の当該不動産所在地国（源泉地国）の国内法による課税（不動産所得条項（ 6 条））を回避するために用いられる可能性があるため[42]、その支払配当については、一定の場合を除き、源泉地国における課税減免の適用を認めていない。

ペイ・スルー法人とは、米国の場合には規制投資会社（RIC）または不動産投資信託（REIT）が該当（10条 5）し、日本の場合は課税所得の計算上受益者に対する支払配当を控除することができる法人をいい、特定目的会社（資産の流動化に関する法律 2 条 3 項）、投資法人（投資信託及び投資法人に関する法律 2 条12項）並びに法人課税信託（法税 2 条29の 2 ニ、ホ）である特定目的信託（資産の流動化に関する法律 2 条13項）及び特定投資信託（投資信託及び投資法人に関する法律 2 条 3 項）が該当する。

OECD コメンタリーでは、REIT による利益の分配について、REIT の小口投資家と大口投資家を次のように区別して取り扱うことを容認している（10条

39　大蔵財務協会・前掲注24、349頁。

40　大蔵財務協会・前掲注24、349頁。

41　大蔵財務協会・前掲注24、349頁。

42　大蔵財務協会・前掲注24、350頁。

パラ 67.1 - 67.4）[43]。小口投資家は、REITが取得した不動産を支配しておらず、単に企業に投資しているだけであり、ポートフォリオ配当を受取ったものとして扱われる。一方、大口投資家は、REITが取得した不動産について特別な関心をより多く有しており、REITへの投資は、REITの原資産への投資の代替とみることができる。後者の場合には、REIT自体は税負担をしていないため、REITからの分配について源泉地国での課税を制限することは適当ではないことから、REITが支払う配当を源泉地国での軽減規定の適用から除外する規定案を示している（10条パラ 67.4）。日本は、OECDモデル租税条約2017年改正において、配当支払法人の居住地国でその法人の課税所得の計算上配当が控除できる場合には、その配当には直接投資に係る配当の軽減税率を適用しない権利を留保し、改めて日本の条約締結方針を示している（2017年改正日露、日・デンマーク租税条約参照）。

8 - 3 - 2 - 4　その他

　配当については、追っ掛け課税を原則禁止する規定（OECDモデル租税条約10条5、日米租税条約10条8など。**第1章1 - 3参照。**）、支店利益税の課税を認める規定（日米租税条約10条9、10。同条約25条5において無差別条項の対象とならない旨規定。コラム参照。）を設けている。

── Column　支店利益税（I.R.C. § 884(a) :Branch Profits Tax）──

　内国法人が外国に進出する場合、支店形態と子会社形態とでは課税関係に影響がある。米国に子会社形態で進出する場合には、その子会社は米国内法人として法人税が課され、子会社から親会社への配当及び非居住者への利子の支払いに対しては源泉徴収税が課される。一方、支店形態で米国に進出する場合には、支店の稼得する所得に対して法人税が課される。これについては、外国法人に対する課税の均衡・中立性の点で不合理であるため、各国において検討されたのが支店税である。米国は1986年の税制改正で、新たに支店利益税を導入した。支店利益税は、たとえば、外国法人が米国支店の利益を本店に送金する場合、米国支店を米国子会社とみなして利益送金額を配当相当額として課税するものである。外国法人の支店に対する課税を現地法人並の課税に近づける試みから、外国法人の米国支店に対して、その支店の稼得した所得に

43　*See* OECD, Tax Treaty Issues Related to REITs, 30 Oct 2007, para 18-29.

通常の法人税を課すほか、外国法人の各課税年度の「みなし配当金額 (dividend equivalent amount)」に対して課税がなされる (I.R.C. § 884(a))。

　相手国の居住者である法人が支払う配当又は当該法人に留保された所得に対し、その原資が自国から取得されたものであることを根拠に行う課税を、追いかけ課税（域外課税）と呼ぶ。この追いかけ課税は、租税条約の配当条項では、両締約国の間に適切に配分された課税権を超えて課税を行うものとして禁止されているが、支店利益税は追いかけ課税の例外とされ（条約10条8括弧書）、課税することが規定されている。2013年1月の署名の日米租税条約改正議定書では、日本子会社が米国親会社に支払う配当は、特典制限条項の一定の項目を満たし、米国親会社が日本子会社の50%以上の株式を6ヶ月以上の期間を通じ所有している場合に源泉地国免税（条約10条3(a)）とされ、持分割合及び保有期間の条件が緩和された。支店利益税の取扱いは日米租税条約以外にも、日ブラジル、日インドネシア、日フィリピン、日カナダ、日タイ、日トルコ、日イスラエルの各条約に規定がある。　　　　　　　　　　　　　　（水野恵子）

（参考）
水野忠恒『国際課税の制度と理論』（有斐閣・2000）109頁以下。
『租税条約の解説　日米租税条約』（日本租税研究協会・2009）29頁。

8-4　匿名組合契約等に基づく利益の分配

── 事例3 ──

　米国法人Aの傘下にあるオランダ法人Bは、同じくAの傘下にある日本法人C
と匿名組合契約（Cを営業者、Bを匿名組合員とする）を締結し、出資を行った。
BがCからこの匿名組合契約に基づき日本で生じた利益の分配を受けた場合の課
税関係について述べよ。また、旧日蘭租税条約のもとでの課税関係はどうか。

8-4-1　国内法上の取扱い

8-4-1-1　匿名組合契約に基づく利益の分配

　国内において事業を行う者に対する出資につき、匿名組合契約に基づいて非
居住者等であるその組合員が受ける利益の分配は、国内源泉所得として、源泉
徴収の対象となる（所税161条1項16号、178条、179条、212条1項）。ただし、恒
久的施設帰属所得に該当する場合は申告納付を要する。平成14年度税制改正前
は、匿名組合員が10名以上の場合にのみ源泉徴収がなされていた。しかし、国
内に恒久的施設を有しない非居住者等が組合員10人未満の匿名組合契約を利用
した様々な投資スキームを数多く組成するようになり、匿名組合員の人数によ
って課税方法を区分する必然性が薄れてきた[44]。そこで、匿名組合員の数にか
かわらず、源泉徴収がされることとなった。

　なお、従来、匿名組合契約に基づく利益の分配を受ける権利の譲渡により生
じる所得は、国内にある資産の譲渡により生ずる所得とされ（旧所税令280条2
項11号、旧法税令177条2項11号）、恒久的施設を有する非居住者等が得た場合は、
その恒久的施設への帰属の有無にかかわらず課税対象となっていた。平成26年
度税制改正による帰属主義への移行により、その所得が恒久的施設に帰属する
場合は恒久的施設帰属所得として課税され、恒久的施設に帰属しない場合は課

44　大蔵財務協会・前掲注16、732頁。

税されないこととなった[45]。

8−4−1−2　任意組合契約等に基づく利益の配分

　非居住者が、任意組合契約に基づいて恒久的施設を通じて行う事業（以下「組合契約事業」という）から生ずる利益でその組合契約に基づき配分を受けるものは、国内源泉所得（所得税法161条1項4号）として申告納付を要する（所税164条1項1号）。この場合、課税実務上、当該組合契約事業は、組合員の共同事業であるから、組合員である非居住者が恒久的施設を有する非居住者に該当するかどうかについては、各組合員がそれぞれ組合契約事業を直接行っているものとして判定する（所基通164-4）。任意組合契約を締結した組合員である非居住者等（以下、「外国組合員」という。）が、組合事業以外に恒久的施設を有していない場合に、課税庁が所得を把握し適正な課税を行うことは容易ではないことから、平成17年度税制改正により、外国組合員に対する組合契約事業利益の配分に係る源泉徴収制度が創設された[46]（所税212条1項）。投資事業有限責任組合契約および有限責任事業組合契約に基づく利益の配分についても同様に扱われる（所税令281条の2第1項）。

　投資事業有限責任組合契約及び外国組合契約（以下「投資組合契約」という）による投資組合の有限責任組合員の中には、組合に金銭出資を行うのみで組合の業務を執行せず、組合の共同事業者というよりも投資家に近い者もいる[47]。そのため、平成21年度税制改正により、投資組合の有限責任組合員である非居住者等で、共同事業性が希薄であると考えられる一定の要件を満たすものは、その投資組合契約に基づき恒久的施設を通じて事業を行う場合であっても、その投資組合契約に基づいて行う事業につき恒久的施設を有しないものとみなされ、組合事業から生じる利益の配分については課税されないこととなった（租特41条の21、67条の16）。

45　大蔵財務協会『平成26年版改正税法のすべて』682頁。

46　大蔵財務協会『平成17年版改正税法のすべて』287頁。

47　大蔵財務協会『平成21年版改正税法のすべて』452頁。

190

8−4−1−3　匿名組合契約か任意組合契約か

　ある契約が匿名組合契約又は任意組合契約のいずれに該当するかによって、上述のとおり、課税関係は異なる。この点について争われた事件として、いわゆるガイダント事件（東京高判平19・6・28（判時1985号23頁）、最決平20・6・5上告不受理（税資258号順号10965））[48]がある。高裁は、当事者間に匿名組合契約を締結するという真の合意がある場合には、明文に規定がない限り、契約締結の主たる目的が税負担の回避であっても、直ちに当該匿名組合契約の成立を否定することはできないとした。一方で、外観上匿名組合が存在する場合でも、実際の当事者間の法律関係、事業状況、経営判断等から外観と異なるときは、匿名組合ではないとする認定判断の可能性を示している。

8−4−2　租税条約上の取扱い

8−4−2−1　匿名組合条項

　日本では、匿名組合契約に基づく組合事業に係る所得は営業者の所得であり、匿名組合契約に基づく利益の分配はその営業者の日本の課税所得の計算上控除される。非居住者である匿名組合員に対する利益の分配は、租税条約上、居住地国の排他的課税を規定する「その他所得条項」に該当すると、源泉地国である日本では課税されない。一方で、条約相手国が国外所得免除方式を採用していると、その国の居住者である匿名組合員が受け取る利益の分配はその国でも課税されないため、二重非課税が生じることになる。よって、近年の租税条約改正にあたっては、別途匿名組合条項を設けて源泉地国課税を規定している[49]。2004年日米租税条約議定書（13(b)）、日英租税条約（20条）、日豪租税条約（20条）、日蘭租税条約議定書（9）などでは、条約の他の規定にかかわらず、匿名組合契約に基づき、匿名組合員が取得する利益の分配について、日本は国内法によ

48　宮本十至子「日蘭租税条約の『その他所得』—ガイダント事件」租税判例百選（第5版）130-131頁。

49　川田・徳永・前掲注21、520頁。

る源泉課税ができる旨を明記している。さらに、日米租税条約議定書13(a)では、条約の適用上、米国は、匿名組合契約によって組成された仕組みを日本国の居住者でないものと取り扱い、かつ、当該仕組みに従って取得される所得を当該仕組みの参加者によって取得されないものと取り扱うことができるとしたうえで、この場合、当該仕組み又は当該仕組みの参加者のいずれも、当該仕組みに従って取得される所得について条約の特典を受ける権利を有しないとする。日米租税条約についての米国側の技術的説明（Technical Explanation）によれば、例えば、米国法人が匿名組合契約によって設立された仕組みに利子を支払う場合に、当該仕組みの営業者及び匿名組合員が日本の居住者であっても当該利子に条約特典を与えないとする。

　オランダの匿名組合員が受け取る匿名組合契約に基づく利益の分配金については、旧日蘭租税条約に匿名組合条項がなかったため日本での源泉地国課税が認められず、居住地国であるオランダの国内法によっても課税されないという二重非課税が生じていた。先のガイダント事件もこの仕組みを利用したものである。この事件で高裁は、このような二重非課税を排除するためには、「源泉地国が課税ができることを租税条約の明文において明らかにするなどの措置により解決すること」が相当であるとした。その後、2011年の日蘭租税条約全面改正に際して、日本での源泉地国課税が明記された（議定書9）。

　旧日独租税条約では、配当条項にいう「配当」に、匿名組合員が匿名組合員として取得する所得を含めていた（10条5）。しかし、2015年日独租税条約では、配当条項の対象から匿名組合員の取得する所得が除かれ、その議定書4で、日本又はドイツ国内において生ずる匿名組合契約に関連して匿名組合員が取得する所得につき、条約の他の規定にかかわらず、日本又はドイツはそれぞれの国内法に従って源泉課税ができる旨を規定している。

　匿名組合契約に基づく利益の分配につき、源泉地国課税を認めていない日愛租税条約23条（その他所得条項）の適用に関して、租税条約の濫用を理由としてその適用が否定できるのかが問題となった事件がある（東京高判平26・10・29（税資264号順号12555））。東京高裁は、日愛租税条約には、「源泉課税を制限

する日愛租税条約23条の適用を否定する具体的な条項は定められていないから、同条の適用を否定することはできない。」とした。さらに、アイルランド法人が「本件各匿名組合契約に基づいて支払を受けた利益分配金の99％に課税されないとの結果が生じており、それが、税負担の公正性等の観点から問題視される余地があるとしても、そのことは、明文の条約等の規定なく、現に有効な条約である日愛租税条約23条の適用を排除する根拠となり得るものとはいえず、その他、同条の適用を排除する根拠があるとは認められない」と判示し、日愛租税条約23条の適用を認めた。租税条約の濫用とその防止に関しては**第12章**を参照のこと。

8－4－2－2　明示規定がない場合

　匿名組合に基づく利益分配金の所得分類が、租税条約上明らかでない場合には、国内法に基づき決定される（OECDモデル租税条約3条2）。匿名組合の利益分配金が旧日蘭租税条約上のその他所得に該当するのかについて争われた先のガイダント事件では、匿名組合員が恒久的施設を通じて事業を行っているわけではないことから事業所得該当性を否定し、その他所得該当性を認めた。ただし、匿名組合契約に基づく利益の分配の性質については、事業所得条項説[50]、利子条項説[51]、その他所得条項説（ガイダント事件判決）と見解が分かれている。

　その他所得条項について、OECDモデル租税条約（21条）は、居住地国に排他的課税を認める。日本が締結している租税条約の多くは、同様に規定している。ただし、日加租税条約（20条）、日星租税条約（21条）などでは、その他所得条項のなかで居住地国課税を原則としつつ源泉地国課税も認めている。

　旧日墺租税条約には、匿名組合契約に基づく利益の分配について明示規定はなく、その他所得条項もないため、国内法による課税が行われていた。また、

50　金子宏「匿名組合に対する所得課税の検討―ビジネス・プランニングの観点を含めて」金子宏編『租税法の基本問題』（有斐閣・2007）150頁、175頁、宮武敏夫「匿名組合契約と税務」中里実・神田秀樹編著『ビジネス・タックス』（有斐閣・2005）354頁。

51　谷口勢津夫「匿名組合の課税問題―TKスキームに関する租税条約の解釈適用」日税研論集55号（2004）143頁、渕圭吾「匿名組合契約と所得課税―なぜ日本の匿名組合契約は節税目的で用いられるのか？」ジュリスト1251号（2003）177頁。

租税条約を締結していない場合にも、国内法による課税が行われる。

8-5　保険契約等に基づく給付

　この節での対象は、生命保険会社等と締結した生命保険契約等に基づき支払われる個人年金等の給付を前提としている。過去の勤務に基づき支払われる退職年金等については、**第7章**を参照のこと。

── 事例4 ──

　内国法人に勤務するXは、日本国内で生命保険会社と、一時払養老保険契約および月払個人年金保険契約を締結した。その後、Xは、3年間の予定でアメリカ子会社へ出向し、アメリカ滞在中に一時払養老保険契約を解約し、解約返戻金を取得した。その後、Xは定年退職を迎え、オーストラリアに移住した。数年後、個人年金保険契約に基づく年金の支払が開始された。

　Xが取得した解約返戻金の課税関係およびXが月々受領する年金の課税関係はそれぞれどうなるだろうか。また、Xは、個人年金を年金払に代えて一時金で受け取ることを選択した場合、Xの課税関係は異なるだろうか。

8-5-1　国内法上の取扱い

8-5-1-1　生命保険契約等に基づく保険金等

　保険期間が長期にわたる生命保険契約については、国境を跨ぐ人の移動によって保険運用時及び給付時の所得の課税管轄の問題が生じる。日本では契約地主義に基づき課税関係を構築している。すなわち、国内にある営業所又は国内において契約の締結の代理をする者を通じて締結した生命保険契約、旧簡易生命保険契約、損害保険契約その他これらに類する契約に基づく保険金の支払又は剰余金の分配（これらに準ずるものを含む。）を受ける権利の運用又は保有により生ずる所得は、「国内にある資産の運用又は保有により生ずる所得」（所税161条1項2号、所税令280条1項3号、法税138条1項2号、法税令177条1項3号）

として、国内源泉所得に該当する。これらの所得について、非居住者等は、源泉徴収されず、恒久的施設の有無にかかわらず申告納付を要する（所税164条1項、法税141条）。例えば、満期保険金、解約返戻金、契約者配当金などが該当する。ただし、生命保険契約に基づく年金等や一時払養老保険等の差益は、「国内にある資産の運用又は保有により生ずる所得」の範囲から除かれている（8－5－1－2及び8－5－1－3参照）。また、国内において行う業務又は国内にある資産に関し受ける保険金、補償金又は損害賠償金（これらに類するものを含む。）に係る所得は、その他の国内源泉所得として源泉徴収なしの申告納付となる（所税161条1項17号、所税令289条1号、法税138条1項6号、法税令180条1号）。

8－5－1－2　生命保険契約に基づく年金等（利殖年金）

　国内にある営業所又は国内において契約の締結の代理をする者を通じて締結した生命保険契約等又は損害保険契約等で年金を給付する定めのあるものに基づいて受ける年金（いわゆる利殖年金）は、国内源泉所得として（所税161条1項14号、所税令287条）源泉徴収され、非居住者は源泉分離課税となり、外国法人は課税関係が終了する（所税212条1項）。ただし、恒久的施設帰属所得に該当する場合は申告納付を要する。この場合の源泉課税は、年金の額から、当該契約に基づいて払い込まれた保険料又は掛金の額のうちその支払われる年金の額に対応するものとして計算した金額を控除した残額に対して課される（所税213条12項1号ロ）。利殖年金の対象からは、公的年金等に該当するものは除かれている。年金支払開始日以後に利殖年金に係る契約に基づき分配を受ける剰余金又は割戻しを受ける割戻金及び当該契約に基づき年金に代えて支給される一時金は含まれる。なお、相続等保険年金については、平成23年度税制改正により、いわゆる年金二重課税事件の最高裁判決（平成22・7・6（判時2079号20頁））を受け源泉徴収を要しないこととされたことに伴い（所税209条2号、所税令326条6項）、源泉徴収の対象となる利殖年金から除外され（所税161条1項14号括弧書き）、「国内にある資産の運用又は保有から生ずる所得」に該当することとなった[52]。「相続等保険年金」とは、生命保険契約等に基づく年金のうち

その年金の支払を受ける者とその契約に係る保険契約者とが異なる契約その他の一定の契約に基づく年金をいう（所税209条2号）。

　利殖年金に関する規定は昭和37年度税制改正で新たに追加された。この規定は、内国法人と締結した契約に基づくもののみを対象とする債務者主義であったが[53]、昭和40年度税制改正により現在の契約地主義に改正された。契約地主義への改正は、「利殖年金のうち課税の対象となるものは、保険料、掛金部分を除いた利殖部分のみであるから、その源泉性の判定に際しても運用益の発生地として最も蓋然性の高い国という基準を採用すべき」との観点から、債務者主義より契約地主義のほうがより合理的であるとの考え方に基づいている[54]。

　また、利殖年金の支払を受ける権利の譲渡により生ずる所得については、国内にある資産の譲渡により生ずる所得として（旧所税令280条2項9号、旧法税令177条2項9号）、恒久的施設を有する非居住者等が得た場合は、その恒久的施設への帰属の有無にかかわらず課税対象となっていた。平成26年度税制改正による帰属主義への移行により、その所得が恒久的施設に帰属する場合は恒久的施設帰属所得として、恒久的施設に帰属しない場合は課税されないこととなった[55]。

8−5−1−3　一時払養老保険等の差益

　保険契約又はこれらに類する共済に係る契約で保険料又は掛金を一時に支払うもののうち、保険期間等が5年以下のもの・保険期間等が5年を超えるものでその保険期間等の初日から5年以内に解約されたものに基づく差益で、国内にある営業所又は国内において契約の締結の代理をする者を通じて締結された契約に係るものは、国内源泉所得に該当し（所税161条1項15号へ、174条8号）、源泉徴収され、非居住者は源泉分離課税となり、外国法人は課税関係が終了す

52　大蔵財務協会『平成23年版改正税法のすべて』198頁、522−523頁。

53　福山博隆「外国法人及び非居住者の課税その他国際的な側面に関する税制の改正」税経通信17巻6号（1962）102-103頁。

54　田口勝彦「非居住者、外国法人課税の改正の概要」税経通信20巻7号（1965）235頁。契約地主義も広い意味では債務者主義に属するといえる、という見解もある（谷口・前掲注14、54頁）。

55　大蔵財務協会『平成26年版改正税法のすべて』682頁。

る（所税212条1項）。ただし、恒久的施設帰属所得に該当する場合は申告納付
を要する。

8-5-2　租税条約上の取扱い

　OECD モデル租税条約では、過去の勤務に基づき支払われる退職年金以外
の保険年金について規定を設けていない。ただし、コメンタリーにおいて、購
入した保険年金は、購入資本にかかる利子要素と資本利益（return of capital）
を含むが、所得要素ごとに同じ所得分類で課税するためだけに利子要素と資本
利益要素を区別することは難しいことから、多くの国は、給与、賃金及び退職
年金のいずれかに保険年金を分類し、それに応じて課税するという特別規定を
有していると指摘している[56]。

　日米租税条約では、保険年金は退職年金条項のなかで規定されており、保険
年金の受益者の居住地国に排他的課税を認めている（17条2）。ここでいう「保
険年金」は、適正かつ十分な対価（役務の提供を除く。）に応ずる給付を行う
義務に従い、終身にわたり又は特定の若しくは確定することができる期間中、
所定の時期において定期的に所定の金額が支払われるものをいう。受益者の居
住地国課税のみとしているのは、保険年金受益者の所得税額は少額である場合
が多く源泉地国課税に服すると国際的二重課税が完全に排除されない可能性が
あること、これらの年金取得時期はおおむね老後であり余生を送る居住地国で
のみ課税するのが妥当であることなどが理由とされている[57]。

　日本が締結する租税条約で保険年金について規定するものは少ない。アイル
ランド（19条）、オーストラリア（17条）、オランダ（17条2）、シンガポール（18
条）、フィリピン（18条）、ブラジル（20条1、3）との租税条約などに規定が
あり、いずれも居住地国での排他的課税を認めている。ただし、日蘭租税条約
では、保険年金が、居住地国で適正に租税が課されないときは源泉地国での課

56　OECD コメンタリー11条パラ23。
57　小松芳明『租税条約の研究（新版）』（有斐閣・1982）107-108頁、浅川・前掲注26、166頁。

税を認めている。さらに、日豪租税条約（17条）や日蘭租税条約（17条 3 ）では、保険年金を受領する権利に代えて一時金を受領した場合には居住地課税を原則としつつ、源泉地課税も認めている。

　保険年金について、租税条約上、特に明示規定がない場合にはその他所得条項が適用され、その他所得条項がない場合には国内法に従って課税される。生命保険契約等に基づく保険金等（保険年金を除く）および一時払養老保険等の差益については、明示規定がないため、その他所得条項が適用され、その他所得条項がない場合は国内法に従って課税される。

〈参考文献〉
（利子）
一高龍司「国際的レポ取引と所得区分―ある裁決例を素材に」税務弘報55巻 1 号（2007）111頁以下
岩崎恵子「外国法人がわが国において行う投資活動から生じた収益に対する適正課税（源泉所得課税を含む）のあり方について」税務大学校論叢46号（2004）77頁以下
弘中聡浩・伊藤剛志「源泉徴収課税を巡る国際租税法上の問題点（第 2 回）―レポ取引に関する納税者勝訴の事例を素材として―」租税研究724号（2010）194頁以下
吉村政穂「レポ取引のレポ差額について所税161条 6 号『利子』該当性を否定した事例」税研141号（2008）95頁以下
（配当）
増井良啓「外国会社からの現物分配と所得税―国税不服審判所平成15年 4 月 9 日裁決を素材として」税務事例研究84号（2005）41頁以下
宮本十至子「投資ファンド課税の国際的側面について」関西大学法学論集50巻 6 号（2001）282頁以下
（匿名組合）
金子宏「匿名組合に対する所得課税の検討―ビジネス・プランニングの観点を含めて―」金子宏編『租税法の基本問題』（有斐閣・2007）150頁以下
谷口勢津夫「匿名組合の課税問題―TK スキームに関する租税条約の解釈適用―」日税研論集55号（2004）143頁以下
錦織康高「居住地国課税と源泉地国課税―日本ガイダント事件を考える―」フィナンシャルレビュー94号（2009）35頁以下
渕圭吾「匿名組合契約と所得課税－なぜ日本の匿名組合契約は節税目的で用いられるのか？」ジュリスト1251号（2003）177頁以下
細川健「匿名組合の税務とその問題点―東京地裁平成17年 9 月30日判決を題材として―」税

務弘報54巻11号（2006）139頁以下

山﨑昇「匿名組合と国際税務」税務大学校論叢52号（2006）282頁以下

第9章 国内源泉所得(4) —使用料

　本章では、工業所有権、著作権を含む知的財産権の使用料に関する国際租税法上の取扱いをまとめ、そこでの解釈と立法に関する論点を取り上げて説明する。特に、特許権と、コンピュータ・プログラム等に係る著作権を中心に扱う。

── **事例** ──────────────

(A)　X国法人Xは、内国法人Nに対し、今年度から10年間、全世界にあるXの製法に関する特許権を実施して、国内で製品甲を製造し、これを全世界で販売することを許諾した。使用料は、Nによる甲の販売額の5％で合意された。Nは、今年度に、日本で甲を製造し顧客に販売するとともに、X国の販売支店を通じてX国内でも甲を販売した。日本とX国での今年度の売上は各々100億円と200億円であり、使用料としてNの本店とX国販売支店が各々5億円と10億円を負担してXに支払った。Nは、国内法上この5億円についてのみ源泉徴収をすれば良いか。

(B)　内国法人Nは専ら国内でパソコンを製造販売する株式会社である。Nは、製造の際に、X社（X国法人）のソフトウェア（OS）をインストールして日本国内でパソコンを販売している。Xは国内に恒久的施設を有しない。

　　(1)　N・X間のライセンス契約上、XはNに対し当該OSの複製されたCD-Romを1枚移転し、Nが製造販売するパソコンに当該OSを複製することが許諾されている。対価は当該複製数に応じて決まり、Nはある年度末に使用料の形式で一括して当該年度分の対価をXに支払った。Nは当該使用料の支払に際し国内法上源泉徴収をする必要があるか。

　　(2)　N・X間のライセンス契約上、Nが製造するパソコンに当該OSを複製して販売することが許諾されている。同契約上、Nはパソコンの台数に等しいCD-Rom（当該OSが複製されたもの）をXから取得し、各パソコンにCD-

─────────────

　(注)　本章の内容は、2019年4月1日現在の法令による。

Rom から複製して、CD-Rom を付けてパソコンを第三者に販売した。N が X に使用料名目で支払う対価に関し、国内法上源泉徴収を要するか。

9−1　国内法上の使用料等の課税

　国内法上、以下の要件の全てを充足する場合に国内源泉所得となり（所税161条11号・法税138条9号）、原則として源泉徴収を受ける（所税178条・179条・180条・212条・213条）。すなわち、1)国内で業務を行う者から受ける対価であり、2)a)工業所有権その他技術に関する権利、特別の技術による生産方式若しくはこれらに準ずるものの使用料又は譲渡の対価、b)著作権（出版権及び著作隣接権その他これに準ずるものを含む）の使用料又は譲渡の対価、又は、c)機械、装置その他政令で定める用具の使用料、のいずれかに該当し、かつ、3)国内業務に係る対価である。

　1)と3)を満たす場合、一般にこれらの財産権、機械装置等が国内で使用されることから、このソース・ルールは使用地主義［基準］と称されている。この基準によれば、国内業務の用に供される部分に対応する使用料は国内源泉所得となるが、例えば、使用料のうち国外で業務を行う再実施権者の使用に係る部分は国内源泉所得に含まれない（所基通161-33）。

　いま仮に、外国法人である特許権者 X から日本法人 Y が実施許諾を受け、Y がさらに外国法人 Z に再実施許諾をする取引に関し、所得税基本通達161-33は、ここで(1)再実施料50、使用料100の場合には使用料のうち50が国内源泉であり、(2)再実施料200、使用料100の場合には使用料の全額が国外源泉所得になる、という（**図表9-1参照**）。これは大変簡略化された例説にすぎない。(1)は、Z から受ける再実施料の全額が使用料として X に支払われるときには合理的であるが、残りの50の源泉地は別途検討が必要であり、また、(2)が合理的となるのは、Y 自身は国内で実施せず、使用料が再実施料の50% 相当額で合意されている場合である。

図表９−１　所得税基本通達161-21の見方

＊使用料の計算が国外再実施料×100％ならば国外源泉50については合理的。
　ただし残り50の国内源泉が何の対価か不明。

＊Yが国内で使用せずかつ使用料が再実施料の50％の場合にのみ合理的。

（出所）一般的な説明図に筆者のコメントを付したもの

9−2　租税条約上の取扱い

　租税条約上の使用料条項は、1) 源泉地が決定された上で、2) 源泉地国と、受領者又は受益者の居住地国のいずれか又は双方が課税しうる旨を定め、3) 源泉地国で課税しうる場合はその上限税率を定める、という構造が中核を成す。そこでのソース・ルールとしては、使用料の支払者の居住地国を源泉地とする債務者主義［基準］を採るものが多いが、源泉地に関して特に言及しないため国内法どおりに源泉地が決まると解される条約も見られる。我が国が当事国である租税条約等における取扱いをまとめると**図表９−２**のようになる。

　租税条約上の取扱いに関し、以下の点に留意すべきである。第一に、債務者主義において、使用料の支払者（条約当事国の居住者か否かを問わない）が一方の締約国内にPE又は固定的施設を有する場合において、その使用料の支払いの基因となった債務が当該PE又は固定的施設について生じ、かつ、その使用料が当該PE又は固定的施設によって負担されるものであるときは、当該PE又は固定的施設の所在する国が源泉地とされる傾向がある（2017年改定後の国連モデル[1]条約12条5項参照）。第二に、源泉地での条約上の減免の適用は、一般に独立企業間において合意したとみられる金額の範囲に限られる（OECDモ

図表9−2　租税条約上の使用料課税の類型

		ソース・ルール		
		債務者主義	使用地主義	言及なし（国内法維持）
課税権配分方式	源泉地国免税	● 文化的使用料につき、対旧ソ連邦、旧チェッコスロバキア、ハンガリー、ポーランド条約	● なし	● 対米、英、蘭、スイス、スウェーデン、仏、独、ラトビア、オーストリア条約 ● 対スリランカ条約（著作権又は映画フィルムの使用料） ● OECD モデル条約、米国財務省モデル条約
	源泉地国課税	● 国連モデル条約 ● 日本の他の条約	● なし ● （旧日米条約）	● 対アイルランド、スリランカ条約

（出所）『平成30年版 租税条約関係法規集』（清文社・2018）等を参考に筆者作成。

デル条約12条4項、国連モデル条約12条6項参照）。第三に、源泉地での減免の適用は、他方の締約国の居住者が受益者である場合に限られる（OECD モデル条約12条1項、国連モデル条約12条2項参照）ことが多い。

　OECD モデル条約が採る源泉地免税の論拠又は利点としては、技術交流が促進される、研究開発投資が費用控除等を通じ使用料の受益者の居住地国における税収を減じてきたことに見合う、源泉地国では技術導入に伴う経済の活性化を通じ税収が自然増となる、等が挙げられる。他方で、債務者主義に基づく源泉地課税には、技術輸入国における税収の確保、簡素さ、予測可能性の向上等の利点がある一方で、源泉地の人偽的な操作可能性が高い、サブライセンス時に重複課税が発生しがちである、等の問題がある。一般に、サブライセンス時の重複課税は使用地主義なら解消される（**図表9−3参照**）。

　もっとも、使用地主義においては、逆に、再実施料の源泉地国が使用料についても課税権を主張する可能性があり、その場合の連続する課税は、カスケイディング（cascading）の問題として知られる。

1　United Nations Model Double Taxation Convention between Developed and Developing Countries (2017). 国連のウェブサイトから入手可能。

図表 9 - 3 　使用地主義の利点―債務者主義の下で生じうる課税の重複の排除

＊介在者のいないライセンスの場合と、介在者のいるライセンスの場合の源泉地国課税に
　関する中立性（債務者主義との比較）

(1)　介在者のいないライセンス…実質税率30％

源泉地国課税後正味所得70　　　　　　　　　　　源泉地国税率は30％と仮定

(2)　介在者のいるライセンス（債務者主義）…実質税率45％
　　　～使用料は再実施料の50％と仮定

同正味所得35　　　　同正味所得20

(3)　介在者のいるライセンス（使用地主義）…実質税率30％
　　　～使用料は再実施料の50％と仮定

同正味所得50　　　　同正味所得20

(出所)　一高龍司「知的所有権とソース・ルール」金子宏・中村雅秀編『テクノロジー革新と国際
　　　税制』（清文社・2001）69頁

9 - 3 　特許法と使用地

9 - 3 - 1 　特許権の実施

　特許法上、特許の対象となりうる発明には、物の発明、方法の発明及び物を
生産する方法の発明の三種がある。このうち、物の発明に関しては、その物の
生産、使用、譲渡等、輸出若しくは輸入又は譲渡等の申出をする行為（輸出に
ついては平成18年改正で追加（同19年施行））が実施に該当し（特許 2 条 3 項 1
号）、他方、物を生産する方法の発明の場合は、当該方法の使用（同 2 号）に加

え、当該方法で生産した物の使用、譲渡等、輸出若しくは輸入又は譲渡等の申出をする行為が、実施に該当する（同3号）。ある発明に関し特許を請求するべく特許出願がなされると、発明は公開され（特許64条）、特許に値する新規性等を備えた発明であるかどうか（特許29条）が巷間に問われる。所定の審査を経て最終的に特許権が発生すると（特許66条）、特許権者は業として特許発明の実施をする権利を専有し（特許68条）、また、専用実施権を設定し、通常実施権を許諾することもできる（特許77条・78条）。特許権者には、権利侵害に対する差止請求権及び損害賠償請求権が認められ（特許100条・102条・民709条）、実施許諾の使用料には、特許権者にこれら排他権を行使させないという不作為請求権の対価としての性質がある。こうして、特許法上、発明に係る技術情報自体は公にされ、さらなる技術革新の基礎とされる一方で、発明者に排他権を与えることで発明意欲の維持が図られている。

　なお、出願公開段階（特許登録前）でも、公開される発明を業として実施する第三者に対し、一定の要件の下で出願人に補償金請求権が生じるが、その行使は特許権の設定登録後に初めてなしうる（特許65条1項・2項）。出願人を含む特許を受ける権利を有する者は、仮専用実施権又は仮通常実施権の許諾ができるようになった（特許34条の2・34条の3、平成20年改正）。

9-3-2　特許権の消尽

　生産から最終消費に至る過程において複数段階で特許の実施に該当する行為がなされる可能性があるところ、逐一特許権者に権利主張を認めると、自由な流通への阻害効果が過大となる。最判平成9年7月1日（民集51巻6号2299頁）は、「特許権者又は実施権者が我が国の国内において特許製品を譲渡した場合には、当該特許製品については特許権はその目的を達成したものとして消尽し、もはや特許権の効力は、当該特許製品を使用し、譲渡し又は貸し渡す行為等には及ばないものというべきである」と判示し、国内取引に関しては、特許権の消尽を正面から肯定している。

　この平成9年最判は、他方で、いわゆる並行輸入品に対する特許権者の権利主張の可否に関連し、「我が国の特許権者又はこれと同視し得る者が国外において特許製品を譲渡した場合においては、特許権者は、譲受人に対しては、当該製品について販売先ないし使用地域から我が国を除外する旨を譲受人との間で合意した場合を除き、譲受人から当該製品を譲り受けた第三者及びその後の転得者に対しては、譲受人との間で右の合意をした上特許製品にこれを明確に表示した場合を除いて、当該製品について我が国において特許権を行使することは許されないものと解するのが相当であ［り、］…子会社又は関連会社等で特許権者と同視し得る者により国外において特許製品が譲渡された場合も、特許権者自身が特許製品を譲渡した場合と同様に解すべき」であると判示し、そのような合意と表示を欠く当該事案において、並行輸入を特許権に基づいて阻止することはできない旨判示している。もっとも、この判示は特許権の国際消尽を正面から肯定したものではない[2]。

2　商標権に係る並行輸入についての最判平成15年2月27日（民集57巻2号125頁）は以下の如く判示している。「商標権者以外の者が、我が国における商標権の指定商品と同一の商品につき、その登録商標と同一の商標を付したものを輸入する行為は、許諾を受けない限り、商標権を侵害する（商標法2条3項、25条）。しかし、そのような商品の輸入であっても、(1)当該商標が外国における商標権者又は当該商標権者から使用許諾を受けた者により適法に付されたものであり、(2)当該外国における商標権者と我が国の商標権者とが同一人であるか又は法律的若しくは経済的に同一人と同視し得るような関係があることにより、当該商標が我が国の登録商標と同一の出所を表示するものであって、(3)我が国の商標権者が直接的に又は間接的に当該商品の品質管理を行い得る立場にあることから、当該商品と我が国の商標権者が登録商標を付した商品とが当該登録商標の保証する品質において実質的に差異がないと評価される場合には、いわゆる真正商品の並行輸入として、商標権侵害としての実質的違法性を欠くものと解するのが相当である。けだし、商標法は、「商標を保護することにより、商標の使用をする者の業務上の信用の維持を図り、もつて産業の発達に寄与し、あわせて需要者の利益を保護することを目的とする」ものであるところ（同法1条）、上記各要件を満たすいわゆる真正商品の並行輸入は、商標の機能である出所表示機能及び品質保証機能を害することがなく、商標の使用をする者の業務上の信用及び需要者の利益を損なわず、実質的に違法性がないということができるからである。」
　著作物については、権利者の許諾を得て国外で適法に譲渡された著作物の輸入は、権利侵害にならない（参照、著作113条1項1号）と解されている（著作権の国際消尽）。権利者の許諾を得て国外で適法に譲渡された著作物を輸入し、公衆に譲渡する行為に対しては、譲渡権は働かない。文化審議会著作権分科会「法制問題小委員会報告書（案）」（平成15年12月）　II、1．(2)参照。http://www.mext.go.jp/b_menu/shingi/bunka/gijiroku/013/03121003/001/003.htm（2020年2月11日確認）。

206

9-3-3　属地主義と使用地主義

　特許権は、属地主義の下で、これを保護する各国の法律に基づいて成立し、各国別に特許を取得しなければ特許権者はその国の保護を受けられない（最判平成14年9月26日（民集56巻7号1551頁）参照）。また、各国の特許権は独立であり、自国の特許権は、他国の特許権の影響を受けない（特許独立の原則）。使用地主義はその解釈適用上の困難が指摘されるものの、使用料の支払義務が、一般に、各国の特許法に基づき、その国で実施されることで生じる関係にあることを考慮すると、使用料を受ける権利は、当該国が提供する法的保護と行政サービスに基因すると言える。使用地主義は、このような法的サービスを供与する法域に源泉地としての資格を認めるものであって、利益説[3]的な観点からは理に適ったルールである。

　もっとも、グローバルに展開されるライセンス実務において、使用料を特定の法域の法的サービスと個別に結びつけることには困難を伴うことが多い。例えば、全世界の特許権を対象特許として、国内を含む複数の法域での実施を理由に一括で又は利用に応じて使用料が支払われると、多くの場合に源泉地の判定は困難となる。しかも、外国におけるソース・ルールが使用地主義によっているとも限らず、そこでの解釈も区々となりうるから、一部を国外源泉所得としても、当該部分が外国で国内源泉所得として課税を受けるとも限らず、結局は居住地国での排他的課税を受けるだけかもしれない。さらに、許諾される権利は特許権とも限らず、商標やノウハウなどと一体的に許諾されることも少なくない。

　外国法人又は非居住者に対し支払われる国内源泉の使用料は、原則としてPEの有無を問わず源泉徴収の対象となる（本書**第4章・第5章**参照）ところ、いわば他人の所得に関する徴税実務を担うことになる源泉徴収義務者が、源泉地の判定のために高度な情報収集と法解釈を行うことを立法者が要求している

3　国の課税権の理論上の根拠を当該国が国民に提供する法的保護に求める考え方を指す。

と解することも不合理であろう。このような考慮は、対価を支払う者が合理的な範囲と程度の考慮を経て判断可能な態様で、使用地主義に基づく源泉地の判断がなされるべきことを要求するであろう。

　以上の点を踏まえて使用地の判断をする際には、以下のような視点（網羅的でも限定的でもない）を持つことが求められよう（順不同）。1)合意に至る経緯と契約上の文言を踏まえ、当事者の客観的な意思として支払金は何の対価であるというべきか、2)複数の国における財産権の使用の対価であるときは、国内源泉所得と国外源泉所得とに区分可能であるか、3)区分可能性がなければ主要部分と付随的部分とに区分し、付随的部分を捨象しうるならば源泉地の判定が可能であるか、4)財産権の性格を考慮して重要な使用の段階を決め、それが国内か否かを判断することで源泉地の判断に繋げられるか、5)対価を支払い又は負担する主体(A)以外の主体(B)が（(A)とともに）財産権を使用するときは、当該対価の源泉地の判定に(B)による使用を反映しうるか、6)対価の支払を受ける権利の確定（金額の確定を含む）に結びつく使用段階は国内と国外のいずれの使用段階であるか、7)再実施料が使用料の源泉地を左右するのはどのような事実においてであるか、8)源泉徴収者の一般的な判断可能性の限界が、具体的な事案における源泉地の判断を規定するのか、9)そもそも知的財産法制が使用地の判断に影響を及ぼすのか、及ぼすとすればそれは事実認定と法解釈のいずれのレベルにおいてであるか。

9-4　日本の裁判例

9-4-1　東京地判昭和60年5月13日（判タ577号79頁）

　米国の特許権者Xから日本法人のライセンシーSに全世界での製法特許が実施許諾された。Sは製品を日本国内で製造し、別の子会社を通じ国内販売するとともに、輸出分については専ら日本の子会社S2に一旦販売して、S2を通じて海外に輸出していた。その販売先は、X、Xの関係会社及びその他の買主

である。販売台数のうち86％は特許登録国向けであり、14％は特許未登録国向
けであった。使用料は、販売先国にかかわらず、頭金が70万ドル、契約発効後
5年間は販売台数×50セント、5年経過後は総販売額×1％とされていた。X
及びXの関係会社向けの販売（**図表9-4**の(A)(B)）については、代金をSが受
領した時点で販売したと考えて使用料の支払義務が確定し、その他の買主向け
（**図表9-4**の(C)）のルートについては、Sの工場の出荷時に販売したと見て支
払義務が確定されていた。Sは当該使用料の支払に際し源泉徴収を行っていた
ところ、Xはこれが誤納であるとしてSから誤納金の返還請求権を譲り受け、
被告税務署長に対しその返還を請求したのが本件である（譲受債権請求事件）。
そこで、源泉徴収税の納付が適法か否か、特に当該使用料が国内源泉所得（旧
日米租税条約6条(3)）か否かが争点とされた。

　判旨は、本件契約上、特許未登録国への輸出分についても使用料の支払を要
したことから、輸出先国における販売段階での特許の使用の対価とする見方を
否定した。そして、特許法上の「実施」の内容を踏まえ、「特許として保護さ
れる権利の内容は、本来的には自然法則を利用した技術的思想の創設で高度の

図表9-4　東京地判昭和60年5月13日の事実関係

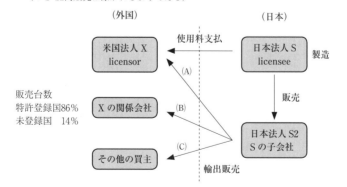

<u>使用料の内容</u>
1) 頭金70万ドル
2) 販売台数×50セント（契約発効後5年間）
3) 総販売額×1％（契約5年経過後）
（＊S-S2間販売は除かれるようである）

<u>契約上の販売時</u>
(A)(B)…代金S受領時
(C)　…S工場（又は委託者倉庫）出荷時
　　　　　　　（返品分は控除）

（外国）　　　　　　　　　　　　（日本）

使用料支払

米国法人X
licensor

日本法人S
licensee　製造

(A)

Xの関係会社

(B)

販売台数
特許登録国86％
未登録国　14％

販売

その他の買主

(C)

日本法人S2
Sの子会社

輸出販売

もの（特許法二条一項参照）であるから、…各使用段階のうちでも最も根源的なもので、かつ重要視されるものは、その技術方法を使用して新たな付加価値を創出する生産（製造）であると考えられ、製品の譲渡（販売）は、生産の後に生ずる第二次的な使用にすぎない」と判示した。本件では、「国内販売分も輸出分も区別せずに一律に販売されたコンプレッサー一台当たり又はコンプレッサーの総販売額を基準として支払うべきロイヤルティの額が定められ、しかも生産（製造）後流通におかれた最初の段階で支払義務の発生するものであることからすれば、本件契約におけるロイヤルティは、販売段階における特許の使用に着目して支払われるのではなく、特許の根源的使用である生産（製造）段階における使用に着目して支払われるものであって、ただ生産されても結局流通におかれなかったものについてまでロイヤルティの支払義務を課することをせず、生産後はじめて流通におかれた段階においてロイヤルティの支払義務を課したものと解される」とし、本件使用料の全額が、日本国内において本件特許権が使用されたことの対価として支払われたものだと結論づけた。

　本判決は、支払義務の確定時とその確定をもたらす事実を斟酌し、物を生産する方法の発明に関し製造地を重視するものであり、使用地（旧日米租税条約上のそれ）を特許法上の実施に引きつけて解釈している。もっとも、その理由付けに対しては、付加価値に貢献するのは製造行為に限定されない、根源的使用なる観念が分かりづらい等の批判が可能である。

9−4−2　最判平成16年6月24日（判タ1163号136頁）（シルバー精工事件）[4]

　米国法人Qが特許権者で、内国法人Xがプリンターを製造し、米国子会社を使って輸出販売していた。このような米国への輸入販売行為がQの米国特許を侵害するとして関税定率法に基づき米国国際貿易委員会にQが提訴したことが発端となり、QとXの間で和解契約が締結された。この契約に基づき、

4　以下の記述は、一高龍司「シルバー精工事件最高裁判決と使用地基準」租税研究659号（2004）136頁と重なるところがある。

過去の使用料の支払として19万ドル、将来の使用料の前払として57万ドルの合計76万ドルを2回に分けてXが支払ったところ、税務署長Yから源泉所得税の納税告知処分等を受けたため、その取消をXが請求した。問題の和解契約の内容と取引関係は以下の**図表9-5**に要約したとおりである。

図表9-5　シルバー精工事件の事実関係

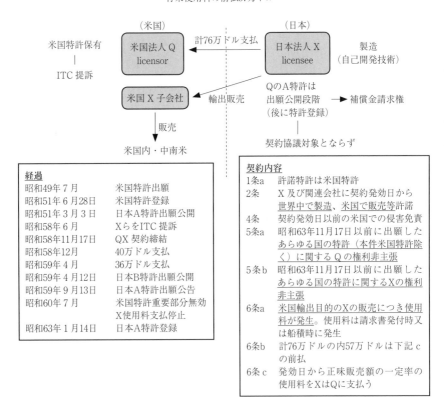

<u>内訳</u>
過去の使用料額19万ドル
将来使用料の前払57万ドル

（米国）　　　　　　　　　　　　　　　（日本）

米国特許保有　　　　　　　　米国法人Q　　計76万ドル支払　　日本法人X　　製造
　｜　　　　　　　　　　　　licensor　←　　　　　　　licensee　（自己開発技術）
ITC提訴

　　　　　　　　　　米国X子会社　　輸出販売　　　　QのA特許は
　　　　　　　　　　　　　　　　　　　　　　　　　　出願公開段階　→　補償金請求権
　　　　　　　　　　　｜販売　　　　　　　　　　　　（後に特許登録）

　　　　　　　　　　米国内・中南米　　　　　　　　　契約協議対象とならず

<u>経過</u>

昭和49年7月	米国特許出願
昭和51年6月28日	米国特許登録
昭和51年3月3日	日本A特許出願公開
昭和58年6月	XらをITC提訴
昭和58年11月17日	QX契約締結
昭和58年12月	40万ドル支払
昭和59年4月	36万ドル支払
昭和59年4月12日	日本B特許出願公開
昭和59年9月13日	日本A特許出願公告
昭和60年7月	米国特許重要部分無効 X使用料支払停止
昭和63年1月14日	日本A特許登録

<u>契約内容</u>

1条a	許諾特許は米国特許
2条	X及び関連会社に契約発効日から<u>世界中で製造、米国で販売等許諾</u>
4条	契約発効日以前の米国での侵害免責
5条a	昭和63年11月17日以前に出願した<u>あらゆる国の特許（本件米国特許除く）に関するQの権利非主張</u>
5条b	昭和63年11月17日以前に出願した<u>あらゆる国の特許に関するXの権利非主張</u>
6条a	<u>米国輸出目的のXの販売につき使用料が発生。</u>使用料は請求書発付時又は船積時に発生
6条b	計76万ドルの内57万ドルは下記cの前払
6条c	発効日から正味販売額の一定率の使用料をXはQに支払う

契約時及び各使用料支払時にQの特許は日本では出願公開段階だった。出願公開段階で業として実施する者に対しては補償金請求権が特許権者に認めら

れている（但し、その行使は、平成 6 年改正前特許法65条の 3 第 2 項の下で出願公告後に制限されていた）。和解契約上、米国特許に基づき、米国で販売等することに加え、世界中で製造すること（同契約 2 条）も許諾されていたが、後者の許諾は本来米国特許の問題ではない。また、契約の 5 条 a でも、Q が当該米国特許を除くあらゆる国での特許に対して権利を主張しない旨定めており、対称的に同様の X の権利非主張を定める 5 条 b はあるものの、76万ドルが 5 条 a の対価に含まれる可能性も残る。

　第一審東京地判平成 4 年10月27日（行集43巻10号1336頁）は、当事者の合理的意思を探求し、使用料をすべて米国の特許権の対価と見た。

　控訴審東京高判平成10年12月15日（訟月45巻 8 号1553頁）は、使用料の一部は日本等の製造（出願権または技術）の対価、残りは米国の販売の対価だとしながらも、対価の区分が明確でない場合に、租税条約及び国内法は源泉地を裁量的に按分するという考えを基本的に採用していないと解した。そして、主に次の 5 つの理由を挙げ、米国における販売等の許諾の面が直接的、具体的、明示的であるのに対し、日本等における製造の許諾の面は間接的、抽象的であるから、使用料の主要部分が米国における販売に関するものであり、その全額を米国源泉所得であると判断した。1) 米国内市場における両者のシェアの確保が契約の発端である、2) 契約上の許諾特許は米国特許である、3) 使用料の計算上米国向け販売量が基礎となっている、4) 契約交渉時に米国向け販売数量の制限が争点となった、5) 米国向け輸出数量の報告義務が存する。なお、米国特許権を実施する米国子会社ではなく、X が使用料を負担していた点については、両者が親子会社として経済的に一体をなしていることによるものであり、使用料が製造の対価であるとの主張を正当化する根拠とはならない旨判示された。

　上告審の判旨（多数意見）は以下の如くである。「本件各金員のうち57万米ドルは、本件契約の発効日を開始日として、X 及びその関連会社が本件米国特許権に基づき本件装置を直接又は間接に米国内で販売等をする非独占の限定的な実施権の許諾を受ける条件となるロイヤルティの前払金として支払われたも

のであり、米国内で販売等がされる本件装置に係る本件米国特許権の実施料として支払われたものと解される。また、本件各金員のうち19万米ドルは、本件契約の発効日以前に米国内で販売等がされた本件装置に係る本件米国特許権の実施料として支払われたものと解される。」「本件契約中には、…X及びその関連会社が本件米国特許権に基づき本件装置を世界中で製造し又は製造させることを許諾する旨の文言（2条）や、本件各金員は、…本件米国特許権に関するXとQとの間の未解決の紛争の解決に対する対価である旨の文言（6条(a)項）があるが、これらは、上記の本件契約の本体を成す合意に付随するものであるにとどまり、本件各金員が本件米国特許権の米国内における実施料として支払われたものであるという上記判断を左右するものではない。また、[和解契約の上記5条(a)と5条(b)は]、相互に無償で権利主張をしない旨の合意をしたものと解されるものであるから、上記判断を左右するものではない。なお、Xは、自らは本件装置を米国内に輸入して米国内で販売等をしておらず、本件米国特許権の侵害を問われる立場にはない者であるが、…米国子会社が米国内において本件装置の販売等を行うことができなければ経済的打撃を受けるという関係にあり、米国子会社の米国内における上記事業を可能にするためにX自ら本件契約を締結したものということができるから、これをもって特に異とすべきものとはいえない。」「以上のとおり、本件各金員は、米国内における本件装置の販売等に係る本件米国特許権の使用料に当たるものであり、Xの日本国内における業務に関して支払われたものということはできない[から]、所得税法161条7号イ所定の国内源泉所得に当たる使用料ではないというべきである…。」

　なお、甲斐中裁判官（裁判長）及び島田裁判官は、米国特許を侵害する立場にあるのは米国子会社であること、和解契約で解決される紛争は米国外（日本を含む）で製造された装置の米国内への販売を広く含む（米国特許権の内容を成す発明・技術の使用に係る紛争全般を含む）こと、使用料が、Xが日本で製造し、米国内で販売等されるべく日本で販売した製品の数量及びその金額を基礎としていること等を挙げて、57万ドルと19万ドルのいずれも日本でのXの

製造と販売の業務に係るものであるから国内源泉所得（所税161条7号イ）に該当する旨の反対意見を述べている。

　かかる反対意見は、使用される財産権の所在地よりも、むしろ当該国内法上のソース・ルールの文理により密着して、使用料の基因となる業務の遂行地を重視する解釈であると解される。但し、そうであれば、旧日米条約と国内法のソース・ルール（両者の文言は同じではない）が同一か否かの検討をより慎重にすべきであり、前述の昭和60年東京地判が条約上のソース・ルールを適用していることからも分かるとおり、かかる基本的な認識において必ずしも完全な見解の一致があるわけではなかったことにも留意するべきである。

9-4-3　国税不服審判所裁決例

　国税不服審判所への審査請求に係る事案であるが、以下の裁決例も参考にされたい。国税不服審判所平成5年6月30日裁決（裁決集45集241頁）、国税不服審判所平成6年6月21日裁決（裁決集47集360頁）、国税不服審判所平成13年3月30日裁決（裁決集61集293頁）、国税不服審判所平成14年7月5日裁決（TAINS（F0-2-111））、国税不服審判所平成22年5月13日裁決（裁決集79集289頁）。

9-5　コンピュータ・プログラムの国際的移転と所得区分

9-5-1　著作権法上の定めと使用料

　7号所得となる使用料の基因となる知的財産権には著作（隣接）権も含まれる（所税161条11号ロ）。通達は、著作権使用料は著作物の利用又は出版権の設定につき支払を受ける対価の一切を指すと解し、また、人的役務の対価等との区別につき若干の指針を示している（所基通161-22・同161-25・法基通20-2-11）。

　著作権法上、著作物とは「思想又は感情を創作的に表現したものであって、文学、学術、美術又は音楽の範囲に属するもの」（著作2条1項1号）である。

プログラム（著作2条1項10の2号）の著作物も含まれる（著作10条1項9号）。我が国で保護される著作物は、日本国民（日本の法令に基づいて設立された法人及び国内に主たる事務所を有する法人を含む）の著作物、最初に国内で発行された著作物（最初の国外発行日から30日以内に国内発行されたものを含む）、及び条約上日本で保護される著作物である（著作6条）。

　著作権は、著作物の利用（著作21条乃至28条）に関し著作者が享有する権利であり、具体的には、当該著作物に関する複製権、上演権及び演奏権、上映権、公衆送信権等、口述権、展示権（美術又は写真）、頒布権（映画のみ）、譲渡権（映画以外）、貸与権（映画以外）、翻訳・翻案・映画化権等、二次的著作物の利用に関しその著作者が有するのと同一の権利（現著作物の著作者に関して）、が含まれる。但し、譲渡権については、国内又は国外で適法に譲渡された著作物については適用されない（著作26条の2各号参照）。

　なお、国外開催のスポーツイベントを日本国内でテレビ放映する権利の取得に際し、内国法人が当該イベントの主催者たる米国法人（複数）に対し支払う許諾料は、国内源泉所得（使用料）として源泉徴収の対象となる旨判示されている（東京高判平成9年9月25日（行集48巻9号661頁）。最判平成15年2月27日（税資253号順号9294）で上告棄却）。

9－5－2　コンピュータ・プログラムの移転に係る所得区分[5]

　コンピュータ・プログラムを含むデジタル製品の販売、貸付等に際し支払われる対価の所得区分、特に、それが租税条約上の事業所得か使用料かが問題となる。事業所得なら源泉地ではPEがなければ課税なしとなり、使用料なら条約上の免税がなければ源泉地国でも課税を受ける。国内法令上この問題に関する具体的、明示的ルールが殆どない中で、国税不服審判所の審査裁決は幾つか出てきている[6]。

5　ここでの記述は、村井正編著『教材国際租税法　新版』（慈学社出版・2006）154-158頁（一高龍司執筆）と重なるところがある。

　米国が、コンピュータ・プログラムの所得区分に係る詳細かつ具体的な財務省規則（Treas. Reg.§1.861-18）の公表を通じこの点の議論をリードし、OECDは、同モデル条約12条（使用料条項）のコメンタリの2003年改定を経て[7]、米国の準則を概ね踏襲している。従って、我が国が当事国である租税条約の所得区分の問題を検討する際にも、米国財務省規則の考え方は参考になりうる。

　米国財務省規則は、コンピュータ・プログラム取引を、1) 著作権の移転取引（著作権の譲渡又は使用許諾）と、2) 著作物（の複製物）の移転取引（資産の販売又は貸与）に大きく区分する[8]。ここでの区分の仕方と適用されるソースルールをフローチャート化したものが**図表9-6**である。

図表9-6　米財務省規則におけるコンピュータ・プログラム取引に係る所得区分

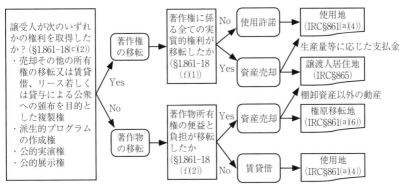

（出所）村井正編著『教材国際租税法』（信山社・2001）106頁（一高執筆）

6　国税不服審判所平成9年8月25日裁決（LEX/DB26011831）、同平成12年3月23日裁決（LEX/DB26011832）、同平成15年11月19日裁決（裁決集66集200頁）、同平成16年3月31日裁決（TAINS（F0-2-167））。また、ゲームソフトの開発委託費が著作権の譲渡又は許諾の対価とされた事案であるが、同平成21年12月11日裁決（裁決集78集208頁）もある。

7　この改定の基礎になったのが、The Technical Advisory Group on Treaty Characterisation of Electronic Commerce Payments, Tax Treaty Characterisation Issues Arising From E-Commerce, Report to Working Party No.1 of the OECD Committee on Fiscal Affairs, 2001であり、そこでは、「産業上、商業上若しくは学術上の設備」の使用料（63年OECD条約草案及び77年OECDモデル条約）該当性の考察や取引類型毎の具体的分析が展開されている。

8　さらに、開発等の技術の提供に関しては、それが役務提供かノウハウの提供かが問題となる。

　米国財務省規則の基本的なスタンスとしては、1) 頒布を欠く複製権の許諾のみでは使用料とされない（Treas.Reg.§1.861-18(c)(2)(i)）、2) 契約上の名目も著作権法上の分類も決定因とはならない（Treas.Reg.§1.861-18(g)(1)）、3) 移転手段の相違は所得区分に影響しない（Treas.Reg.§1.861-18(g)(2)）、4) 対価の支払が複数の要素に対し一括してなされるときは分解が必要だが、重要でない要素は捨象される（Treas.Reg.§1.861-18(b)(2)）、等の点が指摘できる。1) に関し、複製と頒布が共に許諾されて初めて著作権の移転に該当しうるという要件が鍵であり、3) と合わせ読めば、例えば、コンピュータ・プログラムをダウンロードで取得し、社内の50台の端末で複製して使用する（いわゆるサイトライセンス）対価を支払う場合でも、当該対価は使用料とはなりえない（Treas.Reg.§1.861-18(h) Ex.10）。

　米国財務省規則が扱う最も限界的と思われる二例が、本章冒頭で述べた事例(B)の(1)と(2)のケースである。(1)の対価は複製と頒布の双方の許諾の対価とされ、使用料となる（Treas.Reg.§1.861-18(h) Ex.8）が、(2)の対価は、著作物の販売、つまり事業所得上の対価の支払として扱われる（Treas.Reg.§1.861-18(h) Ex.9）。おそらくその理由は、確かに(2)でも N は複製して頒布しているように見えるが、当該 OS の移転に関する限り、N の果たす機能の実態は、当該 OS の取得と移転であり、製造パソコンへのインストール（複製）は、パソコンを購入する顧客に対する付随的なサービスだと考えられる、というものであろう。

　OECD モデル条約12条2項のコメンタリでは、ライセンスがなければ著作権侵害を構成する方法でプログラムを使用する権利を許諾する対価（例、複製しかつ公衆へ頒布する対価又は翻案しかつ公衆へ展示する対価）は使用料となる（パラ13.1）。利用者によるプログラムの実効的操作を可能とする範囲での複製は無視される（パラ14）。移転手段は影響を及ぼさない（パラ14.1）。混合的な契約においては、対価を合理的に配賦するのが適切であるが、他方で付随的な要素を無視し、主要な部分の所得区分を対価の全額に当てはめるべきとする（パラ17）。本質的に何の対価であるかが重要であり、デジタル信号の取得のために対価を支払う場合に、データがハードディスクに複製されるとしても、

それは蓄積の手段に過ぎず、対価の本質的な部分ではないから、所得区分上は重要ではない（パラ17.3）。

〈参考文献〉

　本文・脚注で触れたもののほか、使用地主義を論じるものとして、例えば以下を参照。

石黒一憲『国際知的財産権—サイバースペース vs. リアルワールド—』（NTT 出版・1998）235頁以下

川端康之「特許使用料の源泉地」民商法雑誌132巻 1 号（2005）71頁

木棚照一「日米租税条約における使用地主義の意義—二つの東京地裁判決を素材として—」CIPIC 会報19巻（1993） 1 頁

木村弘之亮『国際税法』（成文堂・2000）207頁以下及び288頁以下

木村昌代「国内源泉所得のあり方について—知的財産権等の使用料に係る源泉徴収の問題を中心として」税務大学校論叢63号（2009）357頁

清永敬次「内国法人が外国法人に支払ったロイヤリティと国内源泉所得としての課税」特許管理37巻 6 号（1987）711頁

小松芳明「外国法人に対する使用料と源泉地」租税判例百選（第 3 版）（1992）96頁

中里実『国際取引と課税—課税権の配分と国際的租税回避—』（有斐閣・1994）110頁以下

同「特許権使用料の所得源泉地—シルバー精工事件控訴審判決について—」税経通信54巻 4 号（1999）28頁

野一色勲「国際課税における知的財産権の使用地主義—知的財産権の“使用”とは—」阪南論集（社会科学編）33巻 4 号（1998）243頁

水野忠恒「特許紛争の和解金として米国法人に支払った金員が国内源泉所得である使用料にはあたらないとされた事例」ジュリスト1058号（1994）124頁

同「知的財産権にかかる課税問題」国際経済法 4 号（1995）98頁

村井正「技術移転と国際課税」租税研究532号（1994）59頁

同「知的財産権とソース・ルール—シルバー精工事件」税研18巻 3 号（2002）121頁

目時公英「ロイヤリティの課税上の問題点—その所得源泉地を中心として—」税大研究資料（1986）188号

　同様に、コンピュータプログラムの移転に係る所得区分に関しては、例えば以下を参照。

岩崎政明「デジタル・プロダクツのインターネット取引と源泉所得税」税務事例研究62号（2001）25頁

金子宏・中村雅秀編『テクノロジー革新と国際税制』（清文社・2001）128頁以下

川田剛「判例、裁決例からみた国際課税の動向 VIII 〜パッケージ・ソフトと源泉徴収」国際税務20巻 6 号（2000）46頁

川端康之「電子商取引をめぐる国際課税のあり方についての問題提起」総合税制研究8号（2000）60頁

冨永賢一「Q&A 非居住者等所得をめぐる源泉所得税6、7」国際税務20巻9号（2000）54頁、20巻10号（2000）72頁

中里実『国際取引と課税―課税権の配分と国際的租税回避―』（有斐閣・1994）第Ⅱ編第2章

仲谷栄一郎ほか『（第3版）外国企業との取引と税務』（商事法務・2000）第7章

藤枝純「コンピュータ・ソフトウェアの対価の支払いと源泉徴収に関する一考察」国際税務15巻3号（1995）31頁

細川健「コンピュータ・ソフトウェアの国際課税（1-7）」税務弘報52巻10号49頁、12号71頁、15号71頁（以上、2004）、同53巻1号105頁、3号118頁、4号118頁、5号149頁（以上、2005）

増井弘一「ロイヤリティ課税を巡る諸問題―コンピュータ・プログラムに係る対価を中心として」税務大学校論叢27号（1996）347頁

宮武敏夫「非居住者と外国法人の使用料所得（第7号所得）の税務（第2回）（最終回）」国際税務12巻10号（1992）43頁、13巻2号（1993）20頁

矢内一好『租税条約の論点』（中央経済社・1997）第8章

同「電子商取引の租税条約における所得分類」情報科学研究10号（2001）19頁

山下貴「パッケージ・ソフトに関する取引のうち、ソフトウェア製品の売買・再販売型の取引は、原則として源泉徴収の対象にならないとされた事例」税経通信59巻10号（2004）119頁

同「著作権使用料に関する新裁決例の検討」国際税務24巻9号（2004）15頁

山本隆司・山田雄介「クラウド環境における著作権使用料に対する源泉所得税（上）（下）」NBL1027号45頁、1028号73頁（2014）

第10章　国内源泉所得⑸ —不動産等の貸付け・譲渡収益

　ここでは、不動産等に関する投資性所得、特に、不動産等の貸付け又は譲渡による所得を中心に見ていくことにする。

事例

　米国の居住者であるＡは、①大阪府内の土地付建物（甲）、及び②不動産関連法人であるＢの株式（所有割合３％、上場株式ではない）を所有している。Ａはこれら以外に日本国内に財産を有さず、事業上の関連者もいない。(1)から(3)の課税関係について述べよ。

　(1)Ａは、物件甲を日本の居住者であるＣ（Ａの親族ではない）に居住用として月額15万円で貸し付けていた。

　(2)Ａは、2016年に物件甲を3,000万円でＣに売却し、Ｃはそのまま居住用として利用している。

　(3)Ａは、Ｂ株式から利益の分配を受けていたが、2017年にＢ株式を第三者に売却した。

10－1　不動産等の貸付け

10－1－1　国内法上の取扱い

　①国内にある不動産、不動産の上に存する権利の貸付け、②国内にある採石権の貸付け、租鉱権の設定、③居住者若しくは内国法人に対する船舶若しくは航空機の貸付けによる対価は、国内源泉所得に該当し（所税161条１項７号）、源泉徴収の上、申告納付を要する（所税164条、212条１項）。①と②は所在地国基準、③は使用者基準により国内源泉所得該当性を判断している。

　「船舶若しくは航空機の貸付けによる対価」とは、船体又は機体の賃貸借であるいわゆる裸用船（機）契約に基づく対価をいい、非居住者等から当該船舶

又は航空機の貸付けを受けた居住者等が当該船舶又は航空機を専ら国外におい
て事業の用に供する場合であっても国内源泉所得に該当する（使用者基準）。
一方、恒久的施設を有する非居住者が乗組員とともに船体又は機体を利用させ
るいわゆる定期用船（機）契約又は航海用船（機）契約に基づき支払を受ける
対価は、運送の事業に係る所得（所税161条3項）として恒久的施設帰属所得（同
条1項1号）に該当する（所基通161-26）。また、船舶又は航空機の貸付けに伴
い非居住者等が当該船舶又は航空機の運航又は整備に必要な技術指導をするた
めの役務の提供に係る対価の額は、契約書等において当該貸付けに係る対価の
額と明確に区分されている場合を除き、課税実務上、その対価の額の全部が船
舶又は航空機の貸付けによる対価の額に該当するものとされている（所基通
161-27）。

　買取選択権及び買取義務の特約がある船舶に係る契約が、裸用船契約（船舶
賃貸借契約）又は実質的な所有権留保付割賦売買契約のいずれであるか、すな
わち内国法人がパナマ法人に支払った用船料が裸用船契約に基づくものである
として、「船舶の貸付けによる対価」に該当するのかが争われた事件がある（東
京高判平25・1・24（税資263号順号12135））[1]。高裁は、本件各契約書には用船期
間の定めや用船期間終了後の返船に関する定めが記載されており、特約条項に
よっても各船舶の所有権が各契約期間満了後に当然に内国法人に移転するわけ
ではないから、本件各契約は実質的にみても裸用船契約であり、パナマ法人に
対して支払った用船料は、「船舶の貸付けによる対価」に該当すると判断した。

10-1-2　租税条約上の取扱い

　日本が締結する租税条約では、OECDモデル租税条約と同様に、一方の締
約国の居住者が他方の締約国内に存在する不動産から取得する所得に対しては、
当該他方の締約国、すなわち、不動産所在地国に第一次課税権を認めている
（OECDモデル租税条約6条1、日米租税条約6条1など）。不動産とその所在地

1　東京地判平24・7・18（税資262号順号12002）につき、宮本十至子「租税判例速報・買取特約付
　きの裸用船契約の認定と税法上のリース取引該当性」ジュリスト1455号（2013）8-9頁。

国との経済的結びつきが強いことに着目した取扱いである。

　この規定は、不動産の直接使用、賃貸その他のすべての形式による使用から生ずる所得のみが対象とされ（OECD モデル租税条約6条3、日米租税条約6条3）、不動産の処分による所得は譲渡収益、不動産を担保とする債権の利子は利子条項[2]の適用となる。Real Estate Investment Trust（REIT）による利益の分配については、**第8章8-3-2-3**を参照のこと[3]。フィンランドとの租税条約では、不動産の所有を目的としかつ不動産を主たる資産とする法人の株式から生じる所得（配当条項が適用される場合を除く）も含まれる（6条3）。また、フランスとの租税条約では、フランスにおける取引実態を踏まえ、不動産の利用権を株主その他の構成員に付与することを目的とする法人の株式その他の持分を所有する者が自己の権利の賃貸その他のすべての形式による使用により取得する所得も含めている（6条5）。

　「不動産」とは、その財産が存在する締約国の法令における不動産の意義を有するものとし、これに附属する財産、農業又は林業に用いられる家畜類及び設備、不動産に関する一般法の規定の適用がある権利、不動産用益権並びに鉱石、水その他の天然資源の採取又は採取の権利の対価として料金（変動制であるか固定制であるかを問わない。）を受領する権利を含む（OECD モデル租税条約6条2項、日米租税条約6条2項など）。しかし、船舶及び航空機は、不動産とはみなさないと明定されており、国内法が不動産の貸付けと航空機又は船舶の貸付けを同一区分で扱っているのとは異なる。船舶又は航空機については、完全に装備され、乗組員が乗り込み、その他必要なものが備えられた用船契約に基づく船舶又は航空機の貸付けから取得する利得は、国際運輸業所得に含まれるが、裸用船契約に基づく船舶又は航空機の貸付けから取得する利得は、その貸付けが国際運輸業を営む企業の付随的活動である場合を除き、事業利得条項が適用される[4]。ただし、韓国（12条3）やデンマーク（12条3）などとの租税条約では、裸用船契約に基づいて受領する料金は「使用料」に含まれている。

2　OECD コメンタリー6条パラ2。

3　OECD コメンタリー6条パラ3。

222

10－2　譲渡収益

10－2－1　国内法上の取扱い

10－2－1－1　不動産等の譲渡

　国内にある不動産、不動産の上に存する権利等の譲渡による所得は、「国内にある資産の譲渡による所得」として国内源泉所得に該当し（所税161条1項3号、所税令281条1項1号・2号、法税138条1項3号、法税令178条1項1号・2号）、非居住者等である譲渡者の恒久的施設の有無にかかわらず、源泉徴収なしの申告納付となる。ただし、国内にある土地若しくは土地の上に存する権利又は建物及びその附属設備若しくは構築物（以下「土地等」という。）の譲渡による所得は、譲渡対価の10%相当額の源泉徴収を要する（所税161条1項5号、212条1項、213条1項2号）。この規定の対象となる「土地等」には、鉱業権（租鉱権及び採石権その他土石を採掘し又は採取する権利を含む。）、温泉を利用する権利、借家権及び土石（砂）などは含まれない（所基通161-16）。この源泉徴収義務は、比較的少額な土地等を譲り受けた個人にまで源泉徴収義務を課すことは適当でないとの考慮から[5]、土地等の譲渡対価が1億円以下で、譲受者である個人がその土地等を自己又はその親族の居住用に供する場合は除かれている（所税令281条の3）。

　不動産等の譲渡による所得は、「国内にある資産の譲渡による所得」に該当し、申告納付のみであったが、平成2年度税制改正により、別途源泉徴収制度が創設された。この改正の背景には、国内の土地等を譲渡した非居住者等が申告期限前に譲渡代金を国外送金し、無申告のまま出国する事例が増加する一方で、実務上、申告期限前に保全措置を講ずる手段がなく、申告期限後の決定処

4　OECDコメンタリー8条パラ5。
5　大蔵財務協会『改正税法のすべて　第118回国会（平成2年2月27日～平成2年6月26日）において成立した改正税法の解説』154頁、大高洋一「国際課税関係の改正について」税経通信45巻8号（1990）117頁。

分では、徴収が困難であるという当時の状況があった[6]。このような税負担の公平を欠く状況に対して、適正な課税を確保し、少なくとも一定の課税権を行使できるよう、源泉徴収制度が創設されたのである。源泉徴収税率10％は、個人の土地等の長期譲渡所得については20％の税率による申告分離課税が行われていたことに鑑み、グロスの収入を課税標準とする源泉徴収ではその半分程度が相当であるとの考慮による[7]。米国においても1985年以降、非居住者等が米国内の不動産（real property interest）を譲渡した場合には、源泉徴収が行われている（I.R.C.§1445）。

10−2−1−2　不動産関連株式の譲渡

平成17年度税制改正により、国内に恒久的施設を有しない非居住者等が不動産関連法人の発行する株式（投資法人の投資口を含む。）を譲渡したことによる所得で一定のものについては、国内源泉所得として課税の対象に含まれることとなった。不動産関連法人とは、国内にある土地等及び他の不動産関連を有する法人で、それらの価額の合計額が当該法人の有する資産価額総額の50％以上であるものをいう（所税令281条8項、法税令178条8項）。

改正前は、国内に恒久的施設を有しない非居住者等については、不動産関連法人の株式も含めてその有する内国法人の株式の譲渡により生じた所得は課税の対象ではなかった。この改正は、国内に恒久的施設を有しない非居住者等による国内不動産への投資が、直接投資だけでなく不動産関連法人を介した間接投資でも行われるようになるにつれ、不動産の譲渡による所得は課税、株式の譲渡による所得は課税されないという課税関係の相違を利用して税負担を回避するケースが出てきたことから、このような状況を是正するために創設されたものである[8]。現在では、非居住者等の恒久的施設の有無にかかわらず、不動産関連法人の株式の譲渡による所得は、源泉徴収なしの申告納付となっている

6　大蔵財務協会・前掲注5、154頁、木村嘉秀「国際課税関係の平成2年度税制改正点」国際税務10巻6号（1990）18頁、大高・前掲注5、115頁。
7　大蔵財務協会・前掲注5、154頁、木村・前掲注6、19頁、大高・前掲注5、117-118頁。
8　大蔵財務協会『平成17年版改正税法のすべて』289頁。

（所税161条1項3号、所税令281条1項5号、法税138条1項5号、法税令178条1項5号）。

10-2-1-3　事業譲渡類似株式の譲渡

　内国法人の特殊関係株主等である非居住者等が行うその内国法人の株式等の譲渡（事業譲渡類似株式の譲渡）による所得は、不動産関連法人の株式の譲渡と同様に、非居住者等の恒久的施設の有無にかかわらず、源泉徴収なしの申告納付を要する（所税161条1項3号、所税令281条1項4号ロ、法税138条1項3号、法税令178条1項5号）。

　この取扱いは、所得税法上、株式等の有価証券の譲渡所得が一般に非課税とされていたときに、事業又は事業に属する主要な資産を譲渡する代わりに、株式を譲渡することにより、この非課税規定の適用を受け、課税を免れるということを防止しようとしたものである[9]。

10-2-2　租税条約上の取扱い

10-2-2-1　不動産の譲渡

　日本が締結した租税条約では、OECDモデル租税条約と同様に、一方の締約国の居住者が他方の締約国内に存在する不動産の譲渡によって取得する収益について、不動産所在地国である他方の締約国による課税を認めている（OECDモデル租税条約13条1、日米租税条約13条1など）。一方、譲渡者が第三国に存在する不動産の譲渡によって取得する収益は、譲渡者の居住地国でのみ課税される[10]。OECDモデル租税条約では、この規定にいう「不動産」は不動産所得条項で規定されたものとしている。

10-2-2-2　不動産化体株式等の譲渡

　OECDモデル租税条約では、一方の締約国の居住者が不動産化体株式等の譲渡によって取得する収益についても、不動産所在国である他方の締約国によ

9　小松芳明『租税条約の研究（新版）』（有斐閣・1982）90-91頁。

10　OECDコメンタリー13条パラ22。

る課税を認めている（13条4項）。この場合の不動産化体株式等は、その株式等の価値の50％超が他方の締約国に存在する不動産により直接又は間接に構成されるものに限られる。

　この規定は、2003年のOECDモデル租税条約改正により追加されたものであり、不動産の譲渡収益の規定（13条1項）を補完している。不動産をそのまま譲渡すると不動産所在地国で課税されるが、13条で特に言及がない株式の譲渡はその他の財産の譲渡から生じる収益として譲渡者の居住地国での排他的課税となる。そのため、例えば、不動産を現物出資した上でその株式を譲渡することによって、その譲渡者の居住地国のみでの課税となり不動産所在地国での課税を免れることができる。それを防止するために設けられたのが、この規定である。

　2017年OECDモデル租税条約改訂前は、株式の譲渡の場合のみを対象としていたが、改訂後は、株式だけでなく「同等の持分（comparable interests）」の譲渡の場合も追加された。また、不動産割合の判定は、譲渡時ではなく、譲渡前365日間で判定することになっている。この365日要件は、株式又はそれに類する持分の売却直前に不動産以外の資産を組み入れて不動産割合を希薄化することを防止するためのものである[11]。

　REIT（Real Estate Investment Trust）の持分に関する取扱いは、2008年にコメンタリーに追加された（これに関連して配当条項（**第8章8-3-2-3**）も参照のこと）。そこでは、REITの大口投資家の持分は不動産の直接投資の代替とみなしうるため、その譲渡には4項（不動産化体株式等の譲渡）を適用すべきであるが、REITの小口投資家の持分譲渡はその適用除外にできるとする。その理由として、REITの小口投資家の持分は、不動産の間接保有というよりも証券とみなすほうが適切であること、REITの小口持分が広く保有されている場合にその収益に係る源泉課税を管理することは実務上困難であること、さらに、REITは他の事業体と異なりその収益のほとんどを分配するため譲渡収

11　OECDコメンタリー13条パラ28.5。

226

益課税が適用される残余利益が多くないことがあげられている[12]。

　1972年発効の日米租税条約では、不動産の譲渡収益はその所在地国で課税され、株式の譲渡収益は譲渡者の居住地国でのみ課税されることとなっていた（16条柱書）。米国は、1980年の FIRPTA（Foreign Investment in Real Property Tax Act）により、国内法を改正し、実質的な条約改正を行った。すなわち、非居住者等が、米国内の不動産を保有する一定の法人の株式を譲渡したことによる収益は、米国内での取引又は事業に実質的に関連するものとみなして、米国で課税することとした（I.R.C.§894）。米国は、租税条約と国内法の関係において後法優先をとるため、この国内法改正は treaty override の問題を引き起こすことになった。この問題を条約上で解決したものが、2004年の日米租税条約13条2項の規定である[13]。

　日米租税条約と OECD モデル租税条約は、この点に関し、同様の規定を有することとなったが（各条約13条1、2項）、OECD モデル租税条約では、不動産は、immovable property であるのに対し、日米租税条約では real property と規定するなど、FIRPTA の規定に類似する文言を使用している。さらに、日米租税条約議定書9で、REIT が米国内に存在する不動産の譲渡による収益を分配する場合には、不動産の譲渡収益の規定（13条1）に従って課税されることとしていた。

　2013年日米租税条約改定議定書（未発効）では、13条2でいう「不動産」の範囲に不動産化体株式等を含めて規定されることになり（5条）、議定書9は削除されている（14条2）。すなわち、不動産所在地国が日本の場合は、その資産の価値が主として日本国内に所在する不動産により直接又は間接に構成される法人、組合又は信託の株式又は持分、そして、米国の場合は、合衆国不動産持分（United States real property interest）が「不動産」の範囲に含まれる（13条2）。さらに、改正前は、資産価値の50%以上が不動産で構成されることを要していたが、改正後は、日本の場合には資産構成を割合で明示せず、

12　OECD コメンタリー13条パラ28.10及び28.11。
13　矢内一好「日米租税条約改正の概要（下）」国際税務33巻4号（2013）102頁。

「主として」の文言に変わり、米国の場合には、資産価値に占める不動産割合を問うていない。そのためこれらの解釈については、日米租税条約3条2を根拠として、国内法に基づいて解されることになり、米国では FIRPTA (I.R.C.§894) に拠ることになる[14]（わが国の場合は、10-2-1-2 参照）。日韓租税条約でも、不動産について、「主として」と規定しているが（13条3）、日韓双方共の規定である。

　なお、日本は、2017年に BEPS 防止措置実施条約（Multilateral Convention to Implement Tax Treaty Related Measures to Prevent Base Erosion and Profit Shifting）に署名し、この条約の適用に関して、「主に不動産から価値が構成される株式等の譲渡収益に対する課税に関する規定」（9条）を選択している。そこでは、不動産化体株式等を譲渡した場合の各租税条約上の譲渡収益条項の適用に関して、株式等の譲渡前365日間のいずれかの時点において一定の不動産割合が充足されている場合に適用し、各租税条約で規定されている株式や権利に加えて、それに類するパートナーシップや信託の持分などにも適用することを規定している。この規定の適用は、各租税条約の締結相手国の適用選択による。これに合わせて、平成30年度税制改正により、国内法も同様の365日ルールを導入している（所税令281条8項、法税令178条8項）。

10-2-2-3　事業譲渡類似株式

　OECD モデル租税条約では、事業譲渡類似株式の譲渡収益は、譲渡者の居住地国での排他的課税となる（13条5）。しかし、日本は、国内法で、事業譲渡類似株式の譲渡収益を国内源泉所得として課税するため、その譲渡収益に対する課税権を留保し[15]、源泉地国課税を原則としてきた（日豪、日韓、日星、日仏租税条約など）。事業譲渡類似株式の譲渡収益については、発行法人自体の譲渡ととらえられるため、その株式の発行法人の居住地国で課税できる旨を規定している。

　日本は、2010年に事業譲渡類似株式の譲渡収益への課税権の留保を変更し、

14　矢内・前掲注13、102頁。

15　2008年版 OECD コメンタリー13条パラ42。

日本の金融機関の破綻に基づく公的緊急融資の一部としてその金融機関株式を日本政府から譲渡者が取得した場合にのみ、その株式の譲渡収益への課税権を留保した[16]。例えば、日米租税条約では、破綻金融機関株式の譲渡収益に対する当該金融機関の所在地国での課税を認めている（13条3項）。日英租税条約でも、平成25年に、それまでの事業譲渡類似株式の譲渡収益への源泉地国課税に代えて、破綻金融機関株式の譲渡収益への源泉地国課税に改正している（改正議定書6条）。ただし、2017年にはOECDモデル租税条約コメンタリーの留保はなくなっている。

16　2010年版OECDコメンタリー13条パラ42。

第11章　二重課税・二重非課税の排除

---- 事例 ----

(1)　日本の内国法人Ａ社が、フランスに支店を設けて自社製品のフランス国内での販売活動に力を入れたところ、予想以上に売り上げが伸びて、多額の利益をあげた。日本及びフランスからどのような課税を受けることとなるか。

(2)　日本の内国法人Ｂ社が、米国に100％出資の子会社Ｃ社を設立し、Ｃ社を通じて自社製品の米国内での販売に力を入れたところ予想以上に売り上げが伸びて、Ｃ社は多額の利益を上げた。そしてＢ社はＣ社から相当の配当を受けた。Ｂ社、Ｃ社は日本及び米国からどのような課税を受けることとなるか。

(3)　「BEPS行動計画」において様々の形で生じる「二重非課税」を放置することが許されないとされている理由を説明しなさい。

11-1　国際的二重課税・二重非課税

(1)　租税を課する（課税する）ということは、国家が納税者に対して納税の義務を生じさせるということである。それぞれの国家が、自国の主権の発動として、課税するための法律（所得税法、法人税法等）を制定して、課税を行う。複数の国家が同一の納税者の同一の対象（例えば所得）に課税することがある。これが国際的な二重課税である。

　国境をまたぐ企業の活動というとイメージが頭に浮かぶだろうか。ある企業が外国に支店を開設してその国の地元にある企業と取引を行う。そのために何らかの契約を締結する。その結果として商品を相手国に届ける。支店が代金を相手企業から受け取る。このようなことを考えればよいだろう。

　このような場合に、支店で上げた利益に対しては相手国で課税を受ける（源泉地国課税）。支店の利益は当然その企業自身の利益であるから企業の所属する本国においても課税される（居住地国課税）。

　例えば、A国法人がA国内で自動車を製造し、B国に支店を開設して、B
国の人にその販売を始めたとする。このA国法人がB国内で稼いだ所得は、
B国で課税される。これは、B国内の法人が同様に自動車を製造して販売し
利益を得た場合に課税を受けるのと変わりはない。B国は外国法人（の支店）
に対してB国内で得た所得に、B国法人と同様に課税する[1]。一方、A国では、
A国法人のB国支店の所得は、本店と合算して税務申告することになる。自
国では外国で稼いだ所得に対しても課税され、外国ではそこで稼いだ所得の
みに対して課税されるのだということもできる。

　二重課税の発生としては、「居住地国課税」対「居住地国課税」によるもの、
「居住地国課税」対「源泉地国課税」によるもの、「源泉地国課税」対「源泉
地国課税」によるものというような整理を行うことができる。

(2)　また、D国の内国法人がE国に子会社を設立して事業活動を行う場合に、
親子会社間の契約により、E国の子会社からD国の親会社に経営指導料を支
払うこととしたとする。E国の税制ではこれは子会社の費用と認められるそ
の一方でD国の税制では子会社からの配当と同様に扱われて受け取った経営
指導料が益金不算入と扱われたらどうなるであろうか。実質的にどちらでも
課税されないということがこの金員については起こるだろう。このようなこ
とを「二重非課税」とよぶこともできる。

(3)　二重課税は、国家の課税権が競合した結果生じるということもできる。一
方で、居住地国は、納税者に対する属人的な主権の行使として課税を行う。
例えば、居住者に対する全世界所得課税を行うことを考えるとよい。その課
税対象の中には他国において獲得される所得も含まれる。他方、源泉地国は、
同じ納税者の自国内での活動に対して領域的な課税権の行使として課税を行
う。外国企業の自国内の支店による所得に対して源泉地国課税を行うことを
考えるとよい。これは、課税権限が競合して二重の税負担をひとりの納税者

1　前田謙二『基本から理解する国際税務の実務入門〔第2版〕』（税務研究会出版局・2013年）2頁
以下。

に負わせるということである。それぞれの国家の課税権の行使そのものには
理由もあるし法的な根拠もある。どちらかの国が誤ったことをしているとい
う訳ではない。しかし、次に述べるように、国際的な二重課税を放置するこ
とは様々な意味で妥当なことではない。何らかの措置を関係国がそれぞれ考
えて対処することが必要であるといってよい[2]。

　これに対して、二重非課税については、関係する複数の国が、課税権を行
使しない、又は費用として控除を認めるという立場をとるから生じる訳であ
る。したがって、それぞれの国にとって何ら失うものはなく、取り立てて問
題とするには及ばないという意見が出されるかもしれない。しかし、これは
正しい意見とは言えないのである。なぜかというと、何らかの利益をもたら
す国際的な事業活動が行われているにもかかわらず、いずれの国からも課税
が行われないということとなると、金儲けを目指す人たちや会社が世界中か
らそこに集まることになるのではないか。無償で砂金、金粒、金塊を手に入
れることができる場所が見つかればそこに多くの人々が押しかけるというこ
とになりはしないだろうか。二重非課税という現象は人為的にそれを作り出
すこととなってしまうのである。別の説明をするとしたら、関係国の意図に
反した税負担の減少が起きてしまうということができる。つまり、ひとつの
事象に対して、ある国は課税権の行使をしないことを決めているとする。そ
れは他の関係国が適切な課税を行うので、自国が課税権限を行使したら、国
際的な二重課税が生じて様々な不都合が引き起こされるから、それを引き起
こすことがないようにするためにやむなくとっている措置であるという場合
だ。このような場合に、その国の意図に反して関係国が全く課税を行わなか
ったとしたら、それを放置することはその国の真意を損なうこととなるはず
だ。

　「BEPS行動計画」を構成する(1)ミニマム・スタンダード、(2)既存のスタ

ンダードの改正、(3)共通アプローチ、(4)ベスト・プラクティスという４つの
カテゴリーのうち、二重非課税という現象の各類型にわけて、勧告を行って
いる。租税負担を逃れようとする現象に対抗することの意味は大きいし、そ
のような対抗措置を各国が協調して行おうとすることにも大きな意味がある。

11－2　二重課税の排除の必要性

　各国が国内法及び租税条約に定めている二重課税排除措置には、外国税額控
除方式、外国所得免除方式、外国税額損金算入方式などが、主なものとしてあ
る[3]。各国は、これらの方式を組み合わせて、居住地国として課税を行うとき
に、他国を源泉地とする所得について自国の課税権を制約している。それによ
って、納税者に過重な負担がかかることを回避しようとしている。国外源泉所
得についての二重課税を排除することで、国外で事業活動・投資活動を行う納
税者と国内でのみ活動をする納税者を、課税上公平に取り扱おうとしているの
である[4]。
　二重課税が生じるならば、企業の国際的な投資は、自国内への投資の場合と

3　金子宏『租税法（第23版）』（弘文堂・2019）562頁以下では、「国際的二重課税を排除するためには、
２つの方法がある。」として「国家の課税権を属人的にとらえて、自国の国民や法人の所得につき、
その源泉が国内にあるか国外にあるかを問わず、そのすべてを課税の対象とする制度をとったうえ
で、外国政府に納付した所得税ないし法人税の税額を自国の所得税ないし法人税の税額から控除す
る方法」を「外国税額控除法」ないし「税額控除法」とし、「課税権を属地的にとらえて、国外に源
泉のある所得を課税の対象から除外する方法」を「国外所得免除法」ないし「免除法」として説明
している。渕圭吾「第９章歴史的文脈の中の外国税額控除制度」（中里実・米田隆・岡村忠生編集代
表・渕圭吾・北村導人・藤谷武史編集担当『現代租税法講座第４巻・国際課税』・日本評論社・
2017）223頁以下、225頁では、金子宏の説明にも触れつつ、次のように説明している。国外所得免
除方式について、「一見したところ、この方式は居住者・内国法人に対しても源泉地国としての資格
で課税管轄権を及ぼしているように思われる。しかし、そうではない。この方式はあくまで居住地
国としての資格で課税管轄権を及ぼし、その上で国際的二重課税排除の排除を行っているのである。
国外所得は課税管轄権が及ばないので非課税なのではなく、国際的二重課税排除のためにその課税
が免除されるにすぎない」と。
4　村井正編『国際租税法の研究』（法研出版・1990）180頁以下。なお、国際的二重課税を生じさせ
ないために源泉地国がその課税権の行使を控えるという場合もある。

比べて課税上不利に取り扱われ、不公平をもたらす。そして、結果的には、自由な海外投資を阻害する一因になる。海外投資を行って得た所得について、居住地国課税及び源泉地国課税という二重課税がなされるならば、居住地国内でのみ事業活動・投資活動を行う場合と比べて、源泉地国において課税される分だけ不利であるし、源泉地国内に住所を有し、当該源泉地国で事業活動・投資活動を行う企業の場合と比べて、居住地国において課税される分だけ不利である[5]。租税負担が重くなることが予測される場合、その企業は国外への投資を行うことに消極的になるかもしれない。租税負担の軽重が、投資を判断する唯一の基準ではないだろうが、重要な考慮要素のひとつであると考えるべきであろう。

　また同時に、二重課税による過重な税負担を納税者（個人又は法人）に強いることは、それから逃れようとして行われる租税回避等を誘発することにつながるかもしれない[6]。

　二重課税は国際的な経済交流、資本の移動を妨げ、世界的な経済発展や資源配分の適正化に反するという見解がある[7]。このことも国際的二重課税が排除されるべき重要な理由であると考える。また、制度の目的として、他に輸出促進目的・海外への投資促進などもあげることができないわけではない。

11－3　外国税額控除

　外国税額控除方式は、納税者の居住地国がその全世界所得（国内源泉所得と

5　同上、181頁。

6　同箇所。

7　Peggy B. Musgrave, The OECD Model Tax Treaty: Problems and Prospects, Columbia Journal of World Business, Vol. 10 No. 2 , 29（1975）（川端康之・川崎元敬・河村吉孝訳「ＯＥＣＤモデル条約の評価」関西大学大学院法学ジャーナル51号（1988年９月）52頁以下）は、租税条約の第一の目的は国外投資に対する租税上の障害を取り除くことであり、この目的は、「資源配分の効率性」および「租税の中立性」という基準と合致するが、国外投資に租税上の誘因を与えることが中立性を犠牲にしているということには、通常、あまり配慮が払われていないとしており、結局、二重課税の排除の方法としては、限度額を設けない全額の外国税額控除方式が最も優れていると述べている。

国外源泉所得を合わせたもの）に対して課税権を留保しつつ、国外において支払われた（又は支払われるべき）同種の税額の全部又は一部を自国に納付すべき税額から税額控除することにより、二重課税による過重な負担を排除・緩和しようとするものである。ある納税者が源泉地国で税を負担しても、その税額をすべて（外国税額控除制度がなかったならば納付せねばならなかったであろう）自己の居住地国に対する税額から税額控除することができるならば、国外所得をもつその納税者は、居住地国の国内源泉所得のみを得ている納税者と、同額の租税を負担すれば済むこととなる[8]。なぜなら、国外所得をもつその納税者が源泉地国で負担する税額と自己の居住地国で負担する税額の合計額は、居住地国内でのみ活動し、それと同額の課税所得を得て、居住地国に対してだけ納税する納税者の負担税額と等しくなるからである[9]。

　つまり、納税者の居住地国は、その納税者の全世界所得に対して課税を行う。その一方、源泉地国は、自国における事業活動（又はその他の行為）から得られたその納税者の所得について課税を行う。居住地国により課税される税額から、源泉地国により課税される税額を控除して、その納税者が負担する税額の合計額が、居住地国により課税される税額と等しくなるようにしようというのが基本的な考え方といってよいだろう。

　その際、居住地国による課税は、原則として居住地国の国内税法による。その税法が適用されて納税額が計算される。源泉地国による課税は、原則として源泉地国の国内税法による。その税法が適用されて納税額が計算されるのである。居住地国の税法を源泉地国で生じる所得について適用する場合、居住地国の立場から見れば、外国で生じている所得に対して自国の法律（税法）を適用することとなる。収益の認識や控除できる費用の計算などについても、このことがあてはまるから、自国の税法の基準に従って、その納税者が外国（源泉地国）で行う活動について判断することとなる。この問題を例をあげて考えてみ

8　村井正編前掲書182頁。

9　居住地国における納付税額を計算する過程で外国税額の税額控除を認めるものだと表現することも可能である。

たい。

　例えば、日本の法人税法（租税特別措置法による特例[10]）では、交際費の損金算入を厳しく制限しているから、日本の内国法人が外国で支出した交際費についても、損金算入はなかなか認められないことになるだろう[11]。いま仮に源泉地国の税法（法人税法）ではそのような損金算入に関する制限はなく経費として損金に算入できるとしよう。すると、源泉地国における課税に関しては（課税所得計算の際に）その交際費の支出金額は経費控除できるのに対して、居住地国（この場合は日本）における課税に関して（課税所得計算の際に）その交際費の支出金額は経費としての控除が認められないこととなる。「源泉地国において得られた所得」と表現しても、源泉地国の税法により計算されたものなのか、居住地国の税法により計算されたものなのかにより、結果が異なる場合があるのである。

　外国税額控除の実施に際して、居住地国の税額を計算するためには居住地国の税法を基準とし、源泉地国の税額を計算するためには源泉地国の税法を基準とするということになる。

11-3-1　完全控除方式

　国際的二重課税を排除して、国内に投資を行っても国外に投資を行っても、租税負担は増加もしないし減少もしない、言い換えれば、租税上不利でもないし有利でもない、という結果を出すためには、源泉地国に納付される税額を全額、居住地国の税額から控除できなければならない。場合によっては、源泉地国の税額が居住地国の税額を上回る場合も考えられる。つまり、仮に、ある企業について国外所得の全所得に占める割合が大きく、かつ源泉地国における税率が居住地国における税率と比べて高い場合には、源泉地国に対して納付され

10　租税特別措置法61条の4第1項。
11　租税特別措置法が定めているように、交際費のうち一部分は損金算入ができる場合があるのであるが、記述を分かりやすくするために本文のように表現した。

る「外国税額」が居住地国に対して支払われるべき税額より大きくなるということも起こりうる[12]。そのようなとき、その外国税額の全額を税額控除することは（金額が足りないという意味で）できない。それでも、居住地国でのみ事業活動・投資活動を行う納税者との租税負担のトータルでの同額性を求めるならば、外国税額のうち国内税額から控除しきれない部分について、何らかの方法を考えなければならないこととなる[13]。ひとつには、当該課税年度に直ちに還付金として控除できない分の金銭を交付するという方法、ふたつには、税額控除しきれない外国税額分を翌課税年度以降に繰り越すという方法が思い浮かぶ。こうしてでも、控除しようとすれば、国外に投資する企業にとっては、国際的二重課税による税負担のことを特別に心配する必要はないといえるだろう。投資の中立性（資本輸出中立性）が確保されているといえるだろう。

　しかし、このように国外源泉所得について納付される外国税額の全額を居住地国の国内税額から控除することは、結果的にみると、居住地国の財政収入の犠牲によって、相対的に高税率で課税を行う源泉地国の財政収入を確保するのと同じこととなる。

　また、別の観点の議論となるが、源泉地国での税額の全額を居住地国の外国税額控除制度の下で税額控除することができる納税者（企業Ａ）と源泉地国を本国とするいわば地元の納税者（企業Ｂ）とを比較すると、上記のような居住地国の財政収入の犠牲によって、企業Ａは、源泉地国内での事業活動・投資活動から得る所得について、企業Ｂと比べ有利な課税上の立場に置かれることになる。なぜなら企業Ｂは、自国の比較的高い税率による課税を受ける。それに対して、企業Ａが負担するのは、自己の居住地国の相対的に低い税率による課税である。企業Ａは、上で論じたように自己の国の他の納税者とは平等な立場

12　別の状況においても、同種の問題が起こる。つまり、その企業の国内事業が不振で大きな赤字を出してしまったような場合、企業全体としては、赤字となって課税所得もゼロとなり納税額もゼロとなっている状況で、海外部門が黒字を出して、源泉地国においては、一定の税額を納付することとなった場合には、この外国税額を居住地国の税額から税額控除することはできないのである。

13　村井正編前掲書182頁。

にたつが、進出先の企業Bのような納税者と比べると、有利な状況におかれるのである。これは、ここで説明しているシステムの欠点というよりも、このシステムが目指しているものがこのようなことなのである。次の述べるように、日本を含め各国で現実に採用される外国税額控除方式においては、ほとんどの場合、控除限度額が設けられている。

11－3－2　控除限度額

　上述のように、無制限に税額控除を認める完全控除方式を採用すると居住地国の財政の犠牲の上に源泉地国の税収確保を認めることとなる。つまり、納税者である企業の負担は増えないままで、源泉地国の課税をどんどん増やすことができることになってしまう。

　各国において外国税額控除方式が国際的二重課税の排除措置として採用される際に、全世界所得に対する国内税額から税額控除することが可能な外国税額に何らかの限度額を設定する場合が多い。

　以下では、控除限度額の管理の方法について説明する。

11－3－3　限度額管理

　日本の所得税法では、国内の無制限納税義務者（居住者）が外国所得税を納付することとなる場合には、全世界所得に対する国内所得税額に当該課税年度の全世界所得のうち国外所得が占める割合を乗じて計算した金額を限度として、税額控除することと定めている。

　所得税法95条１項では、「……その年分の所得税の額のうち、その年において生じた国外所得金額（国外源泉所得に係る所得のみについて所得税を課すものとした場合に課税標準となるべき金額に相当するものとして政令で定める金額をいう。）に対応するものとして政令で定めるところにより計算した金額（以下この条において「控除限度額」という。）を限度として、その外国所得税の

238

額……をその年分の所得税の額から控除する」と定めている。これを受けて、控除限度額の計算について、所得税法施行令222条では、「法第95条第1項（外国税額控除）に規定する政令で定めるところにより計算した金額は、同項の居住者のその年分の所得税の額（同条の規定を適用しないで計算した場合の所得税の額とし、附帯税の額を除く。）に、その年分の所得総額のうちにその年分の調整国外所得金額の占める割合を乗じて計算した金額とする。」と規定している。

　ひとつの年度だけを考えてみると、控除可能な外国所得税の限度額は、外国税額控除を行う前の所得税額に全世界所得に対する調整国外所得の占める割合を乗じて算出した金額となる。ここで「所得税額」を「全世界所得」に「（国内）税率」を乗じて得た金額と置き換えて考えると、結局、「国外所得」に「（国内）税率」を乗じて得た金額が控除可能な外国税額の限度額となる。このような置換えによる説明は概括的なものでしかないが、国外所得の金額に課される（国内の）税額分だけは控除可能なものとして考えているということである[14]。

(1)　**一括限度額（管理）方式**　全世界所得を国内所得と国外所得との二つの部分に分割して、国外所得の占める割合を求めて、それを使って控除限度額を決定する方式である。包括限度額（管理）方式とも呼ばれる。国内源泉所得以外を国外源泉所得としてひとまとめにして国外所得を算出する。すべての外国が国外ということでまとめられる訳である。

　比較的税率の低い源泉地国で得られた所得及びそれに対応して算出された外国税額と比較的税率の高い源泉地国で得られた所得及びそれに対応して算出された外国税額とが、「国外所得」及び「外国税額」というただひとつのカテゴリーにまとめられ平均化される。国別限度額方式においてならば、単

14　全世界所得を算定する際に、前年度からの繰越損失をどう処理するのか、分離課税となっており全世界所得には加える山林所得・退職所得等をどう考えるのか、国内所得税と外国所得税の課税期間のずれ（タイムラグ）をどう考えるのかなど控除可能限度額の計算上、考察すべき問題点は多々あると思われるが、概括的にいうと本文で述べたようになる。

独では控除しきれなかったであろうと思われる高税率の源泉地国に支払われる外国税額も全額が税額控除されるという結果をもたらすことが起きる。高税率の源泉地国において獲得された所得についてその源泉地国に納付する税額のことだけを考えるならば、居住地国では自国の税率に相当する部分についてのみ外国税額控除を行うことを認めることで十分であるといえる。だが、一括限度額方式のもとでは、そのような高税率国への投資を行うと同時に、低税率の源泉地国に向けても投資を行い、所得を獲得してそれによって国外源泉所得が全世界所得に占める割合を引上げて、控除限度額の増加を図るということが可能となる。そのように控除限度額を増やすことだけを目的として、低税率の国への投資を行う（又は投資額を増やす）ことは外国税額控除制度の濫用といえるのだろうか[15]。

　そもそも一括限度額方式では、税額控除枠の彼此流用（ひしりゅうよう）が可能であるように制度がつくられているといってもよいのではないか。だとすれば、このような利用を濫用として否定することには無理があると思われる。現行規定では、後述のように、法人税法69条1項カッコ書き、法人法施行令142条の2第5項、同条第6項では、通常行われない取引に係る外国法人税を控除対象外国法人税額に含めないこととしている。

(2)　国別限度額（管理）方式　控除可能な外国税額の限度額を源泉地国ごとに区分して算定管理する方式である[16]。つまり、ある国の企業Xが、甲国へ投資して10億円相当の所得を得た。それに対して3億円の控除限度額を算出したが、甲国に納付する税額は3億2千万円相当であった。結局、2千万円分は、税額控除できないこととなる。また企業Xは、乙国へ投資して20億円相

15　村井正編前掲書、187頁では、外国税額控除の制度としての趣旨目的が二重課税の排除にあることを前提にすれば、一括限度額方式の外国税額控除が濫用されていることになるとの説明を行っている。

16　ドイツ、1932年から1975年までのアメリカ合衆国、昭和20年代の日本など採用される例は少なくない。

当の所得を得た。それに対して6億円の控除限度額を算出した。乙国に納付する税額は5億6千万円であった。乙国に関して使用されていない控除限度額の枠を甲国へ納付した税額のうち税額控除しきれなかった分に充てることはできない。

　ある外国で獲得した所得に対応する控除可能な外国税額の限度額に達するまでの余裕額を使って、より高い税率の源泉地国で生じた、控除限度額を超える外国税額の部分を控除することはできない[17]。その点では、納税者にとって不利であろう。その一方、ある源泉地国で大きな損失が生じ、別の源泉地国で所得が生じ、しかもそれらの国外源泉のぶんを通算するとマイナス（損失）となるような場合には、一括限度額方式の下では所得を獲得することができた源泉地国に納付した外国税額について控除が認められなくなるのに対して、国別限度額方式の下では国ごとに計算するのであるから所得を獲得することができた源泉地国に納付した外国税額について控除が認められる。この点では、国別限度額方式のほうが納税者にとって有利になるといえる。

⑶　**所得種類別限度額（管理）方式**　国別限度額方式の場合の国ごとの所得の区分とは異なり、国外源泉所得を所得の種類別に区分して控除限度額を算定管理する方式が、2004年までアメリカ合衆国で採用されていた。所得項目別限度額（管理）方式、分離限度額方式とも呼ばれる。この方式では、2004年までは8種類の所得種類に区分していた[18]。なお、現行ではアメリカ合衆国では、国外源泉所得を受動的所得と通常所得に区分して控除限度額を管理している。2種類の所得に区分しているという意味では、現在もアメリカ合衆

17　村井正編前掲書、188頁。

18　一高龍司「米国 Subpart F 税制における外国同族持株会社所得（FPHCI）の意義－除外項目を中心に－」税大ジャーナル12号（2009年10月）61頁以下、66頁。その8種類とは、「受動的所得、高源泉徴収課税利子、金融サービス所得、船舶所得、DISC 又は旧 DISC（992条(a)）からの配当、外国貿易所得に帰する課税所得、および外国貿易所得をもたらす取引から生じる利子等に帰する E＆P から FSC 又は旧 FSC が支払う所得」と一定の非子会社からの配当である。Paul R. McDaniel and Hugh J. Ault, Introduction to United States International Taxation 4 th. Ed. 1998 p.100.

国は、所得種類別限度額方式を使用しているともいえるだろう。

11 - 3 - 4　日本の現行の限度額管理方式

日本の現行の外国税額控除の制度を法人税法について概説したい[19]。

(1) **「外国法人税額」の意義**　法人税法施行令141条１項は、「外国の法令により課される法人税に相当する税で政令で定めるものは、外国の法令に基づき外国又はその地方公共団体により法人の所得を課税標準として課される税……とする。」との規定をおいている。さらに、同条２項は、法人税に含まれるものとして、超過利潤税、法人の所得を課税標準として課される税の付加税などをあげている。つまり、法人の所得を課税標準としていれば、控除対象の外国法人税となるが、営業資本に対して課される営業税又はビジネス・タックス等は外国税額控除の対象とならない[20]。

　また、同条３項は、「外国又はその地方公共団体により課される次に掲げる税は、外国法人税に含まれないものとする。」として、次の１号から４号までをあげている。

一　税を納付する者が、当該税の納付後、任意にその金額の全部又は一部の還付を請求することができる税

二　税の納付が猶予される期間を、その税の納付をすることとなる者が任意に定めることができる税

三　複数の税率の中から税の納付をすることとなる者と外国若しくはその地方公共団体又はこれらの者により税率の合意をする権限を付与された者と

19　川田剛『国際課税の基礎知識（十訂版）』（税務経理協会・2017）106頁以下では、昭和28年（1953年）に導入された日本の外国税額控除制度の沿革について説明している。渕圭吾前掲論文（『現代租税法講座第４巻』）240頁以下では、大正９年所得税法、昭和15年所得税法の内外地の二重課税排除を取り上げて論じている。

20　川田剛『国際課税の基礎知識〔八訂版〕』（税務経理協会・2010）95頁。

の合意により税率が決定された税（当該複数の税率のうち最も低い税率（当該最も低い税率が当該合意がないものとした場合に適用されるべき税率を上回る場合には当該適用されるべき税率）を上回る部分に限る。）

四　外国法人税に附帯して課される附帯税に相当する税その他これに類する税

　このような規定があるのは、税とは名ばかりで納税者の任意により納付することができその後還付を申し出ることが認められている租税を実施している国家（に相当する地域）があって、そのような租税を納付したことが、タックス・ヘイブンではないとの判断を受ける根拠になるとの主張を行った事件がある。（最判平21・12・3（民集63巻10号2283頁））

(2)　**控除対象から除かれる外国法人税**　外国法人税とされるものがすべて控除可能とされている訳ではない。次のようなものを控除対象となる外国法人税から除いている。外国法人税ではあるが、控除対象とはならないということである。

(ア)　所得に対する負担が高率な部分（35％超）の金額（法税69条1項、法税令142条の2第1項）

(イ)　金融保険業等を営む法人及び利子収入割合が20％以上の法人の利子等に係る高率外国源泉税（142条の2第2項）（この場合「高率」とは、原則として10％となる）

(ウ)　通常行われない取引に係る外国法人税（法税69条1項、法税令142条の2第5・6項）

(エ)　内国法人の法人税に関する法令の規定により法人税が課されないこととなる金額を課税標準として課されるもの（法税令142条の2第7項）

　これらを順に説明すると、まず(ア)は、高率な税負担は日本の税率を超えており、日本の税収を犠牲にしてまで外国法人税を控除するのは不相当であるからだと説明されている[21]。すでに述べたように、控除限度額を設けていること自体、そのような意味を持っているのであるが、35％を超える税負担は

日本での地方税を含めた法人税負担の水準を超えているのであり、二重課税の排除のために税額控除するにはふさわしくないとの考えが基礎にあるといえる[22]。

つぎに(イ)は、利子に係る高率の源泉税について(ア)と同様の考えに基づいて制限を設けているのである。利子に対する源泉課税は通常利子収入すなわちグロス課税が行われるから、原則として10％を超える課税が行われるとその超える部分が控除対象とはならない旨規定されているのである。所得率が高い場合（10％超20％以下）には、「高率」の基準が15％を超えるときとなり、さらに所得率が高い場合（20％超）には、「高率」となる部分がないものとされる[23]。

つづいて(ウ)であるが、同施行令142条の2第5項は次の1号及び2号の取引を「通常行われるとは認められないもの」として規定している。

1号として、「内国法人が、当該内国法人が金銭の借入れをしている者又は預入を受けている者と特殊の関係のある者に対し、その借り入れられ、又は預入を受けた金銭の額に相当する額の金銭の貸付けをする取引（当該貸付けに係る利率その他の条件が、その借入れ又は預入に係る利率その他の条件に比し、特に有利な条件であると認められる場合に限る。）」を挙げているが、これは、いわゆる「外国税額控除余裕枠利用否認事件」[24]で問題となった取引である。裁判係争中の平成13年3月の税法改正により「控除対象とはならない外国法人税額」として法人税法69条1項に追加された。

2号として、債権を譲受けた内国法人が債務者から受け取る利子に係る外国法人税のうち譲渡した元の債権者が債権を保有していた期間に対応する部分を控除対象とはならない外国法人税として挙げている。これは、債権の利子に対する課税の都合上、債権を譲受けた内国法人が利子に対する税負担を

21　仲谷栄一郎・井上慶一・梅辻雅春・藍原滋『外国企業との取引と税務〔第5版〕』（2013年）550頁。
22　『DHCコンメンタール法人税法』4275の2頁以下（69条1項注釈6番）。
23　法人税法施行令142条の2第2項柱書き。
24　異なる銀行が当事者となっている事件がいくつかあるが、例えば、最判平17・12・19（民集59巻10号2964頁）。

全額負うことになるのであるが、実質は債権を保有した期間に対応する部分だけが本来負うべきものであることから、それ以外の部分（元の所有者が保有していた期間に対応する外国法人税額）は控除できないことを定めたものである[25]。

さらにつづいて(エ)であるが、同条第7項は、1号ないし3号の3項目について定めている。1号では、みなし配当とされるもので日本では法人税を課さないこととしているものに課税される外国法人税額を控除対象から除いているのである。2号では、租税条約に基づく合意があり、内国法人の所得等が減額された際に、相手国の当事者（取引相手）にその金額が返還されなかった場合、その利益に対して相手国において課税された外国法人税は日本において控除対象とならない旨定める規定である。3号では、受取配当益金不算入となる外国子会社からの配当に対して課される外国税額を控除対象から除いているものである。これらは、いずれも、日本では法人を課されないのであるから、二重課税の排除のために外国税額控除の対象とすることがふさわしくないから、除かれているといえる。

(3) **控除限度額計算の基礎となる国外所得金額**　控除対象とされた外国法人税額がすべて控除できるわけではない。

控除限度額は、「当期の全所得金額に対する法人税額」に、「当期の全所得金額」に対する「当期の国外所得金額」に対応するものとして政令で定められた金額である。政令では、「……当該事業年度の所得金額のうちに当該事業年度の調整国外所得金額の占める割合を乗じて計算した金額とする」のである（法税令142条1項）。この計算を行うときの「国外所得金額」は、法人

25　前掲注22『ＤＨＣコンメンタール法人税法』4277の7頁以下（69条1項注釈6番のつづき）参照。吉川保弘『国際課税質疑応答集』（2013年）166頁以下。ここで除かれた外国法人税の税額控除を認めると、控除額に余裕のある法人が、債権を譲受けて外国税額の負担を実質的に免れようという取引きを容認することになってしまうからである。

税法69条1項に規定がある[26]。それによると、「……国外源泉所得に係る所得のみについて各事業年度の所得に対する法人税を課するものとした場合に課税標準となるべき当該事業年度の所得の金額に相当するものとして政令で定める金額）」である。

　ここでいう「国外源泉所得」については、法人税法69条4項に規定がある[27]。法人税法施行令142条3項では、「調整国外所得金額」について、「第一項に規定する当該事業年度の調整国外所得金額とは、法第五十七条、第五十八条及び第六十四条の四並びに租税特別措置法第五十九条の二並びに第六十七条の十二及び第六十七条の十三の規定を適用しないで計算した場合の当該事業年度の法第六十九条第一項に規定する国外所得金額から外国法人税が課されない国外源泉所得に係る所得の金額を控除した金額をいう。」と規定して、国外所得金額の計算方法を定めている。また、「ただし、当該金額が当該事業年度の所得金額の100分の90に相当する金額を超える場合には、当該100分の90に相当する金額とする。」との但書が設けられている。これは、国外で獲得する所得がかなり高い場合であっても、10％程度は国内にある本店機能による貢献があるのではないかとの考え方に基づくものである[28]。

11-3-5　繰越控除額と繰越外国税額

　外国税額控除を行う場合に、源泉地国における課税の時期及び納付・徴収の時期と居住地国における課税の時期及び納付の時期（外国税額控除を行う時期）とは必ずしも一致するわけではない。居住地国における所得の認識の基準

26　平成26年改正前は、国内源泉所得以外の所得を国外源泉所得とし、そこから国外所得金額を算定していた。

27　法人税法138条の国内源泉所得に関する規定の裏返しの規定である。

28　川田前掲書（八訂版）、105頁。金子宏前掲書、531頁では、「法人の中には、国内でも相当規模の事業活動を行っているにもかかわらず、外国税額控除の結果わが国にほとんど法人税を納付していない例が少なくない、という事態に対処することを目的としている」と説明する。また、前掲注22『DHCコンメンタール法人税法』4258頁以下参照。

246

と源泉地国における所得の認識の基準が、異なっているかもしれない。課税のためのルールが国により異なることが主な理由で、課税の時期が何度かずれることがありうるだろう。したがって、外国税額控除を行うことができる時期について何らかの配慮が必要である。法人税の控除限度がある場合を考えてみると、納付する外国法人税額は、源泉地国の税法に従って算出されるのに対して、それに対応する控除限度額は居住地国の税法に従って算出されるから、金額に齟齬が生じるかもしれない。外国法人税額に比して控除限度額が小さい場合には、控除しきれない税額部分が残ることになる。外国法人税額に比して控除限度額が大きい場合には、使いきれない控除限度額の枠に余裕が生じることになる。

　日本の現行の法人税法では、控除限度額を3年間繰り越すことができる（69条2項）。控除しきれなかった外国法人税額を3年間繰り越すこともできる（69条3項）。

11-3-6　税額控除を行うタイミング

　上で述べたように、控除限度、控除対象外国法人税額ともに3年間繰り越すことができるのであるが、だからといって必ずその期間内ですべての外国税額が控除できるとは限らない。外国税額をどの年度に属するものと考えるのか、毎年度の控除限度額をどのように計算するのか（どの年度の控除限度額として捉えるのか）がともに問題となる。

　控除対象の外国税額となるためには、その年度に納付したか又は納付すべき租税債務が確定したものに限られる[29]。

29　法人税法69条では「外国法人税を納付することとなる場合」に税額控除が行えることとなっているのであるが、これは、その税額の納付が確定した日の属する事業年度に税額控除が可能となると理解されている。

11 - 3 - 7　恒久的施設を有する外国法人の外国税額控除

外国法人についてのソース・ルールが、「総合主義」から「帰属主義」に変更されたことに伴い、そのような外国法人の恒久的施設帰属所得のなかには日本の国外で獲得されてその国において源泉地国課税を受けている所得が含まれることとなったので、その負担する外国法人税額を税額控除する旨の規定が設けられた[30]。

11 - 3 - 8　所得税法[31]について

日本では、昭和28年以来、所得税法においても国際的二重課税排除の方法として外国税額控除方式を採用している[32]。

法人税法の場合とほぼ共通である（所税95条）が、外国税額のうち高率負担部分を除外していないこと[33]、控除限度額算出のための国外所得の割合について90％という上限を設定していないこと[34]など相違点も見られる[35]。

30　法人税法144条の2。

31　なお、相続税法においても、相続税・贈与税について、在外財産に対する税額の控除を規定している（同法20条の2、21条の8）。いずれも所得課税の場合と通じる考え方により、控除限度額を設けている。第20章を参照。

32　注解所得税法研究会編『注解所得税法〔5訂版〕』（2011年）1078頁。

33　法人税法69条1項の「……その外国法人税の額（その所得に対する負担が高率な部分として政令で外国法人税の額、内国法人の通常行われる取引と認められないものとして……）」の下線を付した部分に相当する文言が、所得税法69条1項には見られない。

34　法人税の場合の90％シーリングに相当する規定は、所得税法施行令222条3項の但書にある「ただし、当該国外所得金額がその年分の所得総額を超える場合には、その年分の所得総額に相当する金額とする」である。

35　川田前掲書（十訂版）、145頁。

11-4　外国所得免除方式

11-4-1　外国所得免除方式

　外国税額控除方式以外に（主として、それと併存させて）外国所得免除方式を二重課税排除措置として、国内法又は租税条約で採用している国がある。ドイツ、フランス、スイス、ベルギー、ノールウェー、ルクセンブルク、ハンガリー、ブルガリアなどである[36]。自国の居住者が外国で得る所得の全部又は一部を非課税とすることによって、その所得について二重課税を排除しようとするものである。自国の居住者が投資を行う投資先（資本受入国）となる源泉地国が、高税率の課税を行っても低税率の課税を行っても、居住地国は国内源泉所得のみを課税の対象とすればよいのである。比較的簡明な方式といえる。資本受入国においては、地元の企業と同じ税負担をすることになる。資本輸入中立性に適った方式といえる[37]。国際的にみれば、税率の低い国への進出を促進することに役立つだろう。

　その一方で、居住地国内でのみ事業活動・投資活動を行う納税者との比較で考えると、低税率の国が進出先として選ばれることが多いといえるから、国外における所得について進出企業の税負担は低くなるという点、国内と国外とに所得を分割して課税されることにより高い累進税率の適用を逃れることができる可能性があるという点の2点において、不平等をもたらす[38]との指摘もできるかもしれない。

　これらの問題に対処するために、前者に関しては、所得の源泉地の移動が容

36　日本がこれらの国と締結している租税条約では、所得の全部又は一部について所得免除方式により国際的二重課税の排除を図ろうとしている。

37　Mindy Herzfeld, Richard L.Doernberg, International Taxation 11th ed. 2018. pp.5-6, では、資本輸出中立性に関して、次の例で説明している。米国のX社が米国からは21％の税率で全世界所得に課税され、アイルランドの支店で得た所得について12.5％で現地で課税される場合をあげている。外国税額控除を採用する米国の租税システムでは、投資の場所にかかわらず21％の税負担を負うこととなる。

38　村井正前掲書、200頁。

易と思われる利子、配当、使用料などの投資所得については外国税額控除方式
によって二重課税の排除を図るというシステムを採用するケースが多い[39]とい
ってよい。後者に関しては、国外源泉所得による所得は非課税とするが、国内
税額を算定するために国内源泉の所得（上述の投資所得を含む）に乗じる税率
を決定する際には国外源泉所得による所得も合算して考慮に加えるという方法
がとられる例が多い[40]。これを「累進性の留保」と呼ぶ。

11−4−2　外国税額控除方式との対比

　外国税額控除方式との対比で考えるならば、控除限度額の計算や外国税額の
繰越し・繰戻しのある種の煩雑さから解放されること、高率の外国税額の控除
による自国財政収入の想定外の減少の心配がないこと、みなし外国税額控除[41]
に伴う問題が生じないこと、など比較的簡明な方式であるといえる。

　短所としては、自国から国外への資本の流出を優遇することとなり、国内へ

39　投資所得については外国税額控除方式を採用する国が多いということである。

40　例えば、日本国とドイツ連邦共和国との租税条約23条1項(a)では、「……日本国内の源泉から生ず
るいずれかの種類の所得でこの協定に従って日本国において課税することができるもの……は、ド
イツの租税の課税標準から除外する。もっとも、連邦共和国は、税率の決定に当たって、このよう
に除外された所得……を考慮に入れる権利を留保する。……」との定めを行っている。OECD モデ
ル条約23条(A)3項、日本とスイスとの租税条約23条3項、日本とベルギーとの租税条約23条2項(b)
(i)、日本とノールウェーとの租税条約23条2項(b)、日本とルクセンブルクとの租税条約24条1項(c)、
日本とハンガリーとの租税条約23条2項(c)、日本とブルガリアとの租税条約23条1項(c)なども同趣
旨の内容である。「税率の決定に当たってこのように除外された所得を考慮に入れる」というのは、
このような所得を併せて税率を決定して、その税率を国内の所得にのみ適用するということである。

41　自国に外国企業を誘致するために、租税を一定の範囲で減免するという特別措置を設ける国があ
る。その国に投資を行う外国企業にとっては、その特別措置によりその国に支払う税額は減少する。
だが、この税額の減少は、外国企業の本国で外国税額控除方式により国際的二重課税を排除してい
る場合、その居住地国において外国税額控除の対象となる税額が減少されることになるだけで、居
住地国に納付しなければならない税額は、その減少分だけ増える。結局、負担しなければならない
税額の合計額はもとのままということになる。受け入れ国の減免措置の効果を無にしないために、
企業の居住地国が受け入れ国との間の租税条約において、受け入れ国の特別の減免措置により減額
された税額を受け入れ国に納付したものとみなして自国の外国税額控除の規定を適用することを認
める条項をおくことがある。これを「みなし外国税額控除」と呼ぶ。

の投資と国外への投資との間で不平等をもたらしてしまうという基本的な問題が生じる点があげられる。外国税額控除方式の下でも、みなし外国税額控除を認めることなどにより、国内投資と国外投資との不平等の問題は生じるが、外国所得免除方式の下では、その問題がより大きいものと考えられる[42]。また、国外損失を国内所得とどのように通算しうるのか（原則的には通算されないが、国内税率決定の際に国外損失も考慮される立法例もある[43]）、国内源泉所得と国外源泉所得との間で共通経費をどのように配賦するのか、累進性の留保の実施の際に、国内税法によって国外所得を算出しなければならない困難さなどのように外国税額控除方式の場合と同様に問題も少なくない。それぞれにおける議論が互いに他の二重課税排除の方式を考える上で役立つことも多いであろう。

Column　みなし外国税額控除とサンセットクローズ

　国によっては自国に外国企業を誘致するために、租税を一定の範囲で減免するという特別措置を設けることがある。その国に投資を行う外国企業にとっては、特別措置によりその国に支払う税額は減少する。だが、この税額の減少は、外国企業の本国で外国税額控除方式により国際的二重課税を排除している場合、居住地国において外国税額控除の対象となる税額が減ることになるだけで、居住地国に納付しなければならない税額は、その減少分だけ増える。結局、企業が負担しなければならない税額の合計額はもとのままということになる。

　受け入れ国の減免措置の効果を無にしないために、企業の居住地国が受け入れ国との間の租税条約において、受け入れ国の特別の減免措置により減額された税額を受け入れ国に納付したものとみなして自国の外国税額控除の規定を適用することを認める条項をおくことがある（例えば、日本とヴェトナムとの租税条約22条3項、それに関する1998年3月の交換公文）。これを「みなし外国税額控除」と呼んでいる（tax sparing credit）。

　しかし、このような対応は投資の中立性をゆがめるもので好ましくないとの批判や居住地国の財政上の犠牲と引き換えに受け入れ国の経済発展を応援するものであり、どの国についても認めてよいものでないとの批判がある。

42　村井正編前掲書、201頁。

43　消極的累進性の留保と呼ばれる（negative Progressionsvorbehalt）。浦東久男「二重課税防止条約による非課税国外所得及び国外損失と累進性の留保—西ドイツの場合—」税法学425号（1986年）11頁以下。

　受け入れ国が一定の経済発展を遂げた後（または「締結の○年後」）には、みなし外国税額控除を認める条項を租税条約から削除することを予め織り込んでいる（サンセットクローズ）条約例も少なくない（例えば、日本と中国の租税条約に関する1991年12月の交換公文中の取極の２）。

　みなし外国税額控除に関する裁決例として国税不服審判所裁決平21・５・20（裁決事例集77集320頁）がある。みなし外国税額控除の適用を失念して確定申告した場合において、確定申告書への記載及び書類の添付をしなかったことにつきやむを得ない事情はないから、更正の請求の要件に該当しないとした事案である。

（浦東久男）

11−4−3　外国子会社受取配当益金不算入

　外国子会社の親会社である内国法人が、一定の要件を充足する外国子会社から受ける剰余金の配当等がある場合に、その剰余金の配当等に相当する金額の95％相当額を、その内国法人の各事業年度の所得の金額の計算上、益金の額に算入しないというものである（法税23条の２）。

　平成21年度税制改正前は、「間接外国税額控除」制度により、外国の子会社の負担する税負担との経済的な二重課税を排除することを行ってきた。しかし、日本国内の親会社への現実の配当を阻害することになるのではないかとの指摘もあり、受取配当益金不算入方式への変更が行われた。国際的にみて、外国税額控除方式を採用してきた多くの国が外国所得免除方式へ変更するという流れがあるのではないかとの見方もあるが、日本のこの変更がその流れの中で説明できることかどうかは必ずしも明確ではない。

　この益金不算入規定を適用するためには、「親会社が25％以上・６月以上継続」という持株要件を充たしていなければならない（法税23条の２第１項カッコ書き、法税令22条の４）。租税条約で従前の間接外国税額控除適用のための持株要件を引き下げていた国に対しては、国内法令の改正をそのために行い、益金不算入規定の適用要件を引き下げることとした。

　国によっては支払配当について一定の条件の下に損金算入を認める国もある。そのような場合にも、受取配当の益金不算入とすると「課税の空白」が生じる

こととなる[44]。益金に算入されることとされている（法税23条の２第３項、法税令22条の４第４項１号）。

┌─ **Column　間接外国税額控除の廃止** ──────────────

　わが国の企業が外国に子会社を持ち進出する場合、子会社の利益はその受け入れ国において課税を受ける。子会社から日本の親会社への配当に対しては、この配当が益金に算入されるとすると、わが国において課税される。この配当の原資を考えると、これは受け入れ国での課税と親会社の居住地国での課税の二重課税になるともいえる。

　支店形態で進出する場合に外国税額控除を通じて二重課税が排除されることと比べるとこれは問題である。

　わが国では外国子会社が納付すべき外国税額を親会社が負担したとみなして親会社の外国税額控除の対象とすることを認めてきた（「間接外国税額控除」と呼ばれる）。

　だが、外国子会社から親会社に配当されなければ日本の親会社に対する課税はそもそも起こらない。日本の親会社としては課税されてまで配当にこだわることはなく、実際、子会社に留保しておくケースが多いとの指摘があった。

　そこで、従来の間接外国税額控除方式に代えて、親会社が外国子会社から受け取る配当は課税対象からはずす（受取配当益金不算入）ことにより国際的二重課税を防止するという方式に改められた（平成21年度税制改正後の法人税法23条の２）。　（浦東久男）

└──────────────────────────────────

11－5　外国税額損金算入方式

　外国税額損金算入方式とは、国外所得を課税対象に含めるが外国政府へ納付した税金を損金に算入する方式である。外国税額を経費のひとつと考えて経費控除しようというものである。わが国で昭和28年に外国税額控除方式が採用されるより前に定められていた方法である。現行の法人税法、所得税法においても、選択適用可能なものとして規定されている（法税41条、所税46条）。いずれも税額控除の対象とならない外国税額は、損金算入又は必要経費に算入する余地があるといわれている。所得税の場合には、事業所得、不動産所得、山林所得、雑所得（又は一時所得）についてのみ、必要経費（又は支出した金額）に

44　川田剛前掲書（十訂版）、161頁、BEPSプロジェクト（行動計画６）をふまえ、平成27年の税制改正で益金算入することに改められた。

含める余地があるので、利子所得や配当所得等の場合には、外国税額控除できなかった外国所得税額は、いずれの項目としても控除できないこととなる[45]。

　損金算入方式は、外国税額控除方式と比べると二重課税の排除が不十分で一部しか排除されないといえる[46]。

45　国税不服審判所裁決平22・6・18（裁決事例集79集147頁）。

46　しかし、内国法人の全世界所得が少額で、国外所得が多額になるようなケースでは、この損金算入方式のほうが納税者に有利になることがある。Klaus Vogel on Double Taxation Conventions 4 th ed.Volume 2, edited.by EkkehartReimer and Alexander Rust, S.1615, no.17 (written by Alexander Rust)では、「税額控除を受ける代わりに課税ベースから外国税額を控除（to deduct）できることについて、ドイツ対外税法（German ITA）34c 条(2)を参照。課税ベースからの控除は損失が生じる状況でより有利であろう。外国税額の課税ベースからの控除の背後にある中立性概念は、いわゆる国内中立性（national neutrality）」であると説明している。

第12章　租税条約の構造

12－1　租税条約の目的と動向

　国際取引に関する国内税法と租税条約（tax treaty or convention）は、国際租税法分野を規律するルールとして、重要な役割を果たしてきた。国境を跨ぐ取引には、国際的な二重課税のリスクが伴う。国際的二重課税は、国際取引には阻害要因であり、古くからその排除について議論が重ねられてきた。一般的に、課税権の衝突又は重複は、次の場合におこりうる。

① 　無制限納税義務の競合（二重居住者の発生）

② 　国内源泉所得範囲の競合（二重源泉所得の発生）

③ 　無制限納税義務と制限納税義務の競合（居住地国の全世界所得課税と源泉地国の国内源泉所得課税）

　各国は自国の課税権を行使する権限を有するが、個別交渉に基づき二国間で租税条約を締結することにより、共通の課税ルールを承認してきた。租税条約の主要な目的として、国際的二重課税の排除、国際的租税回避及び脱税の防止などがあげられてきた[1]。租税条約には、二国間租税条約と多国間租税条約があり、その多くが二国間租税条約であったが、最近では、租税行政執行共助条約や「税源浸食及び利益移転を防止するための租税条約関連措置を実施するための多国間租税条約」（「BEPS防止措置実施条約[2]」という）などの多国間租税条約が重要な役割を果たしている。

　我が国は、2020年2月1日現在、76の租税条約を締結しており、136か国・地域に適用されている。我が国の租税条約の中心は、所得課税租税条約である

1　竹内洋「我が国の租税条約ポリシー」水野忠恒編『国際課税の理論と課題』（税務経理協会・1995）19頁、「脱税又は租税回避を通じた非課税又は租税軽減の機会を生じさせることなく、二重課税を除去する」という目的を租税条約の前文にいれるものが増えているとされる。増井良啓・宮崎裕子『国際租税法［第4版］』（東京大学出版会・2019）26頁。

2　矢内一好『解説BEPS防止措置実施条約』（財経詳報社・2019）。

が、唯一米国とのみ相続税租税条約（遺産、相続及び贈与に対する租税に関する二重課税の回避及び脱税の防止のための日本国とアメリカ合衆国との間の条約）があるほか、情報交換協定、税務行政執行共助条約、日台民間租税取決めを締結している。租税条約は国際租税法の重要な法源である。租税条約が国内法と異なる定めをしている場合には、租税条約の規定が優先される（租税条約と国内法の関係については、**第2章**参照）。租税条約に基づき、租税条約の規定を補充するために、当事国間で書簡の交換という形式で、交換公文（exchange of notes）を交わすことがある。租税条約は、内閣が締結権を有し、国会の承認を必要とする（憲法73条3号）ところ、交換公文は国会の承認は必要でなく、その性質は、国内法源における委任立法に類似するものとされる[3]。

　租税条約を締結するにあたり、共通の指針となるモデル租税条約に準拠することで両国は合意が容易になる。モデル租税条約の中でも、もっとも影響力があるのは、OECD租税委員会（Committee on Fiscal Affairs）が作成するOECDモデル租税条約（OECD Model Tax Convention on Income and on Capital）である[4]。OECDは、モデル相続税条約も策定しているが、それは1988年から改訂されていない。各国が締結する二国間租税条約は法的拘束力のある国際文書であるのに対して、OECDモデル租税条約は、法的拘束力はないものの[5]、OECD加盟国が租税条約を締結する際にベースとなるものであり、実際に、我が国も留保条項を除き、OECDモデル租税条約に則した規定を二国間租税条約に盛り込んでいる。

3　金子宏『租税法第23版』（弘文堂・2019）113頁。我が国の租税条約締結ポリシーをはじめとする主要論点を整理したものとして、増井良啓「日本の租税条約」金子宏編『租税法の基本問題』（有斐閣・2007）569頁及び増井良啓「租税条約の発展」金子宏編『租税法の発展』（有斐閣・2010）139頁、矢内一好『日本・国際税務発展史』（中央経済社・2018）41頁以下。

4　OECDモデル租税条約については、藤谷武史「租税法における国際的規範形成と国内法—OECDモデル租税条約の規範性を中心に」法律時報84巻10号（2012）36頁、藤谷武史「国際租税法の法源と規範構造」金子宏監修『現代租税法講座第4巻国際課税』（日本評論社・2017）41頁、藤谷武史「国際租税法における規範形成の動態」中里実他編著『クロスボーダー課税のフロンティア』（有斐閣・2014）42頁、渕圭吾「国際租税法におけるOECDの役割とその位置づけ」日本国際経済法学会年報24号（2015）15頁。

5　Sjoerd Douma and Frank Engelen, The Legal Status of the OECD Commentaries, IBFD, 2008.

　ここでは、OECD モデル租税条約の沿革をたどってみよう[6]。1921年に国際連盟は国際的二重課税に関する基礎的研究に着手し、1928年にモデル条約草案を報告した[7]。さらに、1943年にはメキシコ・モデル租税条約、1946年にはロンドン・モデル租税条約が公表された。1956年に OEEC（Organization for European Economic Corporation）は財政委員会を設立し、加盟国政府間の租税条約が準拠すべきモデル条約草案作成作業に着手した。1958年7月に第一次報告、1959年7月に第二次報告、1960年7月に第三次報告、1961年7月に第四次報告とそれぞれその成果が公表され、1963年7月に最終報告として、「所得及び資本に対する租税に関する二重課税の回避のための条約草案（Draft Double Taxation Convention on Income and Capital, 1963）」が、OECD 理事会の「二重課税の回避に関する理事会勧告」の附属文書として公表された。その後、1977年には、モデル租税条約（Model Double Taxation Convention on Income and Capital, 1977）とコメンタリーが公表され、1992年、1994年、1995年、1997年、2000年、2003年、2005年、2008年、2010年、2017年とそれぞれ改定を重ねてきた。

　OECD モデル租税条約は、32条からなるが、各条項は抽象的であり、それぞれの文言の解釈がしばしば問題になる。OECD 租税委員会は、OECD モデル租税条約の条項ごとに、その例証又は解釈を意図した詳細なコメンタリーを策定しており、それは条約の適用解釈に有用な役割を果たす（コメンタリー、序論パラ29）[8]。OECD 加盟国は、コメンタリーの解釈に同意しない場合に、所見（observation）を表明することができ、そうでない場合は、その解釈に同意したものと考えられている。OECD モデル租税条約に準拠した規定を二国

6　平尾照夫『租税条約の解説―OECD 租税条約草案―』（日本租税研究協会・1964）1頁、赤松晃『国際租税原則と日本の国際租税法―国際的事業活動と独立企業原則を中心に』（税務研究会・2001）36頁、134頁。

7　井澤龍「1928年国際連盟モデル租税条約草案の作成過程と成立：二重課税と脱税に関する政府専門家総会の議事録分析から」滋賀大学経済学部研究年報23号（2016）37頁、北川博英「モデル租税条約の進化：国際連盟及び Adams 教授による貢献（一）（二）」横浜法学25巻2号（2016）81頁以下、25巻3号（2017）123頁以下。

間租税条約で定めている場合に、OECDモデル租税条約コメンタリーを租税条約の解釈において参照できるか、その法的地位については議論がある[9]（租税条約の解釈については、**第2章**参照）。加盟国はモデル租税条約の目的及び主要規定に合意をしているが、各国がモデル租税条約と異なるポリシーを有している場合は、規定に留保（reservation）を付すことができ、それはコメンタリーで明らかにされている（コメンタリー、序論パラ31）。

　OECDモデル租税条約は先進国型の条約として徹底した相互主義に立脚しているため、先進国と発展途上国との条約としては必ずしも適切でないということから[10]、国連の経済社会理事会（ECOSOC）は、国連特別専門家グループを組織し、1968年以降モデル租税条約の作成作業を進めてきた。ガイドラインと第一次ないし第七次報告書が公表され、1979年12月第8回会議において、「先進国と発展途上国との間の国連モデル条約（United Nation Model Double Tax Convention between Developed and Developing Countries）」が採択された。国連モデル租税条約は、先進国対発展途上国の条約であるという観点から、例えば、事業所得課税に関しては、恒久的施設の範囲をOECDモデル租税条約より広く定義し、船舶による国際運輸業所得への課税、利子、配当などの投資所得に対しても、発展途上国の税収確保の側面を重要視している。近年、後進国の発言力が増すなか、国連モデル条約の影響力が高まりつつある。

8　居波邦泰「OECDモデル租税条約コメンタリー」本庄資編著『国際課税の理論と実務　73の重要課題』（大蔵財務協会・2011）59頁。

9　増井良啓（2007）・前掲注3、577頁注27。藤谷武史（2017）前掲注4、29、41頁。例えば、グラクソ事件（最判平成21・10・29民集63巻8号1881頁）によれば、OECDモデル租税条約コメンタリーをウィーン条約法条約32条の「解釈の補足的な手段」とする（国税不服審判所平成29・8・22裁決事例集108-1もそれを支持）。東京高判平成26年10月29日（税資264号順号12555）は、コメンタリーは、法的に拘束力を有する租税条約の具体的な条文の解釈に当たって参照する余地があるとしても、租税条約の具体的な条文を離れて、それのみで、条約と同等の効力を有する独立の法源となると解することはできないため、租税条約の規定がないにもかかわらず、コメンタリーのみを根拠規定として租税条約の適用を否定し、課税できるとは認められないとする。

10　青山慶二「OECDと国連のモデル条約の比較」租税研究730号（2010）242頁、青山慶二「国連モデル租税条約の課題」本庄資編著『国際課税の理論と実務　73の重要課題』（大蔵財務協会・2011）75頁。

OECD、国連以外にも、自国の租税条約締結方針を明らかにするために、米国、オランダ、ドイツなどモデル租税条約を策定する国がある[11]。例えば、米国は、1977年にモデル租税条約を初めて公表し、1981年の条約便益制限条項の追加を経て、1992年、1996年、2006年、2016年に米国モデル租税条約（US Model Tax Convention）の改定を行ってきた。米国モデル租税条約には、条約ごとに詳細な技術的説明（Technical Explanation; TE）が策定されている（TE については、**第2章**参照）。

┌─ Column　国連モデル租税条約

OECD の租税条約モデルは、先進国間で租税条約を締結するときのためのものであり、相互主義を前提条件とした上で、居住地国の課税権を重視するものとなっている。

国際連合（以下、「国連」）は、開発途上国と先進国の間で租税条約を締結するためのモデルを1980年に制定した。OECD モデル条約をベースとしつつも開発途上国の立場を踏まえた内容となっている。最近では、2017年に改定されている（個別の条項については国連租税専門家委員会ホームページを参照されたい　www.un.org/esa/ffd/wp-content/uploads/2018/05/MDT_2017.pdf　最終閲覧2020年2月11日）。

国連モデル条約では、恒久的施設の認定基準が緩やかにされていたり（OECD モデルでは「12ヶ月を超える」とされているが、「6ヶ月を超える」工事現場等を恒久的施設とする）、源泉地国の第一次的課税権を尊重するような内容（使用料についてOECD モデル条約では居住地国にのみ課税を認めているのに対し国連源泉地国にも課税を認めている）とされていたり、源泉徴収の税率について、ある程度の幅を想定していたり、条約当事国となっている途上国の課税権をより広く認めようとしている。

（浦東久男）

11　本庄資「米国モデル租税条約」同編著『国際課税の理論と実務　73の重要課題（大蔵財務協会・2011）93頁、矢内一好「米国2016年モデル租税条約」企業研究30号（2017）111頁、増井良啓「オランダのモデル租税条約（上）（下）―研究ノート」ジュリスト1098号（1996）122頁、1099号（1996）115頁。なお、ドイツモデル租税条約の英語版は、Basis for negotiation for agreements for the avoidance of double taxation and the prevention of fiscal evasion with respect to taxes on income and on capital, IVB2-S1301/13/10009, 22.8.2013.

12-2　租税条約の対象税目と適用範囲、条約適格

―― 事例1 ―――――――――――――――――――――――――――

(1)　甲国の内国法人 X は、乙国の内国法人 Y の社債に投資することを計画している。甲乙国間には租税条約は締結されておらず、Y が X に社債利子を支払えば、乙国の国内法では20％の源泉税が課税される。X の子会社 Z の居住地国丙国と乙国との租税条約では利子の源泉地国課税が免税になっている。Y からの社債利子にかかる税負担をできるだけ軽減するために、X はどのような投資スキームを考えることができるか。

(2)　外資系金融機関である外国法人 A が日本国内の不動産に投資し、対価を得たならば、源泉徴収義務が課せられる（所税212条1項）。そこで投資ビークル（SPV）として日本法人 B を用いて、日本国内の不動産に投資を行う。B が当該不動産から所得を稼得すれば、我が国で法人課税されるので、これを避けるため B を営業者、外国法人 A を匿名組合員とする匿名組合契約を締結して、当該不動産に投資を行うことにした。当該契約に基づき、営業者から匿名組合員 A への利益分配の課税関係はどのようになるか。なお、日本と A の居住地国との租税条約では、OECD モデル租税条約21条1と同じ規定が定められているものの、当該租税条約には匿名組合に対する特別の規定は定められていないものとする。

―――――――――――――――――――――――――――――――――

　OECD モデル租税条約2条1では、対象税目の範囲が定められており[12]、締約国、地方政府及び地方公共団体が課す所得及び財産（capital）に対する租税が対象とされているが、我が国は財産に対する租税の適用については留保を付している（コメンタリー第2条、パラ11）。したがって、対象税目には相続税及び贈与税は含まれていない。課税方式は、申告方式、賦課方式、源泉徴収方式のいずれも含まれる。相手国によっては、地方所得税がない場合があり、住民税を含む条約と含まない条約に分かれる。米国は地方税の適用について留保を付

―――――――――――――――――――――――――――――――――

12　Patricia Brandstetter, "Taxes Covered", A Study of Article 2 of the OECD Model Tax Conventions, IBFD, 2011.

260

しており（同第 2 条、パラ10）、日米租税条約第 2 条の対象税目には地方税は含まれていない。しかしながら、地方税の課税ベースが一部国税と連動している場合には、事実上影響を受けざるをえない。米国で日本企業に移転価格税制が適用されたことに対して、日米租税条約に基づき相互協議で合意がなされ、それに従い、我が国が減額更正し納税者に国税を還付したところ、国税と課税ベースが連動している地方税（法人事業税）の大幅な還付が問題になり、対応的調整の法的根拠を欠くとして争われた住民訴訟がある[13]。

　租税条約は、一方又は双方の締約国の居住者（resident）である者（person）に適用される（第 1 条 1）。租税条約のなかには、国民であるかどうかにかかわらず、「双方の締約国の納税義務者」とされ非居住者を含んでいるものがあるが、OECD モデル租税条約はそれを採用していない。OECD モデル租税条約 3 条は、自然人、法人だけでなく、法人以外の団体（any other body of persons）も「者」であるとする。

　パートナーシップに対する課税上の取扱いは各国で異なるため、OECD 租税委員会は租税条約のパートナーシップへの適用に関する問題について検討を重ね、報告書を公表してきた[14]。パートナーシップが条約の特典を享受できるかどうかは、「者」「居住者」の該当性にかかっており、パートナーシップは、「法人又は法人以外の団体」として「者」であるとされる（コメンタリー第 3 条、パラ 2）。パートナーシップの課税上の扱いは、パートナーシップ自体を課税主体と考える国とパートナーシップを課税上存在しないものとして取り扱い、その構成員を課税主体と考える国に分かれる。両国間のこのようなミスマッチは、二重課税又は課税の空白を引き起こす（ハイブリッド・ミスマッチの課税問題については、**第 3 章**参照）。上記報告書の原則に従い、パートナーシップのように、一方締約国で「全面的に又は部分的に」課税上存在しないもの

13　横浜地判平 7・3・6（訟月42巻12号3076頁）、東京高判平 8・3・28（訟月42巻12号3057頁）、最判平10・1・27（税資230号162頁）、村井正『租税法と取引法』（清文社・2003）489頁。

14　OECD, The Application of the OECD Model Tax Convention to Partnership :Issues in International Taxation No.6, 1999. その日本語訳として、古賀明監訳『OECD モデル租税条約のパートナーシップへの適用』（日本租税研究協会・2000）。

(fiscally transparent) として扱われる団体又は仕組みの所得は、一方締約国の居住者の所得として扱われる限りにおいて、その取扱いが尊重される[15]（同第1条、パラ2-4）。この原則は、集団投資ビークルに対する特別規定が適用される場合を除き、信託などの課税上存在しないものとして取り扱われる団体又は仕組みにも当てはまる（同1条、パラ35-48、集団投資ビークルの条約適格については、**本章12-4**参照）。

　各国は多様な年金の仕組みを有しており、「年金基金」の性質もさまざまである[16]。そのため、年金基金が稼得した所得に租税条約の特典を与えることができるのかどうかが問題になる。2017年OECDモデル租税条約は、設立された国で「独立した者」として扱われる一定の要件を満たす団体又は仕組みを「公認年金基金」とし（第3条1i)）、それが設立された国の居住者とし（第4条1）、その条約適格性を明らかにした。

12-3　租税条約の濫用、トリーティ・ショッピング

　租税条約は国際的二重課税を調整することを目的として二国間で締結され、両締約国の居住者がその便益を享受することができる。租税条約には国際的二重課税調整のため、源泉地国課税減免、居住地国課税減免といった特典が定められているところ、そのような租税条約の本来の目的とはかけ離れ、もっぱら租税条約の特典を享受するために租税条約の濫用が行われることがある。租税条約の濫用は、本来の条約適格者による濫用と条約適格をもたない者による濫用、いわゆるトリーティ・ショッピングに大別される[17]。

15　OECD, Model Tax Convention on Income and on Capital, condensed version 2017, Art.1. 課税上存在しない団体又は仕組みに対するOECDモデル租税条約の適用については、川田剛・徳永匡子『2017OECDモデル租税条約コメンタリー逐条解説　第4版』（税務研究会・2018）33頁。

16　OECDモデル租税条約18条の退職年金条項については、本書**第7章**参照。なお、多国籍企業の被用者の年金掛金の拠出などの国際課税問題は、OECDモデル租税条約第18条コメンタリーパラ8以下で扱われている。川田剛・徳永匡子『2017OECDモデル租税条約コメンタリー逐条解説　第4版』（税務研究会・2018）482頁、宮本十至子「グローバル化と私的年金－ドイツの議論を参考に－」税法学562号（2009）149、153頁。

　このような本来予定していない租税条約の目的外利用は、国際的租税回避や脱税を招来するため、そのような取引を行う者に対して租税条約を適用することは望ましいものではない。したがって、各国は租税条約を濫用する者に対して一定の規制をしてきた。とりわけ、第三国の居住者であるものが租税条約の特典を享受しようとするトリーティ・ショッピングに対する規制が問題となる。そもそも第三国の居住者が租税条約の適用対象になるかどうか、形式的に両締約国の居住者であるが、実質的に第三国の居住者が条約の便益を享受している場合などにどのように対処していくかが問題になる。

　欧州諸国でも租税条約の濫用に対する議論は古くから行われてきたが、とりわけ、米国は、トリーティ・ショッピングに対する規制の豊富な経験を有する[18]。1955年に1948年米蘭租税条約が蘭領アンティールに拡大適用されたことから、当該租税条約を利用した蘭領アンティール中間金融会社を介したユーロダラーの資金調達スキームが租税条約の濫用として問題視されたことが発端である。米国は、トリーティ・ショッピングに対して国内法による規制だけでなく、米国モデル租税条約の規制条項を公表することで、自国の条約締結ポリシーを明らかにしている。

12-4　濫用規制と特典制限（LOB）条項

　各国は、租税条約の濫用、トリーティ・ショッピングに対する規制を二国間租税条約で定めてきた。OECD は、1977年モデル条約に「受益者（beneficial owner）」概念を導入し、早くから租税条約の濫用問題について取り組んできた。さらに、OECD は、1986年に「二重課税条約と基地会社の利用（Double Taxation Convention and the Use of Base Companies）」及び「二重課税条約

17　谷口勢津夫「第三国の企業による租税条約の濫用とその規制(1)（2・完）」税法学440号（1987）16頁、441号（1987）1頁、谷口勢津夫「租税条約の濫用―主として Treaty Shopping について―」村井正編『国際租税法の研究』（法研出版・1990）149頁、152頁。

18　青山慶二「トリーティショッピングの歴史の再検討と最近の課題について」フィナンシャル・レビュー84号（2006）116頁、矢内一好・前掲注11、112頁。

と導管法人の利用（Double Taxation Convention and the Use of Conduit Companies）」という二つの報告書を公表し[19]、租税条約の不当な利用に対して検討を重ね、租税条約への濫用防止規定の導入を提案するなど、その議論をコメンタリーに反映させてきた[20]。その後、BEPS プロジェクトの「行動計画 6 租税条約の濫用防止」においても議論が行われ、租税条約の濫用を防ぐ措置が最終報告書としてとりまとめられた[21]。当該最終報告書は、租税条約の濫用への対抗措置について、各国が最低限遵守すべきミニマムスタンダードとして、次の 3 つのいずれかを租税条約に含めることを勧告した。

①主要目的テスト（Principal Purpose Test; PPT）のみ

②主要目的テストと簡易版 LOB 条項

③詳細版 LOB 条項と導管取引対抗条項

この勧告を受け、行動計画15に基づく多国間協定として、BEPS 防止措置実施条約が制定され、その第 7 条に主要目的テストと簡易版 LOB が含められた。主要目的テストとは、租税条約の特典を受けることが主たる目的の一つであると判断された場合に、その特典が与えられないとするものである。

BEPS 最終報告書の議論は、2017年 OECD モデル租税条約29条及びそのコメンタリーに提示されている。

我が国の二国間租税条約には、個別的な租税条約の濫用防止規定を定めたものがみられたものの（例えば、対シンガポール条約22条 1 、対ルクセンブルグ25条、1995年署名の対フランス条約10条 3 、対南アフリカ条約22条など）トリーティ・ショッピングへの対策は必ずしも十分でなかった。高課税国である我が国がトリーティ・ショッピングの標的になる可能性は低いと考えられていたが、実際には、外国税額控除余裕枠利用否認事件（**第11章**参照）やガイダント事件（**第 8 章**参照）のように、租税条約を利用した課税軽減スキームが問題に

19　OECD, International Tax Avoidance and Evasion, Four Related Studies, Issues in International Taxation No.1, 1987.

20　OECD, Model Tax Convention on Income and on Capital, 2014, Art.1, paras. 7-26.

21　OECD, Preventing the Granting of Treaty Benefits in Inappropriate Circumstances, Action 6 – 2015 Final Report, OECD/G20 Base Erosion and Profit Shifting Project, 2015.

264

なることもあった。

　我が国でトリーティ・ショッピングに対する対抗措置である特典制限（Limitation on Benefit; LOB）条項[22]が導入されたのは、2003年署名の日米租税条約第22条が嚆矢である[23]。

　日米租税条約では、投資所得の源泉地国課税が軽減されたことにより、第三国の居住者による濫用可能性から規制条項が導入されていた。日米租税条約の特典を享受するには、両締約国の居住者であることに加えて、適格居住者でなければならず、LOB 条項の適格者基準、能動的事業活動基準、権限のある当局の認定のいずれかを満たす必要がある（**図表12-1**参照）。

　その後、日本が締結した租税条約にも類似の LOB 条項が導入されている。EU 加盟国との租税条約締結において、LOB 条項と EU 法との抵触が問題になり、それを回避するために、米蘭租税条約第26条では、派生的便益（derivative benefit）基準が初めて導入された[24]。日本のいくつかの二国間租税条約の LOB 条項には、派生的便益基準や多国籍企業本店基準を導入しているものがある[25]（**第2章2-3-4**参照）。多国籍企業の本部機能を有する法人は、適格者基準、能動的事業活動基準、派生的便益基準を満たす可能性が低いことから、そのような法人に条約便益を認める趣旨で、多国籍企業集団本拠法人基準が米蘭租税条約第26条に導入された経緯がある（米蘭租税条約については、村井正・岩田

22　LOB 条項については、中山清「租税条約の特典制限条項（LOB）」フィナンシャル・レビュー84号（2006）134頁。

23　浅川雅嗣『コンメンタール改訂日米租税条約』（大蔵財務協会・2005）185頁。なお、租税条約の便益の享受と届出書の不提出について、東京地判平27・5・28（訟月63巻4号1252頁）、東京高判平28・1・28（訟月63巻4号1211頁）。

24　一高龍司「海外論文紹介　条約特典制限条項と EU 法：日蘭租税条約上の LOB の検討」租税研究802号（2016）457頁。

25　派生的便益基準については、日英22条3、日仏22条のA3、日蘭21条3、日スイス22条のA3、日独21条3、日ベルギー22条3、日スウェーデン21条のA3、日ラトビア22条3、日オーストリア22条3、日リトアニア23条3、日ロシア21条3、日デンマーク21条3、日アイスランド22条3、日スペイン28条4、日コロンビア28条4、日エストニア22条3。多国籍企業本店基準（多国籍企業集団本拠法人基準）については、日蘭21条6、日スイス22条のA5、日ベルギー22条6、日スペイン28条5。

図表12-1　日米租税条約における LOB（浅川雅嗣「日米新租税条約の署名について」ファイナンス2004年11頁を参考に筆者加筆修正）

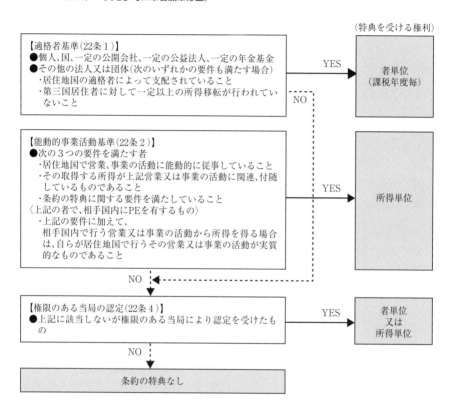

一政『EU 通貨統合と税制・資本市場への影響』（日本租税研究協会・2000）70頁以下を参照されたい）（**図表12-1 参照**）。

　日本は、BEPS 防止措置実施条約の主要目的テストを選択しており、相手国がそれを選択している場合には、二国間租税条約にそのテストが上書きされる。

　租税条約の不正利用は、法人だけでなく、信託などの事業体を通じて行われる可能性もある。投資法人や投資信託などの集団投資ビークル（Collective Investment Vehicles; CIVs）を条約上どのように扱うかという課題がある（OECD モデル租税条約1条2）[26, 27]。投資ファンドとして用いられる事業体の

課税上の扱いは各国によって異なる。租税条約の適格者は、「者」「居住者」「受益者」であることが必要であるが[28]、信託について国内法で法人と同様に課税上扱う国（例えば、我が国の法人課税信託）や課税上存在しないものとして扱う国があり、前者についても一定要件の下、ほとんど課税されないか、非課税扱いされる場合がある。課税上存在しないものとして事業体が扱われる場合に、「居住者」に該当しない場合があるが、その背後にある投資家に条約便益を享受させるのが手続上困難な場合がある[29]。そうすると、直接的な投資と集団投資ビークルを介在させた投資との中立性の観点から、集団投資ビークルを介在させた所得に租税条約の便益をどのように享受させるべきかが問われ、その一方で背後の投資家が第三国の居住者である場合に条約の不正利用の規制をどのように図るかが課題となる[30]。OECD モデル租税条約コメンタリーは、一定の集団投資ビークルの扱いについて特別規定を置くか、LOB 条項で明らかにすることを示唆している（第1条、パラ35、第29条、パラ55-67）。

26　増井良啓「証券投資ファンド税制の比較」日税研論集41号（1999）193頁、宮本十至子「投資ファンド課税の国際的側面について」関西大学法学論集50巻6号（2001）282頁。

27　OECD, The Taxation of Collective Investment Institution, 1999; OECD, Taxation of Cross-border Portfolio Investment –Mutual Funds and Possible Tax Distortions-, 1999. 田邊昇『新版投資ファンドと税制』（弘文堂・2006）190頁。

28　IFA, The Taxation of Investment Funds, Cahier de droit fiscal international, vol.82b, 1997. OECD,

29　OECD, The Granting of Treaty Benefits with respect to the Income of Collective Investment Vehicles, 2009; OECD, Possible Improvements to Procedures for Cross-Border Investors, 2009; OECD, TRACE IMPLEMENTATION PACKAGE for the adoption of the AUTHORISED IMTERMEDIARY SYSTEM a standardised system for effective withholding tax relief procedures for cross-border portfolio income, 2013.

30　宮本十至子・前掲注26、328頁。

┏━ **Column 法人課税信託** ━━━━━━━━━━━━━━━━━━━━━━━━

　所得課税においては、従来、課税主体は法人と個人の二分論で展開されてきた。しかし、信託法改正に伴う平成19年度税制改正により、法人格を持たない信託について法人課税を行う法人課税信託制度が創設された。法人課税信託は、①受益証券発行信託、②受益者等が存しない信託、③法人が委託者となる信託で一定のもの、④一定の投資信託、⑤特定目的信託が該当する（法税2条29号の2）。これらの信託を利用した租税回避に対処するため、すべてを一括りにして、その所得を法人税の課税対象にすることとした。この一括りによる対応が信託法改正後における信託制度の十分な活用を阻害する可能性は否定できないであろう。

　法人課税信託制度では、その信託財産そのものを納税義務者とするわけではない。法人課税信託の引受けを行う内国法人、外国法人又は個人が法人税の納税義務を負うことになる（法税4条1、3、4項）。これらは受託法人と呼ばれ、その内外の区別は法人課税信託の信託された営業所等の所在地による。すなわち、その法人課税信託に係る受託法人は、当該営業所等が国内にある場合には内国法人とされ、国内にない場合には外国法人とされる（法税4条の7第1、2号）。法人課税信託に係る受託法人が内国法人とされれば、全世界所得に課税され、外国法人となれば、国内源泉所得に課税されるが（法税141条）、この場合の外国法人には軽減税率の適用はない（法税143条5項4号）。

　会社でない受託法人（個人や会社以外の法人）は、法人税法の適用については、会社とみなされる（法税4条の7第3号）。よって、受託法人には、移転価格税制、外国子会社合算税制、過少資本税制など、会社に関する国際課税規定が適用されることになる。　　　　　　　　　　　　　　　　　　　　　　　　　　　　（辻　美枝）

　（参考）
増井良啓「信託と国際課税」日税研論集62号（2011）227頁以下

12-5　無差別取扱い

---- 事例2 ----

　我が国の過少資本税制は、外国法人を親会社とする内国法人（外国法人の子会社）の借入金利子だけを課税（否認）対象としており、内国の関連法人間の借入金利子については対象としていない。一般に内外差別を禁止している OECD モデル条約24条の無差別取扱い条項に上記の過少資本税制は抵触しないだろうか。我が国の過少資本税制において類似内国法人の総負債・純資産比率（倍数）の援用可能性（租特66条の5第3項）を認めていることとの関連では、どのように考えればよいのだろうか。

　各国の租税法は、居住者、非居住者、内国法人、外国法人等の課税要件をそれぞれのメルクマールに従い税法上これを区別し、それぞれ異なる取り扱いをするのが、通例である。概念の区別による差別課税は、それが著しく合理性を欠くものでない限り、我が国内法上、憲法14条の平等原則に反することはない。OECD モデル租税条約の無差別ルールは、適用要件が不透明であるため抵触の基準があいまいであり、OECD モデル租税条約の条文の中で最も困難な解釈問題を惹起し、その存在そのものに疑義を挟む論者もいる。しかし、この条項の背景を探ってみると、OECD コンメンタリーも記述するとおり、これは歴史的には古く19世紀に遡る。「6．無差別待遇の原則が、様々な表現のもと、また、適用対象に多少の違いはあるが、19世紀末に古典的な二重課税条約が登場する以前から、国際的な租税関係に適用されてきたことは、注目に値する。したがって、とりわけ19世紀に、居住地を問わず自国民に対する外交的な保護を拡大及び強化するために締結された非常に多くの様々な種類の協定（領事条約、設立条約、友好通商条約等）には、両締約国がそれぞれ他方の締約国の国民に対して自国民と等しい待遇を与えることを約束する条項が存在する。」（水野忠恒監訳『OECD モデル租税条約2017年版』（日本租税研究協会・2019）

403頁）

　上記のような背景の下で過去の国際慣行を確認するものとして、無差別取扱い原則は当初から導入されたものと思われる。

　この無差別取扱い原則は、一定の要件、すなわち「同様の状況にある」（１項、２項）、「同様の活動を行う」（３項）、「類似の企業」（５項）であるという要件が認定されたならば、差別課税を行っても、これは無差別取り扱い原則の適用の埒外におかれることになる。逆にいえば、「同様の状況にない」、「同様でない（異なる）活動を行う」、「異なる企業」ということを税務当局が主張立証すれば、差別的課税の疑義が存する場合でも正当化されることを意味する。そうなると、「同様の状況にない」と一方の税務当局がいってしまえば、余程のことがない限り他方がこれに反論を加えることは難しいと思われる。例えば、ある個人が同様の状況にあるか否かを判断する際の基準要素があれば、より容易に判断できる。モデル租税条約にこれまで「特に居住者であるか否かに関し」の表現はなかったが、現行モデル租税条約にこれが入ったことにより、同様の状況の判断を明確化したものと評価されている。公共団体については、各国の定義は必ずしも一致していないので、「同等性」がないことを理由に差別扱いを正当化しやすい。異なる取り扱いをしても、結果的に重課とならない限り、差別が問われることはなかろう。無差別取扱い原則の具体的適用において、判断し難い問題は、「恒久的施設が保有する株式に関して受領する配当の特別扱い」である。親子会社間の配当に関する各国の課税メカニズムは、法人出資者間の法人税・所得税の統合を積極に解するか否かによって多様である。OECDコメンタリーは、いろいろな場面を想定して論じているが、今のところ一律の解決は無理と思われる。

　過少資本税制に関するコメンタリーは以下の通り重要である。

　「74.　4の規定は、第9条1又は第11条6の規定に適合する限りにおいて、債務者国が過小資本に関するルールを適用することを禁ずるものでない。ただし、これらの条項に適合しないルールの適用により生ずるものであり、かつ、非居住者である債権者に対してのみ適用される（居住者である債権者を除外し

ている）場合は、当該待遇は４の規定により禁止される。」（水野・前掲）（第４項パラ74）各国の過少資本税制は、殆どが「非居住者である債権者」を標的とすることに照らせば、第４項との抵触が問われることになる。この点、「事例」との関連を考えてほしい。

　無差別原則については、国際課税において重要な役割を果たすにもかかわらず、以上の通りその適用上、曖昧な点がみられる[31]。

　OECD モデル租税条約24条は、１項で国民無差別、２項で国籍無差別、３項で PE 無差別、４項で内外無差別、５項で資本無差別の無差別取扱いをそれぞれ定めた規定である。６項は、第２条の対象税目にかかわらず、国、地方政府、地方公共団体が賦課するすべての税目に適用されることを明らかにする。我が国の租税条約では、国籍無差別を定めた規定はなく、無差別条項を定めていない条約もある。

　当該無差別条項の適用において、問われるのは、主として４項の内外差別である[32]。実際に差別課税を行うのは、それぞれの国内税法によってである。国内法で内外差別を行っても、相手国との間で租税条約を全く締結していないか、締結していたとしても、該当の項目がない（例：PE）場合は、差別取扱いを理由に相手国を糾弾しても直接的効果がないことは、過去の多くの事例が示す通りである。過去の紛争事例の中で、例えば、中国国内で一定の物品の輸出の際に、増値税という付加価値税について、申請すれば国内事業者は、還付されるのに対して、外国事業者は、還付されないという内外差別が問題となったことがある。OECD モデル租税条約24条６項によれば、「この条の規定は、第２

31　Kees van Raad, Nondiscrimination in International Tax Law, Kluwer, 1986. 増井良啓「二国間租税条約における恒久的施設無差別の規定と国内租税法令における外国税額控除の人的適用範囲—OECD の2007年５月３日 public discussion draft をめぐって—」ソフトロー研究11号（2008）101頁、増井良啓「OECD モデル租税条約24条（無差別取扱い）に関する2007年５月３日公開討議草案について—研究ノート—」トラスト60研究叢書『国際商取引に伴う法的諸問題（15）』（トラスト60・2008）67頁、増井良啓「二国間租税条約上の無差別条項」ソフトロー研究17号（2011）１頁。

32　村井正「国際租税法における無差別取り扱い原則」同『租税法—理論と政策—［第三版］』（青林書院・1999）281頁。

条の規定にかかわらず、すべての種類の租税に適用する。」（米財務省モデルも同旨）とあり、上述のように所得課税以外の増値税のような付加価値税もこれに含まれるが、日中租税条約には、無差別規定自体はあるものの、これに相当する規定がないのに対して、他の対中条約には、上記のOECDモデルと同じ規定がある（例えば中独租税条約25条5項）。そうなると、この規定の有無によって、片や条約違反が問われ、片や違反とならないということになるおそれがある。我が国の締約例の多くはOECDモデル租税条約24条6項に相当する規定を含んでいるが、日中租税条約のように当該規定を欠いているものもある。

居住者の国際的二重課税については、国内税法で外国税額控除による救済が認められているものの、非居住者には適用されない。とりわけ、トライアンギュラーケースのように、取引が3カ国以上に跨る場合に、非居住者、外国法人による二重課税の救済が問題になり、国によっては、非居住者に対しても救済措置も認めている例もある。我が国のような場合には、二重課税が救済されない可能性があり、無差別条項との関係でいえば、3項あるいは4項との関係が問題になる[33]。

米国の支店利益税、支店利子税が、導入されたときに、無差別条項との抵触が問われたことがあった。支店利益税とは、非居住者又は外国法人に対し、その恒久的施設に帰属する利得等のうち、その基因となる活動が法的に独立した団体により行われたとすれば本店に支払われたであろう配当の額に相当する所得額に課税するものである。支店利子税とは、本支店間で利子の支払いがあったものとみなして課税するものである。これらの税制のねらいは、進出形態の差による税負担の差異を失くそうとするものであり、課税中立性の視点にたつものである。これらの税制は、本条に抵触するおそれがあるとの考えも成り立ち得るので、その点を配慮して我が国が自国にはない米国の税制を「課することを妨げるものと解してはならない」と容認の姿勢を明らかにするとともに、本条違反のおそれを払拭したものである。いずれにせよ、本規定は、我が国の

33　増井良啓（2008）・前掲注31、102頁。

憲法14条と同様に適用の射程範囲の広い規定であり、議論の多い規定である。また本規定は、「同様の状況にある」等の要件があれば、これを容易に回避することもできる点に盲点があることは既に述べた通りである。

〈参考文献〉
青山慶二「租税条約の濫用防止」日税研論集73号（2018）19頁。
一高龍司「租税条約の濫用防止に関するわが国の課題」租税研究804号（2016）184頁。
一高龍司「租税条約の濫用防止に関するBEPS最終報告書－米国の動向と我が国の対応のあり方－」青山慶二研究主幹『グローバル時代における新たな国際租税制度のあり方～BEPSプロジェクトの総括と今後の国際租税の展望～』（21世紀政策研究所・2016）。
今村隆「租税条約におけるLOB条項の意義と問題点：我が国の視点からみた同条項の考察」日大法学79巻2号（2013）518頁。
今村隆『租税条約と濫用法理』（大蔵財務協会・2015）。
浦東久男「OECDモデル条約と国連条約モデル」OECD租税研究班『OECDモデル条約は国際租税法の紛争解決規範となりうるか』（関西大学法学研究所・2000）67頁
占部裕典『租税法の解釈と立法政策Ⅰ』（信山社・2002）251頁
小沢進・矢内一好『租税条約のすべて』（財経詳報社・2000）
川端康之「トリティ・ショッピング」ジュリスト1075号（1995）38頁
小松芳明『租税条約の研究（新版）』（有斐閣・1982）
仲谷栄一郎他『外国企業との取引と税務（第5版）』（商事法務研究会・2013）第1章
村井正編『国際租税法の研究』（法研出版・1990）
増井良啓・宮崎裕子『国際租税法（第4版）』（東京大学出版会・2019）
谷口勢津夫『租税条約論』（清文社・1999）
本庄資・田井良夫・関口博久共著『国際租税法－概論－第4版』（大蔵財務協会・2018）
矢内一好『租税条約の論点』（中央経済社・1997）
吉村浩一郎「租税条約の『濫用』と対策」金子宏監修『現代租税法講座第4巻 国際課税』（日本評論社・2017）83頁。

第13章　移転価格税制(1)

───── **事例（次章にも関係する）** ──────────

　日本の株式会社Ｐ（製造業）は、製品甲の製造拠点を軽課税国Ａの子会社Ｓに
移転し、Ｐ社が日本とＡ国で保有する特殊な製造技術に係る乙特許の実施をＳ社
に許諾した。Ｓ社は、Ｐ社から購入する原材料を使い、乙特許を実施して製造した
製品甲を、独自にＡ国の顧客に販売するとともに、Ｐ社にも販売し、Ｐ社は日本
国内で甲を顧客に販売している。Ｐ社は、業界平均の料率に従い、製品甲の売上（Ｐ
向け売上を含む）の３％の使用料をＳ社から受け取っている。なお、Ｓ社は独自の
無形資産を有しない。

　Ｐ社はこの使用料が独立企業間価格に合致するか否かを確認するために、(1) 原
材料と製品甲の売買の対価を考慮に入れるべきか、(2) 最も適切な独立企業間価格
算定方法をどのように選択すれば良いか。

　事例の前提を少し変え、仮に、乙特許の取得に至るまでＰ社とＳ社が共同研究
開発の形式をとっていて、日本とＡ国における売上予測がほぼ同額であることか
ら乙特許を持分均等で両国で共有しており、両国の特許法上両者は乙特許を任意
に自己実施ができる（特許73条２項参照）とする。実際の研究開発業務は専らＰ
社内でその従業員によって遂行されたとすると、(3) Ｐ社が移転価格税制の適用を
受けずに使用料なしで乙特許をＳ社に実施させることはいかなる条件の下に可能
であるか。

―――――――――――――――――――――――――――――――――――

13－1　移転価格の意義と移転価格税制の展開

　移転価格税制は、法人と、50％以上の所有関係その他の特殊の関係を有する
外国法人との間の取引に関し、当該法人の支払う対価が独立企業間価格を超え

―――――――――――――

（注）　本章の内容は、2019年４月１日現在の法令による。

又は当該法人が受ける対価が独立企業間価格に満たない場合に、これを独立企業間価格で行われたものとみなす制度である（租特66条の４）。昭和61年度の税制改正で導入された（同年４月１日以降適用開始）。

税制調査会は、「海外の特殊関係企業との取引の価格を操作することによる所得の海外移転、いわゆる移転価格の問題」に「現行法では、……十分な対応が困難であり、これを放置することは、適正・公平な課税の見地から、問題のあるところ」だとし、これに対しては、「諸外国との共通の基盤に立って、適正な国際課税を実現するため、法人が海外の特殊関係企業と取引を行った場合の課税所得の計算に関する規定を整備するとともに、資料収集等、制度の円滑な運用に資するための措置を講ずることが適当」と答申していた[1]。

むろん営利企業は、その移転価格（つまり、国際的な関連当事者間取引に係る価格）を税負担だけ考慮して決めるわけではない。例えば、移転価格は個々の法人の管理者の業績評価にも関わるし、取引対価は関税等にも影響する[2]。移転価格への事業上の影響因は種々あるところ、本税制は租税回避の意図を適用要件としていない[3]。法人は、移転価格税制が採用する独立当事者間基準（arm's length standard）に従い、所定の独立企業間価格（arm's length price）を算定し、所得が海外に移転しうる要件に該当する限り、独立企業間価格を反映する所得を申告所得に含めなければならない（租特通66の４(8)－１、２、３参照）。

もっとも、独立当事者間基準は、特に、無形資産取引に関し困難に直面しうる。企業が市場での取引に代え、グループを形成し取引を内部化する契機とし

---

1 税制調査会編『昭和61年度の税制改正に関する答申』（昭和60年12月）5頁。同様に自由民主党『昭和61年度税制改正大綱』（昭和60年12月17日）にも「価格操作による所得の海外移転に対処し、適正な国際課税を実現するため」に措置を講ずる旨述べられている（後者の大綱は、税務弘報34巻２号（1986）181頁に掲載されたものを参照した）。

2 関税上の物品の評価方法と移転価格税制上の価格算定方法とは異なりうるが、互いに参考になるかもしれない。移転価格の執行当局と関税当局との協力（情報交換等）の有用性が、2017年 OECD 移転価格ガイドラインでも言及されている（同ガイドライン・パラ1.137-1.138）。

3 渡辺勲「租税特別措置法（移転価格税制関係）の一部改正」税務弘報34巻７号（1986）108頁、110頁。

て取引費用の節約が挙げられる。無形資産に係る取引は、情報の偏在や不確実性等を反映してこのような費用[4]が一般に大きい。企業活動の拡張と進展につれて重要性を増す無形資産の存在に促されて、企業は市場を内部化するのに、独立当事者間基準は課税上再びグループ内取引の帰結を市場取引のそれに引き直そうとする。そこで、無形資産取引に関する限り、同基準に従った所得の再配分には、理論的な一貫性を欠き又は比較対象取引を発見しえないという批判が加えられる。

　現に、遅くとも1980年代から今日に至るまで、移転価格税制に関する議論の中心となってきたのは無形資産取引である。特に80年〜90年代に、議論と制度の深化を牽引してきたのは米国であり[5]、そこで問題視された取引の典型例は、国外への技術移転を伴う往復取引である。

図表13−1　技術移転を伴う往復取引例

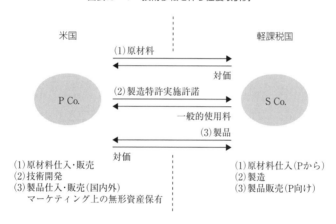

　米国親会社が、ライセンス等を通じて課税上有利な外国又は属領の子会社に製造無形資産と製造拠点を移転する。米国親会社は、原材料等を提供してその

4　信頼できる取引相手を探す費用、取引の目的物に係る情報（収益性、価値などを含む）を得る費用など、不確実性に関係する費用を広く含む。

5　1992年の財務省規則案、1993年の暫定規則を経て、1994年に最終規則として基本的に確定している（その後も役務提供に関するルール等について改正がなされてきた）。

対価を収受し、無形資産の対価を一般的な料率の使用料等として収受するとともに、当該子会社が製造した製品を買い取って、マーケティング上の無形資産を使って国内又は国外に再販売する。ここでは、1)原材料の売買、2)ライセンス、及び、3)最終製品の売買の各対価が問題となるところ、個々の取引を切り出して独立企業間価格を算定するのが可能又は合理的なのかという、取引単位の問題も関わっている。

米国は、1986年改正で、移転価格税制の根拠条文である内国歳入法典482条の第二文[6]としていわゆる所得相応性基準を導入し、無形資産の利用の成果に照らして、財務長官が事後的に無形資産移転の対価の修正を要求する根拠を整えた。1988年の移転価格白書[7]では、連結利益を平均的な利回りと超過利潤とに区分し、後者は、その基因となる重要な無形資産の当初の所有者に専ら帰属させる方法（Basic Arm's Length Return Method. BALRM と称する）を提示した。この考え方は、1994年の最終規則の中で、利益比準法及び残余利益分割法として活かされている。

OECD も、加盟国間の協調を図りつつ、モデル条約9条（特殊関連企業条項）の下での解釈指針として、1995年に移転価格ガイドラインを公表し、上記利益比準法の取引単位での適用を強調した取引単位営業利益法（TNMM）を取り入れ、さらに、取引単位利益法の中で残余利益分割に言及している。その後も、無形資産、役務、費用分担契約、事業再編等の検討の成果を取り込む修正を重ね、移転価格に関する BEPS 最終報告書[8]等を反映した改訂版[9]が2017年10月に公表されている。我が国の移転価格税制は、租税条約上の特殊関連企業条項を国内的に実施するための根拠法令たる性格をも有し[10]、基本的に移転価格ガイ

---

6 「無形資産……のあらゆる移転の場合には……そのような移転又はライセンスに係る所得は、当該無形資産に帰すべき所得と相応するものとする」という定めである（訳は一高）。

7 Treasury Department and IRS, A Study of Intercompany Pricing, discussion draft, October 18, 1988.

8 OECD, Aligning Transfer Pricing Outcomes with Value Creation, Actions 8-10-2015 Final Reports, OECP/G20 Base Erosion and Profit Shifting Project, 2015.

9 OECD, Transfer Pricing Guidelines for Multinational Enterprices and Tax Administrations 2017.

ドラインの展開に合わせて整備・修正されてきた。

　米国のグローバル企業の一部は、費用分担契約［取決め］（cost sharing arrangement or cost contribution arrangement）を活用してきた[11]。費用分担契約とは、複数当事者による無形資産(等)の開発とその成果の利用に係る契約で、共同での研究開発の成果である無形資産等から各当事者が得る予測便益の割合に比例して、各当事者が貢献しているものをいう。このような契約である限り、移転価格税制上は、当該各当事者は、使用料等の対価を支払うことなく当該便益を享受することができる。これにより、例えば、ある国の親会社がその技術者集団を使って研究開発を行う一方、軽課税国の販売子会社（実体を欠くかもしれない）が資金提供を行う費用分担契約において、実際に研究が成功して重要な無形資産を生み、これを使って生産される製品の販売から大きな利潤をもたらすことになれば、使用料なしで当該子会社はこの無形資産から重要な所得を稼得し続けることが可能となるかもしれない。

　米国では、2009年の費用分担契約に係る暫定規則（2011年に最終規則となった）から親会社のこのような貢献を「基盤貢献（platform contribution）」と称して（以前は外部貢献（external contribution）と称していた）、別途独立当事者間の対価を考慮するようになっており、費用分担契約の取扱いが精緻化されている。そして基盤貢献の評価や予測便益の評価において、割引現在価値法（DCF法）を含む経済理論上の評価手法が整備されてきた。

　移転価格ガイドラインの2017年の改訂は、こうした無形資産の国外流出への対処を念頭においたBEPS最終報告書（2015年）の内容を反映している。このガイドラインの改訂で、DCF法と所得相応性基準の明示的採用に至り、我が国における令和元年度の税制改正にも繋がっている。

10　金子宏「移転価格税制の法理論的検討―わが国の制度を素材として」『所得課税の法と政策　所得課税の基礎理論　下巻』（有斐閣・1996、初出1993）363頁、367-370頁。

11　一高龍司「費用分担契約と取引単位の問題について」租税研究767号（2013）61頁、同「Veritas判決とAmazon判決における独立取引比準法の適用」近畿大学法学65巻3・4号（2018）149頁参照。

図表13- 2　費用分担契約と所得移転

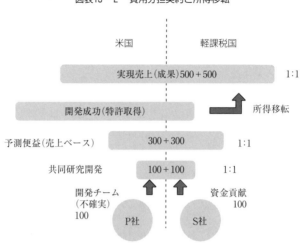

　日本の著名な企業が移転価格税制に基づく多額の更正処分等を受けたという報道は珍しくないが、不服申立の段階で多額の還付金等を受けて決着する事案も少なくない。納税者は、事前確認制度、費用分担契約等の利用を通じて、問題の未然解決を図ることもできる。

　以下で、日本の移転価格税制を見ていく。なお、推定課税、国税職員による調査及び質問検査、事前確認、情報交換、相互協議等の執行上の論点は、本書第15、19章を参照されたい。

Column　ガイドラインにおける定式配賦法の拒絶

　ガイドラインが独立当事者間基準を堅持する理由は、理論的なものと実務的なものがある。理論的には、多国籍企業グループの構成員と独立当事者との課税の公平（parity）の要請に適う点が最も重要である（パラ1.8）。実務的にも、各国の課税当局と納税者の間に定着しており、無形資産取引等における困難もあるが、価格算定に至るルールも開発されてきた。大半の日常的取引にはその適用に目立った困難はない。これに対し、全世界的な定式配賦方式が独立当事者間基準に代わりうるものとして提言されることもある。これは、国際的な企業グループの連結利益を、売上、資産、給与といった指標に従って各国税管轄権に割り当てる方式である。だが、OECD加盟国は、これを現実的な選択肢とは考えていない（パラ1.21）。その理由は、執行の困難であり、課税の重複又は空白を避けるためには、企業グループの構成及び所得配賦の定式について各国の合意と協調を要するが、これが難しい（パラ1.22）ことと、配賦基準の構成要素を操作して租税回避が起こりうる（パラ1.23）ことなどが挙げられる。配賦基準の選択も恣意的で市場の条件や当該企業の状況等を無視しがちであることも指摘される（パラ1.25）。　　　　　　　　　　　　　　　　　　（一高龍司）

Column　ユニタリー・タックス（ユニタリー方式）

　前述のように、定式配賦法はOECD移転価格ガイドラインにおいて拒絶されているが、独立当事者間原則のアンチテーゼとして、長い歴史を持っており（増井良啓・宮崎裕子『国際租税法（第4版）』（東京大学出版会・2019）199頁）、幾度か具体的な提案が行われてきた。その代表的なものが、米国における各州の企業グループ所得の配分方法として採用されたユニタリー・タックス（Unitary Tax）である。

　これは、各企業個別の法人格を無視した上で、各州をまたがった単一の活動（ユニタリービジネス）をする企業グループの所得を合算し、その課税管轄との関わりや帰属に応じて予め定められた方式によって合算された所得を配分する方法である。我が国では、1980年代前半にカリフォルニア州で導入された外国法人をもその適用対象とするユニタリー・タックス制度において注目を集めた。

　現在でもこの配賦にかかる定式は様々であり、また、ユニタリービジネスの範囲も議論が行われている（本庄資「国際課税における重要な課税原則の再検討（第2回）」租税研究763号（2013）242頁以下）。この議論は現在の欧州におけるCCCTB（後述）の議論につながっているが、国家ベースに拡大すると国家間で租税負担がバラつく問題点も指摘されている。　　　　　　　　　　　　　　　　　　　　　　（濱田　洋）

13－2　移転価格税制の適用対象

移転価格税制は、「法人」が、その「国外関連者」との間で「資産の販売……その他の取引を行った場合」の「国外関連取引」につき、当該法人の「［法人税］法その他法人税に関する法令の規定の適用」にのみ、関わる（租特66条の4本文）。

第一に、適用対象は「法人」である。よって個人には適用されない。解釈上、法人税に関する法令の規定の適用に関係する限り、外国法人にも適用がありうる[12]。

第二に、国外関連者とは、当該法人と「政令で定める特殊の関係」のある外国法人である。一方が他方の発行済株式又は出資の総数又は総額で50％以上を直接又は間接に保有する親子関係に加え、同一の者（個人又は法人）が双方の法人を同様に50％以上所有する兄弟関係が該当する（租特令39条の12第1項1号・2号）。次いで、「特定事実」が存することにより一方が他方の「事業の方針の全部又は一部につき実質的に決定できる関係」もこれに当たる。「特定事実」とは、役員の兼務、事業活動又は融資に係る所定の依存関係（同3号）である。さらに、これらの特殊の関係が連続する所定の関係も特殊の関係に当たる（同4号・5号）。

第三に、「国外関連取引」とされるのは、上記の「資産の販売…その他の取引」から、国外関連者たる外国法人の恒久的施設帰属所得（条約の減免を受ける部分を除く）に係る取引を除いたものである（租特令39条の12第5項）。もっとも、恒久的施設帰属所得に係る所得の金額の計算に際しては、別の規定の下で、移転価格税制と同様の制度の適用を受ける（本書5－7－1参照）。

第四に、価格算定方法の適用に際し、複数の関係する取引を一体的に把握するか、別個に価格算定したものを合計するべきかが問題となりうる。通達は、個別の取引ごとの算定を原則とするが、例えば以下の場合には、複数取引を一

12　渡辺・前掲注3・110頁。

の取引として扱うことが可能という（租特通66の4(4)-1）。1) 同一製品グルー
プ又は同一事業セグメントに属する取引等を考慮して価格設定が行われており、
独立企業間価格もこれらの単位で算定するのが合理的であるとき、2) 生産用
部品の販売取引と当該部品に係る製造ノウハウの使用許諾取引等が一体として
行われており、独立企業間価格も一体として算定するのが合理的であるとき[13]。
加えて、一の取引の対価と独立企業間価格との差額を、同じ相手方との別の取
引の対価で加減して調整することも認めている（租特通66の4(4)-2）。取引単
位について東京地判平成26年8月28日（税資264号順号12520）は、棚卸資産の
独立企業間価格に関し、原則として個別の取引毎に算定すべきであるが、「販
売価格の設定が、各取引ごとに独立して行われるのではなく、それぞれの取引
の関連性を考慮して行われるような場合や、複数の取引が、その目的、取引内
容、取引数量等からみて、一体として行われているような場合には、複数の取
引を一の取引として独立企業間価格の算定を行うことが合理的で…相当であり、
このことは取引の当事者が複数の国外関連者に跨がっている場合においても異
なるものではない」と述べている[14]。

　第五に、法人が国外関連者との取引を非関連者を通じて行う場合には、当該
法人と当該非関連者との取引が国外関連取引とみなされる（租特66条の4第5
項）。具体的には、法人と非関連者との取引の目的資産や役務が国外関連者に
販売・提供等されることが当該取引時に決まっており、かつ当該販売・提供等
に係る対価の額が、法人と国外関連者との間で実質的に決められているときに
（及びこれと逆方向の同様の取引において当該非関連者から法人が受ける販
売・提供等についても同じ）、ここでのみなし国外関連取引に該当する（租特
令39条の12第9項）。当該法人と非関連者との取引に係る実際の対価の額があれ
ば、必要な調整が行われる（同10項）。

13　他に、租税特別措置法関連通達（法人税編）66の4(7)-3も参照。

14　控訴審東京高判平成27年5月13日（税資265号順号12659）で維持。

13－3　比較可能性分析

13－3－1　典型的な分析過程

　ガイドラインによれば、比較可能性分析には、（A）関連企業間の関係性と、被支配取引（我が国では国外関連取引）に経済的に関係する条件・状況から、被支配取引の輪郭を正確に掴み、（B）かかる条件・状況を比較対象取引のそれらと比較する、という側面がある（パラ1.33）。（A）では、現実に利用可能な他の選択肢（より有利な帰結を当事者にもたらすもの）がないかを評価することも求められる（パラ1.38）[15]。

　実務上は、以下の9段階を経るのが典型的とされるが、これは義務的なものではなく、大事なのは結果の信頼可能性である（パラ3.4）。(i)適用対象年度の決定、(ii)納税者の状況に関する広範な分析、(iii)機能分析に基づく被支配取引の理解、(iv)（もしあれば）内部比較対象の検討、(v)外部比較対象に関する利用可能な情報源の決定、(vi)最善の移転価格算定方法（及び最善の財務指標）の選定、(vii)潜在的な比較対象の確定、(viii)（適切であれば）差異調整の決定と実施、(ix)データの解読・利用と独立企業間報酬の決定。

13－3－2　比較可能性の判断要素

　被支配取引に経済的に関係する条件・状況、すなわち比較可能性の判断要素は、(1)契約条件、(2)各当事者の果たす機能、(3)提供される財や役務の性質、(4)当該当事者と市場の各状況（経済的状況）、及び、(5)当事者の事業戦略、に大別される（パラ1.36。租特通66の4(3)-3参照）。

　(1)契約条件では、被支配取引において契約の文言と当事者の実際の行動に乖離がある場合は、実際の行動が当該取引を描写する（パラ1.48）。

15　被支配取引が、独立企業間取引においてであれば商業上の合理性（commercial rationality）を欠く場合には、取引の否認もありうるとする（パラ1.122-1.128）。

(3)提供される財や役務に関し比較可能性が求められる程度は、後述の各価格算定方法によって異なる（独立価格比準法において最も厳格に要求される）（パラ1.107-1.109）。

(4)経済的状況のうち、市場の比較可能性については、地理的な位置、市場規模、競争の程度、競争上の地位、代替となる財・役務の利用可能性、需要と供給の状況、消費者の購買力、政府規制（例、価格規制や利子等の支払規制。パラ1.132-1.136）[16]、生産コスト、輸送コスト、市場の段階（例、小売か卸売か）、取引の日時、サイクルの存在などが考慮される（パラ1.110-1.113）。

特定の市場における相対的に安価な費用がもたらす費用節約（ロケーション・セービング）は、比較対象が存しない場合又は後述の差異調整に関連し、その金額と享受する主体に関する問題が生じる（パラ1.139-1.143）。

一団の有能な人員が関連企業に移転する場合に、当該関連企業にもたらす時間や費用の節約も比較可能性（及びそこでの差異調整）の考慮に入れられるのが適当となりうるが、逆に、当該関連企業が被る事業上の制約や、従業員を解雇すれば生じる潜在的債務があれば、事業再編時の対価（を減じる方向で）反映させるのが適当な場合もありうる（パラ1.152-1.154）。移転価格税制上、人員の移転に対し報酬を要しない場合が多いが、例えば出向がノウハウ等の無形資産の移転となる場合はその使用の対価を要する（パラ1.154-1.156）。事業再編上の人員の移転等については、ガイドラインの第9章で詳述されている。

グループ企業のシナジー（例、結合された購買力、範囲の経済、借入れ能力の上昇）による識別可能な重要な便益（又は負担）は、グループの各企業が計画的かつ協調的に行動した結果生じる限りにおいて、全体の調整に当たった当事者への報酬の残余があれば、シナジーの創出への貢献（例、購入量）に応じて割り当てられるべきことになるが、単にメンバーであることに基づく付随的な便益（例、親会社の威光による信用格付けの上昇に応じた調達金利の低減）は、特に報酬や差異調整を要しない（パラ1.157-1.173）。

16　本書1-2-1も参照。なお、市場の利用に要する政府の許認可などは、無形資産となる場合がある（パラ1.148-1.151）。

(5)事業戦略に関し、企業のイノベーション、新製品開発、多角化の程度、リスク選好、政治状況に対する評価、労働法制の取り込み、取決めの時間的長さなどが検討される。長期的な利益追求を理由に短期的な犠牲を受け入れる市場浸透（又はシェア拡大）戦略も斟酌されるが、例えば取引開始時にその成果が期待できない場合や、失敗を甘受したまま取引が継続されるような場合は、移転価格課税が肯定されやすい（パラ1.14-1.118）。

13－3－3　機能分析（特にリスク分析）

　独立企業間の取引における報酬は、当事者の遂行する機能（使用資産とリスク負担を考慮）を反映するため、比較可能性の判断に際しても機能分析が重要となる（パラ1.51）。関連当事者が、機能の遂行を通じ価値創造に貢献する程度に応じて所得を稼得しているのであれば、独立当事者間基準と整合的である。機能分析においては、特にリスク分析が重要となる。リスクは不確実性を意味し、利益にも損失にも繋がるが、移転価格税制上、国外関連者に平均的な利回りを超える利得が帰属するのを正当化するには、当該関連者がそれに見合うリスクを負担していることが基本的に求められる。

　ガイドラインは、リスク分析の過程を以下のとおり要約している（パラ1.60）。(1)経済的に重要なリスクを個別に確認する。(2)かかるリスクを契約上どのように関連企業が負担（assume）しているかを判断する。(3)機能分析を通して、関連企業がリスクをどのように負担しかつ管理（management）しているか、特に、いずれの企業がリスクの支配（control）機能と緩和機能を遂行し、リスクの帰結に直面し、またリスクを負担する財務能力を有するかを決める。(4)契約上のリスク負担が実際の行動と合致しているかを判断するべく情報を読み解く。(5)契約上のリスク負担者がリスクを支配しないか又はリスクを負担する財務能力を有しない場合は、リスクを支配しかつこれを負担する財務能力を有する企業にリスクを割り当てる。(6)現実の取引に対し、リスク負担の帰結を考慮して（(5)で調整後、リスク管理機能に報酬を与えた上で）価格決定を行う。

　ここでリスクの管理は、リスクを評価して対応する機能を指し、(i)リスクを伴う機会を引受け、休止し又は拒絶する意思決定能力、(ii)リスクへの対応の要否と方法に関する意思決定能力（実際の意思決定機能の遂行を伴う）、及び、(iii)リスクを緩和する能力（緩和の実施を伴う）の3要素から成る（パラ1.61）。他方で、リスクの支配は、(i)と(ii)の要素を含むが、(iii)は外部に委託してもよい。リスクの支配は、リスクの引受とリスクへの対応を判断する能力と権限として理解され（パラ1.67）、支配の実際の行使を伴うものである（パラ1.93）。例えば、投資家とファンドマネージャーとの一般的な関係において、リスクを支配するのは投資家である（パラ1.70）。複数当事者がリスクを支配または負担する状況を含め、ガイドラインには、リスクの割当てに関する詳細な例説が含まれる（パラ1.86-1.99）。

　リスクには、戦略リスク、市場リスク、インフラリスク、オペレーショナルリスク、財務リスク、取引リスク、ハザードリスクなどがあるが、区分は厳密なものではない（パラ1.72）。なお、リスクの支配に貢献する企業がリスクを負担しないときは、かかる貢献に応じた報酬（リスクの帰結をシェアする態様のもの）を当該企業に割り当てるのが適切となりうる（パラ1.105）。

13-3-4　差異調整

　比較対象取引と国外関連取引とは完全に同一ではありえない。だが、比較対象取引に調整が要求されるのは、比較に重要な影響を及ぼす差異についてのみである。逆に調整すべき重要な差異が多い比較対象は、元より比較可能でない可能性がある（パラ3.51）。

　比較の信頼性を向上させる限り、例えば、会計処理の相違による差異、資本・機能・資産・リスクに係る差異等の調整がなされうる。比較対象となる範囲の財務情報の切り出しに伴う調整もありうる（パラ3.48-3.49）。

13－4　独立企業間価格の幅

　租税特別措置法66条の4第1項は、法人が国外関連者から支払を受ける「対価の額が独立企業間価格に満たないとき、又は当該法人が当該国外関連者に支払う対価の額が独立企業間価格を超えるとき」（要件）は、「当該国外関連取引は、独立企業間価格で行われたものとみなす」（効果）と定める。

　高松高判平成18年10月13日（訟月54巻4号875頁）は、比較対象取引が複数存在する場合に1つに絞り込むことが困難で、むしろ合理性を損ねると判断されるような場合には、一定の範囲（価格帯）が形成・認識でき、そのような意味での独立企業間価格の幅の概念が採用される余地はあるとしながらも、幅をもって算定されると、具体的税額が算定できず実務が混乱し、あるいは法律効果としての独立企業間価格が一点で決まる以上、要件としての同じ用語には解釈上幅があるという議論は許されない等として、幅の観念には消極的ともとれる判示を含んでいた[17]。

　ガイドラインは、移転価格は厳密な科学ではないとし、最適な一つ又は複数の価格算定方法の適用の結果、同程度に信頼可能な比較対象からなる価格又は利益の幅（場合によっては四分位範囲の利用も有用）が形成されるときは、関連当事者間取引の価格又は利益がその幅の中にある限り調整がなされるべきではないとする（パラ3.55-3.60）。幅の外にある場合は、幅の中の任意の点（同様に高度な信頼性ある比較対象から成る幅の場合）又は中心傾向の測定（中央値、（加重）平均等）が適当となりうるという（パラ3.61-3.62）。

　我が国でも平成23年度の通達改正で、比較対象取引が複数存在し、独立企業間価格が一定の幅を形成している場合において、当該幅の中に当該国外関連取引の対価の額があるときは、移転価格税制は適用しないとされた（租特通66の4(3)－4）。移転価格事務運営要領（事務運営指針）は、幅の外にある場合は、原則として平均値を用いるが、中央値など他に合理的な値が認められればその

17　この裁判例に関し、川端康之「移転価格税制の展開」租税法研究36号（2008）71頁等参照。

値とする（同指針4－5）。

Column　セーフ・ハーバー

　　移転価格税制におけるセーフハーバー・ルールとは、通常適用される移転価格算定のための納税者の負担を軽減するため、売上総利益率等あらかじめ定められた一定の基準を満たしていれば制度の対象としないルールをいう。

　　OECD 移転価格ガイドラインは、これまで同ルールについては、独立企業間価格に適合しない、一国だけのルール適用は二重課税・二重非課税のリスクを高める、タックス・プランニングを助長する、公平性・統一性などの点から否定的であった。しかしながら BEPS プロジェクトを受け、同ルールは移転価格のコンプライアンスを簡素化することで納税者の負担を軽減し、課税当局に承認されることで納税者に確実性を提供するとともに、課税当局の人的資源等をより複雑・高リスクの取引や納税者の調査に振り向けることを可能にするとの観点から見直し作業が行われた。現在、同ルールは2017年版の OECD 移転価格ガイドライン4章において、適用され得る場合の指針が示され、制度の中に取り込まれている（OECD「多国籍企業と税務当局のための移転価格算定に関する指針」）。

　　　　　　　　　　　　　　　　　　　　　　　　　　　　　　（林　幸一）

〈参考文献〉
　次章末にまとめて挙げる。

第14章　移転価格税制(2)

---- **事例** ----

(1) 株式会社Tは、ある事業年度に、国内で製造した高級自動車丙（1台当たり製造原価500万円）を軽課税国Aの完全子会社（A社）に対し1台当たり600万円で100台譲渡し、A社は1台当たり1000万円で消費者向けに丙を完売した。これは、T社が国内で開発した特殊な製法ノウハウを使った高性能エンジン、T社所属デザイナーによる優れたデザイン、そしてT社の高いブランド力による。A社の代表取締役はT社の取締役である丁が兼務し、A社従業員全50名は、A国で平均的な給与で雇用された一般事務職員である。A社の丙1台当たりの販売費及び一般管理費（以下、販管費）は100万円、比較対象取引に係る独立のB社の売上は20億円、その営業利益は6000万円であるとして、取引単位営業利益法によれば、TA間取引における丙の独立企業間価格はいくらになるか。

(2) A社が、C国での急な需要の高まりに対応してC国所在の関連会社C社に丙100台を全て転売（但し、1台当たり売値は900万円）する点を除き、(1)と事実は基本的に同じとして、非関連のD社（比較対象取引に係る営業利益3億円、同販管費10億円）のベリー比（＝売上総利益÷販管費）に基づく取引単位営業利益法を使うと、TA間の丙の独立企業間価格はいくらになるか。

(注)　本章の内容は、2019年4月1日現在の法令による。

14-1　独立企業間価格の算定方法

14-1-1　棚卸資産の販売又は購入（租特66条の4第2項1号）

14-1-1-1　独立価格比準法（CUP法）（同号イ）

　これは、「特殊の関係にない売手と買手が、国外関連取引に係る棚卸資産と同種の棚卸資産を当該国外関連取引と取引段階、取引数量その他が同様の状況の下で売買した取引の対価の額」に相当する金額をもって、国外関連取引の対価の額とする方法である。信頼できる比較対象さえ見つかれば、伝統的に最も適切な価格算定方法と考えられている（ガイドライン・パラ2.15）。

　高松高判平成18年10月13日（訟月54巻4号875頁）では、内国法人（造船業）が国外関連者（パナマ法人）から受ける船舶建造請負契約に係る対価が独立企業間価格に満たないとして独立価格比準法（差異調整後）に基づきなされた処分の取消請求事案において、幅の論点に加え、独立価格比準法の選択、比較対象取引の選択、差異調整の適否等が主な争点とされ、請求が棄却されている。

14-1-1-2　再販売価格基準法（同号ロ）

　国外関連取引に係る棚卸資産の買手が特殊の関係にない者に対して当該棚卸資産を販売した対価の額（再販売価格）から通常の利潤の額を控除して計算した金額をもって、国外関連取引の対価の額とする方法である。

　通常の利潤を導く比較対象の売上総利益率（＝売上総利益／売上）は、再販売者の機能に対する報酬としての意味を有するから、内部又は外部の比較対象取引の選定に際しては、その遂行する機能（資産、リスク）が類似するものを選定し又は重要な差異を調整することが肝要である。したがって、例えば、重要なマーケティング無形資産を有する再販売者とそうでない者とを同列に扱うことはできない（ガイドライン・パラ2.27-2.44）。

14−1−1−3　原価基準法（同号ハ）

　国外関連取引に係る棚卸資産の売手の購入、製造その他の行為による取得の原価の額に通常の利潤の額を加算して計算した金額をもって、国外関連取引の対価の額とする方法である。

　関連当事者間の半製品の販売や役務提供が、典型的な適用例である。一般に、国外関連取引の売手の原価に、比較対象の値入率（＝売上総利益／原価）を乗じて通常の利潤の額を求める。そこでは原価の範囲や割当てが一つの論点となりうる。機能分析も当然重要であり、例えば、生産効率の高い法人に、そうでない比較対象の値入率を単純に要求するのは不合理である（ガイドライン・パラ2.45-2.61）。原価基準法に基づく課税処分の取消請求が棄却された事案として、大阪高判平成22年1月27日（税資260号順号11370）を参照。

14−1−1−4　伝統的取引法（基本三法）に準ずる方法（同号ニ）

　基本三法（上記の三法）の考え方から乖離しない限りにおいて、取引内容に適合した合理的な方法を採用する途が残されている[1]。

　例えば、商品取引所において取引されている原材料に関し、当該取引所の相場価格（市場価格）を利用する方法は、独立価格比準法に準ずる方法の一つである[2]。なお、移転価格ガイドライン上は、このような価格による方法は独立価格比準法の一つに位置づけられている（パラ2.18-2.22）。

14−1−1−5　その他政令で定める方法（同号ニ、租特令39条の12第8項）

(1)　利益分割法（同項1号、PS法）

　国外関連取引による棚卸資産の販売等に係る所得を、1)比較対象取引に係る所得の配分に関する割合に応じて、若しくは、2)その「発生に寄与した程度を推測するに足りる［法人及び国外関連者］が支出した費用の額、使用した固定

1　国税庁『別冊 移転価格税制の適用に当たっての参考事例集』（以下、事例集という）10頁（国税庁ウェブサイトにて、2020年2月11日確認）。

2　同上、19-20頁。他の例については、事例集10-11頁参照。

資産の価額その他これらの者に係る要因に応じて」、これらの者に帰属させる方法、又は、かかる所得のうち、3)第一に、基本的利益[3]は、再販売価格基準法、原価基準法若しくは取引単位営業利益法（後述）により両当事者に帰属させ、第二に、残余利益等[4]を、2)と同じ要因に基づいて両当事者に帰属させる方法である。それぞれ、一般に、1)比較対象利益分割(法)、2)寄与度利益分割(法)、及び3)残余利益分割(法)と呼ばれている。分割の対象となる所得は、法人の営業利益・損失と国外関連者のそれを加算したものとされる（租特通66の4(5)-1）。

　1)は、例えば、独立当事者間の合弁事業、天然資源の共同開発、共同マーケティング取決め等があれば比較対象になるかもしれない（ガイドライン・パラ2.139）。2)と3)は双方の当事者が重要な無形資産を使用する場合等に有用であり、当該方法の全部又は一部について比較対象を要せず、内部の貢献要因（無形資産の価額又はその開発費用の額等[5]）の比率を分割のために利用できる。高度に統合された金融サービス等への応用が考えられる。

　裁判例では、内国法人Xが国外関連者（パナマ法人、仕入販売業者）から仕入れたエクアドル産バナナ（最低輸出価格等に政府規制がある）の価格に関し、販管費に基づく寄与度利益分割法に基づき行われた課税処分（係争年度は平成11年12月期乃至16年12月期）の取消請求を棄却したものがある[6]。争点には、基本三法が優先する制度の下での再販売価格基準法等の適用可能性、Xの営業損失の扱い（分割利益に含めるか又はXに全て帰属させるか）、販管費を分割基準とすることの適法性等が含まれる。

　国外関連取引自体は利益分割の取決めでない場合も利益分割法の適用は当然あるが、取引締結時に既知の又は合理的に予測可能な情報に基づいて（後知恵を避けて）、利益分割法の適用がなされるべきである（同・パラ2.136）。

3　租特通66の4(3)-1(5)・66の4(5)-4、移転価格事務運営要領（事務運営指針）4-7。

4　租特通66の4(5)-2。

5　租特通66の4(5)-4。事例集83頁も参照。

6　東京高判平成25年3月28日（税資263号順号12187）が引用する原審東京地判平成24年4月27日（訟月59巻7号1937頁）。

　実務上しばしば使われる配分基準には、資産又は資本と費用がある。他の配分基準（例えば、売上増加、人数、時間、サーバーの数、データ蓄積、小売店の床面積等）も、状況によっては適当となりうる（同・パラ2.138-2.146）。

(2)　取引単位営業利益法（租特令39条の12第8項2・3・4・5号）

　次のいずれかの算式を国外関連取引に適用してその独立企業間価格を算出する。

1)　再販売価格－（再販売価格×比較対象営業利益／比較対象売上＋販管費）、

2)　原価＋｛（原価＋販管費）×比較対象営業利益／（比較対象売上－比較対象営業利益）＋販管費｝、

3)　再販売価格－｛販管費×（比較対象営業利益＋比較対象販管費）／比較対象販管費｝、又は、

4)　原価＋｛販管費×（比較対象営業利益＋比較対象販管費）／比較対象販管費｝

　これらは、再販売価格基準法（1)と3)）又は原価基準法（2)と4)）の計算構造を応用し、比較対象の営業利益（＋販管費＝売上総利益）を基準として、独立企業間価格を算定するものである。独立当事者間の適用比率には、1)売上高営業利益率、2)総営業費用（＝売上原価＋販管費）営業利益率、又は、3)・4)販管費売上総利益率（ベリー比）[7]が使われている。

　取引単位営業利益法が適合する典型的状況は、国外関連取引の一方の当事者が、重要な無形資産を有する等、特殊で重要な貢献をしているが、他方の当事者はそのような貢献をしていない場合である。但し、比較対象の選定に際しては、営業利益率が、新規参入者の脅威、競争上の地位、経営効率と個々の戦略、代替品の脅威、費用構造の変動、資本コスト、事業経験の程度等の要因の影響を受けやすい点に留意し、適切に財務データの切り出しをして、営業利益の算

7　なお、政府の「平成25年度税制改正の大綱」及び財務省による『平成25年度 税制改正の解説』は、「営業費用売上総利益率（いわゆるベリー比）」と呼んでいるが、そこでは営業費用に売上原価は含まれていない点に留意。

出をするべきである（ガイドライン・パラ2.74-2.84）。

　ベリー比の利用が適切となるのは、一般に、関連者から購入した資産を関連者に販売する中間介在者（製造行為なし）のような場合である。すなわちその遂行する機能の価値が、売上ではなく販管費と比例的である場合である（同・パラ2.107-2.108）。

(3)　割引現在価値法（DCF法）（租特令39条の12第8項6号）

　当該棚卸資産の使用その他の行為による利益（これに準ずるものを含む）が生ずることが予測される期間内の日を含む各事業年度の当該利益の額として当該棚卸資産の販売又は購入の時に予測される金額と合理的な割引率を用いてその時の現在価値として割引いた金額の合計額をもって対価の額とする方法である。

(4)　利益分割法、取引単位営業利益法又はDCF法に準ずる方法（租特令39条の12第8項7号）

　例えば、資産集約型の活動、資本集約型金融活動等において、取引単位営業利益法の利益水準指標として営業資産営業利益率を使用する方法等（同・パラ2.103-2.105）が含まれよう。

14-1-2　棚卸資産の販売又は購入以外の取引

14-1-2-1　同等の方法

　棚卸資産の販売又は購入以外の取引に係る独立企業間価格は、上記各算定方法と「同等の方法」により算定される（租特66条の4第2項2号、租特通66の4(7)-1も参照）。以下、若干の種類の取引を取り上げて概観する。

14-1-2-2　役務提供

(1)　概説

　関連者間の役務提供に関しては、対価が、他の取引価格に吸収され、何らかの基準で費用として配賦され、又は全く請求されないこともある。よって、ま

294

ず対価が請求されるべき役務提供の識別がなされ、次いで、役務提供に係る独立企業間価格の算定が問題となりうる。特に企業グループ内でシェアする事務的な役務の取扱いが議論されてきた。以下では、まず我が国における課税実務を中心に説明し、次いで OECD 移転価格ガイドラインについて述べる。

(2) グループ内役務の識別

　グループ内役務（intra-group service、IGS）、すなわち、多国籍企業グループ内でのあるメンバーによる活動（例えば、経営、技術、財務又は営業上の活動）は、役務を受ける者にとって経済的又は商業的価値を有するならば、役務提供とされ（事務運営指針3‐9(1)、(2)、(4)）、独立企業間価格が要求されるべきこととなる。大要以下に該当すれば、経済的又は商業的価値があると判断される（有償性の判断）。1)比較可能な独立当事者間の活動なら対価が支払われる、又は、2)当該活動が行われなければ、当該活動を受ける者自らがこれと同じ活動を行う必要がある。

　他方で、重複する活動（非関連者が当該国外関連者に行う役務又は当該国外関連者が自らのために行う活動と重複する活動）、及び、株主活動（株主総会の開催、株式の発行、有価証券報告書等の作成の活動等、株主たる法人が専ら自らのために行う株主としての法令上の権利の行使又は義務の履行に係る活動）は、いずれも経済的又は商業的価値を有せず、対価を要しない活動と見られる（事務運営指針3‐9(3)）。

(3) 役務提供の独立企業間価格

① 総原価による方法の検討

　以下の役務提供に関しては、総原価（直接費、配賦間接費）による方法（費用の帰属の調整と結果は同じ）を、原価基準法に準ずる方法と同等の方法として利用しうる場合がある。

　その第一が、本来の業務に附随した役務提供である（事務運営指針3‐10(2)）。例えば、国外関連者から製品を輸入する法人が当該国外関連者の製造設備に対して行う技術指導等である。但し、1)役務提供に要した費用が、当該役務提供者の当該年度の原価若しくは費用の相当部分を占め、又は、2)役務提供に際し

無形資産を使用する場合は除く（参考事例集24-26頁）。

　第二に、以下の全ての条件を満たす役務提供である（事務運営指針3-10(2)）。1)所定のIGS業務[8]のいずれかに該当し、2)役務が法人又は国外関連者の事業活動の重要な部分に関連せず、3)役務提供の際に自己の無形資産を使用せず、かつ、4)役務提供に係る直接費及び間接費の計算が合理的な配分割合によっている。

② 総原価による方法以外の方法

　上記以外のIGSその他の役務提供には、各種の「同等の方法」を使う。原価法と同等の方法が適切となる状況が比較的多い（取引の性質上再販売価格基準法と同等の方法は通例使い難い）。受託製造に係る役務は多くの場合にそのような状況となりうる（ガイドライン・パラ7.40）。また、例えば、単なる代理人又は中間介在者としての付随的な役務なら、役務それ自体よりも機能に対する値入れが考慮されるべきであるが、金額的な重要性の観点から、総原価による方法で課税庁と納税者が満足することも考えられる（同・パラ7.34、7.37）。

　ある裁判例[9]では、外国の親会社Pから日本の子会社Sがソフトウェア製品を購入し、Sが国内の顧客に再販売していた従来の取引を変更し、Pが当該顧客に直接販売し、Sは専ら当該販売に係る役務提供（マーケティング活動等）のみをPのために行い、Pからその報酬（＝製品売上×1.5％＋Sの直接費＋間接費＋一般管理費配賦額）を受けるようになったところ、課税庁が、比較対象とされるソフトウェア受注販売業者（顧客に対し若干の役務も提供する）の再販売取引に係る差異調整後の売上総利益率をPの売上に乗じた額をPS間の独立企業間報酬とする課税処分を行ったが、機能・リスクの重要な相違から、このような方法は、課税庁がいう再販売価格基準法に準ずる方法と同等の方法とは認められないとして、処分が取り消されている。本件は、Sの機能を輸入

8　予算の作成又は管理、会計・税務又は法務、債権の管理又は回収、情報通信システムの運用・保守又は管理、キャッシュフロー又は支払能力の管理、資金の運用又は調達（事務上の手続に限る）、従業員の雇用・配置又は教育、従業員の給与・保険等に関する事務、広告宣伝（マーケティングに係る支援を除く）、その他一般事務管理。

9　東京高判平成20年10月30日（税資258号順号11061）。

296

販売から役務提供に変更ないし限定する事業再編を通じて失われた課税ベースを、既存の移転価格税制で取り戻す試みの限界を暗示している。

　OECDは、最近、BEPS行動10の討議草案[10]を経て、所定の低付加価値IGS（ガイドライン・パラ7.44-7.51）に関し、多国籍企業グループがその選択により、以下の５段階から成る簡易アプローチに従って独立企業間価格を算定することを可能とし、併せて、これに係る文書化と申告義務の指針を明示した。(1)低付加価値IGSの提供に伴い全てのグループメンバー企業に発生する全ての費用を、種類毎に、年度毎に計算する（ガイドライン・パラ7.56）、(2)単一のメンバー企業にのみ提供されている役務に係る費用を除外する（同・パラ7.57）、(3)残った費用を、費用の種類毎の合理的な配賦基準[11]で配賦する（同・パラ7.59）、(4)全費用（当該メンバー企業に割り当てられる(2)と(3)の費用）に対するマークアップ（役務の種類にかかわらず一律に５％）を適用する、そして、(5)当該メンバー企業が受ける役務に係る(2)の費用とマークアップに、(3)の費用とマークアップを加えた金額が、当該メンバー企業に請求されるべき低付加価値IGSの対価となる（同・パラ7.62）。

　多国籍企業グループは、各メンバーの居住地国における税率と、当該国のIGSに対する取扱い（簡易アプローチの採否を含む）を把握した上で、この簡易アプローチの選択の適否を判断することになる。簡易アプローチが各国に浸透することで、不確実性（例えば、IGSに対し大きなマークアップを要求しがちな国との関係で生じるもの）の低減が期待される。今後は、各国での受け入れ自体のみならず、適用対象となるIGSの範囲や費用配賦基準の選択などに関する共通の理解を確立していくことが課題となる。

10　OECD, Public Discussion Draft, BEPS Action 10: Proposed Modifications to Chapter VII of the Transfer Pricing Guidelines Relating to Low Value-Adding Intra-Group Services, 3 November 2014 - 14 January 2015.

11　全世界・グループ全体での継続選択が前提である。配賦基準については、例えば、人に関連する役務なら人数按分、ITサービスならユーザー数按分、輸送管理サービスなら運搬具数按分、会計支援サービスなら取引按分又は資産按分、その他事案なら総売上高（total turnover）按分が合理的とされる（ガイドライン・パラ7.59）。他のより優れた配賦基準も利用可（同・パラ7.60）。当該配賦基準の合理性（享受する便益を反映すること）の根拠に係る文書化が期待される（同・パラ7.60）。

14－1－2－3　無形資産の関わる取引

(1)　無形資産の定義・帰属

　移転価格税制上、無形資産は、有形資産又は金融資産以外の特許権、実用新案権その他の資産で、その譲渡等の取引が「独立の事業者の間で通常の取引の条件に従って行われるとした場合にその対価の額が支払われるべきもの」とされる（租特66条の4第7項2号・租特令39条の12第13項）。

　かかる定義も移転価格ガイドラインに沿ったものである。ガイドラインでは、無形資産は「有体資産でも金融資産でもなく、商業的活動における利用のために所有され又は支配されることの可能なもので、その使用又は移転が比較可能な状況において独立当事者間で生じたならば報酬を受けたであろうもの」（パラ6.6）と緩やかに定義される。会計上の定義との合致や法的保護は必要条件ではない（パラ6.7-6.8）。政府許可、契約上の地位等を含み、多義的なのれんや継続企業価値が無形資産に該当する場合もあり（いずれにせよ独立企業間における価格への影響が考慮されねばならない）、会計・事業上の評価が移転価格測定上の有用な始点を提供しうる（パラ6.28-6.29）。他方で、グループのシナジーや市場に固有の性質は、比較可能性の要素に留まる（パラ6.30-6.31）。

　BEPS行動計画8と同9は、無形資産の移転と使用に関連する利益が「価値創造（value creation）」に従って適切に配分されるべきことを明記しており、その最終報告書を経て、ガイドラインもこの基本原則に従っている（パラ6.47-6.49）。したがって、無形資産の法的な所有と契約関係を起点としつつも、多国籍企業の各メンバーによる無形資産の開発、改良、維持、保護及び利用に係る貢献に対し、一般には事前の視点で独立企業間の報酬が決められるべきである。例えば、機能分析の結果、共同研究開発における貢献が資金の供給に限定される（そのリスクの支配も有しない）当事者には、無リスクの利回りのみが妥当と評価されうる[12]。ただ、結果との乖離を事後の視点でいずれの当事者に帰属

12　ガイドライン第9章補遺・事例16参照。

させるかは、関連取引に関する機能・リスクの分析等を通じて決めるという（パラ6.44-6.46）。したがって、単に法的な所有者に平均的な利回りを超える利潤の全てを帰属させるのではなく、価値創造に貢献する各当事者のあらゆる要因（例えば、リスク負担、市場の性質、立地、事業戦略、グループシナジー等）を見極めた上で、機能分析・比較可能性分析を行い、最適な価格算定方法の選定（と必要な調整）を行う（パラ6.133）。無形資産（に係る権利）の比較可能性の検討に際しては、その特殊性に鑑み、当該無形資産に係る排他性、法的保護の程度と期間、地理的範囲、利用可能期間、開発段階、改良・更新等に対する権利、将来便益の期待などの諸属性の検討を要する（パラ6.116-6.127）。

　無形資産の移転が他の種類の取引と併せてなされるときは、相互に関連する取引を総合して考慮するのが最も信頼性の高い分析となることもありうる（同・パラ6.135）。なお、関連当事者Ａが重要な特許権を使って製造した製品を別の関連当事者Ｂ（販売業者）に販売する（Ｂは当該特許に係る権利を取得しない）ときは、当該特許は比較可能性分析上の考慮事項とされ、当該製品の価額に影響を及ぼしうるが、特許自体の移転は認識されない（同・パラ6.101-6.102）（本章冒頭の事例も参照）。

(2)　無形資産取引に係る独立企業間価格の算定

　各種の「同等の方法」を適用することになる。独立価格比準法（と同等の方法）の適用が（差異調整後）可能な比較対象があればそれに拠る（パラ6.134、6.146-6.147）。開発費用の負担に応じた価格算定は、一般に費用負担は無形資産価値との相関を欠くので推奨されないが、例えば、重要な価値のない一般的な無形資産（例、内部利用のソフトウェアシステム）に対してなら適用できる可能性がある（パラ6.132-6.143）。

　開発済み又は開発途中の無形資産のライセンス取引に対しては、利益分割法（と同等の方法）が適用できる場合が少なくない。機能・リスク分析を経て合算所得への貢献を評価する際には、無形資産の移転後の所得に貢献するのは当該無形資産に係る権利だけではない点に加え、双方が用いる他の無形資産はもとより、移転に際し付された制約、許諾された無形資産の価値増加へのライセ

ンシー側の貢献なども考慮するべきである（パラ6.152）。

　実務上又は会計上は、将来の予測収入に係る割引現在価値（discount cash flow, DCF）等による無形資産の評価が行われている。このような評価技法は、ガイドラインの原則に従う限り、当該評価技法の前提や一般的動機に留意すれば、いずれかの移転価格算定方法の一部として、あるいは独立企業間価格を算定する際に応用しうる手段として、利用可能な事案もありうる（パラ6.153-6.156、6.162）。ただ、ガイドラインは特定の評価技法を支持又は拒絶しない（パラ6.153）。

　割引現在価値の計算は将来の予測を多く含み、割引率の設定次第で数値もかなり動く。それでも、我が国では、DCF法（に準ずる方法）と同等の方法として、あるいは独立価格比準法（に準ずる方法）と同等の方法等として利用しうるであろう。

　重要で特殊な無形資産の譲渡又は使用許諾取引については、一般に、一方当事者のみに当該資産が帰属するなら取引単位営業利益法と同等の方法が、双方にこれが帰属するなら残余利益分割法と同等の方法が、それぞれ最も適切な方法となることが多い。

　東京地判平成26年8月28日（税資264号順号12520）では、自動二輪メーカーである内国法人Ｐと、ブラジルの自由貿易地域（課税上の各種優遇がある）で製造販売活動を行う国外関連者Ｓとの国外関連取引に係る対価に関し、双方が重要な無形資産を有していたことから残余利益分割法に基づきなされた課税処分が、基本利益の算定段階で違法とされ取り消されている[13]。判旨は、残余利益分割法の選定自体は肯定したが、課税庁が、上記優遇措置には営業利益の増加要因となる租税（連邦輸入税と州商品流通サービス税）の減免が含まれるにもかかわらず、かかる優遇を受けない比較対象8社の総費用営業利益率を差異調整なしで用いてＳに帰属するべき基本利益を算定していたことから、残

13　問題の国外関連取引は、組立部品のＰからＳへの販売を主として、これに付随するＰからＳへの完成品・補修部品・製造設備等の販売（一部他の関連当事者向け販売を含む）、役務提供、及び無形資産の使用許諾から成る一の取引と評価された。

余利益分割法の適用を誤り、課税庁は問題の対価が独立企業間価格に満たないことを立証できていないとしている（控訴審東京高判平成27年5月13日（税資265号順号12659）で維持）[14]。

ガイドラインは、独立当事者間では、評価が非常に不確実な無形資産に係る取引に際しては、予測便益に基づき取引時にその価格を決める、より短期の契約とする、価格調整条項を入れる、あるいは売上等に応じた従量的な対価とする、再交渉条項を入れるなどの選択肢があるとし、これを課税庁が価格決定の基礎とすることを許容すべきとする（パラ6.181-6.185）。開発途中の無形資産など、所定の属性を備えた評価困難な無形資産（hard to value intangibles, HTVI）の取引では、証拠からより遠い課税庁が、予測と結果の乖離を、取引時の価格決定の適正性に関する推定上の証拠として考慮した上で、同様の基礎に従って課税する余地も認めている。これには適用除外もあり、取引時に信頼可能な情報に基づき合理的に予測しえない結果を納税者に強いる後知恵の課税とは区別している（パラ6.186-6.195）。我が国の移転価格税制上、HTVIは「特定無形資産」として定義され、その国外関連取引について、こうした事後の視点を考慮した課税がなされうる（租特66条の4第8項）。

(3) 費用分担契約

費用分担契約上の法人の予測便益割合が、適正な予測便益割合に比して過大であれば、当該過大部分に係る分担費用は、独立企業間価格を超えるものとして損金不算入となる（事務運営指針3-16）。費用分担契約の参加者が自らの無形資産を提供する（譲渡はしない）ときは、他の参加者から使用料等を収受するか、又は当該使用料相当額の費用分担（貢献）をしたものとして、予測便益割合と費用分担との比例性が検討される（同指針3-18）。

14　他に、無形資産の使用許諾と役務提供（技術指導）に係る国外関連取引につき、独立価格比準法と同等の方法（納税者の主張）ではなく残余利益分割の適用（被告国の主張）を肯定した裁判例として、東京地判平成29年11月24日 LEX/DB 25550515参照。なお、無形資産取引に係る独立企業間価格を争点に含む幾つかの（未公刊）裁決例（但しマスキングも多い）がある。国税不服審判所平成22年6月28日裁決（裁決事例集79集434頁）、同平成22年1月27日裁決（LEX/DB26100012）、同平成14年6月28日裁決（LEX/DB 26100111）、同平成10年11月30日裁決（TAINS（F0-2-108））。

　費用分担契約に関する既存の指針は不明確な点が多く、実際上、独立企業間の共同研究開発自体も多様である。ガイドライン（特に第8章）との整合性を図りつつ、国外関連者と共同研究開発を行う際の課税上の予測可能性を担保する法令の整備が求められる[15]。

── Column　内国歳入法典482条について ──

　内国歳入法典482条の特徴としては、1)国内取引にも同様に適用がある、2)納税者の脱税を防止し又はその所得を明確に反映するためになされうる財務長官の課税処分の権限に係る要件を定めた規定である、3)所得相応性基準が導入されている、4)執行のための財務省規則が詳細な定めを置いている、5)総合アプローチと現実的選択肢の理論が共に第三文として立法化されている（2017年12月改正）こと等が指摘できる。

　所得相応性基準は、関連当事者間取引で当初設定の標準的な料率を大幅に超える使用料率を課税上要求されうるという含みで、super royalty 条項とも称される。同基準の下で、譲渡対価であるか使用料であるか、重要な無形資産かどうか等を問わず、移転の結果として実現した利得の経験を反映するべく、無形資産所得の実質的変動に対して、定期的調整が要求される（その適用除外（Treas. Reg.§1.482-4(f)(2)(ii))も参照）。総合アプローチ（aggregate approach）は、個別の無形資産の移転の評価に際して、当該無形資産と一体的に移転される他の無形資産を合わせて考慮する見方である。これによれば、例えば、特殊な技術とこれに関係するブランドや、既存の特許権と将来の特許権とを合わせて考慮することが可能となりうる。他方、現実的選択肢（realistic alternative）の基準の下では、独立当事者間であれば、当事者間に当該取引より有利な他の取引（現実的選択肢）がないからこそ当該取引が選択されると考えた上で、現実的選択肢の下で生じるべき利益（いわば下限となる利益）を当事者に帰属させるべく独立企業間価格を算定する。これらは、内国歳入法典482条の後段に取り込まれた（2017年12月改正）。

（一高龍司）

15　この点に関し、一高龍司「費用分担契約に係る法令等の整備の方向性」青山慶二研究主幹『グローバル時代における新たな国際租税制度のあり方～国内法への帰属主義の導入と BEPS（税源浸食と利益移転）問題を中心に～』(21世紀政策研究所・2014) 55-72頁で私見を述べた。

┌─ **Column　機能移転（2008年ドイツ改正法で強化された移転価格の方式）**─┐

国境を跨ぐ機能移転の基準となる特別規律（AStG 1条3項9-13文）は、商法と租税法に基づく個別評価の原則に替えて移転パッケージ（Transferpaket）の全体評価が適用される。結果的に評価目的上、営業権又は暖簾の部分が分割され、かつ特に移転経済財に投影されている。上記の特別規律は、最低限、限定的な比較可能な第三者比較価格が存しないとき（AStG 1条3項9文）、仮想的第三者比較 hypothetischer Fremdvergleich（AStG 1条3項5文）の枠内でのみ適用される。ある企業（移転企業）が、他の関連企業（引き継ぎ企業）に経済財及びその他の便益並びにそれと結合した機会とリスクを移転するか又は利用することによって従来移転企業が行使していた機能を承継企業が行使し、それによって承継企業による当該機能の行使が限定される（FVerIV 1条2項1文）。従って、経済財の単なる譲渡又は利用譲渡ならびにその他の給付の実行が捕捉されるのでなく（FVerIV 1条4項）、経済財及びその他の給付の束（Bündel）の譲渡が捕捉されるのである。……かかる機能を例示すれば、購入、製造、マーケティング、販売、ロジスティクス、研究開発又は管理である。実務上、機能移転（Funktionsverlagerung）には、機能分離（Funktionsausgliederung）、機能溶解（Funktionsabschmelzung）、機能分割（Funktionsabspaltung）及び機能重複（Funktionsverdoppelung）が あ る（Schaumburg, Internationales Steuerrecht, 4.Aufl. 2017 Dr. Otto Schmitt S.S1205-1206）。尚 OECD 移転価格ガイドラインとの関係については、赤松晃「OECD 移転価格ガイドライン第9章『事業再編に係る移転価格の側面』を読み解く」村井喜寿『租税の複合法的構成』（清文社・2012）267頁以下を見よ。　　　　　　　　　　　　　　（村井　正）

※ AStG = Außensteuergesetz（対外活動税法）
　FVerIV = Funktionsverlagerungsverordnung（機能移転令）
└──────────────────────────────────────┘

14-1-2-4　融資取引

事務運営指針3-8は、国外関連取引における貸付金利が問題となる場合、1)借手が同様の状況の下で銀行等（非関連者）から借り入れた場合の想定利率、2)貸手が同様の状況の下で銀行等（非関連者）から借り入れた場合の想定利率、又は、3)借り入れた資金を同様の状況の下で国債等で運用する場合の想定利率、を、この優先順位で、独立価格比準法に準ずる方法と同等の方法として検討するという。

裁判例[16]では、内国法人P（非金融機関）が95％所有タイ子会社Sに対し行った6回の融資（約1億タイバーツ元本、期間10年）に係る固定金利（2.5%

ないし３％）が独立企業間価格に満たないかどうかが争点となった事案で、S
が非関連金融機関等からスプレッド融資（その金利＝金融機関等が市場から調
達する金利[17]＋金融機関の利ざや（スプレッド）となる金利[18]）を受けた場合
を想定して決めた金利に基づく課税処分が肯定されている。

14－2　最適方法ルール

　独立企業間価格は、その各算定方法のうち、「当該国外関連取引の内容及び
……当事者が果たす機能その他の事情を勘案して、当該国外関連取引が独立の
事業者の間で通常の取引の条件に従って行われるとした場合に当該国外関連取
引につき支払われるべき対価の額を算定するための最も適切な方法」による
（租特66条の４第２項）。平成23年度改正前までは、基本三法が利用できないと
きに限ってそれら以外の方法が利用できるとされていた。
　ガイドラインによれば、各価格算定方法の長短を踏まえ、問題の取引の性質
に照らし、機能分析と信頼可能な情報の利用可能性を考慮して、最も適切な方
法を選択する（パラ2.2）。伝統的取引法と取引単位利益法（利益分割法と取引
単位営業利益法）とが同等に信頼可能な態様で適用できるのであれば、前者の

16　東京地判平成18年10月26日（訟月54巻４号922頁）。今村隆「移転価格税制における独立企業間価
　　格の立証―最近の裁判例を素材にして」租税研究715号（2009）245頁、関連して、Thomas Horst
　　／一高龍司訳「子会社に係る課税上控除可能な負債関連費用の算定方法について」租税研究744号
　　（2011）229頁等参照。
17　調達金利は、ロンドン金融市場において本件各貸付と同時期に同通貨による同金額、同期間の資
　　金調達をする場合の金利スワップによる利率（スワップレート）を用いていた。本件各貸付は、い
　　ずれもPがSに対し、Pにおいて日本円をタイバーツに交換して貸付を行ったものであり、貸付の
　　４年後から１年後ごとに７回に分けて元本を均等に返済する取引であるため、本件各貸付の各元本
　　を返済日ごとに７口に分割し、各口分につき、それぞれの返済に要する期間（年数）に対応するス
　　ワップレートを適用した（なお、スワップレートが不明の部分には前後の期間の金利のうち低率な
　　期間の金利を適用した）。
18　事務経費等に相当する部分や借手の信用リスクに相当する部分を含む概念。本件でスプレッドは、
　　Pを対象とし、本件各貸付の各貸付実行日の円の新短期プライムレート－円のLIBOR（ロンドン市
　　場での銀行間で行われる短期貸付金利）で算定。

選択が好ましい。一般に、国外関連取引の価格と独立企業間価格との差は、取引当事者間に設けられた商業上又は財務上の関係に直接基因すると見ることが可能であり、従って、比較可能な独立当事者間取引の価格で直接代替することによって、独立当事者間の取引条件を確認することができるからである（パラ2.3）。さらに、各伝統的取引法が同等に信頼可能であるときは、独立価格比準法が選択されるべきである（パラ2.3）（事務運営指針4-2も参照）。

　ガイドラインは、最適方法ルールの下で、明示の5法以外の方法を企業が適用するのは自由であるが、当該方法が最適である理由が説明されねばならないという（パラ2.9）。また通例一つの方法が最終的に選択されるが、いずれの方法でも決定できなければ、複数の方法の結果を関連づけて証拠として利用する柔軟なアプローチも否定されない（パラ2.12）。

14-3　その他の留意点

14-3-1　対応的調整

　OECDモデル条約9条2項は、国外関連者が他方の当事国で独立企業間価格に従い税を増額する処分を受けたときに、一方の当事国がこれに対応してその国の法人の税を減額する処分を行うことに根拠を与え、必要に応じ相互協議（25条）を行うことを定めている。国内法は、条約上の相互協議の合意に基づいて、納税者からの更正の請求を受けて、このような対応的調整を税務署長が行いうるとし（租税条約実施特例法7条）、財務大臣は、相互協議の合意をする場合、合意の内容が地方税に係るものであるときは、総務大臣との協議等を行うことを要する（同8条）。

　判例[19]は、旧日米租税条約が、モデル条約9条2項と同旨の規定を有しておらず、また、租税条約実施特例法7条・8条に当たる国内法の明文も有さない

19　最判平成10年1月27日（税資230号162頁）。

状況において、相互協議の合意を経て行われた国税の減額更正に合わせ、法人住民税等の減額更正（還付）が行われたところ、これが条約又は法律の根拠を欠き違法であると主張してなされた住民訴訟において、請求を棄却した原判決[20]を是認している。

14－3－2　寄附金課税との境界

法人が国外関連者に支出する寄附金（法税37条7項）は全額が損金不算入となる（租特66条の4第3項）。寄附金であれば、経済的二重課税の解消を目指す相互協議の対象とされない懸念が残る。課税処分に係る期間制限（同21項参照）にも関わる。両者の線引きは未だに明確とはいえないが、国税庁は、取引は無償でも業務に有償性がないとはいえない場合は、寄附金とされず移転価格税制の適用がありうる旨を示唆する（事務運営指針3-20、参考事例集93-95頁参照）[21]。

14－3－3　第二次調整の有無等

独立企業間価格と実際の取引価格との差額をどう扱うかという問題がある[22]。まず、上記の対応的調整（減額更正）後に、独立企業間価格超過部分を法人が実際に返還しても当該返還額が追加的に損金算入されることはない（事務運営指針5-2）。次いで、日本で移転価格課税を受けた場合の差額は、実務上利益の社外流出扱いである。所定の書面を課税庁に提出すれば、差額の返還を受けても益金に算入しないことができる（租特通66の4(9)-1、2）。また、実際の

20　東京高判平成8年3月23日（判時1574号57頁）。

21　この点については、遠藤克博「移転価格税制と寄附金課税」税大論叢33号（1999）175頁、伊藤雄二「無償取引と移転価格税制—無償取引を巡る移転価格税制と寄附金規定の関係について—」税大ジャーナル2号（2005）68頁、南繁樹「寄附金認定」税務弘報63巻1号（2015）54頁参照。関連して、東京地判平成21年7月29日（判時2055号47頁）（控訴審東京高判平成22年3月25日（税資260号順号11405））参照。

22　増井良啓「移転価格税制—経済的二重課税の排除を中心として—」日税研論集33号（1995）41頁参照。

利子・使用料等と独立企業間価格との差額は、源泉所得税額には影響させないが、租税条約上の特典は受けられないことが多い（事務運営指針3-27）。

〈参考文献〉

　本文又は脚注で挙げたもののほか、以下の文献等を参照（非網羅的）。

岡村忠生「無形資産の課税繰延べ取引と内国歳入法典482条(1)（2・完）」民商118巻4・5号（1998）610頁・118巻6号（1998）803頁

岡村忠生「移転価格税制」村井正編『国際租税法の研究』（法研出版・1990）3章

岡村忠生「租税利益と移転価格税制(1)(2)」税研31巻5号72頁・31巻6号81頁（2016）

金子宏「アメリカ合衆国の所得課税における独立当事者間取引（arm's length transaction）の法理―内国歳入法典482条について（上）（中）（下）」ジュリスト724号（1980）104頁・734号（1981）55頁・736号（1981）95頁

金子宏編『国際課税の理論と実務―移転価格と金融取引』（有斐閣・1997）

川端康之「移転価格税制―経済理論の浸透」租税法研究21号（1993）73頁

木村弘之亮『多国籍企業税法―移転価格の法理』（慶應義塾大学出版会・1993）

谷口勢津夫『租税条約論―租税条約の解釈及び適用と国内法』（清文社・1999）2章（初出1997）

中里実『国際取引と課税―課税権の配分と国際的租税回避―』（有斐閣・1994）Ⅲ編2章・3章

中里実・太田洋・弘中聡浩・宮塚久編著『移転価格税制のフロンティア』（有斐閣・2011）

日税研論集「移転価格税制の研究」64号所収の金子宏・中里実・増井良啓・谷口勢津夫・太田洋／北村導人・占部裕典・赤松晃の各論考（日本税務研究センター・2013）

本庄資編著『移転価格税制執行の理論と実務』（大蔵財務協会・2010）

増井良啓「移転価格税制の最近の動き」法学教室414号（2015）38頁

村井正『租税法―理論と政策（第三版）』（青林書院・1999）8章（初出1985）・9章（初出1986）

村井正『租税法と取引法』（清文社・2003）29章（初出1995）

NERAエコノミックコンサルティング編『移転価格の経済分析―超過利潤の帰属と産業別無形資産の価値評価』（中央経済社・2008）

第15章　移転価格税制⑶─調査・執行

── 事例 ────────────────────────────────

　日本の税務署長が、日本のＰ社に対して、移転価格税制に係る税務調査を行ったところ、

⑺　Ｐ社は、所轄税務署の職員から提出を求められた書類や資料等を提出しなかった（あるいは、提出できなかった）場合、税務署の職員は、どのような税務調査を行うことによって、独立企業間価格を算定することができるのか。

⑻　上記⑺において、税務署の職員が行う税務調査により、Ｐ社にとって、どのような問題が生じるのか。

────────────────────────────────

15−1　移転価格税制に係る調査の概要

　わが国の移転価格税制上、法人が国外関連者との間で資産の販売や資産の購入等の取引を行い、当該取引の対価の額が独立企業間価格と異なる場合、独立企業間価格で申告しなければならない申告調整の制度が採用されている[1]。

　したがって、関連企業との間の取引対価が独立企業間価格と異なる場合、申告法人は、独立企業間価格の調査を行う必要がある[2]（租特66条の４）。

　また、2015年10月に公表されたBEPS最終報告書行動13「移転価格文書化制度及び国別報告書」（"Transfer Pricing Documentation and Country-by-Country Reporting"）の勧告を踏まえ、平成28年度税制改正により、一定の国外関連取引（租特66条の４第７項）を除き、納税者は、独立企業間価格を算定するために必要と認められる書類（ローカルファイル）（租税特別措置法施行規則（以下、

───────────────

（注）　本章の内容は、2019年４月１日現在の法令による。

1　金子宏「移転価格税制の法理論的検討─わが国の制度を素材として─」金子宏『所得課税の法と政策』（有斐閣・1996）371頁。

2　金子・前掲注１・380頁。

「租特規」という。）22条の10第6項）を確定申告書の提出期限までに作成・取得するともに、保存することが義務化された（いわゆる同時文書化義務）（租特66条の4第6項）。

　申告法人が算定した独立企業間価格について、税務署等の当該職員は、内国法人同士の取引に係る調査と同様、税務調査を行うことができ、当該調査に基づき、税務署長は国外関連者への所得移転を認定した場合、更正等を行うこととなる。

　国外関連者と取引を行った法人に対する税務調査の根拠規定は、内国法人同士の取引の場合と同様、国税通則法74条の2等であり、税務署等の当該職員は、法人税に関して、申告法人に対して、質問し、事業に関する帳簿書類その他の物件を検査し、又は当該物件の提示若しくは提出を求めることができる。

　租税特別措置法は、移転価格税制に係る税務調査において、申告法人が、独立企業間価格を算定するために必要と認められる書類等の提出等をしない場合の特別の規定を設けている。

　第1に、同時文書化義務の対象となる取引（同時文書化対象国外関連取引）（租特66条の4第6項）に係る書類等の提出等を求めた場合において、提出等を求めた日から45日を越えない範囲内で指定した日までに、当該書類の提出等がなかったときは、税務署長は、所定の方法により算定した金額を独立企業間価格と推定して、調査対象法人である申告法人の事業年度の所得の金額等につき更正等をすることができる（いわゆる、「推定課税」の適用：租特66条の4第12項）。

　第2に、同時文書化対象国外関連取引に係る独立企業間価格を算定するために重要と認められる書類等の提出等を求めた場合において、提出等を求めた日から60日を越えない範囲内で指定した日までに、当該書類の提出等がなかったときは、税務署長は推定課税を行うことができる（租特66条の4第12項）。

　第3に、同時文書化義務が免除されている取引（同時文書化免除国外関連取引）（租特66条の4第7項）に係る独立企業間価格を算定するために重要と認められる書類等の提出等を求めた場合において、提出等を求めた日から60日を越

えない範囲内で指定した日までに、当該書類の提出等がなかったときは、税務署等の当該職員は推定課税を行うことができる（租特66条の4第14項）。

　第4に、第1及び第2の場合、すなわち、同時文書化対象国外関連取引に係る書類等又は同時文書化対象国外関連取引に係る独立企業間価格を算定するために重要と認められる書類等の提出等が当該職員の指定する日までになかったとき、税務署等の当該職員は、必要と認められる範囲内において、同時文書化対象国外関連取引に係る事業と同種の事業を営む者に対して、質問等の税務調査を行うことができる（いわゆる「同業者調査」（租特66条の4第17項））。

　第5に、第3の場合、すなわち、同時文書化免除国外関連取引に係る独立企業間価格を算定するために重要と認められる書類等の提出等が当該職員の指定する日までになかったとき、税務署等の当該職員は、必要と認められる範囲内において、同時文書化免除国外関連取引に係る同業者調査を行うことができる（租特66条の4第18項）。

　なお、移転価格税制の調査において、調査対象の法人が、税務署等の当該職員から国外関連者が保存する帳簿書類等の提示又は提出を求められたときは、当該帳簿書類等の入手に努めなければならないことが規定されていたが（旧租特66条の4第7項）、平成28年度税制改正により同時文書化義務が設けられたこと等から、当該規定は削除された。

　次に、同時文書化対象国外関連取引に係る書類等が提出等されなかった場合（税務署等の当該職員に書類が提出等されなかったと判断される場合[3]）における、移転価格税制の調査の概要及び関連事項を整理する。

15-2　書類が提出等されなかった場合

　国外関連者との取引を行った法人が租特規22条の10の同時文書化対象国外関連取引に係る書類等を作成等しない場合の罰則規定は設けられていない。ただ、

3　納税者が自己の独立企業間価格の算定に用いたデータが不適当と認められる場合（藤巻一男「我が国の移転価格税制における推定課税について」税大論叢42号（2003）66頁）。

310

移転価格税制の調査において、法人が当該書類を所定の日までに提出等しなかった場合、税務署等の当該職員は、①独立企業間価格の推定（推定課税の適用（租特66条の４第12・14項））、②同業者調査（租特66条の４第17・18項）による独立企業間価格の推定、又は、③租特66条の４第17・18項に基づく同業者調査を通じて入手された情報を用いて同条２項の方法により独立企業間価格を算定することのいずれかを選択することができる[4]。

15-2-1　推定課税が適用される場合

令和元年度税制改正によってディスカウント・キャッシュ・フロー法（DCF法）が独立企業間価格の算定方法に追加されたことから、推定課税における独立企業間価格の算定方法として、①再販売価格基準法に対応する方法等、②原価基準法に対応する方法等、③利益分割法に対応する方法等、④取引単位営業利益法に対応する方法等及び⑤DCF法に対応する方法等を用いることができる（租特66条の４第12項、租特令39条の12第20項）[5]。

なお、推定課税が適用される場合、独立企業間価格の算定方法の適用順序に関して、⑤のDCF法は、①から④までの方法を用いることができない場合に限り用いることができるとされている（租特令39条の12第20項柱書）[6]が、推定課税の適用に係る具体的な調査方法・手続は規定されていない。

推定課税が創設された理由として、「仮に納税者からかかる協力が行われない場合に課税当局が何の手だてもなくこれを放置せざるをえないことになれば、本制度（筆者注：移転価格税制）の適正公平な執行を担保し難いことから設けられた」[7]とされている。

4　太田洋・北村導人「我が国の移転価格税制と文書化」中里実ほか編著『移転価格税制のフロンティア』（有斐閣・2011）253頁・268頁、藤巻・前掲注３・75頁の図参照。
5　大蔵財務協会『令和元年版　改正税法のすべて』（2019）601頁。
6　大蔵財務協会・前掲注５・601頁。
7　大蔵財務協会『昭和61年度版　改正税法のすべて』（1986）210頁。

　なお、裁判例（東京高判平成25・3・14（訟月60巻1号149頁）（第一審：東京地判平成23・12・1（訟月60巻1号94頁）））において、「独立企業間価格の算定に必要な書類とは、納税者が現に所持したり、作成したりしている書類に限られるものではないのであって、提示を求められた書類が納税者の現に所持していないものであったとしても、当該納税者において新たに作成し又は入手した上で提出することも不可能ではなく」と示されていることから、税務署等の当該職員から書類の提出等を求められた後、提出等を求められた書類を新たに作成し又は入手して遅滞なく提出等すれば、推定課税の適用は免れるのではないかと考えられる[8]。

　さらに、当該裁判例は、推定課税の適用上、類似する法人を選定する場合、関連者間取引を行っている法人が除外されるのかとの点に関して、租税特別措置法等には、規定されていないとして、独立企業間価格と推定される金額の算定に当たって関連者間取引をも基礎とすることが直ちに否定されるものではないと解するのが相当であるとの判断を示している。

　なお、相互協議においては、関連者間取引に基づく推定課税規定の適用は租税条約に反するおそれがあることから、租税条約と推定課税規定の関係についての検討が必要との指摘がされている[9]。

15-2-2　同業者調査及び推定課税が適用される場合

　租特規22条の10に規定する同時文書化対象国外関連取引に係る書類等の提出等がされなかった場合、租特66条の4第17・18項に基づき、税務署等の当該職員は、同条22項の罰則を背景として、同業者調査を行うことできる。また、当該調査に基づき、同条12・14項に基づき推定課税を行うことができる。

　まず、租特66条の4第17・18項の質問検査権は、通常の質問検査権（税通74

8　宮塚久「租税判例速報」ジュリスト1442号（2012）9頁。
9　宮本十至子「移転価格税制における推定課税規定の適用」新・判例解説 Watch 租税法 No.96（2014）4頁。

条の2等）とは異なるタイプのものとして位置付けられている[10]。

　旧租特66条の4第8項（租特66条の4第17・18項）に基づく質問検査権の創設の理由に関して、例えば、「移転価格税制の不可欠である比較対象企業からの情報収集に法的根拠を与えることとし、その上で調査に対する協力を仰ぐこととされた」[11]として、旧法人税法上、調査法人と取引関係のない法人等に対する調査権限が規定されなかったことが問題とされていた[12]。

　ただ、平成3年度税制改正により創設された同種の事業を営む法人への質問検査権に基づき、税務署等の当該職員は、罰則を背景とする税務調査により、同種の事業を営む法人から情報を入手できるようになったことから、推定課税の実効性が高まったと考えられる。

15-2-3　同業調査及び租特66条の4第2項に基づく独立企業間価格の算定の場合

　租特66条の4第17・18項に基づく同種の事業を営む法人への質問検査により得られた情報の活用方法については、条文上、推定課税の適用に限定されないことから、当該情報を用いて同条第2項の計算方法により独立企業間価格が算定される場合があると考えられる[13]。

　これまで概観したように租税特別措置法の規定に基づき、独立企業間価格を算定する場合、申告法人（調査対象法人）が保有しない資料を税務署長が用いることにより更正等を行う場合があることから、いわゆる、シークレット・コンパラブル（secret comparables）に関して、次のような問題や議論がみられる。

10　金子・前掲注1・382頁。

11　渡辺勲「国際課税関係の一部改正」税務弘報39巻7号（1991）148-149頁。

12　小田嶋清治「国際課税関係の一部改正について」税経通信46巻8号（1991）163頁。

13　藤巻・前掲注3・75頁、79頁。

15-3　シークレット・コンパラブル（secret comparables）をめぐる問題

　シークレット・コンパラブルの定義は、法令上、規定されていないが、例えば、推定課税と関連させて、「税務署長が比準同業者のデータを用いて推定課税をした場合、これに不服の納税者が同業者データの開示を請求することがあった。しかし、税務職員には守秘義務が課されているから、第三者取引情報を開示することができない。このような比較対象取引を、納税者からみて秘密にされているという意味でシークレット・コンパラブル（secret comparables）という。」[14]、あるいは、「同業者への質問検査権の行使によって得た情報」[15]、「税務当局が類似の取引を行う第三者が提出している申告書や質問検査により入手した非公開情報に基づいて、適切な比較対象取引を特定すること」[16]等の説明がされている。

　シークレット・コンパラブルに係る問題としては、例えば、税務署長は、納税者（申告法人）と同種の事業を営む法人や類似の取引を行う法人（比較対象法人）である第三者から入手した情報に基づき、更正等を行うが、税法上の守秘義務（税通126条）により、更正等の根拠とした情報の内容を明らかにしないことから、更正等の相手方である納税者は、当該更正等の内容を十分に検証できないことが指摘されている[17]。

　また、「税務当局は、他の納税者の調査から又は他の情報源から、納税者には開示されない情報を得るかもしれない。しかしながら、そのようなデータに基づいて移転価格算定方法を適用することは公平でないであろう。ただし、税務当局が国内の守秘義務の範囲内でそのようなデータを納税者に開示することができ、それによって、納税者が自己の立場を擁護するための及び裁判所によ

14　増井良啓・宮崎裕子『国際租税法　第4版』（東京大学出版会・2019）218頁。

15　大野雅人「移転価格調査における第三者間取引情報の使用について」租税研究595号（1999）69頁、同旨の定義（伊藤雄二・萩谷忠『全訂第2版　図説　移転価格税制（Visual TP）』（税務研究会出版局・2012）219頁）。

16　成道秀雄「移転価格税制の論点」日税研論集63号（2012）220頁。

17　占部裕典「移転価格調査─推定課税規定を中心に─」日税論集64号（2013）205頁。

る効果的な司法的コントロールを守るための十分な機会が納税者に与えられる場合、この限りではない。」(OECD 移転価格ガイドライン (2010) パラ3．36) [18] とのように、納税者に開示されない情報に基づく移転価格算定方法を適用することに係る問題点が指摘されている。

このような中、平成23年度税制改正大綱において、「シークレットコンパラブル (類似の取引を行う第三者から質問検査等により入手した比較対象取引についての情報) の運用の明確化」[19]が明記され、また、「移転価格事務運営要領の制定について (事務運営指針)」(令和元年6月28日査調9-128ほか) の3-5⑹において、「同条第17項又は第18項の規定を適用して把握した非関連者間取引を比較対象取引として選定した場合には、当該選定のために用いた条件、当該比較対象取引の内容、差異の調整方法等を法人に対し十分説明するのであるが、この場合には、国税通則法第126条 (職員の守秘義務規定) の規定に留意するとともに、当該説明を行った事実を記録する。」との指針が設けられていることから、移転価格税制の調査の運用上、シークレット・コンパラブルについては、税務署等の当該職員は納税者に対して一定の説明をするものとされている[20]。

なお、シークレット・コンパラブルを用いた推定課税による更正を肯定した裁判例 (東京高判平成25・3・14 (訟月60巻1号149頁)) がみられる。

18　OECD, *Transfer Pricing Guidelines for Multinational Enterprises and Tax Administrations 2010*, Chapter Ⅲ A.4.3.3 3.36. 日本租税研究協会『OECD 移転価格ガイドライン2010年版』(日本租税研究協会・2011) 82頁。

19　「平成23年度税制改正大綱　平成22年12月16日」105頁。

20　シークレットコンパラブルはきわめて限定的にしか用いられず、今後ともこの運用は変わらないとの説明 (山川博樹「大規模法人の国際課税の課題」国際税務34巻1号別冊 (2014) 87頁)。

15− 4　独立企業間価格算定の根拠となる書類等の作成・保存等（「移転価格文書化制度」）をめぐる問題

　移転価格文書化制度とは、納税者が一定の文書（価格算定文書）を作成し保存すべきこと、すなわち、独立企業間価格の算定根拠となる文書の作成・保存を納税者である企業に義務付ける制度のことをいう。

　移転価格文書化制度に関しては、2015年10月に公表されたBEPS最終報告書行動13「移転価格文書化制度及び国別報告書」（"Transfer Pricing Documentation and Country-by-Country Reporting"）において勧告された内容を踏まえ、平成28年度税制改正において、制度の改正や創設が行われた。

　第1に、一定規模の取引を行う法人は、独立企業間価格を算定するために必要と認められる書類（ローカルファイル）を確定申告書の提出期限までに作成又は取得、保存しなければならない（同時文書化義務）との改正が行われた（租特66条の4第6項。15− 1 参照）。

　具体的には、財務省令である租特規22条の10第6項は、国外関連取引の内容を記載した書類（同項1号）及び国外関連取引に係る独立企業間価格を算定するための書類（同項2号）に区分し、具体的な書類の内容を規定している。

　前者に該当する書類として、例えば、「当該国外関連取引に係る資産の明細及び役務の内容を記載した書類」（租特規22条の10第6項1号イ）、「当該国外関連取引において法第66条の4第6項第1項の法人及び当該法人に係る国外関連者（括弧内省略）が果たす機能並びに当該国外関連取引において当該法人及び当該国外関連者が負担するリスク（為替相場の変動、市場金利の変動、経済事情の変化その他の要因による当該国外関連取引に係る利益又は損失の増加又は減少の生ずるおそれをいう。）に係る事項（括弧内省略）を記載した書類」（同号ロ）等の9種類の書類が規定されている。

　また、後者に該当する書類として、例えば、「当該法人が選定した法第66条の4第2項に規定する算定の方法、その選定に係る重要な前提条件及びその選定の理由を記載した書類その他当該法人が独立企業間価格を算定するに当たり

作成した書類」（租特規22条の10第6項2号イ）、「当該法人が採用した当該国外
関連取引に係る比較対象取引（括弧内省略）の選定に係る事項及び当該比較対
象取引等の明細（当該比較対象取引等の財務情報を含む。）を記載した書類」
（同号ロ）等の7種類の書類が規定されている。

　なお、令和元年度税制改正によってDCF法が独立企業間価格の算定方法に
追加されたことから、法人が独立企業間価格を算定する方法として、DCF法
を選定した場合、国外関連取引を行った時の現在価値として割り引いた金額の
合計額を算出するための書類等が同時文書化義務の対象とされた（租特規22条
の10第6項第2号ニ等）。

　また、ローカルファイルの作成・保存等の義務を担保するため、税務署等の
当該職員は推定課税を行えることや同業者調査を行えることが規定されている
（租特66条の4第12・14・17・18項。**15-2** 参照）。

　なお、国外関連者との国外関連取引について、①取引の対価の合計額が50億
円未満であること、②無形資産取引金額が3億円未満であることのいずれにも
該当する場合、独立企業間価格を算定するために必要と認められる書類を確定
申告書の提出期限までに作成又は取得、保存しなければならない同時文書化義
務は免除されている（租特66条の4第7項）。

　第2に、一定規模の売上金額以上である特定多国籍企業グループ（租特66条
の4の4第4項3号）の構成会社である最終親会社等の内国法人（いわゆる親
会社）は、事業活動が行われる国（地域）ごとの収入金額、税引前当期利益の
額、納付税額等に関する情報（国別報告事項）を、当該内国法人の本店等の所
在地の所轄税務署長に提供しなければならないとの制度が新たに設けられた
（租特66条の4の4第1項）。

　特定多国籍企業グループとは、企業グループの構成会社等の居住地国が2以
上あるもの等の多国籍企業グループ（租特66条の4の4第4項2号、租特令39条
の12の4第3項）のうち、直前の最終親会計年度における多国籍企業グループ
の連結財務諸表における売上金額、収入金額その他の収益の額の合計額が
1,000億円以上のものをいう（租特66条の4の4第4項3号、租特規22条の10の4

第7項)。

　具体的には、特定多国籍企業グループの居住地ごとの収入金額、税引前当期利益の額、納付税額等、構成会社等の売上、特定多国籍企業グループの無形固定資産の研究開発の概要等、特定多国籍企業グループの構成会社等の居住地国等ごとの当該構成会社等の名称、主たる事業の内容等を提供しなければならない(租特規22条の10の4)。

　国別報告事項の提供は、英語により行うものとされている(租特規22条の10の4第4項)。

　なお、国別報告事項の提供の実効性を担保するため、正当な理由がなく国別報告事項をその提供の期限までに税務署長に提供しなかった場合には、法人の代表者等は、30万円以下の罰金に処される(租特66条の4の4第7項)。

　また、国別報告事項に関して、税務署長に提供された国別報告事項は、原則として、租税条約等の情報交換を通じて多国籍企業グループの事業活動が行われる国等の税務当局に提供され、共有される(租特令39条の12の4参照)。

　第3に、特定多国籍企業グループの構成会社等である内国法人又は恒久的施設を有する外国法人は、多国籍企業グループの組織構造、事業の概要、財務状況等の多国籍企業の事業活動の全体像に関する情報である事業概況報告事項(マスターファイル)を、当該内国法人等の所在地の所轄税務署長に提供しなければならないとの制度が新たに設けられた(租特66条の4の5第1項)。

　具体的には、特定多国籍企業グループの構成会社等の名称、本店、構成会社等の売上、特定多国籍企業グループの無形固定資産の研究開発の概要等、特定多国籍企業グループの構成会社等の資金の調達方法の概要、特定多国籍企業グループの連結財務諸表に記載された財産の状況等を提供しなければならない(租特規22条の10の5)。

　事業概況報告事項に関して、事業概況報告事項の提供は、日本語又は英語により行うものとされている(租特規22条の10の5第2項)。

　なお、事業概況報告事項の提供の実効性を担保するため、正当な理由がなく事業概況報告事項をその提供の期限までに税務署長に提供しなかった場合には、

法人の代表者等は、30万円以下の罰金に処される（租特66条の4の5第3項）。

15－5　関連する他の規定等

　令和元年度税制改正によってDCF法が独立企業間価格の算定方法とされたこと、また、国際取引の複雑化や移転価格調査の困難化[21]を踏まえ、令和元年度税制改正において、更正決定等の期間制限を7年に延長すること（改正前：6年）（租特66条の4第26項）、徴収権の時効は、法定納期限から2年間（改正前：1年間）は進行しないこと（徴収権の消滅時効を7年に延長すること）（租特66条の4第28項）が規定された。

　また、移転価格税制の適用を受けた法人が、租税条約に基づく相互協議の申立てをし、財務大臣が相手国の権限ある当局と合意等した場合、延滞税については、免除される（租特66条の4第31項）。

　さらに、相互協議の期間中、法人税及び加算税の納税は、猶予される（租特66条の4の2第1項等）（**第19章**参照）。

　なお、内国法人同士の取引に係る税務調査の場合と同様、独立企業間価格の算定方法の立証責任については、原則として、税務署長、つまり国の側にあるとされ[22]、また、移転価格税制に係る税務調査は犯罪捜査のために認められたものと解してはならない（租特66条の4第20項）。

　〈参考文献〉
・宮塚久「モーター輸入販売事件国税不服審判所裁決」中里実ほか編著『移転価格税制のフロンティア』（有斐閣・2011）
・大野雅人「移転価格課税における文書化義務と推定課税」筑波ロー・ジャーナル15号（2013）
・藤枝純・角田伸広『移転価格税制の実務詳解—BEPS対応から判決・裁決事例まで—』（中央経済社・2016）

21　大蔵財務協会・前掲注5・599頁。
22　成道秀雄「移転価格税制の論点」日税研論集63号（2012）215頁。

第16章　過少資本税制・過大支払利子税制

事例

　親会社がＡ国（税率20％）のＰ社である日本（税率30％）の子会社Ｓ社（資本金１億円・所得金額10億円）が100億円の事業資金を必要とする場合、

①　Ａ国のＰ社から、どのような方法によってＳ社が事業資金を調達することが、Ｐ社及びＳ社の両社合計の税負担の観点から、望ましいと言えるのか。

②　日本の税法上、①に係る資金調達に関して、どのような規定が設けられているのか。

16－1　過少資本税制

16－1－1　過少資本税制の意義

　過少資本とは、文字どおり、自己資本が少ない状態を言うが、企業活動における重要な問題である資金調達の方法は、株式と借入金に区別される。

　株式の対価である配当は、税務上、損金に算入されないが、他方、借入金の対価である利子は、損金に算入されることから、資金調達側の法人にとって、支払利子を伴う借入が一般的に有利である。

　内国法人同士の資金の貸付・借入の場合（**図表16－１・ア**）、利子を受領した法人において、当該利子は益金とされ、課税の対象となることから、赤字法人への利益の移転等の特殊な場合を除き、基本的には、日本における課税上の問題は生じない[1]。

（注）　本章の内容は、2019年４月１日現在の法令による。

1　川田剛『国際課税の理論と実務　第４巻　タックス・ヘイブン対策税制／過少資本税制（改訂版）』（税務経理協会・2010）197頁。

320

　ただ、国境を跨ぐ資金の貸付の場合、例えば、日本の法人税率が、親会社の国の税率よりも高く、子会社の資金調達として出資（**図表16－1・イ**）ではなく、借入を選択した場合（**図表16－1・ウ**）、当該子会社から親会社への利子の支払によって、源泉徴収による所得税を考慮したとしても子会社における日本の法人税の負担の軽減により、結果として、子会社を含む企業グループ全体の税負担を減少させることが可能となるが、同時に、このような貸付と利子の支払は、子会社の所在地国である日本における課税されるべき所得の減少を意味する。

　このような資金調達の枠組みへの対応として、「我が国に所在する外国企業の子会社が、所要資金の調達を親会社からの出資に代えて借入れとすることによって、企業グループ全体としての我が国における税負担を人為的に減らすことができる。こうした税負担回避行為を防止するため、主要先進国は何らかの対応策を講じており、我が国としても、近年、対内直接投資が着実に増加しつつある状況下で、所要の措置を講じることが適当と考える。」[2]として、租税回避の防止の観点から、平成4年度税制改正により、日本の子会社（内国法人）から外国法人の親会社への一定の支払利子について、損金不算入とする過少資本税制が導入された。

2　税制調査会『平成3年12月　平成4年度の税制改正に関する答申』6頁。

図表16−1　過少資本と租税回避の関係

ア　日本の甲社が子会社である甲1社に貸付をする場合（日本の税率：30%の場合）

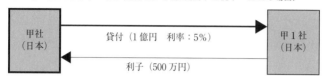

甲社の法人税の計算

・受領した利子500万円は益金（課税）
　（500万円 ×30% ＝150万円の税額の増額）

甲1社の法人税の計算

・支払った利子500万円は損金（費用）
　（500万円 ×30% ＝150万円の税額の減少）

※　日本国の税額の増減（＋150万円−150万円）なし

イ　A国の甲社が日本の子会社である甲2社に出資をする場合
　　（日本の税率：30%の場合、A国の税率：20%の場合）

甲社の法人税の計算

・受領した配当500万円はA国において益
　金（課税）の場合
　（500万円 ×20% ＝100万円の税額の増額）

甲2社の日本の法人税の計算

・支払った配当500万円は損金にならず
　（費用にならない）
　（税額の減少なし）

ウ　A国の甲社が日本の子会社である甲2社に貸付をする場合
　　（日本の税率：30%の場合、A国の税率：20%の場合）

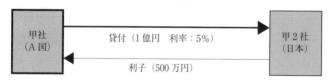

甲社の法人税の計算

・受領した利子500万円はA国において益
　金（課税）の場合
　（500万円 ×20% ＝100万円の税額の増額）

甲2社の日本の法人税の計算

・支払った利子500万円は損金（費用）
　（500万円 ×30% ＝150万円の税額の減少）

※　甲社グループ全体の税負担（法人税）の合計：
　　国境を跨ぐ出資に係る税負担(イ)＞国境を跨ぐ貸付に係る税負担(ウ)
※　国境を跨ぐ貸付により日本国の税収（法人税）が減少（−150万円）

16−1−2　過少資本税制の概要

　過少資本税制が適用される主な要件として、内国法人について、①総負債が総資本の3倍を超える場合、②外国法人の親会社等の国外支配株主等又は資金提供者等に対して、③負債の利子等を支払う場合、④国外支配株主等に対する負債に係る平均残高が国外支配株主等の資本持分の3倍を超えることが規定されている（租特66条の5第1項）。

　上記の要件が満たされた場合、内国法人が外国法人の親会社等に対して支払った利子等のうち、資本持分の3倍を超える部分に対応するものとして計算した金額は、内国法人の所得の金額の計算上、損金の額に算入しないとされている。

　例えば、親会社（外国法人）への借入金が9億円（借入利率10％の場合）である資本金1億円の100％子会社（内国法人）に過少資本税制が適用される場合、借入利子の9,000万円のうち、資本金の3倍を超える部分に対応する金額である3億円を超える借入金に係る借入利子である6,000万円（＝借入利子の総額（9,000万円）×（借入金（負債）（9億円）−資本金（1億円）×3）／負債（9億円））については、子会社の法人税の計算上、損金不算入とされる。

　したがって、過少資本税制は、親会社と子会社の国籍の違いと配当と利子の租税法上の違いを利用した租税回避を防止する制度[3]と考えられる。

　なお、帰属主義への移行に伴い、恒久的施設に帰せられるべき資本に対応する負債利子を損金不算入とする制度が設けられたことから、国内において事業を行う外国法人が支払う負債の利子等について、過少資本税制を適用しないこととされる[4]。

3　佐藤英明「過少資本税制」日税研論集33号（1995）100頁。

4　大蔵財務協会『平成26年版　改正税法のすべて』（2014）811頁。

16－1－3　過少資本税制の具体的な要件

16－1－3－1　適用対象法人

　国外支配株主等又は資金提供者等に対し負債の利子を払う者である内国法人（例えば、外国法人の日本の子会社）（租特66条の5第1項）。

　なお、内国法人の事業年度の総負債に係る平均負債残高が当該法人の自己資本の額の3倍に相当する金額以下の場合は、過少資本税制は適用されない（租特66条の5第1項ただし書き）。

16－1－3－2　国外支配株主等

　国外支配株主等とは、①非居住者又は外国法人で、②内国法人の発行済株式又は出資の総数又は総額の50％以上の株式等を保有する等の特殊の関係のあるものとされ、例えば、内国法人の発行株式の100％を保有する外国法人の親会社が該当する（租特66条の5第5項1号）。

16－1－3－3　負債及び負債の利子等

　まず、国外支配株主等の平均負債残高（租特66条の5第5項5号）が内国法人に係る支配株主等の資本持分の3倍に相当する金額を超えることが要件とされている。

　また、負債の利子等は、利子のみならず、手形の割引料など経済的な性質が負債に準ずるものや国外株主に支払う債務の保証料等も含まれる（租特66条の5第5項3号、租特令39条の13第15・16項等）。

　保証料が利子に含まれることについては、第三者からの借入を行い、当該借入に係る保証料を親会社に支払うことにより過少資本税制の適用を免れることが可能であったことから、平成18年度税制改正により、過少資本税制の対象となる負債（負債の利子）の範囲に資金提供者等に対する負債（当該負債に係る親会社等の国外支配株主等へ支払われる保証料等）が追加された（租特66条の5第5項、租特令39条の13第14項等）。

　また、内国法人からの負債等の利子が、支払を受ける外国法人等の法人税法等に規定された国内源泉所得等として課税対象所得に含まれるものは、内国法

人同士の貸付と同様、日本において、課税されるべき所得が減少しないことから、過少資本税制上の負債等の利子の範囲から除外される（租特66条の5第5項3号）。

なお、「当該内国法人と同種の事業を営む内国法人で事業規模その他の状況が類似するものの総負債の額の純資産の額に対する比率として政令で定める比率に照らし妥当と認められる倍数を用いることができる。」（租特66条の5第3項）として、負債と資本の比率は3対1に限定されず、類似する内国法人が控除できる支払利子の水準までは、支払利子を控除できることを規定した救済措置が設けられている。

16-1-4 損金不算入とされた利子の取扱い

内国法人の所得の計算上、特定の事業年度において、過少資本税制の適用により損金不算入とされた利子は、翌事業年度以後においても損金に算入されないことから、当該利子は、子会社である内国法人の損金に永久に算入されることはない[5]。

また、過少資本税制の適用により損金不算入とされた金銭の性質は、税法上、配当とみなされないことから、当該金銭についてはあくまでも利子として源泉徴収の適用を受けることとなる[6]。

16-2 過大支払利子税制

16-2-1 過大支払利子税制の意義

平成24年度税制改正において、支払利子の損金算入制限の措置として、過少資本税制とは別の制度である、関連者等に係る純支払利子等の課税の特例（過

5　佐藤・前掲注3・108頁。

6　村井正編著『教材国際租税法新版』（慈学社・2006）203頁（谷口勢津夫執筆）。

図表16-2　過大支払利子と租税回避の関係

A国の外国法人甲社が日本の子会社甲2社へ貸付を行い、甲2社がB国に子会社甲1社を設立する場合（貸付金額：100億円　貸付利率：5%（利払金額：5億円）　日本の税率30%　B国の税率20%）

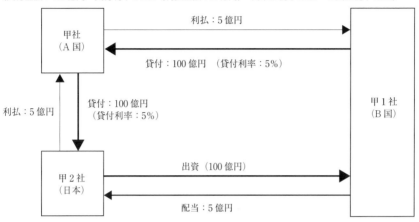

※　甲社グループ全体の税負担（法人税）の合計：
・甲2社の支払利子5億円
　→　甲2社（日本）における1.5億円（＝5億円（損金算入）×30%）の税額（法人税）の減少
・甲1社の受取利子5億円
　→　甲1社（B国）における1億円（＝5億円（益金算入）×20%）の税額（法人税）の増加
（甲2社の受取配当については、全額益金不算入とし、各国において、利子・配当に係る源泉徴収はないものとする。）
⇒　循環取引により甲社グループ全体の税負担（法人税）の減少（0.5億円）
⇒　過大な貸付の創出により、日本国の税収（法人税）が減少（1.5億円）

※　「平成23年度第15回税制調査会（11月8日）【資料5】（国際課税【資料】8頁の租税回避の想定事例）」（内閣府ホームページ）(https://www.cao.go.jp/zei-cho/history/2009-2012/gijiroku/zeicho/2011/__icsFiles/afieldfile/2011/11/08/23zen15kai6.pdf)（最終訪問日2020年2月11日）参照。

大支払利子税制）が創設された。

　内国法人から外国法人への過大な支払利子への対応として、平成24年度税制改正前において、①過大な利率への対応である移転価格税制、②資本に比して過大な負債に係る利子への対応である過少資本税制が設けられていた。

　ただ、支払利子の利率が独立企業間の利率である場合、移転価格税制の適用ができず、また、内国法人の負債の水準が当該法人の資本に比して3倍未満の場合、当該支払利子は、過少資本税制の適用とならない。

　例えば、A国の外国法人甲社がB国に企業グループの一つである甲1社を設立する場合、過少資本税制の適用を受けない範囲で、甲社が日本の子会社甲2社へ貸付を行い、甲2社がB国に子会社甲1社を設立し、さらに、甲1社が甲社に貸付を行う場合、つまり、企業グループ内において、資金の循環（子会社等への貸付の創出）によって、企業グループ全体の税負担を減少させることが可能となるが、このことは、子会社甲2社の所在する国である日本における課税されるべき所得の減少を意味する（**図表16－2**）[7]。

　平成24年度税制改正前の制度は、上記の企業グループ内における貸付の創出等による過大な支払利子を通じた税負担の軽減（圧縮）に対して脆弱であったことから、企業グループ内の関連者間において、過大な支払利子を利用した租税回避を防止するための措置として、過大支払利子税制が設けられた[8]。

　また、BEPSプロジェクト最終報告書（「利子控除及び他の金融支払に係る税源浸食の制限」（"Limiting Base Erosion Involving Interest Deductions and Other Financial Payments"）の勧告を踏まえ、令和元年度税制改正において、第三者への支払利子も本制度の対象とすること、調整所得金額から受取配当益金不算入額を除外すること、支払利子等の損金算入限度額を調整所得金額の20％に引き下げること、適用免除基準を2,000万円以下へ引き上げること等の見直しが行われた[9]。

　なお、令和元年度税制改正において、損金不算入とされる利子が「関連者純支払利子等の額」から「対象純支払利子等の額」へ改正される等の用語や定義の見直しが行われた。

7　「平成23年度第15回税制調査会（11月8日）【資料5】（国際課税【資料】8頁の租税回避の想定事例）」（内閣府ホームページ）（https://www.cao.go.jp/zei-cho/history/2009-2012/gijiroku/zeicho/2011/__icsFiles/afieldfile/2011/11/08/23zen15kai6.pdf）（最終訪問日2020年2月11日）参照。
8　大蔵財務協会『平成24年版　改正税法のすべて』（2012）559頁。
9　大蔵財務協会『令和元年版　改正税法のすべて』（2019）564頁。

16－2－2　過大支払利子税制の概要

　過大支払利子税制は、対象純支払利子等の額が、調整所得金額の20％を超える場合、その超える部分については、損金の額に算入しないとする制度であることから、一定の支払利子を損金不算入とする過少資本税制と類似性を有している。ただ、適用の要件として、資本金と借入金との比率ではなく、所得金額と支払利子との割合が採用されていることは、過少資本税制と異なる点である。

　例えば、親会社（外国法人）への借入金が30億円（借入利率10％の場合）で資本金30億円の子会社（内国法人）に関しては、借入金と資本の比率が1：1であるため、過少資本税制が適用されないが、仮に、当該子会社の調整所得金額が5億円である場合、借入利子（対象純支払利子等の額）の3億円について、調整所得金額（5億円）の20％の1億円を超える部分に対応する2億円については、子会社の法人税の計算上、損金不算入とされる。

　また、過大支払利子税制の適用によって損金不算入とされた利子は、最長7年間繰り越して、一定の範囲で損金に算入されるが、このような取扱いも過少資本税制と異なる点である。

　なお、帰属主義への移行に伴い、外国の本店等に対する内部利子の額について、過大支払利子税制の対象となることが規定されている（租特66条の5の2第8項）。

16－2－3　過大支払利子税制の具体的な要件

16－2－3－1　対象となる利子等（対象純支払利子等）の概要

　令和元年度税制改正により、親会社等の関連者に対する支払利子等のみならず、第三者に対する支払利子等も損金不算入とされた。また、損金不算入とされる利子とは、対象純支払利子等の額と規定され、対象純支払利子等の額の合計額とは、対象支払利子等の額の合計額から控除対象受取利子等合計額を控除したものである（「対象純支払利子等の額の合計額」＝「対象支払利子等の額

の合計額」－「控除対象受取利子等合計額」）（租特66条の5の2第1項）。

　まず、対象支払利子等の額とは、支払利子等の額のうち対象外支払利子等の額以外の金額である（「対象支払利子等の額」＝「支払利子等の額」－「対象外支払利子等の額」（租特66条の5の2第2項1号））。ここでの支払利子等の額とは、法人が支払う負債の利子（租特66条の5の2第2項2号）のみならず、債務の保証料や貸付債券の使用料等も含まれる（租特令39条の13の2第3項）。

　また、本制度の対象となる支払利子等から除外される対象外支払利子等の額とは、日本における税源浸食の可能性が低い等とされる利子であり[10]、例えば、支払利子等を受ける者の課税対象所得に含まれる支払利子等の額、国際協力銀行等の一定の公共法人に対する支払利子等の額等である（租特66条の5の2第2項3号イ・ロ、租特令39条の13の2第7項等）。

　次に、控除対象受取利子等合計額とは、法人が支払を受ける利子である受取利子等の額のうち、対象支払利子等に対応する部分の金額であり、以下の算式（「法人が非国内関連者から受ける受取利子等の額」＋（「法人が国内関連者から受ける受取利子等の額」と「法人の事業年度の期間と同一の期間において国内関連者が非国内関連者から受けた受取利子等の額」とのうちいずれか少ない金額））×対象支払利子等合計額／法人の支払利子等の額の合計額）により算定される（租特66条の5の2第2項6号、租特令39条の13の2第21項）[11]。

16－2－3－2　調整所得金額の概要

　調整所得金額とは、対象純支払利子等の額と比較するための基準とすべき所得の金額である（租特66条の5の2第1項）。具体的には、税務上の課税所得に対象純支払利子等の額を加えたものを基礎としつつ、繰越欠損金や減価償却資産に係る償却費等につき、当該加減算額を繰り戻す形で、各種税務上の特別の取扱いを捨象した金額である[12]。

　なお、令和元年度税制改正前においては、受取配当等の益金不算入額につい

10　大蔵財務協会・前掲注9・568頁。
11　大蔵財務協会・前掲注9・573頁。
12　大蔵財務協会・前掲注9・575頁。

て、法人税法23条等の規定を適用しないことにより、国内外の配当金額等は調整所得金額に加算されていたが、BEPSプロジェクト最終報告書における、税率の高い国の企業からの借入れと税率の低い国の子会社への出資により、損金算入可能な支払利子と益金不算入となる受取配当を得ることへの懸念[13]を踏まえ、令和元年度税制改正において、調整所得金額に加算する項目から受取配当等の益金不算入額は除外された（租特令39条の13の2第1項）。

16−2−3−3　損金不算入額等の概要

令和元年度税制改正前において、支払利子等の損金算入限度額は、調整所得金額の50％とされていたが、令和元年度税制改正により、対象純支払利子等の額が調整所得金額の20％を超える場合には、その超える部分の金額に相当する金額は損金の額に算入しないこととされた（租特66条の5の2第1項）。

損金不算入額の繰越制度として、7年以内に開始した事業年度において、損金の額に算入されなかった金額である超過利子額がある場合、当該超過利子額に相当する金額は、各事業年度の調整所得金額の20％に相当する金額から対象純支払利子等の額を控除した残額を限度として、各事業年度の所得の計算上、損金の額に算入する規定が設けられている（租特66条の5の3第1項）。

また、令和元年度税制改正により、適用免除基準の見直しに関して、対象純支払利子等の額が1,000万円以下から2,000万円以下へ引き上げられ、また、新たに企業グループ単位の純支払利子額の調整所得金額に対する割合が20％を超えない場合、過大支払利子税制の適用が除外されるとの新たな基準が設けられた（租特66条の5の2第3項）。

なお、過少資本税制の規定よりも過大支払利子税制の適用が優先される場合、損金不算入額の全額は繰越制度の対象となる。

13　大蔵財務協会・前掲注9・575頁。

16-3　過少資本税制との関係

　過大支払利子税制により計算された金額が、過少資本税制により計算された金額以下の場合には、過大支払利子税制の規定は適用されず、過少資本税制の適用が優先される（租特66条の5の2第6項）。

　他方、過少資本税制により計算された金額が、過大支払利子税制により計算された金額を下回る場合には、過少資本税制の規定は適用されず、過大支払利子税制の適用が優先される（租特66条の5第4項）。

　過大支払利子税制は過少資本税制を補完する意味を有することから、過少資本税制の適用を緩和する結果とならないよう、過少資本税制と過大支払利子税制の双方で損金不算入額が計算される場合、損金不算入額の大きい方の制度が適用されることが特色と言える[14]。

　なお、過大支払利子税制の適用免除基準を満たす法人は、過大支払利子税制と過少資本税制の両制度の重複適用の排除の対象から除外されることから、過少資本税制が適用されることとなる（租特66条の5第4項）[15]。

〈参考文献〉
・増井良啓「多国籍企業の利子費用控除に関する最近の議論」『消費税と国際課税への大きな潮流（公社）日本租税研究協会　第65回租税研究大会記録』（日本租税研究協会・2013）
・成道秀雄「過大支払利子税制の創設」税務事例研究138号（2014）
・増井良啓「BEPS 行動4の2015年報告書を読む」租税研究794号（2015）
・吉村政穂「資本再構成を濫用した利子控除の制限～ BEPS の動向を含めて」税務事例研究154号（2016）
・EY 税理士法人「国際租税制度に係る多国籍企業対応・影響等調査　平成28年度内外一体の経済成長戦略構築に係る国際経済調査事業　対内直接投資促進体制整備等調査　調査報告書　2017年3月」（2017）

14　大蔵財務協会・前掲注8・571頁。
15　大蔵財務協会『平成25年版　改正税法のすべて』（2013）747頁。

第17章　タックス・ヘイブン税制

---- 事例 ----

　日本（法人税率30％と仮定）において自転車の製造関連企業グループを構成する甲社、乙社、丙社（各社の事業年度は暦年）は、共同でA国（法人税率15％）に丁子会社（事業年度は4月1日から翌年3月31日）を設立した。丁子会社を介して北米市場に商品を販売している。甲社、乙社、丙社の持株は各々、50％、45％、5％である。丁子会社は、日本の法令に準拠して計算した平成28年度の法人税の所得の金額が150億円であった。

① 　丁子会社が適用除外要件を充足しないとした場合に、甲社、乙社、丙社の課税はどのようになるか。

② 　丁子会社が平成28年度において、同年4月1月から乙社の子会社の株式の半数を保有することとなった。その株式の時価総額は会社の資産の50％を占めるに至った。甲社、乙社、丙社の課税はどのようになるか。

17－1　タックス・ヘイブン税制の導入経緯及び立法趣旨

17－1－1　タックス・ヘイブン税制の必要性

　被支配外国会社（controlled foreign companies：CFC）は、通常、独立した納税者として取り扱われ、その結果CFCに帰属する利益は、その居住国株主の課税ベースには配当されない限り算入されない（テリトリー原則あるいは独立納税者アプローチ）。このことは、外国法人の外国（設立国）所得は分配されるまで繰り延べられることを意味している。また、内国法人等が、税負担の著しく低いCFCを通じて国際取引を行うことによって、直接国際取引した場合より税負担を不当に軽減・回避し、結果として我が国での課税を免れる事態が生じ得る。そこで、このような事態に対処するために、タックス・ヘイブン

税制（CFCルール）が多くの国で導入されている。

　タックス・ヘイブン税制は、CFCのあらゆる所得（アクティブ及びパッシブ所得）あるいは配当や利子などの一部の所得（パッシブ所得）がCFCを支配している国の株主の課税ベースに含まれ、そして株主の国の税率で課税されることを意味している。CFC立法は、広範囲な所得の範囲、アクティブ・パッシブ所得をカバーする（完全包括システム）又は、パッシブ所得を含むより狭い範囲の所得をカバーする（部分的包括システム）。その利益が配当として分配されなくとも、あるいは利得（ゲイン）として実現していなくとも課税されることとなる。タックス・ヘイブン税制は1962年にアメリカで最初に導入され（サブパートF）、その後各国で導入されてきている。経済協力開発機構（OECD）は1996年のレポートでそのような立法を推奨している。CFCルールのデザイン（法的構造）は、1996年OECDレポートの影響により、CFCルールを採用している国において共通の多くの特徴がある。OECDによるCFCルールの推奨は、主として、租税回避の否認という目的によって正当化されていた。OECDメンバー国は低い税率国を使用し、そして居住国の管轄から所得を移転させることを防止することに移っていった。原則として、資本輸出の中立性という政策を実現するために、競争力の確保及び租税回避の否認などといった見解が、CFCルールの立法・作成の基礎となるといえる。なお、1998年OECDレポートにおいて、CFCルールは租税回避ルールとしてよりも課税繰延ルールとして正当化されている。

　現在、タックス・ヘイブン税制あるいはCFCルールは多くの国で導入されているが、この最近の10年は、税率の低い国に設立された子会社への利益の移転が増加してきている。CFCルールはその効果を必ずしも達成していないともいえよう[1]。

　そこで、G20／OECDなどが、国内のCFCルールの強化を呼びかけている。G20／OECD税源浸食と利益移転（BEPS：Base Erosion and Profit Shifting）プロジェクトのイニシアティブ（行動プラン2013）は、各国のCFCルールのデザインを見直すことを求めていた。また、その他のBEPSに対する規制と

の関係を明らかにすることも求めていた。OECD は、2015年10月5日、BEPS に対する行動3（被支配外国法人（CFC）ルールの強化）に関する最終レポートを公表した（「効果的な被支配外国法人ルールの設計」と題された文書（最終レポート）は、2015年4月に公表された行動3に関するディスカッション・ドラフト「CFC ルールの強化」（2015年4月10日付の OECD による BEPS 行動3に基づく CFC ルールに関するディスカッション・ドラフト）の方向性とは大幅な変更がある。）[2]。最終レポートは、「CFC ルールの設計と目標は、様々な政策上の選択を反映しているため、国・地域によって異なる可能性がある」ことを認めている。最終レポートでは、ディスカッション・ドラフト同様、CFC 税制の「基本構成要素（ビルディング・ブロック）」ディスカッションについて提言を行っているが、最終レポートでは、提言はミニマム・スタンダードではなく、「それらを実施することを選択した国・地域が、納税者による外国子会社への所得の移転を効果的に防止するルールを設けることを目的としている」と述べている（行動3：外国子会社合算税制（CFC 税制）の強化）。最終レポートは、効果的な CFC ルールの設計のための6つの基本構成要素として、CFC の定義（支配の定義を含む）、CFC の適用除外と基準要件、CFC 所得の定義、所得計算、所得帰属、二重課税の防止及び排除を取り上げている。

1　立法当時における問題点を検討したものとして、占部裕典「タックス・ヘイブン税制」（財）比較法研究センター編『国際租税回避の法政策的研究（NIRA OUTPUT）』（総合研究開発機構・1988）第1編2、占部裕典「タックス・ヘイブン対策税制の問題点」税務弘報38巻1号（1990）141頁-149頁、占部裕典「タックス・ヘイブン税制」村井正編『国際租税法の研究』（法研出版・1990）第2章参照。その後の問題点については、占部裕典『国際的企業課税法の研究』（信山社・1998）第1章-第4章、占部裕典「タックス・ヘイブン対策税制の課題と今後の展望（研究報告）」第60回租税研究大会記録（2008）227頁～274頁が詳しい。

2　OECD, Designing Effective Controlled Foreign Company Rules, Action 3 - 2015 Final Report（OECD/G20 Base Erosion and Profit Shifting Project series）（2015）参照。OECD/G20 BEPS Project については、http://www.oecd.org/tax/beps 参照。行動3に関するディスカッション・ドラフト、及び「CFC ルールの強化」にかかる最終報告等の邦文概要については多くのものがあるが、「OECD が BEPS 行動3に基づく CFC ルールに関する最終レポートを公表」（Japan tax alert 2015年11月6日号）、「OECD が BEPS 行動3に基づく CFC ルールに関するディスカッション・ドラフトを公表」（Japan tax alert 2015年4月22日号）等参照。

　なお、移転価格税制（移転価格ルール）との関係が問題となるところ、移転価格ルールは、BEPS インセンティブの焦点である。仮に移転価格ルールが、Action 8 -10、12（強制的な開示ルール）及び13（移転価格文書と CbCR）で推奨されているように履行されるのであれば、CFC ルールは、移転価格ルールが適正に機能しないときに、バックストップとして、第2次の役割を果たすものといえる（移転価格ルールのバックストップとしての CFC ルール）。

Column　サブパートF

　サブパートFとは、米国内国歳入法典（I.R.C. 日本の法人税法等に該当する米国連邦税法）の Subchapter N の Part Ⅲ の Subpart F を意味する。

　Subpart F の I.R.C.951条等は、米国外の法人のうち米国株主の持株割合が50%超の被支配法人（Controlled Foreign Corporation）（CFC）の特定の所得について、CFC の発行株式の保有割合に応じて、課税繰延への対応として、米国株主の所得に合算することを規定する。

　合算の対象となる特定の種類の所得は、一般的に、サブパートF所得と呼ばれ、具体的には、保険所得（insurance income）、外国基地会社所得（外国基盤会社所得）（foreign base company income）、ある種の違法所得等が規定されており（I.R.C. § 952）、これらの所得は、税率の低い国・地域に容易に移転される傾向のある所得とされている。

　特に重要な所得とされる外国基地会社所得は、主として、以下の類型に区分される（I.R.C. § 954）。

　第1の類型は、利子、配当、賃料、使用料等の受動的所得（passive income）によって構成される外国同族持株会社所得（外国人的持株会社所得）（foreign personal holding company income）であり、第2の類型は、CFC が親会社等の関連者から購入した物品の売却等による所得によって構成される外国基地会社販売所得（foreign base company sales income）であり、第3の類型は、CFC が設立された国以外において親会社等の関連者への特定の役務の提供等による所得によって構成される外国基地会社役務所得（foreign base company service income）である。

（野一色直人）

　（参考）
・リチャード・L・ドーンバーグ（川端康之監訳）『アメリカ国際租税法』（清文社・2001）185頁以下
・一高龍司「米国 Subpart F 税制の要点と問題点について」国際税制22号（2009）88頁以下
・一高龍司「米国 Subpart F 税制における外国同族持株会社所得（FPHCI）の意義─除外項

　　目を中心に一」税大ジャーナル12号（2009）63頁

　・渕圭吾「外国子会社合算税制の意義と機能」フィナンシャル・レビュー94号（2009）74頁

17-1-2　租税回避規定か課税の繰延規定か

　我が国のタックス・ヘイブン税制は、昭和53年に租税特別措置法の中に第4節の2（居住者の特定外国子会社等に係る所得の課税の特例）［現行租税特別措置法40条の4］及び第7節の3（内国法人の特定外国子会社等に係る所得の課税の特例）［租税特別措置法66条の6］において導入された[3]。タックス・ヘイブン税制は、①タックス・ヘイブンに設立された被支配外国会社に内国法人が本来課税されるべき内国源泉所得を移転させること、及び②被支配外国会社においてそのような所得を留保させることによる内国課税の回避を規制することをそのねらいとしている。一方で、それらは、そこで真に事業活動を行っている者まで決して規制する趣旨ではないこともちろんである[4]。タックス・ヘイブン税制は、内国法人が真の事業活動に従事している外国法人により国際的競争力を保持しようとすることを制限しないという意図をも有している。我が国のタックス・ヘイブン税制は「課税の繰延べ」を規制することを目的としたものではなく、「租税回避の否認」を目的としたものである。

3　平成19年度税制改正で導入されたコーポレート・インバージョン対策合算税制については、本書**第18章**参照。

4　髙橋元監修『タックス・ヘイブン対策税制の解説』（清文社・1979）82頁-83頁参照。

336

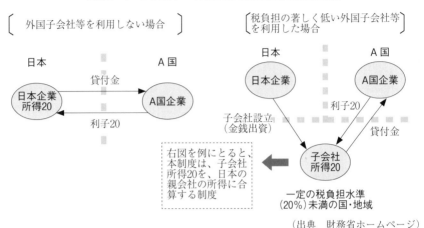

図表17-1　タックス・ヘイブンの利用と外国子会社合算税制

（出典　財務省ホームページ）

17-2　タックス・ヘイブン税制の法的構造

17-2-1　我が国の CFC ルール

　租税特別措置法66条の6は、我が国の内国法人等が、発行済株式又は出資の
うち、あわせて50％を超える株式等を直接又は間接に保有している外国法人
（以下、「外国関係会社」（同条2項1号、租特令39条の14）という。）のうち、本
店又は主たる事務所の所在する国又はその地域において課される税負担が著し
く低いもの（以下、「特定外国子会社等」（同条1項柱書）という。）の所得（以
下、「適用対象金額」という。平成21年度改正前の留保所得としての「適用対
象留保金額」に代わる概念である。）を、我が国の内国法人等である株主の持
株数（発行済株式の10％以上（租特66条の6第1項1・2号）。平成22年度改正
前5％）に対応する部分の金額（「課税対象金額」という。平成21年度改正前
の「課税対象留保金額」に代わる概念である。）をそれらの個人、法人等の益
金に算入して我が国の所得税・法人税の課税の対象とすることとしている（以
下、内国法人の特定外国子会社等に係る所得等の課税の特例を中心に記述する。
租税特別措置法40条の4も同様の枠組みである）。

　なお、上記の「本店又は主たる事務所の所在する国又はその地域において課される税負担が著しく低い」、すなわち、(1)特定外国子会社等に該当することとされる著しく低い租税負担割合の基準（いわゆるトリガー税率）を20％未満（平成27年度改正前20％以下）に変更している（租特令39条の14第１項２号、第２項１号）。我が国は、タックス・ヘイブン国・地域を告示で掲名するという「ブラックリスト方式」であったが、平成４年度税制改正によりトリガー税率方式にこれを改め、その後負担割合（税率）を徐々に下げている。平成25年度改正前までは25％であったが、その後20％以下に改められていた。平成27年４月より「以下」から「未満」への変更が行われた。僅かな変更であるが、これは英国が平成27年４月より法人税率を20％に引き下げる予定であることから、英国に配慮したもの（20％"未満"にすれば、英国子会社が特定外国子会社に該当しなくなる。）といえる。

　なお、平成19年度税制改正により、特定外国信託の留保金額の益金算入が定められた（租特66条の６第10項）。改正前までは外国信託において受益者は分配時まで課税が繰延されていたが、課税の公平性・中立性を欠く恐れがあるとして、その対応が求められていた[5]。

　ここで対象となる外国信託とは、投資信託及び投資法人に関する法律２条22項に規定する外国投資信託のうち租税特別措置法68条の３の３第１項に規定する特定投資信託に類するものをいうとされている（租特66条の６第10項）。平成19年の新信託法の施行により受益者が特定できていない場合又は存在していない場合であっても、受益者としての権利を現に有する者並びに信託の変更権限及び信託財産の給付を受ける権利を有する者（法税12条２項）が課税対象者とされている。ケイマンなどのタックス・ヘイブン国に信託を組成し、世界各国の株式や債券などの金融商品に投資している場合、もし、その信託が特定投資信託としてみなされた場合にはタックス・ヘイブン税制の適用対象となることとなる。

5　この問題についての最初の検討としては、占部裕典「タックス・ヘイブン対策税制の現状と課題」ジュリスト1075号（1995）31頁-37頁。

　一方、我が国のタックス・ヘイブン税制は租税回避規定であることから、税負担が著しく低い軽課税国等で事業活動を行い、租税回避目的を有しない特定外国子会社等については、その適用を除外するために、以下の全ての条件（適用除外基準）を満たす場合には、会社単位での合算課税の対象とならない（租特法66条の6第3項）。平成22年度改正により、適用除外とならない株式等の保有を主たる事業とする特定外国子会社等から、被統括会社の株式等の保有を行う統括会社を除外することとされている（租特法66条の6第3項）。上記の同税制導入の趣旨・目的から当然に導かれる帰結として、タックス・ヘイブン国（軽課税国等）においても真に事業活動を行っている企業については、タックス・ヘイブン税制の適用を排除すること（積極的な事業活動により生じた所得については結果的に課税しないための枠組み）が理論的に求められる。そして、我が国のタックス・ヘイブン税制は、㋐被支配外国会社により遂行されている業種、㋑被支配外国会社の居住地国での実質的存在の有無（すなわち被支配外国会社がいわゆる「ペーパーカンパニー」か否か）、㋒被支配外国会社が得た所得の内容、に主として着目し、タックス・ヘイブン税制の適用除外要件（具体的には、特定外国子会社等が、事業基準を前提に①実体基準、②管理支配基準、③所在地国基準あるいは非関連者基準の3要件）を充足する場合は適用除外を認める。

(1)　事業基準（主たる事業が株式の保有等、一定の事業でないこと）

(2)　実体基準（本店所在地国に主たる事業に必要な事務所等を有すること）

(3)　管理支配基準（本店所在地国において事業の管理、支配及び運営を自ら行っていること）

(4)　次のいずれかの基準

　　ア　非関連者基準（非関連者との取引割合が50％超であること。ただし、主たる事業が卸売業、銀行業、信託業、金融商品取引業、保険業、水運業、航空運送業の場合に適用）

　　イ　所在地国基準（主として本店所在地国で主たる事業を行っていること。ただし、主たる事業が上記(4)ア掲記以外の業種の場合に適用）

　ただし、一定の税負担の水準（20％）未満の外国子会社等が得る資産運用的な所得については、適用除外基準を満たす場合でも、内国法人等の所得とみなし、それを合算して課税することとしている（平成22年度改正による、いわゆる「資産性所得の合算課税」の導入）。

図表17－2　タックス・ヘイブン税制の概要

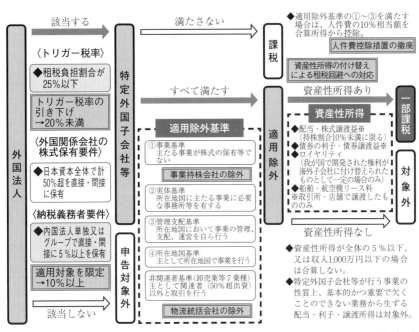

（出典　経済産業省「平成22年度税制改正について」34ページを修正）

17－2－2　タックス・ヘイブン税制の枠組みとその評価

　タックス・ヘイブンを利用した租税回避（あるいは課税の繰延べ）を規制するためのタックス・ヘイブン税制の構築にあたっては、2つの大きなアプローチの仕方がある。1つのアプローチは、タックス・ヘイブン国に居住するいわゆる「被支配外国会社」とそれ以外の国に居住する被支配外国会社とを組織法的に区別せず、ある一定の取引にかかる所得（いわゆるテインティド・インカ

ム（弊害所得））をそのような被支配外国会社が稼得すると、その未配分所得は内国法人に帰属するというものである。もう一方のアプローチは、被支配外国会社がタックス・ヘイブン国に置かれると、その被支配外国会社はその取引類型や所得の種類にとらわれることなく、当該被支配外国会社の所得を内国株主に帰属させようとするものである。前者は取引的アプローチ、後者はエンタティ・アプローチと呼ばれている[6]。なお、後者は子会社を支店と同じ取扱いにするという意味でのエンタティ・アプローチではないことに留意をしておく必要がある。

　取引的アプローチを採ると、被支配外国会社により稼得された所得の内容（本質）がまず問題となり、次に被支配外国会社のテインティド・インカムに課せられる外国税率が問題となる。取引的アプローチを採ると被支配外国会社のテインティド・インカムであっても、一定限度内の外国税率により課税されているテインティド・インカムについては内国（居住地国の）税を課さないこととなる。

　一方、エンタティ・アプローチにおいては、一般的には、被支配外国会社が居住している国の外国税率が、タックス・ヘイブンの定義について問題になる。エンタティ・アプローチの前提としては、まずどこの国がタックス・ヘイブン国（軽課税国）であるかが問題となり、所得の種類に着目することなく一律に税負担割合でタックス・ヘイブン国が特定される制度が必要となる（エンタティ・アプローチの前提にはこのような「軽課税国指定アプローチ」といわれるものが存する。）。次にタックス・ヘイブン国に居住する被支配外国会社の有無が問題となる。さらに一定の場合に限りこのような制度の適用を排除するために、被支配外国会社の事業の内容等が問題となる。

　先進国のタックス・ヘイブン税制を概観すると、取引的アプローチとエンタティ・アプローチのどちらかに依拠しているが、取引的アプローチ（被支配外国会社の所得が tainted か否か）と、エンタティ・アプローチ（被支配外国会

6　占部・前掲注1『国際租税法の研究』48頁-55頁。

社が tainted か否か）は同じ結果に到達するための課税テクニックの相違とも
いえ、必ずしも双方排他的なものであるとはいえない。たとえば、取引的アプ
ローチのもとでも、内国課税を回避するために設立されたものでない被支配外
国会社、又はその所得の一定割合を配当している被支配外国会社を適用除外と
することもできる。取引的アプローチは一般に、所得の捕捉にかけてはより正
確であるものの事務手続の負担とコンプライアンス費用が増大する可能性があ
る。逆にエンタティ・アプローチのもとで、それを純粋に適用すると、結果は
「すべてか無か」になる。

　我が国のタックス・ヘイブン税制は、まさに後者のような制度を基本として
スタートしているといえる。このような意味で、我が国のタックス・ヘイブン
税制は経済的合理性のある所得までもその経済合理性を無視して課税してしま
う可能性を有しており、そのような事態が生じないよう、同税制の立法経緯や
理論的背景などをふまえた適切な解釈がなされることが必要であるといえる。

　租税システムのなかでどちらが相対的に優れているか、あるいはこの税制を
通じてどの程度厳格に「課税の繰延べ」に対する規制を行おうとするか、にか
かっているといえよう。租税特別措置法66条の 6 は、特定外国子会社等の適用
対象金額のうち、我が国の居住者及び内国法人等である株主の持株数に対応す
る部分の金額（課税対象金額）をそれらの個人、法人等の収入、益金に算入し
て、我が国の所得税・法人税の課税の対象とすることとしている。我が国は、
いわゆる「所得帰属理論によるアプローチ」を採用しているといえる[7]。税法

7　前述のような制度の枠組みから、我が国のタックス・ヘイブン税制が、後者のアプローチである
　　エンタティ・アプローチを採ることは明らかである。
　　そのうえで、被支配外国子会社（我が国においては特定外国子会社等に相当）の所得をどのよう
　　に算出して、その株主たる納税者（居住者・内国法人）の所得に合算させるかはタックス・ヘイブ
　　ン税制の趣旨や立法目的との関係において立法裁量に委ねられているといえよう。たとえば、被支
　　配外国子会社の法人格を剥ぎ取ってまったく内国法人と一体化して所得計算をすることも可能であ
　　ろう。あるいは被支配外国子会社を内国法人とみなして、当該法人が負担すべき税を内国株主たる
　　納税者に帰属させるという方法（税の帰属によるアプローチ）も可能であろう。さらに、内国株主
　　たる納税者に被支配外国法人の未分配所得を帰属させるという方法（所得帰属理論によるアプロー
　　チ）もありえよう。

的に帰属したとみなすという意味での所得帰属理論を用いていることから、被支配外国会社のタックス・ヘイブンでの事業活動に経済的合理性が存する場合にまで課税をすることには、タックス・ヘイブン国の課税管轄権を侵害するおそれが存することに留意をしなければならない。

17-2-3　みなし配当所得と事業所得との区別

　我が国のタックス・ヘイブン税制は、子会社といったエンタティに着目した合算課税方式を採用したものである。確かに条文の文言においては、株主の持分に応じて計算される課税対象金額は法人税においては「内国法人の収益の額とみなして」（租特66条の6第1項）、あるいは所得税においては「雑所得に係る収入金額とみなして」（租特40条の4第1項）合算課税されることとされている。これは、立法時において、株主たる内国法人あるいは居住者にかかる課税対象留保金額が、通常であれば当該内国法人あるいは居住者に対する利益の配当又は剰余金の分配として交付されるべき性質のものであり、株主は子会社等にそうさせるだけの支配力をもっているにもかかわらず、子会社等が配当を全くあるいはわずかしか行わず、留保所得を蓄積しているところに税の回避を推認し得る、という考え方の表われといえよう。留保利益を利益の配当等として交付すべきところ課税の時点では、原則として株主に何ら金銭の交付等が行われていないことから、みなし配当として規定をおいていないといえよう。

　これに対して、所得税法は法人と違い、所得分類が問題となるので雑所得に含めている。立法時において、留保利益の算定を通じて課税対象留保金額を算定していることから、特定外国子会社等にとっては利益の配当又は剰余金として認識されるべき部分に相当する金額であるといってよかろう。この部分については現実に内国株主に配分される（交付される）わけではないことから、積極的に「みなし配当」（現行規定のもとではみなし配当規定は経済的な利益を現実に享受しているとの前提がある）との定義をおくことを避けているといえよう。このことのみをもって、株主の持分に応じて計算される課税対象留保金

額を事業所得として判断することはできない。旧租税特別措置法66条の6における課税対象留保金額の算定にかかる規定から、まず「みなし配当理論」をとっていることを確認しておく必要がある。このことは、我が国のタックス・ヘイブン税制は特定外国子会社等に直接課税するものではないことから、いわゆる「恒久的施設なければ課税なし」という租税条約上のルールに抵触することはないといえる（最高裁平成21年10月29日判決・民集63巻8号1881頁、最高裁平成21年12月4日判決・集民232号541頁）。このような立場は、平成21年度改正による外国法人受取配当益金不算入制度によっても何ら変わるところはない。

17-2-4　OECD 最終レポート～CFC の定義等（Chap. 2）

　最終レポートでは、CFC の定義について、(1)①法人、②パス・スルー事業体（パートナーシップと信託）及び恒久的施設（Permanent Establishment）の双方に CFC ルールを適用できるように広範な定義を採用するとともに、国・地域によって取扱いが異なることを利用した CFC ルールの適用逃れを阻止するハイブリッド・ミスマッチ・ルールを含める、(2)少なくとも法的支配基準と経済的支配基準の両方を適用し、どちらか一方の基準を満たすことで、支配が決定されるようにする、という2つの提言を行っている。最終レポートは、①母国においてはパス・スルーであるが、親会社の国で課税される事業体、②他の CFC に所有され、CFC ルールの適用がなければ課税されない事業体、他の CFC に所有され、CFC ルールの適用がなければ課税されない事業体、の2つの場合には、BEPS の懸念のある所得を稼得しているパス・スルー事業体に CFC ルールを適用することを提言している。また、外国事業体が別の国に恒久的施設を有している状況と、親会社の国が恒久的施設の所得を非課税としている状況のもとでは、恒久的施設を CFC として扱う必要があると述べている。
　CFC 立法によってカバーされた CFC は、外国法人のみでなく、パートナーシップ、信託、恒久的施設のようなほかの主体を、租税回避立法の妨げにならないために、原則として対象にしている。CFC ルールは、CFC と特別の関係に

ある居住地の株主によって支配される外国法人（あるいはそれに相当する主体も含む。）に対してのみ適用される。支配の意味は各国さまざまであるが、だいたい10％以上の持株が一般的である。出資の最低額はまた要件とされうるが、これはCFCにおける内国親会社最低持分の条件と関係している。

　支配の定義について、最終レポートは、(1)要求される支配の種類、及び(2)その支配の程度、という２つの要素に焦点を当てている。その上で、少なくとも法的及び経済的支配を含む支配基準を提言し、各国はこれを、「事実上の（de facto）」支配基準又は会計上の連結に基づく基準によって補完することができるとしている。また、支配の程度に関しては、居住者（法人、個人その他を含む。）が最低でも50％超の支配権を有している場合、そのCFCを支配されているものとして扱うことを提言しているが、各国がそれぞれの支配基準をより低い水準に設定しても問題はないとしている。最終レポートでは、支配基準において株主の持分を合算する方法として、行動一致基準、関連当事者の合算、集中保有基準という３つのアプローチのいずれかを使用することを提言している。ただし、いずれのアプローチの下でも、非居住者納税者の持分を含めると、支配の規定の複雑さが増す可能性があると述べている。このように、最低基準としての提言は、支配の決定において非居住者を考慮に入れていない。最後に最終レポートは、直接的又は間接的支配のいずれかが存在する場合、CFCルールを適用すべきと述べている。

　最終レポートは、CFCルールの適用範囲について、CFCの適用除外と基準要件を取り上げている。親会社の国・地域で適用されている税率と類似している実効税率が課せられている企業については、CFC課税の対象から除外することを認めるという内容の税率に基づく適用除外を含めることを提言している。かかる税率に基づく適用除外を導入した場合、実効税率が親会社の国・地域において、適用されている税率を有意に下回っている全てのCFCがCFCルールの適用対象となる。最終レポートはまた、この適用除外はホワイトリストなどのリストと組み合わせることができると述べている。

　低課税基準の適用に関して、ベンチマーク分析はCFCの国・地域の税率を、

特定の固定税率又は親会社の国・地域の税率の一定割合と比較している。最終レポートでは、ほとんどの CFC ルールが最大で法定法人税率の75%にあたるベンチマークを適用していることに言及しているが、ディスカッション・ドラフトとは異なり、ベンチマークを75%又はそれ以下に設定することを推奨していない。むしろ最終レポートはベンチマークについて、CFC ルールを適用している国の税率を有意に下回っているべきと述べている。ベンチマークの適用については、CFC の実効税率（ETR：effective tax rate）の使用を推奨しており、ETR を使用した方が、法定税率を使用するよりも正確な比較になると述べている。ETR 算出の際の対応所得は、CFC 所得が親会社の国・地域で稼得されたとした場合の課税標準、又は IFRS（国際財務報告基準）などの国際会計基準に基づき計算された課税標準のいずれかに、CFC 所得の低課税をもたらす課税標準減額の調整を加えることを推奨している。また、ETR は、広義又は狭義のいずれでも算定することができるとしている。広義の場合、ETR は企業又は国ごとにその国内の所得を合算して計算し、狭義の場合は、所得の種類ごとに計算する。

　また、最終レポートは、デミニマス基準又は回避防止要件を使用したアプローチについて論じているが、どちらのアプローチも推奨していない。

17-3　課税対象金額の算定

17-3-1　基準所得金額、適用対象金額の計算

　課税対象金額の算定にあたっては、まず特定外国子会社等の所得の金額を算出することが求められている（租特66条の6第1項、2項2号）。特定外国子会社等の各事業年度の「決算上の所得金額」に、我が国の法令（本邦法令の規定）に準拠して基準所得金額（平成21年度改正前の「調整所得金額」に代わる概念である。）の計算を行う。すなわち、適用対象金額の算定にあたって、我が国の法令に基づいて計算することとしており、たとえば法人税法等による場合に

346

おいては、法人税法や租税特別措置法の規定を適用して計算をすることとしている。我が国の法令によって修正を加える主な事項として上記政令（租特令39条の15第１項１号）は、受取配当等の益金不算入、還付金の益金不算入、法人税額等の損金不算入、国外関連者に対して支出された寄附金についての全額所得加算、青色申告を提出した事業年度の欠損金の繰越しなどを挙げている（この段階で特定外国子会社等の欠損を内国法人と通算することは予定されておらず、条文上からは禁じられていると解されよう。）。

　ただし、この基準所得金額に関しては、このように日本の法令に準拠して計算することを原則としながらも、特定外国子会社等の現地の法令に準拠して計算することも認められている（租特令39条の15第１・２項）。なお、選択的に現地の法令によって、計算をするといった場合も認めていた（その場合においても我が国の法人税法等の規定に基づき一定の調整を行うこととなっている。欠損金についていえば、現地法令で繰越欠損金を認めているため当該金額を損金経理している場合には、この金額を加算することとなっていた。）。いずれの方法を選択したとしても基本的には上記の基準により算定した場合と同一の金額が算出されることとみなしていたといってよい。特定外国子会社の留保所得の内国法人への帰属というシステムを採っている以上、その合算の基礎となる金額の計算は原則として我が国税法の所得計算の基準に従って統一的に行うことが望ましいが、特定外国子会社の所在地国の税に関する法令による所得計算であっても、一定の調整（例えば国外源泉所得が課税所得に含まれないような税制の国の場合に、それを未処分所得の金額に含める。）を加えればそれによることも可能とされている。これは、納税義務者が我が国の法令に従って所得を再計算することが過重な負担になるかもしれないことを考慮し、納税者の便宜のために設けられたものである。なお、一度準拠した法令を他の法令に変更しようとするときは、あらかじめ所轄税務署長の承認を受けることが必要とされている（租特令25条の９第６項、39条の14第６項）[8]。

8　国税庁『昭和53年　改正税法のすべて』（1978）61頁。

　なお、現実にはどちらを選択するかによって乖離が存在する場合があるところ、これに関しては、租税特別措置法施行令には、基準所得金額の準拠法令について、継続適用の制限はあるものの、このような場合に、特に準拠法令を制限する旨の定めは設けられていないことから、現地法令に準拠して計算しても問題はないといわざるをえないであろう[9]。

　さらに、基準所得金額の計算における準拠法令に関しては、租税特別措置法施行令39条の15第9項は変更の事前承認が必要であるということを定めるのみで法人税法施行令30条や52条のように「相当期間を経過していないとき」と「計算が適正に行われ難いと認めるとき」に方法の変更を認めないということとはされていないものの、変更を税務署長の承認事項としていることから、恣意的な利益操作は認めない、ということになるものと解される。

　租税特別措置法66条の6第2項2号において、適用対象金額の計算においては、上記の金額に当該各事業年度において有する法人所得税の額を加算し、また、還付を受ける法人所得税の金額がある場合には、その額を控除するとされ（租特令39条の15第1項2号・3号）、また、租税特別措置法66条の6第2項2号によると、適用対象金額は当該各事業年度開始の日前7年以内に開始した各事業年度において生じた欠損の金額に係る調整を加えた金額をいう（租特令39条の15第1項1号）と定義されている。

　基準所得金額に当該事業年度開始の日前7年（平成17年度改正前までは5年）以内に開始した繰越欠損金額がある場合には、それを控除した金額が未処分所得となる（繰越欠損金額が存しなければ、基準所得金額と適用対象金額は一致する。）（租特66条の6第2項2号）。特定外国子会社等の未処分所得の金額の計算にあたり、平成17年度改正においては控除する欠損金額について、内国法人に係る欠損金の繰越期間を考慮し、その繰越期間が7年に延長されていた（租特66条の6第2項2号、租特令39条の15第5項）。

　特定外国子会社等の適用対象金額は上記の基準所得金額から、当該特定外国

9　同旨「Ｔ＆Ａ master（ロータス21）」（2011.4.11）No.398に掲載。具体的な事例についても同解説参照。

子会社等の当該事業年度開始の日前7年以内に開始した事業年度に生じた繰越欠損金額がある場合にその金額を控除した残額である。これは、内国法人において欠損金についても当初5年間であったが、法人税法で7年（その後、法人税法は9年間に改正）の繰越しが認められていることと歩調をあわせたものである。この段階においても、特定外国子会社等の所得は、その法人内においてのみ処理されることが予定されていると解釈することができる。

さらに、基準対象金額から「当該各事業年度において子会社（略）の数若しくは金額の占める割合又は当該他の法人の発行済株式等のうちの議決権のある株式等の数若しくは金額のうちに当該特定外国子会社等が保有している当該株式等の数若しくは金額の占める割合のいずれかが百分の二十五以上であり、かつ、その状態が当該特定外国子会社等が当該他の法人から受ける配当等の額の支払義務が確定する日（略）以前六月以上（略）継続している場合の当該他の法人（略）から受ける配当等の額（略）」を控除した金額と定義されている（租特令39条の15第1項4号）。

17-3-2 課税対象金額の算定

当期の基準調整金額から、当期中に納付の確定した法人所得税及び当期に行った利益の配当等の加減算を行うことにより「適用対象金額」を算定する（租特66条の6第1項、租特令39条の15第1項）。

租税特別措置法施行令39条の16は、「法第六十六条の六第一項に規定する政令で定めるところにより計算した金額は、同項各号に掲げる内国法人に係る特定外国子会社等の各事業年度の同項に規定する適用対象金額に、当該特定外国子会社等の当該各事業年度終了の時における発行済株式等のうちに当該各事業年度終了の時における当該内国法人の有する当該特定外国子会社等の請求権勘案保有株式等の占める割合を乗じて計算した金額とする。」（平成21年度改正前においては、同法第66条の6第1項の未処分所得の金額につき当該未処分所得の金額に係る税額及び利益の配当又は剰余金の分配の額に関する調整を加えた

金額は、特定外国子会社等の各事業年度の未処分所得の金額から①当該各事業
年度において納付をすることとなる法人所得税の額、②当該各事業年度に係る
利益の配当又は剰余金の分配の額の合計額を控除した残額としていた。）と規
定する。

　すなわち、適用対象金額に、居住者又は内国法人が直接又は間接に保有する
特定外国子会社等の株式の持分割合又は出資金の保有割合（「特定外国子会社
等の発行済株式等のうちに居住者及び内国法人の有する「請求権勘案保有株式
等」の占める割合」）を乗じて課税対象金額を算定する。「請求権勘案保有株式
等」とは、内国法人が直接に有する外国法人の株式等の数又は金額（当該外国
法人が請求権の内容が異なる株式等を発行している場合には、当該外国法人の
発行済株式等に、当該内国法人が当該請求権に基づき受けることができる法人
税法23条１項１号に規定する剰余金の配当、利益の配当又は剰余金の分配（剰
余金の配当等）の額がその総額のうちに占める割合を乗じて計算した数又は金
額）及び「請求権勘案間接保有株式等」を合計した数又は金額をいう（租特令
39条の16第２項１号）。「請求権勘案間接保有株式等」は、外国法人の発行済株
式等に、①当該外国法人の株主等である他の外国法人の発行済株式等の全部又
は一部が内国法人により所有されている場合、②当該外国法人と他の外国法人
との間に一又は二以上の外国法人（出資関連外国法人）が介在している場合で
あって、当該内国法人、当該他の外国法人、出資関連外国法人及び当該外国法
人が株式等の所有を通じて連鎖関係にある場合、の区分に応じて定める割合を
乗じて計算した株式等の数又は金額をいう（租特令39条の16第２項２号）。

17－3－2－1　欠損金（損失）の取扱い

　内国株主への損失の帰属については、２つの理論的枠組みが考えられる。被
支配会社の所得を内国株主の配当として扱う「みなし配当理論」と外国支店ア
ナロジーのもとで被支配外国会社を支店とみなして外国支店を通じて直接に被
支配外国会社の所得を稼得したとする「所得直接稼得理論」がありえよう。我
が国の制度は課税留保所得金額を内国株主の所得と合算するのであるが、上記

の関係規定から導き出される算定構造からして、「みなし配当理論」を前提と
しているものと考えざるを得ないのである。なお、現在多くの国でタックス・
ヘイブン税制が導入されているが、このような損失を認める国は存しない（な
お、フランスのみが合同申告との関係において部分的にそれが許容されてい
る。）。

　我が国のタックス・ヘイブン税制は導入時から、「課税対象留保金額」の概
念を中心に合算所得金額を計算することとしていた。「課税対象留保金額」の
算定にかかる規定は、特定外国子会社等の「未処分所得」を前提に当該課税対
象留保金額を算出する構造となっており、内国法人の所得の金額との接点はそ
の計算にあたり存せず、すなわち、内国法人の所得の金額の算定にあたり、あ
るいは特定外国子会社等の適用対象留保金額の計算に至る過程においても条文
上、特定外国子会社等たる外国法人の欠損金を内国法人の収益（あるいは益金）
から控除することを認める規定は存しなかった。平成21年度税制改正による外
国子会社配当益金不算入制度の導入により課税対象金額の算定について規定の
改正はあったものの、導入時の法的枠組み、理論的枠組みに変化はない。内国
法人の益金から特定外国子会社等の欠損金を損金として控除することが禁止さ
れていないと解するのではなく、我が国の法人税法（あるいは所得税法）の前
提である内国法人の所得計算にあたり、外国法人は別法人格として我が国は課
税権を有せず（外国法人が国内源泉所得を有している場合においても、その株
主たる内国法人の所得と損益が通算されることはないことは明らかである。）、
外国法人たる特定外国子会社等の欠損金を控除する余地は存しないと解される
（租特通66の６-11参照）。

　特定外国子会社等の欠損金の取扱いは、合算所得の法的性格が事業所得であ
るか配当所得であるかの検討にあたって、重要な意義（事業所得としての構成
は、内国株主への欠損金の帰属という理論的な結びつきが存する。）を有する
といえよう。

　ちなみに、松山地裁平成16年２月10日判決（民集61巻６号2515頁）は欠損金
損金算入肯定説に立つが、高松高裁平成16年12月７日判決（民集61巻６号2531

頁）は、欠損金算入否定説を支持している（最高裁平成19年9月28日判決・民集61巻6号2486頁も同旨）。高松高裁判決が現行法の解釈としては支持されうるものである[10]。我が国のタックス・ヘイブン税制が特定外国子会社等の損失と内国法人株主（親会社）と利益とを通算することを否定しているということは、とりも直さず、合算課税の対象となる所得が事業所得ではないことを示しているといえよう。

17−3−3　OECD 最終レポート〜所得計算のルール（Chap. 5）

　最終レポートは、CFC の所得の計算について、①どの国の規定を適用すべきか、②CFC 所得の計算に何らかの特別な規定が必要かの2点について提言している。CFC の所得計算には、親会社の国の規定を使用することを推奨している。最終レポートでは、この方法は BEPS 行動計画の目標と一致しており、事務手続の負担を軽減するものとしている。さらに、CFC の損失の相殺については、同じ CFC からの利益又は同じ国の他の CFC からの利益との相殺に限定する特別な規定を国が導入すべきと提言している。このような規定は、損失の相殺を同じ種類の所得との相殺に限定する規定とともに適用することができる。最終レポートはまた、損失の移転に関する規定を CFC 所得の計算に適用できると述べている。

　また、最終レポートは、所得を定義するいくつかのアプローチの骨子を示している。最終レポートでは、各国が国内政策と一致した CFC ルールを設計できるように柔軟性を持たせる必要があることを認めており、各国が「CFC 所得を定義するための自国のルールを自由に選択できる」と述べている。最終レポートはまた、所得を帰属させるために CFC ルールが用いることのできるアプローチを例示列挙している。

　最終レポートにおいては、CFC 所得を定義する方法として、①分類別分析、

10　占部裕典・大屋貴裕「特定外国子会社等の欠損を内国法人の損金に算入することの可否」税経通信59巻11号（2004）190頁-204頁参照。

②実態分析、③超過利潤分析、④取引単位又は企業単位分析が取り上げられている。また、各国は全所得方式を適用することもできるとしている。

(1) 分類別分析（Categorical analysis）

　最終レポートにおいて、分類別分析に関する説明の中で、所得の分類は①法的分類、②当事者の関連性、③所得の源泉の要素又は指標のうち各国が最も適切とみなすもの、に応じて、国ごとに定義されているとしたうえで、一般には法的分類に従って所得を分類しており、その分類には、①配当、②利子、③保険料による所得、④ロイヤルティ及び知的財産による所得、⑤販売又は役務提供による所得等があるとしている。

　なお、最終レポートは、配当所得をパッシブ所得として扱うことを提案しているが、配当が関連会社のアクティブ所得からの支払いである場合、配当が親会社によって稼得され、親会社の国において非課税扱いとなる場合、及び配当が有価証券を売買するCFCの能動的な取引又は事業と結び付いている場合には、CFC所得から除外されるとしている。

(2) 実態分析（Substance analysis）

　最終レポートにおいては、CFC所得が基礎となる実態から分離されているかどうかを判断するために、人員、施設、資産及びリスクなどの様々な指標を利用できると述べている。しかし、どのような指標を利用するかに関わらず、CFCがそれ自身で所得を稼得する能力を有しているかどうかが要点になるとしている。さらに、現行の実態アプローチの大半は、独立したルールとして適用されているわけではなく、より機械的なルールとともに適用されていると指摘している。

(3) 超過利潤分析（Excess profits analysis）

　CFC所得を定義する方法として、最終レポートがもう1つのアプローチとして、定式的な超過利潤分析を提示する。このアプローチでは、CFCの資本

に対する「通常所得」を計算し、「通常所得」を超える所得は、全てCFC所得とされる。最終レポートは、このアプローチの後に、最終段階として実態に基づく適用除外措置を設けて、より実態に対応している国々もあると述べている。最終レポートは、「通常所得」を「利益率」に「適格資本」を乗じたものと定義している。利益率は経済的な概念であり、まずリスクのない利益率を見積るところから出発し、リスク・プレミアムによってそれを増加させる（経済分析によればリスクを含んだ率として約8％から10％がしばしば算定される）。「適格資本」は、低課税国・地域で行われる能動的な取引又は事業で使用される資産に関連する資本とされている。最終レポートでは、このアプローチの機械的な性質と、移転された所得を十分正確に対象にできるかどうかを比較検討しなければならないと指摘している。

(4) 取引単位又は企業単位分析（Transactional and entity approach）

　最後にレポートは、CFC所得の定義を企業単位で適用すべきか、それとも取引単位で適用すべきかについて論じる。企業単位のアプローチでは、所得の少なくとも一定割合がCFC所得の定義に当てはまるかどうかに応じて、全ての所得をCFC所得とするかしないかの判断をすることになる。一方、取引単位のアプローチでは、個々の所得の特徴によってその所得がCFC所得に該当するか否かを決定する。最終レポートでは、取引単位のアプローチは一般に、所得の捕捉についてはより正確であるものの事務手続の負担とコンプライアンス費用が増大する可能性があるとしている。

17－4　二重課税の排除等

17－4－1　課税済み所得からの配当

　平成21年度改正前（外国法人受取配当益金不算入規定導入前）においては、特定外国子会社等がすでにタックス・ヘイブン税制によって合算課税をされた

留保所得を原資として、後年度に配当等を行った場合についても、二重課税を避けるために「課税済留保金額」に相当する金額を損金に算入して、調整等を行うこととなっていた（旧租特法66条の8第1項参照）。さらに、合算課税の対象となる特定外国子会社等が合算の対象となる他の特定外国子会社等から配当を受け取った場合などについてもその配当について二重課税が生ずることとなるため、特定外国子会社等が他の特定外国子会社等から受け取った配当（控除対象配当等の金額）はその未処分所得の計算上所得に含めないこととしていた（旧租特令39条の15第3項）。その他、特定外国子会社等がその支払った配当について受取配当軽課税国に所在する外国関係会社又は他の特定外国子会社等に配当等を支払った場合（旧租特令39条の16第2項参照）、受取配当軽課税国に所在する外国関係会社又は他の特定外国子会社等が、その受取配当を原資としてさらに配当等を行った場合（旧租特令39条の16第2項等参照）についても、二重課税についての一定の調整が行われていた。

特に、平成17年度改正前において、特定外国子会社等に課税済配当等の額が生じた場合に、課税済留保金額についての損金算入期間は、本制度が租税回避を防止する観点で設けられており、損金算入を認めるためには、課税済留保金額と配当等との関連性が必要であることから、5年間に制限されていた。景気や業績の変動がある場合の配当の実態を踏まえると海外子会社等から国内の親会社に対する配当の機会を確保する必要があることから、そうした実態を考慮し、損金算入可能な配当期間が10年に延長されていた。

その後、平成21年度改正で外国法人受取配当益金不算入制度が導入されたことから、内国法人が直接に剰余金等の配当を受ける場合と平仄をあわせるために、一定の改正が行われた。従来は、合算対象となる特定外国子会社等の留保所得（適用対象留保金額）からその特定外国子会社等が支払う配当等の金額を控除していたところ、外国子会社配当金益金不算入制度の創設により、適用対象留保金額から当該配当等の金額を控除しなくても二重課税の排除が可能となったため、特定外国子会社が支払う配当等の額は、合算対象とされる金額の計算上控除しないこととなった。特定外国子会社等の所得は、出資割合に応じて

親会社にて合算課税され、合算済所得（特定課税対象金額）を原資とする剰余金の配当等は、全額益金不算入となり二重課税が排除される。「特定課税対象金額」とは、内国法人の剰余金の配当等を受ける日を含む事業年度及びその事業年度開始の日前10年以内に開始した各事業年度において益金の額に算入された課税対象金額の合計額（過去10年で合算対象となった金額）をいい（租特法66条の8第4項）、特定課税対象金額を超える配当等は、特定外国子会社等が外国子会社（持株比率等25%以上、6か月以上保有）に該当する場合と該当しない場合で取扱いを異にし、外国子会社に該当する場合は、剰余金の配当等の95%が益金不算入（外国源泉税の損金不算入、外国税額控除の適用はない。）となる。外国子会社に該当しない場合は、剰余金の配当等は全額益金算入となるが、外国税額控除の適用により二重課税は排除される（租特法66条の7、法税69条。なお、ガーンジーの法人所得税制に基づき納付された所得税が「租税」に当たるとした事例として、最高裁平成21年12月3日判決・民集63巻10号2283頁参照）。

　また、平成28年度改正において、タックス・ヘイブン税制の適用がある場合の外国税額控除の対象となる外国法人税の額は、特定外国子会社等が納付した外国法人税の額に本税制による合算所得の特定外国子会社等の所得に対する割合（合算割合）を乗じて計算されるが、特定外国子会社等が上記外国子会社から受ける配当等のうち外国法人税の課税標準に含まれないものは、当該合算割合の計算に係る特定外国子会社等の所得から除外することとして（租特令39条の18第1項参照）、二重課税への十分な調整が行われるよう改正されている。

　なお、個人（居住者）の場合には、特定外国子会社等の所得は、その個人の出資割合に応じて、雑所得にかかる総収入金額に算入され（租特法40条の4第1項）、特定外国子会社等の株式等を取得するための負債利子が必要経費とされるにすぎない（所税35条2項2号、租特令25条の21第3項1号）。特定外国子会社等から受ける剰余金の配当等は、原則として配当所得として課税されるが、過去3年以内に雑所得の総収入金額に算入された金額（課税済金額）に達するまでの金額は、配当所得の金額から控除することによって、二重課税が排除さ

れる（租特法40条の5第1項、租特令25条の23）。特定外国子会社が納付した外国
税額で、合算課税の対象になった金額に対応する金額の外国税額控除が法人の
場合は認められているが、個人の場合には認められていない。

　平成21年度改正で外国法人受取配当益金不算入制度が導入されたことから、
それに相応した二重課税等の排除方法が導入されたが、その基本的な考え方は
平成21年度改正前と変化はないといってよい。

17－4－2　株式処分と二重課税の排除

　かねてより、タックス・ヘイブン税制を適用して特定外国子会社の「課税対
象留保金額」を内国株主の益金に算入した上に、さらに特定外国子会社等の株
式の売却に伴う譲渡益についても益金に算入して課税をすることは、明らかに
同一所得に対して二重に課税が生じており、このような二重課税は法的な意味
で排除されなければならないとの指摘がなされてきた（我が国の国内課税にお
いては排除されている。）。未処分利益に対する課税と株式処分による利得との
関係について、立法担当者も株式の売買価格と留保利益との関係がかなりの程
度で反映していることは承知しているところであるが[11]、特定外国子会社等の
株式を売却するなどの方法による、配当以外の方法による出資持分の回収のみ
を図ることとして特定外国子会社等の株式の売却による出資持分の回収につい
ては二重課税の調整を必要なしとしたものである。調整措置の対象となる課税
済配当等の範囲がきわめて限定されているのは、我が国のタックス・ヘイブン
税制における合算制度が配当を擬制することを念頭におき、かつ二重課税の調
整におけるその簡便性を図ったことによる。東京高裁平成22年2月17日判決
（税資260号順号11381）等は、特定外国子会社等に係る株式の売却益に対する
課税と特定外国子会社等の留保金額の合算課税とは、二重課税とならないと判
示する。しかし、被支配外国会社である特定外国子会社等の株式が内国株主

11　高橋・前掲注4・179頁。

（内国法人）により処分されるときにも二重課税が生じると解される余地が多分に存するといえよう[12]。

　ちなみに、諸外国においてもこの二重課税の排除は原則として行われているといえよう[13]。

17－4－3　OECD 最終レポート～二重課税防止又は排除のルール（Chap. 7）

　最終レポートは、二重課税が起こり得る場合として、①帰属済みの CFC 所得が外国法人税の対象となる場合、②同一の CFC 所得について複数の国・地域の CFC ルールが適用される場合、③ CFC が実質的に、CFC ルールによって既に居住者株主に帰属させた所得から配当する、又は居住者株主が CFC の持分を処分する場合、に焦点をあわせている。さらに、二重課税は、２つの国の間で移転価格調整が行われた場合や第三国で CFC 費用が生じた場合などの他の状況においても生じ得ることを懸念している。最終レポートは、各国が既存の二重課税救済規定が二重課税のあらゆるケースを救済するのに有効かどうかを検討するとともに、上記のような二重課税につながることのないよう、CFC ルールを設計すべきと述べている。

　最初の２つの状況について、最終レポートは各国が中間会社に対する CFC 課税を含む、実際に支払われた外国税額の控除を認めることを提言している。３番目の状況については、CFC の所得が既に CFC 課税の対象となっている場合、CFC の持分から生じた受取配当と CFC 持分の処分益を非課税とすることを提言している。しかし、配当と譲渡所得の詳細な取扱いは、国内法との整合性を保つために、各国の決定に委ねられるとしている。最終レポートはさらに、必要があると述べている。

12　占部・前掲注１「タックス・ヘイブン税制」81頁～93頁、占部裕典「タックス・ヘイブン対策税制の法政策的考察(2)」九州国際大学社会文化研究所紀要第26号（1990）95頁-98頁もあわせて参照。

13　二重課税排除の方法にかかる諸外国の動向については、占部・前掲注１『国際的企業課税法の研究』68頁以下等参照。

17-5　適用除外要件の内容

　我が国のタックス・ヘイブン税制は、エンタティ・アプローチを採用している。しかし、エンタティ・アプローチを採用する国（たとえば、イギリス）においてはこのような枠組みは共通しており、適用除外の判別にあたり、いわゆる「事業活動テスト（active test）」と呼ばれるものを採用しているといってよい。取引的アプローチにおける積極的事業活動による所得に対する免税と積極的事業活動に従事する被支配外国会社（CFC）に対する適用除外は、同じ方向性を志向するものとして密接に関連する。しかし、我が国のタックス・ヘイブン税制は、被支配外国会社（特定外国子会社等）に外国子会社が該当すれば、当該法人の課税対象留保金額がその所得の種類や特徴を問わず、全て内国株主の所得と合算されることとなるが、さらに適用除外の場合においても、その枠組みいかんによっては同様の問題が生ずる。取引的アプローチは所得に着目することから、軽課税国指定アプローチを前提とするエンタティ・アプローチよりも精巧に立法・運用でき、さらに実効性があるといえよう。ただし、エンタティ・アプローチは取引的アプローチよりも、行政の簡便さ・容易さ、コンプライアンス負担、行政負担（コスト）の点で勝っている。このことは裏を返せば、エンタティ・アプローチがその国にとってどれほど適しているか、又は魅力的であるかは、経済政策、租税政策上（そのタックス・ヘイブン税制の目的が課税の繰延べの否認か租税回避の否認か）、我が国の内国税率と軽課税国（タックス・ヘイブン国）の税率の差にどれほど寛大であることができるか（軽課税国等の定義にかかわる問題である。）にかかっているといえる。

17-5-1　適用除外要件～取引的アプローチへの接近

17-5-1-1　適用除外要件における「事業」の意義

　旧租税特別措置法66条の6第3項（平成22年度改正前）において、具体的な事業として現れるものは、次のもの（事業）である。

　(ア)　株式（出資を含む。）若しくは債券の保有、工業所有権その他の技術に
　　　関する権利、特別の技術による生産方式若しくはこれらに準ずるもの（こ
　　　れらの権利に関する使用権を含む。）若しくは著作権（出版権及び著作隣
　　　接権その他これに準ずるものを含む。）の提供又は船舶若しくは航空機の
　　　貸付け

　(イ)　卸売業、銀行業、信託業、証券業、保険業、水運業又は航空運送業

　(ウ)　「卸売業、銀行業、信託業、証券業、保険業、水運業又は航空運送業」
　　　以外の事業

　(エ)　不動産業、物品賃貸業

　(オ)　「卸売業、銀行業、信託業、証券業、保険業、水運業又は航空運送業、
　　　不動産業、物品賃貸業」以外の事業

　我が国において適用除外の対象となる原則的な事業は、消極的な方法で(ア)の
事業を除いたその余の事業という規定をしており、法は、消極的な規定方法を
採用している（租特法66条の6第3項でいう「事業」については、租特通66の
6‒8、66の6‒17参照）。

　2つ以上の事業（業種）に該当する場合においては、以下のとおり、措置法
通達は、それぞれの事業に属する収入金額又は所得金額の状況、使用人の数、
固定施設の状況等を総合的に勘案して判定することとしている。

　たとえば、製造業と卸売業に相当する場合については、どちらが主たる事業
であるかは、単に収入金額や売上金額のみによるのではなく、固定施設の状況
等を総合的に判断することとなる。特定外国子会社等が世界的な事業展開をす
る場合に、旧租特法66条の6第3項は、まず「主たる事業」が何かを特定する
ことを求めている。主たる事業の業種を問うているといってよい。その場合に
複数の事業を遂行しているが「主たる事業（業種）」が製造業となれば、次に
製造業としての適格要件を充足しているか否かを判断することとなる。

　そこでの制度的な問題を問うたのが、静岡地裁（第一審）平成7年11月9日
判決（訟月42巻12号3042頁）、東京高裁平成8年6月19日判決（税資216号619頁）、

最高裁平成9年9月12日判決（税資228号565頁）等であった。

　問題となる「株式の保有」の意義に関しては、租特法66条の6第3項の適用
除外規定が事業（業種）に着目した判断基準を採用していることから、「事業」
であるのか「事業に至らない付随的業務」であるのかというアプローチにより
解決することが予定されているといえる。これは、「これらの事業は、その性
格からして我が国においても十分行い得るものであり、わざわざタックス・ヘ
イブン国に所在することについて税負担軽減以外の積極的な経済的な合理性を
見いだすことは困難であるという考え方に立脚したものである。」として、立
法趣旨が説明されているところである[14]。「経済的な合理性がないこと」が適
用除外要件から排除される理由となっている。

　エンタティ・アプローチを採る我が国では、タックス・ヘイブン国（軽課税
国等）で設立された被支配外国会社が適用除外を受ける場合を除き、配当や株
式の譲渡によるキャピタル・ゲインは結果的には全てパッシブ所得となる。反
対に、適用除外の対象に該当するタックス・ヘイブン国所在の会社は、結果的
に「主たる事業」の変更をきたさない範囲で全ての配当をパッシブ所得から除
外できることになる。配当について、明文で、利息同様、外国持株会社に一定
の条件のもとで適用除外を認める国（たとえば、イギリス）も存するところで
あるが、我が国ではこの問題は租税特別措置法66条の6第3項の解釈・適用の
問題（「株式の保有」が事業であるか付随的業務であるか）として取り扱われ
ることとなっており、かつてより、このような問題点は指摘されていたところ
である[15]。

　よって、株式の保有について、資金繰り等のため、あるいは開業の準備行為

14　高橋・前掲注4・130頁-131頁。
15　この問題については判例の動向も踏まえたものとして、占部裕典「特定外国子会社等の『株式の
保有』とタックス・ヘイブン対策税制の適用」同志社法学60巻3号（2008）199頁-264頁参照。「特
定外国子会社等の営む主たる業種が株式（出資を含む。）若しくは債権の保有、工業所有権その他の技
術に関する権利若しくは特別の技術による生産方式及びこれに準ずるもの…」である場合には、そ
の特定外国子会社等は、最初から適用除外の対象とはならないこととされている。これらの業種は、
いくら軽課税国等に実体等が存し、そこで事業活動が行われていても適用除外が受けられない。こ
の問題に関するその後の判例として、最高裁平成29年10月24日判決（民集71巻8号1522頁）参照。

として保有しているといった場合には、当該株式の保有自体が独立の業種として捉えられることはなく、積極的な事業活動（たとえば製造業）のなかに吸収され、取り込まれてしまうこととなる。このような指摘は、平成22年度税制改正による統括業務にかかる規定をおくことによって一定の解決をみたといえる。

　平成22年度改正により、前述するように株式の保有を主たる事業とする現地法人のうち、一定の被統括会社の株式を保有する統括会社については、上記にかかわらずこの事業基準を満たすこととする事業統括持株会社に係る特例が設けられている。この事業統括持株会社に係る特例の場合、主たる事業が株式の保有であったとしても、統括会社の保有するすべての株式の簿価のうち、被統括会社の株式の簿価が50％を超える場合には、事業統括持株会社としてその地において株式を保有することに一定の経済合理性があるものとして、事業基準を満たすものと取り扱うことができることとなった（租特法66条の6第3・7項、租特令37条の17）。なお、地域統括会社の活動は、当税制により阻害される可能性があるとの見方から、平成17年度税制改正において、適用除外基準の要件をすべて満たさない場合であっても、①事業基準、②実体基準及び③管理支配基準の要件を満たすときは、その事業に従事する者の人件費の10％（我が国の産業全体の平均的な人件費利益率と同水準）相当額を適用対象留保金額から控除することとされていた（租特法66条の6第3項、39条の16第7項）。これは、本制度が租税回避を防止する観点から設けられているものであることから、適用除外基準を満たさなければ当然に合算課税を行う必要があるが、その子会社等が軽課税国等において実体を備えるなど一定の要件を満たし、かつ、実際に従業員がその地で事業に従事しているときには、全ての適用除外基準を満たしていなくても、その国において事業を行うことについて一定程度の経済合理性を認めることが可能であり、その限りにおいて適用対象留保金額を調整することとするものであった。これは、地域統括会社に対して一定の経済的合理性を認め、人件費の10％程度と想定される統括業務の利益は合算対象所得に含めないこととしたものであるが、賃料、旅費等の統括機能にかかる経費が存在することを考えると人件費の10％は十分でない可能性があった。そこで、平成22年度税制

改正においては、持株会社機能を有する地域統括会社は、一定の条件を満たせば、事業基準を満たさないとする「株式保有業」に該当しないこととしたのである。

17-5-1-2　適用除外要件の具体的な検討

　実体基準については、特定外国子会社等が「その主たる事業」を行うに必要と認められる事務所、店舗、工場その他の固定施設をその本店所在地国に有する必要があるというものである（租特法66条の6第3項）。実体基準について、このような固定施設等の存在は、軽課税国等に進出した子会社の業種業態に応じて個別に判断せざるをえないが、当該特定外国子会社等のタックス・ヘイブン国での事業計画によっても時系列的に変化をするものであることから、必ずしも課税対象事業年度の全体にわたって事務所等を備えていなければならないというものではない。すなわち、特定外国子会社等においては、事業転換、休業中及び設立準備中などの状況も当然に起こり得ることであることから、まず「主たる事業」がいかなる業種であるかが判断されたならば、それに即してその実体を個別に判断することとなる。

　なお、平成28年度改正により、英国ロイズ法等をうけて、いわゆる「特定保険外国子会社等」である特定外国子会社等が自らは実体基準を満たしていない場合であっても、当該特定外国子会社等に係る特定保険協議者が実体基準又は管理支配基準を満たす場合には、当該特定外国子会社等も実体基準又は管理支配基準を満たすこととされている（租特法66条の6第3項、租特令39条の17第5・6項参照）。

　管理支配基準については、特定外国子会社等の現地法人がその国・地域において、その事業の管理・支配及び運営を自ら行っている必要がある。この基準は、これまでの裁判例に基づき、株主総会及び取締役会の開催状況、役員の構成及び職務執行の状況、会計帳簿の作成及び保管の状況などのような事実関係を総合的に勘案して判定するものとされている（租特通66の6-16参照）。現地法人が日本の親会社と協議し意見を求めていることをもって、ただちに管理支

配基準を満たさないということにはならないが、実質的な経営権を持つ主要役員が現地に常駐せず、他の現地役員が経営に一切関与していないような場合には、管理支配基準に疑義が生じる。租税特別措置法基本通達は、「事業の管理、支配及び運営を自ら行っているかどうかは、当該特定外国子会社等の株主総会及び取締役会等の開催、役員としての職務執行、会計帳簿の作成及び保管等が行われている場所並びにその他の状況を勘案の上判定するものとする」（テレビ会議システムを活用した場合の管理支配基準の充足については、2014年1月7日に、適用除外基準の一つである管理支配基準に関して、経済産業省から国税庁に対し具体的な事例について照会も参照）が、経済的合理性が明らかに存する場合においては、これらの通達の要素の有無を形式的に判断することには意味が存しない[16]。

　この要件は、あまりにも厳格に解すると「経済的な合理性」を有する企業までタックス・ヘイブン税制による租税回避規定の網にかけてしまい、租税回避規定としてのタックス・ヘイブン税制の枠組みを超え、タックス・ヘイブン税制の適用は不適正なものとなる（東京高裁平成3年5月27日判決（行集42巻5号727頁）等参照）。すなわち、管理支配基準の判断に際しては、特定外国子会社等の行う主たる事業について、内国法人による指揮、監督が特定外国子会社等の事業の末端までに及び、特定外国子会社の独立した企業としての実態を否定するに至る場合に限って、当該特定外国子会社等が管理支配基準を充足していないこととされるべきなのである。

　また、特定外国子会社等が複数の事業活動を行っている場合、管理支配基準は、「『その事業』の管理、支配及び運営を自ら行っているものである場合」と規定していることから、管理支配基準については子会社の管理・支配が問題となるのではなく、「主たる事業」の管理・支配が問題とされる。さもなければ、

16　東亜由美「タックス・ヘイブン課税の趣旨と子会社の従属性をめぐる問題点」『新・裁判実務大系18　租税争訟』（青林書院・2005）462頁も同様の趣旨であろう。

17　なお、「主たる事業」との関連で判断すべきである、とする見解として、占部裕典・租税判例百選〈第3版〉〔別冊ジュリスト120号〕（1992）98-99頁、占部裕典・判例時報1385号〔判例評論390号〕（1991）154頁-158頁参照。

適用除外の適用範囲を不当に狭めることとなる[17]。適用除外要件については、企業の実体（主体）からよりも、業種からの分析の方が適用除外の支柱をなす。よって「管理・支配」の主体を特定外国子会社等とする見解は採用することができない（東京高裁平成3年5月27日判決参照。管理支配基準について、管理支配基準の判断において検討すべき「事業」とは即ち当該特定外国子会社等の「主たる事業」であることを当然の前提としているといえる。）。

非関連者基準又は所在地国基準は、その現地法人が営む主たる事業により、非関連者基準又は所在地国基準のいずれかが適用される。現地法人の営む主たる事業が、①卸売業、②銀行業、③信託業、④金融商品取引業、⑤保険業、⑥水運業、⑦航空運送業のいずれかである場合、非関連者基準が適用される。この基準が適用される現地法人については、その法人の収入金額もしくは仕入金額の50％超が関連者以外の者との間で行われている必要がある。これらの業種は、その事業活動の範囲が必然的に国際的にならざるを得ず、これらの事業を営む特定外国子会社等に対して、地域経済との密着性を重視する前述の所在地国基準を適用することには無理があり、その事業を専ら関連者との取引に頼っているような場合においては、その地に所在していることについての税以外の経済的合理性は極めて希薄であると考えられると説明されている。これらの業種については、関連者外とのものとの取引の多寡によって「経済的な合理性」を判定しようとするものである[18]。

現地法人の営む主たる事業が上記①～⑦に掲げる7事業以外である場合、所在地国基準が適用される。この基準が適用される特定外国子会社等については、その主たる事業を本店所在地国で行っている必要がある。特定外国子会社等が製造業を「主として」（租特法40条の4及び同法66条の6の各4項2号）本店所在地国で行っているか否かを判断するに当たっては、当該会社の工場建物や機械設備の確保・管理、原材料や労働力等の確保、人事・労務管理、品質管理や財務管理などの状況を総合的に勘案して、社会通念に照らし実質的に判断するの

18　高橋・前掲注4・103頁。

が相当である（中国来料加工をめぐるタックス・ヘイブン対策税制の適用にあたり、このような基準を示した判決として、東京地裁平成24年7月20日判決・訟月59巻9号2536頁、大阪高裁平成24年7月20日判決・税資262号順号12006等参照）。

17－5－1－3　資産性所得課税制度の導入

　平成22年度税制改正により、資産性所得課税制度が新たに導入された。資産性所得課税制度とは、従来タックス・ヘイブン税制では、軽課税国に設立した一定の子会社（特定外国子会社等）であっても、適用除外基準を充足すれば、いかなる所得も日本における合算課税の対象にはならない。いわゆるエンタティ・アプローチを採用することに起因する問題である。しかし、適用除外基準を満たす特定外国子会社等に、資産性所得を付け替える行為を防止するため、特定外国子会社等が有する資産性所得については、その特定外国子会社等が適用除外基準を満たす場合であっても、合算課税の対象とされることとなった。

　特定所得とは資産運用的な性格を有する所得として次のようなものをいう。

① 　特定法人（特定外国子会社等が10％保有する他の法人）の株式等の配当等に係る所得又はその譲渡による所得

② 　債券の利子に係る所得又はその譲渡による所得

③ 　工業所有権、著作権等の使用による所得

④ 　その他一定の所得

特定外国子会社等が特定所得を有する場合は、当該特定所得の合計額（部分適用対象金額）のうち、内国法人等が特定外国子会社等の株式を保有する割合に応じた金額が、当該特定外国子会社等の各事業年度終了の日の翌日から2月を経過する日を含むその内国法人等の事業年度の所得の計算上、益金の額に算入される。ただし、(1)各事業年度における部分適用対象金額に係る収入金額が1,000万円以下である場合、(2)各事業年度の所得に占める部分適用対象金額の割合が5％以下の場合、のいずれかに該当する場合は、その該当する事業年度については、部分適用対象金額を有している場合であって合算課税の対象とは

ならない。

17－5－1－4　適用除外要件と「十分な経済的合理性」との関係

　軽課税国に所在することについての「十分な経済的合理性」の有無を業種に即して具体化したのが適用除外要件である[19]。各々の基準の関係をどのようにみるか（独立要件か相互考慮要件か）については、租税特別措置法66条の6第3項の法的構造からすれば、各々要件が独立しており、3要件（①実体基準、②管理支配基準、③所在地国基準又は非関連者基準）を充足することが求められている。

　これら3要件は、十分な経済的な合理性の有無を判断するための具体的な基準であり、特定外国子会社等がタックス・ヘイブン国で行っている当該事業（適用除外の有無の判断対象となる業種）を考慮した上で、各々の適用除外要件を充足しているか否かを判断するという意味で、要素の単独の評価、すなわち、各要件を単独で充足する必要はあるものの、相互に考慮・影響し合う要件である（相互考慮要件）。

　基本的にはエンタティ・アプローチをとる我が国のタックス・ヘイブン税制のもとで、その解釈適用にあたり、特に適用除外の立法趣旨（「軽課税国に所在する子会社であっても、その地に所在することに十分な経済的合理性があれば課税対象とはされない」[20]としている。）を欠いた結果を引き起こす場合には、企業の営業の自由を不当に制約することとなり、また、タックス・ヘイブン税制を租税条約において受け入れている国との前提条件を破壊し、租税条約との抵触を引き起こすことにも十分に留意をしておく必要がある。

　たとえば、特定外国子会社等の所得100のうち、49が製造業から51が卸売業から（かつそのうちの51％が関連者取引から）とすると、タックス・ヘイブン税制の適用の結果、積極的な事業活動による所得73.99（100－100×0.51×0.51）が、タックス・ヘイブン税制の対象として内国（日本の）税率のもとで課税さ

19　高橋・前掲注4・95頁-97頁参照。

20　高橋・前掲注4・95頁。

れることとなる。このような不合理な結果の回避は適用除外要件によって実現
されなければならず、適用除外要件はかかる「経済的な合理性」をチェックす
るために十分な判断基準となるよう、適用除外規定の趣旨・目的を考慮して解
釈・適用が行われることが必要であろう。

　このような視点からいえば、平成22年度税制改正において、事業実体を伴っ
ていると認められる統括会社（事業持株会社・物流統括会社）の所得（一定の
資産性所得を除く。）について合算対象外となるよう措置したところではある
が、これは一定の評価に値するといえよう。しかし、なお不合理な経済的な合
理性が存する課税がタックス・ヘイブン税制に取り込まれているという問題は
残っているといえる。一方これに対して、平成22年度税制改正においては、資
産運用的な所得として外国子会社が受けるポートフォリオ株式・債券の運用に
よる所得、使用料等について親会社の所得に合算して課税することとして、上
記の租税回避規制の視点から適用除外要件による部分的な租税回避の利益を防
ぐこととしている。いわゆる取引的アプローチの部分的配慮ともいえよう[21]。

17－6　最終レポートによる我が国におけるタックス・ヘイブン税制の評価

　我が国におけるタックス・ヘイブン税制の導入は、タックス・ヘイブンの子
会社等を利用することにより、我が国の租税負担の不当な軽減に対する租税回
避規定として、所定の要件を満たすような海外子会社等の留保所得を国内株主
の持分に応じてその所得に合算して課税し得るよう、エンタティ・アプローチ
を機軸とした簡明な措置を導入した。

　我が国のタックス・ヘイブン税制においては、アメリカ、西独等と同様に合
算課税方式がとられているほか、業種別に適用除外要件を考え、また、軽課税
国を指定し、そのような軽課税国に所在する子会社等で我が国株主と一定の資

21　我が国のこのような改正による評価については、本庄貢『国際課税における重要な課税原則の再
　　検討　中巻』310頁以下（「BEPS Action 3（CFC の強化）のディスカッション・ドラフトとビジネ
　　ス界・主な租税実務家の意見の焦点」）（初出2015）（日本租税研究協会・2016）等参照。

本関係にあるようなもののうち適用除外要件を満たさないものが現地で留保する所得を合算課税の対象にする、という仕組みがとられている。この場合、アメリカやドイツのように課税対象となるような所得のタイプを特定化するというアプローチはとられておらず、軽課税国所在の子会社等が適用除外要件を満たさないときはそのすべての留保所得を合算課税してしまうという点が大きな特徴となっていたが、実体ある事業持株会社（物流統括会社）の適用除外、資産性所得課税制度の導入などにより、事実上取引的アプローチへ接近しつつあり、徐々に精緻なものになりつつあるといえる。OECD 行動 3 に基づく CFC ルールに関する OECD の作業は、最終レポートをもって完了したが、最終レポートでは、報告書での提言はミニマム・スタンダードではないと述べ、提言を実行に移すかどうかは各国の選択に委ねられるとしていることである。最終レポートは、国によって政策の目的と、それらの政策の目的における優先順位が異なることを認めている。その一方で、CFC ルールの設計について、各国が新たな制度の導入又は現行制度の変更を検討していく場合に考慮すべき詳細な提言を盛り込んでいるといえる。我が国のタックス・ヘイブン税制は最終レポートに示された提言がおおむね考慮されているものとなっているといえようが、どの程度厳格な対応をしていくのかが注目されよう。今後、我が国を含めて、各国の CFC ルールにおいて最終レポートの提言が厳格に採用された場合、グローバル企業の課税に大きな影響を及ぼす可能性があるといえよう。

17-6-1　平成29年度税制改正の背景と概要

　平成29年度税制改正においては、「外国子会社の経済実態に即して課税すべき」との BEPS プロジェクトの基本的な考え方に基づき、日本企業の健全な海外展開を阻害することなく、より効果的に国際的な租税回避に対応する観点から、見直しが行われた。「平成29年度税制改正の大綱（平成28年12月22日閣議決定）」及び「平成29年度税制改正大綱（2016年12月 8 日政府与党）」によると、平成29年度税制改正においては、「BEPS プロジェクト」の基本的考え

方をより強く押し進めるとともに、経済実体がない、いわゆる「受動的所得」は合算対象とする一方で、実体ある事業からの所得であれば、子会社の税負担率にかかわらず合算対象外とするなどの改正が行われた。具体的には、租税回避リスクを、改正前の外国子会社の租税負担割合により把握する制度から、所得や事業の内容によって把握する制度に改められた。これにより、従来は制度の対象外であった租税負担割合20％以上の外国子会社について、一見して明らかに、利子・配当・使用料等の「受動的所得」しか得ておらず、租税回避リスクが高いと考えられるペーパー・カンパニー等である場合には、合算税制の対象とされ、他方で、経済活動の実体のある事業から得られた「能動的所得」は、外国子会社の租税負担割合にかかわらず合算対象外とされることとなった。また、企業の事務負担を軽減する観点から、改正前の制度との継続性を踏まえつつ、ペーパー・カンパニー等に該当しない租税負担割合20％以上の外国子会社は制度の適用を免除する等の措置が困じられた[22]。

22　以下、17－6の平成29年度改正の概要については、財務省「平成29年度税制改正の解説」（国際課税関係の改正）、国税庁「平成29年度改正外国子会社合算税制に関するQ＆A」（平成30年）を参照にしている。

図表17－3

【改正前】租税回避リスクを外国子会社の税負担率（20％未満）等により把握

外国子会社の税負担率（トリガー税率）	所得区分／会社としての経済活動実体の判定	資産性所得（利子・配当・使用料等）		その他（事業所得等）
		受領する経済実体なし	受領する経済実体あり（金融機関等）	
20％以上	制度の対象外			
20％未満	なし（適用除外基準を満たさない）			
	あり（適用除外基準を満たす）			

※あみかけの部分が日本の親会社の所得とみなして合算課税される。

（吹き出し）実体ある事業からの所得も一部合算されてしまう部分（航空機リース等）

（吹き出し）実体を伴わない所得であっても合算されず、申告も求められない部分

【改正後】租税回避リスクを外国子会社の所得の種類等により把握

所得区分／会社としての経済活動実体の判定	【受動的所得】			【能動的所得】	適用免除基準（外国子会社の税負担率）
	異常所得（注1）	利子・配当・使用料等		その他（事業所得等）	
		受領する経済実体なし	受領する経済実体あり（金融機関等）		
ペーパーカンパニーに該当			※会社としての経済活動実体がなければ能動的所得は基本的に生じない		30％以上
キャッシュボックス（注2）に該当					30％以上
経済活動基準（注3）を満たさない					20％以上
経済活動基準（注3）を満たす					20％以上

（吹き出し）外国子会社の所得を「能動／受動」に仕分け。（税負担率が20％以上の外国子会社については免除）

（注1）異常所得：外国子会社の資産規模や人員等の経済実態に照らせば、その事業から通常生じ得ず、発生する根拠のないと考えられる所得。制度上は「経済活動基準」を経て「会社の実体がある」と判定された外国関係会社における、部分合算対象の一項目と位置付けられているが、結果的には、全ての外国関係会社に対して合算対象として適用される。

（注2）キャッシュ・ボックス：総資産に比べ、いわゆる受動的所得の占める割合が高い事業体。具体的には、総資産の額に対する一定の受動的所得の金額の合計額の割合が30％を超える外国関係会社（総資産の額に対する有価証券、貸付金、貸付けの用に供している固定資産及び無形資産等の合計額の割合が50％を超える外国関係会社に限る）。

（注3）経済活動基準：外国関係会社が所得を得る実体を備えているか否かを確認するための4つの基準（後述図表17-4参照）。

（出典「Chapter4 国際課税―――平成29年度税制改正：財務省」）

17－6－2　改正の主要なポイント

日本企業の海外での事業展開を阻害することなく、効果的に租税回避リスクに対応できるよう、現行制度の骨格は維持しつつ、主として以下の点を改めた。

図表17－4

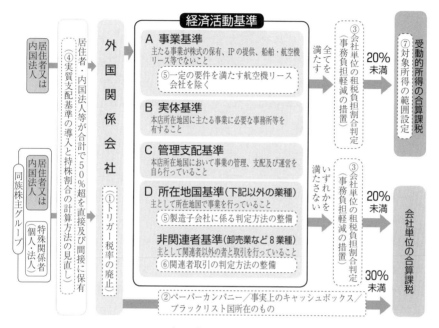

（出典「Chapter 4　国際課税…平成29年度税制改正：財務省」）

見直しに当たっては、租税回避に関与していない企業に過剰な事務負担がかからないよう配慮している。

１．外国関係会社の定義と区分

　改正では、外国関係会社の範囲が見直された。外国関係会社の判定においては、50％超の連鎖関係があれば支配関係が連続していると判定することとされた（租特66の６第２項１号）。よって、改正後は、居住者・内国法人等と外国法人との間、及びその外国法人と別の外国法人との間に、それぞれ50％を超える株式等の持株割合等の連鎖がある場合には、「外国関係会社」に該当することとなる。外国関係会社の判定における間接保有割合の計算方法が掛け算方式から連鎖方式に変更されることに伴って、改正前において、内国法人と外国法

（上場会社）が共同で、50％・50％を出資して外国子会社を設立した時に、共同出資の相手方である外国法人の株式を日本の居住者が1株でも取得してしまうと、外国子会社について日本の居住者による間接保有割合がほんの僅かながら発生し、居住者・内国法人全体での直接及び間接の保有比率が50％超になり、日本の共同出資者が意図しないところで外国子会社合算税制の課税が生ずる可能性があった。また、改正後の外国関係会社には、居住者又は内国法人との間に実質支配関係がある外国法人も含まれることとなった（租特66条の6第2項1・5号、租特令39条の16第1項）。

2．租税負担割合基準（いわゆるトリガー税率：20％）の廃止（上記**図表17-4**の①）

　改正前、外国関係会社等の租税負担割合が20％以上であれば、一律、合算課税の対象とはならないが、改正法ではこのような合算課税の対象となるかを判定するための租税負担割合基準（いわゆるトリガー税率：20％）が廃止された。

　改正法では、租税負担割合30％以上であれば、原則として合算課税はない。30％未満でも、ペーパー・カンパニー、キャッシュ・ボックス法人ならびに財務省が指定するブラック・リスト掲載国所在法人（以下、「ペーパー・カンパニー等」という。）である「特定外国関係会社」に該当しない限り、租税負担割合が20％以上であれば、原則として合算課税の対象とならない。20％未満であれば、「経済活動基準」のすべてを満たす場合には、「受動的所得の合算課税」（少額免除基準あり）の対象に、「経済活動基準」のいずれかを満たさない場合には、「会社単位の合算課税」の対象となる。

　特定外国関係会社とは、具体的には、次の①から③までに掲げる外国関係会社とされている（租特66条の6第2項2号）。

(1)「特定外国関係会社」の要件

① 「ペーパー・カンパニー」とは以下のイ、ロのいずれにも該当しない外国関係会社をいう（租特66条の6第2項2号イ）。

　　イ　主たる事業を行うに必要と認められる事務所等の固定施設を有していること（保険業を営む一定の外国関係会社については、これらを有している

場合と同様の状況にある場合が含まれる。）（実体基準）
　ロ　本店所在地国において事業の管理、支配及び運営を自ら行っていること
　　（管理支配基準）。

② 受動的所得の割合が一定以上の外国関係会社（事実上の「キャッシュ・ボックス」）
　BEPS プロジェクトの最終報告書では、豊富な資本を持ちながら、能動的な事業遂行やリスク管理に必要な機能をほとんど果たしていない事業体を「キャッシュ・ボックス」と呼び、BEPS リスクが高い旨を指摘していた。
　そこで、本制度において、その総資産に比べて受動的所得の占める割合が高い外国関係会社については、事実上のキャッシュ・ボックスとして、ペーパー・カンパニー等と並んで、特定外国関係会社に分類することとしている。
　事実上のキャッシュ・ボックスに分類される外国関係会社は、具体的には、その総資産額に対する租税特別措置法66条の 6 第 6 項 1 号から10号までに掲げる金額の合計額、つまり、部分合算課税の対象となる各種所得の金額で「異常所得の金額」（後述 5 (1)ヌ）を除いた金額の合計額に相当する金額の合計額の割合が30％を超える外国関係会社とされている。ただし、セーフ・ハーバーとして、総資産額に対する有価証券、貸付金、一定の固定資産及び無形資産等の合計額の割合が50％を超える外国関係会社に限られることになっている。

③ 情報交換に関する国際的な取組への協力が著しく不十分な国又は地域（ブラック・リスト国）に所在する外国関係会社
　平成28年 4 月に開催された G20財務大臣・中央銀行総裁会議において、税に関する透明性向上に向けた進捗が見られない国・地域に対しては、「防御的措置」が検討されることとなり、我が国も、こうした国際的な取組を各国と協調して進める観点から、「外国子会社合算税制」において、具体的には、税に関する透明性向上に向けた進捗が見られない国・地域として OECD・G20が公表を予定している、いわゆる「ブラック・リスト」の掲載国・地域を参考にしな

がら、租税に関する情報の交換に関する国際的な取組への協力が著しく不十分な国又は地域を財務大臣が指定し、その国又は地域に本店又は主たる事務所を有する外国関係会社について、特定外国関係会社に該当することとした（租特66条の6第2項2号ハ）。

3．適用除外基準の見直し（「経済活動基準」の導入）

　改正では、「外国子会社の経済実態に即して課税すべき」とのBEPSプロジェクトの基本的な考え方に基づき、外国関係会社の経済活動の内容に着目して、外国関係会社が、会社全体として、いわゆる「能動的所得」を得るために必要な経済活動の実体を備えているかを判定する基準として、いわゆる「経済活動基準」が設定された（租特66条の6第2項3号）。会社単位の合算課税制度が発動されるか否かを判断する際の既存の「適用除外基準」についての内容の見直しが行われ、「経済活動基準」として新たに定義づけされた。会社単位の合算課税制度における適用除外基準について見直しを行った上で同制度の発動基準（以下「経済活動基準」という。）に改め、経済活動基準のうちいずれかを満たさない外国関係会社について、会社単位の合算課税の対象とするものである。

　経済活動基準は、改正前の適用除外基準に相当するもので、同様の四つの基準（事業基準、実体基準、管理支配基準、非関連者基準／所在地国基準）とされ、外国関係会社がこれらのうちいずれかを満たさない場合には、「能動的所得」を得る上で必要な経済活動の実体を備えていないと判断されることになる。このような外国関係会社を「対象外国関係会社」と定義している。

　なお、(1)外国関係会社の主たる事業が航空機の貸付事業である場合に、改正前においては事業基準要件を充足することはなかったが、本店所在地国においてその役員又は使用人が航空機の貸付けを的確に遂行するために通常必要と認められる業務の全てに従事していること等の要件を満たすものについては、事業基準を満たす（租特66条の6第2項3号イ、租特令39条の14の3第11項）（上記図表17-4の⑤）、(2)保険業法に相当する本店所在地国の法令の規定による免許を受けて保険業を営む一定の外国関係会社（保険委託者）の実体基準及び管理

支配基準の判定について、その外国関係会社のその免許の申請等の際にその保険業に関する業務を委託するものとして申請等をされた者で一定の要件を満たすもの（保険受託者）が実体基準又は管理支配基準を満たしている場合には、その外国関係会社は実体基準又は管理支配基準を満たすものとする（租特66条の6第2項3号ロ、租特令39条の14の3第12項）（上記**図表17-4**の経済活動基準参照）、との特例が設けられた。さらに、(3)製造業を主たる事業とする外国関係会社のうち、本店所在地国において製造における重要な業務を通じて製造に主体的に関与していると認められるときは所在地基準を充たすこととされた（租特令39条の14の3第16項）（上記**図表17-4**の経済活動基準参照）。

　対象外国関係会社とは、次に掲げる要件のいずれかを満たさない外国関係会社をいい、特定外国関係会社［ペーパー・カンパニー等］に該当するものは除かれる（上記**図表17-4**の⑥）。

　また、非関連者基準について、実質支配基準の導入に伴って、非関連者基準における関連者の範囲に被支配外国法人等が追加されている（租特令39条の14の3第14項4から6号ハ）。

　なお、国税当局から、外国関係会社が「経済活動基準」を満たすことを証明する書類の提出が求められた場合において、期限までに提出をしないときは、その外国関係会社は「経済活動基準」を満たさないものと推定される規定が設けられた（租特66条の6第4項）。

4．会社単位の合算課税

(1)　適用対象金額

　現行法において、会社単位の合算課税の対象所得（適用対象金額）の計算上、持分割合25％以上（かつ保有期間6か月以上）の外国子会社からの配当を控除することとされている（租特令39条の15第1項4号）。この25％の持分割合要件に特例が設けられ、主たる事業が化石燃料（原油、石油ガス、可燃性天然ガス又は石炭）を採取する事業（その採取した化石燃料に密接に関連する事業が含まれる。）である外国法人で日本が締結した租税条約の相手国に化石燃料を採

取する場所を有するものから受ける配当等については、持分割合要件が10％以上に緩和された。

　また、特定外国関係会社又は対象外国関係会社の各事業年度開始の日前7年以内に開始した事業年度において生じた欠損金額について、適用対象金額の計算上控除することとされている（租特66条の6第2項4号、租特令39条の15第5項1号）。

（2）　課税対象金額

　合算対象金額である課税対象金額は、外国関係会社の適用対象金額に請求権等勘案合算割合（次に掲げる場合の区分に応じそれぞれ次に定める割合）を乗じて計算する（租特令39条の14第1項）。

①　内国法人が外国関係会社（居住者・内国法人に実質支配されている外国法人（「被支配外国法人」）に該当するものを除く。）の株式等を直接又は他の外国法人を通じて間接に有している場合…その外国関係会社の発行済株式等のうちにその内国法人の有するその外国関係会社の請求権等勘案保有株式等（租特令39条の14第2項1号）の占める割合

②　外国関係会社が内国法人に係る被支配外国法人に該当する場合…100％

③　内国法人に係る被支配外国法人が外国関係会社（被支配外国法人に該当するものを除く。）の株式等を直接又は他の外国法人を通じて間接に有している場合…その外国関係会社の発行済株式等のうちにその内国法人に係る被支配外国法人の有するその外国関係会社の請求権等勘案保有株式等（租特令39条の14第2項2号）の占める割合

④　①及び③の場合のいずれにも該当する場合…①及び③の割合を合計した割合

5．資産性所得の範囲拡大（受動的所得へ変更）

　現行法における資産性所得は、「受動的所得」（部分合算課税の対象となる所得）としてその範囲が拡大された。

⑴　部分合算課税の対象所得の範囲

　部分合算課税の対象となる所得は、次のとおりとする（租特66条の6第6項1から11号）。

イ　利子

　　ただし、次の利子については、その対象から除外する。

　㈠　本店所在地国においてその役員又は使用人が金銭の貸付け等を的確に遂行するために通常必要と認められる業務の全てに従事していること等の要件を満たす外国関係会社が関連者等に対して行う金銭の貸付けによって得る利子

　㈡　上記㈠の要件を満たす外国関係会社の関連者等である他の外国関係会社が上記㈠の要件を満たす外国関係会社に対して行う金銭の貸付けによって得る利子

　㈢　本店所在地国の法令に準拠して貸金業を営む外国関係会社で、本店所在地国においてその役員又は使用人が貸金業を的確に遂行するために通常必要と認められる業務の全てに従事していること等の要件を満たすものが金銭の貸付けによって得る利子

　㈣　外国関係会社が行う事業に係る業務の通常の過程で得る預金利子

ロ　配当等

　　ただし、持分割合25％以上等の要件を満たす法人から受ける配当等（その支払を行う法人において損金算入される配当等を除くものとし、主たる事業が化石燃料を採取する事業（その採取した化石燃料に密接に関連する事業を含む。）である外国法人で我が国が締結した租税条約の相手国に化石燃料を採取する場所を有するものから受ける配当等にあっては、持分割合要件を10％以上とする。）については、その対象から除外する。

ハ　有価証券の貸付けの対価

ニ　有価証券の譲渡損益

　　ただし、持分割合25％以上等の要件を満たす法人の株式等に係る譲渡損益については、その対象から除外する。

ホ　デリバティブ取引損益

　　ただし、次のデリバティブ取引損益については、その対象から除外する。

　⑴　ヘッジ目的で行われることが明らかなデリバティブ取引等に係る損益

　⑵　本店所在地国の法令に準拠して商品先物取引業又はこれに準ずる事業を行う外国関係会社で、本店所在地国においてその役員又は使用人がこれらの事業を的確に遂行するために通常必要と認められる業務の全てに従事していること等の要件を満たすものが行うこれらの事業から生ずる商品先物取引等に係る損益

ヘ　外国為替差損益

　　ただし、外国関係会社が行う事業（外国為替相場の変動によって生ずる差額を得ることを目的とする事業を除く。）に係る業務の通常の過程で生ずる外国為替差損益については、その対象から除外する。

ト　上記イからヘまでに掲げる所得を生ずべき資産から生ずるこれらの所得に類する所得

　　ただし、ヘッジ目的で行われることが明らかな取引に係る損益については、その対象から除外する。

チ　有形固定資産の貸付けの対価

　　ただし、次の対価については、その対象から除外する。

　⑴　主として本店所在地国において使用に供される有形固定資産等の貸付けによる対価

　⑵　本店所在地国においてその役員又は使用人が有形固定資産の貸付けを的確に遂行するために通常必要と認められる業務の全てに従事していること等の要件を満たす外国関係会社が行う有形固定資産の貸付けによる対価

リ　無形資産等の使用料

　　ただし、外国関係会社が自己開発した無形資産等及び外国関係会社が相当の対価を支払って取得し、又は使用許諾を得た上で一定の事業の用に供している無形資産等に係る使用料については、その対象から除外する。

ヌ　無形資産等の譲渡損益

　　ただし、外国関係会社が自己開発した無形資産等及び外国関係会社が相当
　の対価を支払って取得し、又は使用許諾を得た上で一定の事業の用に供して
　いる無形資産等に係る譲渡損益については、その対象から除外する。

ル　異常所得（外国関係会社の当該事業年度の利益の額から上記イからヌまで
　に掲げる所得種類の所得の金額及び所得控除額を控除した残額に相当する所
　得。右の所得控除額は、外国関係会社の総資産の額、減価償却累計額及び人
　件費の額の合計額に50％を乗じて計算した金額とする。）

　　BEPSプロジェクト（行動３）の最終報告書では「合算対象となる所得と、
　配当、利子等の法的な分類によって限定列挙する方法だけでは、租税回避へ
　の十分な対応は困難」との認識に立ち、個々の外国子会社の経済実態に照ら
　せば通常稼得困難と考えられる所得を合算課税の対象範囲に含めるアプロー
　チについて言及されている。これを踏まえ、外国関係会社の資産規模や人員
　等の経済実態に照らせば、その事業から通常生じ得ず、発生する根拠のない
　と考えられる所得について、「異常所得」（租特66条の６第６項11号、租特令39
　条の17の３）として部分合算課税の対象とすることとされた。

6．部分適用対象金額の計算

(1)　部分合算課税の対象となる金額

　部分合算課税の対象となる金額は、外国関係会社の当該事業年度の次に掲げ
る金額の合計額とする（租特66条の６第７項）。

イ　上記イからハまで、チ、リ及びルに掲げる所得の金額の合計額

ロ　上記ニからトまで及びヌに掲げる所得の金額の合計額（当該合計額が零を
　下回る場合には、零）

　外国関係会社の当該事業年度開始の日前７年以内に開始した各事業年度にお
いて生じた上記ロに掲げる金額が零を下回る部分の金額に相当する金額がある
場合には、当該事業年度の上記ロに掲げる金額の計算上、控除する（租特令39
条の17の３第28項）。

(2)　金融子会社等に係る部分合算課税

イ　部分合算課税の対象所得の範囲

　　本店所在地国の法令に準拠して銀行業、金融商品取引業又は保険業を営む外国関係会社で、本店所在地国においてその役員又は使用人がこれらの事業を的確に遂行するために通常必要と認められる業務の全てに従事していること等の要件を満たすもの（以下「金融子会社等」という。）について、部分合算課税の対象となる所得は、上記にかかわらず、次のとおりとする（租特66条の6第2項7号、租特令39条の17）。

　　㈤　金融子会社等の異常な水準の資本に係る所得

　　㈥　上記チに掲げる所得

　　㈦　上記リに掲げる所得

　　㈧　上記ヌに掲げる所得

　　㈨　上記ルに掲げる所得

ロ　部分適用対象金額の計算

　　部分合算課税の対象となる金額は、上記にかかわらず、金融子会社等の当該事業年度の次に掲げる金額のうちいずれか多い金額とする（租特66条の6第8・9項）。

　　㈤　上記イ㈤に掲げる所得の金額

　　㈥　上記イ㈥、㈦及び㈨に掲げる所得の金額並びに上記イ㈧に掲げる所得の金額（当該金額が零を下回る場合には、零）の合計額

ハ　部分適用対象金額に係る欠損金の繰越控除

　　金融子会社等の当該事業年度開始の日前7年以内に開始した各事業年度において生じた上記イ㈧に掲げる所得の金額が零を下回る部分の金額に相当する金額がある場合には、当該事業年度の上記イ㈧に掲げる所得の金額の計算上、控除する（租特令39条の17の4第9項）。

(3)　適用免除

イ　外国関係会社の当該事業年度の租税負担割合が20％以上である場合には、

部分合算課税の適用を免除する（租特66条の 6 第10項）。

ロ　部分合算課税に係る少額免除基準のうち金額基準を2,000万円以下（現行：1,000万円以下）に引き上げる（租特66条の 6 第10項 2 号）。

ハ　部分合算課税の少額免除に係る適用要件について、少額免除基準を満たす旨を記載した書面の確定申告書への添付要件及びその適用があることを明らかにする資料等の保存要件を廃止した（旧租特66条の 6 第 7 項）。

(4)　外国関係会社に係る財務諸表等の添付

　内国法人は、次に掲げる外国関係会社に係る財務諸表等を確定申告書に添付しなければならない（租特66条の 6 第11項 1 号）。

①　租税負担割合が20％未満の外国関係会社

②　租税負担割合が30％未満の特定外国関係会社

7 ．二重課税調整

(1)　外国税額の控除

　部分合算課税制度の改正に伴って、部分合算課税の適用がある場合に内国法人が納付するものとみなされる控除対象外国法人税の額の計算について、整備が行われた。すなわち、内国法人が本税制の適用を受ける場合に、内国法人に係るその外国関係会社の所得に対して課される外国法人税の額があるときは、その外国法人税の額のうち、その外国関係会社の課税対象金額、部分課税対象金額又は金融子会社等部分課税対象金額に対応する部分の金額をその内国法人が納付する控除対象外国法人税の額とみなして、法人税法第69条及び地方法人税法12条の規定を適用することとされた（租特66条の 7 第 1 項、租特令39条の18第 2 ・ 3 項）。

(2)　控除対象所得税額等相当額の控除

①　控除対象所得税額等相当額の控除

　改正前は、合算対象となる外国関係会社の所得に我が国の所得税や法人税

が課されている場合には、実務上、その所得税や法人税の額を外国法人税の額として扱うことで、外国税額控除の仕組みにより、二重課税調整が行われてきました。今回の改正では、外国関係会社の所得に対して課された我が国の所得税や法人税の額について、外国税額控除の仕組みではなく、新たな税額控除の仕組みにより、親会社である内国法人の法人税の額から控除することとされた。具体的には、内国法人が、本税制の適用を受ける場合には、内国法人に係る外国関係会社に対して課される所得税等の額（所得税の額、復興特別所得税の額）及び法人税の額をいい、附帯税の額を除く。(2)において同じ）のうち、外国関係会社の課税対象金額、部分課税対象金額又は金融子会社等部分課税対象金額に対応する部分の金額に相当する金額（(2)において「控除対象所得税額等相当額」といい、これらの金額の計算は次によるものとされている。）を、内国法人において本税制の適用を受ける事業年度におけるその内国法人の法人税の額から控除することとされた（租特66条の7第4項、租特令39条の18第18項）。

17-6-3　外国子会社合算税制の対象所得の精緻な把握

　平成29年度における外国子会社合算税制の見直しは本税制創設後最大のものであった。

　内国法人に合算される所得について、経済実体がない、いわゆる受動的所得は合算対象とする一方で、実体ある事業からの所得であれば、子会社の税負担率にかかわらず合算対象外とするという方針に沿って見直している。平成29年度改正により、形式的にはトリガー税率（租税負担割合基準）を廃止しているが、ペーパーカンパニー等に該当する場合を除き、本制度の適用対象を租税負担割合が20％未満か否かで判定する仕組みは残している。

　また、合算対象が全所得か資産運用的な所得かを判定する「適用除外基準」も見直され、「経済活動基準」に改められ、実体のある航空機リース会社や製造業会社の所得が合算されないように基準が見直されている。さらに、部分合算課税の対象となる受動的所得の項目が、これまでよりも精緻に定められている。

第18章　居住地の移転と課税管轄の喪失

18－1　出国課税（Exit Taxation）

　個人又は法人が居住地を国外に移転するなど課税管轄から離脱を図る課税逃れが問題視されてきた[1]。それに対抗する措置の一つが出国課税である。出国課税の主な分類としては、次のものがあるとされる[2]。

①（狭義の）出国税（exit tax）
②納税義務の拡張（extended tax liability）
③リキャプチャー（取り戻し）（recapture）

　①の（狭義の）出国税は、個人又は法人が居住地を国外に移転させた結果、流出国（元の居住地国）が個人又は法人の保有資産の未実現のキャピタル・ゲインに課税できなくなることを防ぐために、国外移転時に当該資産を時価で譲渡したものとみなして課税する制度である。②の納税義務の拡張には、拡張的無制限納税義務（unlimited extended tax liability）と拡張的制限納税義務（limited

---

（注）　本章の内容は、2019年4月1日現在の法令による。

1　中里実「課税管轄権からの離脱を図る行為について」フィナンシャル・レビュー94号（2009）4、9頁。

2　Luc de Broe, The tax treatment of transfer of residence by individual, Cahiers de Droit Fiscal International, Vol. 87b, 19, 2002; Rijkele Betten, Income Tax Aspects of Emigration and Immigration of Individuals, 1, 1998.　なお、出国課税を、①出国時課税方式、②再入国課税方式、③納税義務の拡大方式に分類する論者もある。V. Chand, Exit Charges for Migrating Individuals and Companies: Comparative and Tax Treaty Analysis, 67 Bull. Intl. Taxn. 4/5, 2013（当該論文の紹介として、本田光宏「国外転出をする個人及び法人に対する出国税：比較及び租税条約の分析」租税研究788号（2015）372頁）。米国の国外移転による税収減の防止方法を「実現アプローチ」、「管轄アプローチ」と分類する論者もいる。前者は、本文でいう「（狭義の）出国税」、後者は「納税義務の拡張」と位置づけることができる。岡村忠生・岩谷博紀「国外移転に対する実現アプローチと管轄アプローチ—インバージョン（Inversion）取引を中心に」岡村忠生編『新しい法人税法』（有斐閣・2007）285頁参照。

extended tax liability）がある。前者は、流出国に居住地を有していた個人又は法人が、国外に居住地を移転した場合に、引き続き、その個人又は法人を流出国の居住者又は内国法人とみなして課税するのに対して、後者は、流出国の国内源泉所得につき、出国した個人又は法人に対して一定期間納税義務を拡張して課税する制度である。③のリキャプチャーとは、流出国が居住地の移転以前に、個人又は法人に適用した課税繰延便益や控除を居住地の移転時に取り戻すべく課税する制度である。

18−2　国外転出時課税（個人の出国課税）

── 事例 ──

(1) 個人A（日本国籍を有する）は、平成29年3月31日まで日本に住所を有する居住者であったが、平成29年4月1日に長男が住んでいるシンガポールに永住するために国外転出した。Aの所有する金融資産には、上場株式（取得価額5,000万円、国外転出時の価額4億円）が含まれていた。Aは、国外転出時にどのように課税されるか。

(2) 個人B（日本に住所あり）は、平成29年4月1日、ホテル業を営むC社のレストラン部門を担当するために、フランス（日本の国外転出時課税制度に相当する制度がある）から日本に移住し、その取締役に就任した。Bは、フランスに居住中に上場株式（取得価額1億円）を取得しており、平成30年9月10日、日本で当該株式を4億円で譲渡した。フランスでは、国外転出時の価額3億円で譲渡したものとして、課税されている。日本でBの当該株式の譲渡はどのように課税されるか。

国外への居住地移転による個人の課税軽減は、我が国では、武富士事件[3]、中央出版事件[4]など、相続税・贈与税分野で注目されてきた。平成12年度税制

3　最判平23・2・18（判タ1345号115頁）。
4　名古屋高判平25・4・3（訟務月報60巻3号618頁）。

　改正前の相続税法では、国内の住所の有無によって、無制限納税義務者と制限納税義務者を区分し、財産を取得した個人のうち、当該財産取得時に国内に住所を有するものは全世界財産に課税、国内に住所を有しないものには国内財産のみに課税していた。ところが、当該規定では、国内財産を国外財産に変更し、住所を国外に移転した後に、贈与や相続が発生すれば、我が国では課税することができなくなる可能性があった。そこで、平成12年度改正で、納税義務者の範囲の確定上、住所基準に加え、国籍基準を併用して、納税義務者の課税範囲を拡張した。その後、平成25年度改正で、さらに納税義務者の範囲を拡張することで、住所及び財産の国外移転、国籍離脱による贈与税、相続税の課税逃れに対峙した（相税1条の3第1・2号及び2条1項、相税1条の4第1・2号及び2条の2第1項）。平成29年度改正では、被相続人等と相続人等がともに5年超国外に住所を有することによる租税回避を防止するために、その期間を10年超に延長する一方で、我が国に一時的に就労しようとする短期滞在の外国人に対しては、納税義務の拡張による予期せぬ相続税の負担が阻害要因になっていることから、国内財産のみを課税対象とする納税義務の緩和を行った。平成30年度改正では、高度外国人材等の受入と長期間の滞在のさらなる促進の観点から、外国人の出国後の相続税の負担に配慮し、一定の場合に国外財産には課税しないとされた[5]（**第20章**参照）。

　出国課税制度は、欧米諸国で広く導入されてきた。ドイツは、この制度の長い経験を持ち、1972年に対外取引課税法（Außensteuergesetz；AStG）において、拡張的制限納税義務（2条、4条）と狭義の出国課税（6条）を導入した[6]。ドイツは国籍と納税義務を関連付け、過去10年間のうち5年間ドイツの無制限納税義務を負っていた者が、軽課税国に住所を移転することによって無制限納税義務が終了する場合に、制限納税義務の範囲を拡張する。

5　大蔵財務協会『平成30年版　改正税法のすべて』(2018) 579頁。

6　村井正『租税法と取引法』（清文社・2003）320頁、木村弘之亮「無制限納税義務と制限納税義務とのあいだの異動—国外逃散課税と国外転居課税に関する立法の必要性—」法学研究69巻5号 (1996) 1頁。

　1972年に導入されたドイツ対外取引課税法は、個人に対するみなし譲渡課税を定めている（AStG 6 条）。当該規定の導入の背景には、1968年にデパート事業で成功したHorten氏によるタックス・プランニングがあった。Horten氏は、ドイツからスイスに住所を移転し、そこでドイツ株式の譲渡を行ったところ、当時のドイツ・スイス租税条約を適用すれば、ドイツ、スイスいずれの国でも課税されない二重非課税（double-non-taxation）となった[7]。このようなタックス・プランニングに対して多くの批判があり、その対抗措置として、いわゆるHorten法（*lex Horten*）といわれるAStG 6 条の出国税制度が導入された。

　我が国でも類似の事例として、所得課税分野で居住地の移転による課税逃れが問題となったユニマット事件がある[8]。そのような対抗措置として、各国は出国税制度を導入しているが（例えば、ドイツ、カナダ、米国、イギリス、フランス、イタリア、オーストリア、スペイン、オランダ、ノルウェー、スウェーデン、フィンランド、デンマーク、オーストラリア、ニュージーランドなど）、事件当時、我が国では、上述の相続税法のような納税義務者の課税範囲の拡張や出国税制度は導入していなかった。しかしながら、我が国でも富裕層が増えつつあること、平成27年から相続税の基礎控除額が縮小され、相続税率が引き上げられたことから、含み益がある株式などの資産を保有したまま、居住地を国外に移転し、その後に当該資産を譲渡することにより、我が国の譲渡収益課税を逃れる恐れがあった。特に、OECDモデル租税条約13条 5 項と同種の規定を定めた租税条約を締結している場合には、もっぱら譲渡者の居住地国が当該譲渡収益への課税権を有することになり、我が国で譲渡収益課税ができなくなる可能性があった（**第10章**参照）[9]。OECDのBEPS（税源浸食と利益移転）に対する取り組みの一つである「行動計画 6 　租税条約の濫用防止」報告書は、出国課税に言及しており[10]、税制調査会も、所得課税分野における各国の出国課税制度に

7　Alexander Rust, Chapter 15, Guglielmo Maist ed., Residence of Individuals under Tax Treaties and EC Law, IBFD, 370, 2010.

8　東京高判平成20・2・28（判タ1278号163頁）。

ついて検討してきた。そのような流れのなか、我が国においても、平成27年度税制改正で国外転出時課税制度が導入され、平成28年度税制改正で若干の見直しがされた。当該制度は、「国外転出をする場合の譲渡所得等の特例」（以下、「国外転出時課税」という。）及び「贈与等により非居住者に資産が移転した場合の譲渡所得等の特例」（以下、「国外転出（贈与・相続）時課税」という。）からなる[11]。

(1)　国外転出時課税

　国外転出時課税は、1億円以上の対象資産[12]（有価証券等[13]、未決済信用取引等、未決済デリバティブ取引、**図表18-1**）を保有する者で、かつ、国外転出（国内に住所又は居所を有しないこととなること）の日前10年以内に、国内に住所又は居所を有していた期間の合計が5年超である者が（所税60条の2第5項）、国外転出した場合に、原則、国外転出時の対象資産の時価で譲渡又は決済したものとみなして、事業所得、譲渡所得、雑所得の金額の計算が行われ、課税される制度である（所税60条の2第1項から3項）。

9　非居住者、外国法人が日本法人を実質的に保有するための株式又はその他の持分の譲渡から生ずる収益については、いわゆる「事業譲渡類似株式等の譲渡収益」に対する課税が行われる（所税令291条6項、法税令187条6項）。

10　OECD, Preventing the Granting of Treaty Benefits in Inappropriate Circumstances, Action 6, OECD/G20 Base Erosion and Profit Shifting Project, 89, 96, 2014.

11　大蔵財務協会『平成27年版　改正税法のすべて』（2015）81頁以下、『平成28年版　改正税法のすべて』（2016）84頁、国税庁「国外転出時課税制度（FAQ）」（平成27年4月（令和元年5月最終改訂））、大塚正民「平成27年度税制改正による国外転出時課税制度―「未実現のキャピタル・ゲイン」に対する国際課税における財産移転課税制度の日米交錯」木村弘之亮先生古稀記念論文編集委員会編『公法の理論と体系思考』（信山社・2017）276頁、太田洋・飯永大地「富裕層の海外移住と国外転出時課税制度の創設」中里実他編著『BEPSとグローバル経済活動』（有斐閣・2017）67頁、増井良啓「実現原則と国外転出時課税制度」日税研論集74号（2018）81頁、宮本十至子「国外転出時課税の執行上の課題」税研204号（2019）23頁など。

12　国外転出直前の株価引下げによって対象資産から外れることに対抗できない可能性があると指摘したものとして、川田剛「諸外国との比較からみる今後の動向について」税経通信71巻5号（2016）78、85頁。

13　国外転出後も日本で課税できるため、株式を無償又は有利な価額により取得することができる権利のうち、その権利行使による所得の全部又は一部が国内源泉所得となる、いわゆるストック・オプションの権利行使による所得は対象外となる（所税60条の2第1項、所税令170条1項）。

図表18−1　国外転出時課税制度の対象資産の範囲

有価証券等 （所税60条の２第１項）	・有価証券（株式、投資信託等） ・匿名組合契約の出資の持分
未決済信用取引等 （所税60条の２第２項）	・未決済信用取引 ・未決済発行日取引
未決済デリバティブ取引 （所税60条の２第３項）	・未決済デリバティブ取引

　国外転出時の取得価額は、国外転出直前に対象資産を譲渡又は決済し、これを買い戻して取得したものとみなされ、取得価額の付け替え（いわゆるステップアップ又はステップダウン）が行われる（所税60条の２第４項、**図表18-2**）。海外勤務などの一時的な国外転出者への配慮から、国外転出者が対象資産を保有したまま、国外転出の日から５年（又は10年）以内に当該対象資産を譲渡又は決済せずに当該者が帰国した場合には、譲渡又は決済がなかったものとし、帰国の日から４か月以内に更正の請求をすることができる（所税60条の２第６・７項、153条の２第１項）。

図表18−2　国外転出時課税の取得価額の付け替え（ステップアップ）

含み益
１億

３億

２億

取得価額（ステップアップ）

１億

含み益
１億

| 株式等取得時
１億 | 国外転出時
２億 | 譲渡時
３億 |

　当該制度は、国外転出時に保有する対象資産の未実現利益に課税を行うものであり、納税資金の問題がある。そのため、**納税管理人**の届出、かつ、**担保の提供**をするなど一定の要件を充足する場合には、納税の猶予の特例の適用が認められ、原則、国外転出の日から５年（期限の延長の届出により国外転出から10年まで延長可能）を経過する日まで納税が猶予される（所税137条の２第１項から３項）。納税の猶予を受けた者が、納税猶予期間中に当該対象資産を譲渡、決済又は贈与した場合には、納税の猶予は取り消され、猶予されていた所得税の納税を行わなければならない（所税137条の２第５項）。納税猶予された期間については、利子税が課される（所税137条の２第12項）。納税猶予期間中に当該対象資産を贈与、決裁又は譲渡せず、５年以内に帰国した場合には納税猶予の対象となった所得税がなかったものとされる（所税60条の２第６項）。なお、納税の猶予を受けた者が、納税猶予期間中に死亡した場合には、その国外転出をした相続人（猶予承継相続人）が、納付義務及び猶予期限を承継する（所税137条の２第13項）。納税の猶予の期限到来までに対象資産を譲渡又は決済し、時価の下落がある場合には、それを考慮することができ（所税60条の２第８項）、国外転出時における含み益よりも実際の譲渡又は決済等による利益が少なかった場合には、課税所得の修正ができる（所税60条の２第９項）。

図表18－3　国外転出時課税に伴う二重課税の調整（流入国が日本の場合）

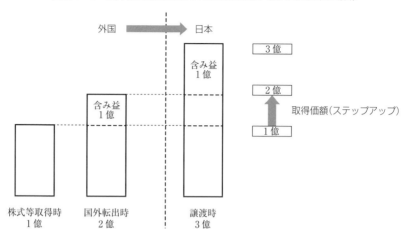

図表18－4　国外転出時課税に伴う二重課税の調整（流出国が日本の場合）

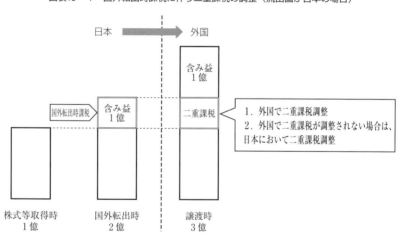

　国外転出時に含み益に課税し、流入国（国外転出先の国）で当該対象資産を実際に譲渡又は決済等をし、当該所得が実現した場合に、流入国と流出国がともに課税すれば、同一のキャピタル・ゲインに対する二重課税が生ずる可能性がある。当該二重課税については、所得の実現時期が異なり、通常の外国税額

控除制度による調整が困難な場合がある。BEPS 最終報告書によれば、このような課税時期が異なる二重課税は、従業員ストック・オプションのケースと同様であるとし、譲渡者が他の国の居住者であった期間に他の国が課税した所得につき居住地国側で救済することについて、各国が相互協議手続きを通じて解決することに言及する（paras. 66-67）[14]。つまり、流入国が、流出国の居住者であった期間に生じた所得に流出国が課した出国税を調整して救済することを意味する。

　そこで、外国において国外転出時課税に相当する課税（「外国転出時課税」という。）を受けて、外国から日本に転入した場合には、譲渡所得等の金額の計算において、当該課税を考慮し、当該取得価額をステップアップ又はステップダウンすることにより二重課税又は二重非課税に対応する（所税60条の4第1・3項、**図表18-3**）。逆に、日本から外国に転出した場合には、納税猶予を受けた者が納税猶予の期限までに対象資産を譲渡又は決済し、相手国で外国所得税を納めたものの二重課税が調整されないときは、当該外国所得税を納付することとなる日から4か月を経過する日までに更正の請求を行うことができ、国外転出時に外国所得税を納付したものとみなして外国税額控除を適用することで二重課税の調整がされる（所税95条の2第1項、**図表18-4**）。いわゆる「逆の控除（reverse foreign tax credit）」である。納税猶予の適用を受けず、国外転出時に納税管理人の届け出をした者が確定申告期限までに対象資産等の譲渡等をした場合にも、当該取扱いが適用される（所税95条の2第2項）。

(2)　国外転出（贈与・相続）時課税

　国外転出（贈与・相続）時課税制度は、居住者の国外転出ではない、居住者から非居住者への対象資産の移転を対象としている点に特徴がある。居住者の有する有価証券等が、贈与、相続又は遺贈（以下、「贈与等」という。）により

14　OECD, Preventing the Granting of Treaty Benefits in Inappropriate Circumstances, Action 6-2015 Final Report, OECD/G20 Base Erosion and Profit Shifting Project, 89-90, 2015.

非居住者に対象資産を移転した場合には、贈与等の時の価額で譲渡又は決済したものとみなして、事業所得、譲渡所得、雑所得の金額の計算が行われる（所税60条の３第１項から３項）。当該規定は、所得税法59条１項１号のみなし譲渡課税の適用がある場合には、適用されない。居住者が国外転出しなかったとしても、対象資産を非居住者に贈与等により移転した場合には、贈与等の時点の居住者（移転者）に対する譲渡課税と非居住者（被移転者）に対する贈与・相続税の対象となる可能性がある。

　非居住者に対する贈与等の時に課税された資産の取得価額については、居住者から非居住者に有価証券等の移転時の時価で取得したものとして、取得価額の付け替えを行う（所税60条の３第４項）。上述の国外転出時課税制度と同様に、有価証券等の贈与等を受けた非居住者が、その有価証券等を譲渡せずに贈与等の日から５年（又は10年）以内に帰国した場合には、譲渡又は決済がなかったものとし、課税を取り消すことができる（所税60条の３第６項）。また、有価証券等の贈与等を受けた非居住者が、贈与を受けた日から５年以内に当該対象資産を居住者に贈与した場合や有価証券等の贈与等を受けた非居住者が死亡し、贈与を受けた日から５年以内に相続又は遺贈により当該対象資産を居住者が取得した場合も同様である。これらの場合に、帰国の日から４か月以内に更正の請求をすることができる（所税153条の３第１項）。納税資金の確保に対する配慮から、納税の猶予を受けた者が贈与等の時の時価より実際の譲渡時又は決済時の価額が下落した場合には、課税所得の修正ができる（所税60条の３第８項）。

　国外転出（贈与・相続）時課税も、基本的には、上述の国外転出時課税制度のしくみをベースとしており、一定の要件を充足した場合には、納税猶予が認められる（所税137条の２第１項）。

　日本の国外転出時課税は、国外転出時の個人の未実現利益に課税するものであることから、納税資金、一時的移転、時価下落、二重課税への対応を想定した制度となっている。

18-3　法人に対する出国課税

　法人税は、内国法人及び外国法人の区分により、前者は全世界所得課税、後者は国内源泉所得課税が行われる。我が国や米国では、本店所在地主義や設立準拠法主義を基礎としてそれらを区分しているため、例えば、法人が軽課税国などに国外移転を行い、課税管轄を離脱することによって、税負担の軽減を図る可能性がある（**第1章**参照）。多国籍企業は、その本店を国外に移転するといった行動をとりがちで、米国では、コーポレート・インバージョン（corporate inversion）が問題視され、議論されてきた[15, 16]。コーポレート・インバージョンとは、内国法人を頂点とする企業グループが、取引後に外国法人をグループの頂点とするように構造変更する取引とされ[17]、とりわけ、軽課税国に親法人を設立するそのような取引によって、米国がこれまで課税対象としてきた国内所得や移転資産の含み益などに課税できなくなることが危惧されてきた。そこで、米国は、国外への資産移転に対して、トール・チャージ（toll charge）により、原則、組織再編時に課税することでインバージョンに対応した（内国歳入法典367条）。

　2004年に米国は、American Jobs Creation Act（アメリカ雇用創出法）により、インバージョン対策税制として、60％インバージョン対処規定と80％インバージョン対処規定を導入した（内国歳入法典7874条 (a)(b)）。60％インバージョン

15　Office of Tax Policy Department of the Treasury, Corporate Inversion Transactions: Tax Policy Implications, 2002.

16　岡村忠生・岩村博紀前掲注2、285頁、山崎昇「コーポレート・インバージョンと（外国親会社の設立）と国際税務─クロスボーダーの三角合併解禁に伴う国際的租税回避の懸念」税大論叢54号（2007）1、72頁、緒方健太郎「クロスボーダー組織再編成にかかる税制改正（インバージョン対策等）について」ファイナンス43巻5号（2007）42頁、吉村政穂「国際的組織再編をめぐる課税問題─日米比較を中心に─」租税法研究36号（2008）45頁、倉見智亮「コーポレート・インバージョン対策税制の現状と課題」税法学561号（2009）25頁、大石篤史「コーポレート・インバージョン税制の実務と課題」金子宏他編『租税法と市場』（有斐閣・2014）468頁、太田洋「企業結合型インバージョンと米国新インバージョン規制」中里実他編著『BEPSとグローバル経済活動』（有斐閣・2017）22頁等。

17　太田洋前掲注16、22頁。

は、インバージョンによる外国法人の国内資産の国外移転にかかる米国内で生じた資産の含み益のトール・チャージについて外国税額控除や繰越欠損金の利用を制限するものであり、法人に対する出国課税と位置付けられよう。80%インバージョンは、設立準拠国で実質的な事業活動を行わない外国法人を代理外国法人（surrogate foreign corporation）とし、それを米国の内国法人とみなして課税することにより課税管轄を域外に拡張するものであり、納税義務の拡張とみることができる。

　一方、我が国でも、旧法人税法51条（平成10年改正前）が特定現物出資に対して圧縮記帳を認めるなど、一定の組織再編取引に対して課税繰延を認めてきた。当該旧法人税法51条が国外現物出資への課税繰延の適用を制限していなかったことから、オウブンシャホールディング事件の課税逃れスキームにその租税優遇措置が利用された[18]。国内組織再編取引と同様に国境を跨ぐ組織再編成取引に課税繰延を認めれば、前者は繰延便益に将来課税できる可能性があるのに対して、後者は同様に課税できず、我が国の課税権を喪失する可能性がある。そこで、平成19年度税制改正では、会社法改正に伴う合併等対価の柔軟化に伴い、一定の要件の下、課税繰延の範囲を拡大するとともに、国境を超える三角合併等にも同様の措置を認めるとすれば、非居住者等株主に対する内国法人株式の譲渡益課税の機会を失う可能性があるため、それに対抗する規定が導入された（租特37条の14の2、租特令188条1項17号）[19]。

　ところが、三角合併等において、軽課税国の親会社の株式を内国法人に合併対価として交付すれば、親会社と子会社が逆転してしまい、課税繰延の適格要件を満たしながら、経済実態を変えずに、我が国の外国子会社合算税制を回避することが可能になる。そのため、そのようなコーポレート・インバージョンに対処するための税制が導入された。

18　最判平18・1・24（訟月53巻10号2946頁）。例えば、木村弘之亮「租税立法の不作為と租税回避の否認—オウブンシャ・ホールディング事件を振り返って—」村井喜寿『租税の複合法的構成』（清文社・2012）63頁。

19　大蔵財務協会『平成19年版　改正税法のすべて』（2009）551、81頁以下。

　コーポレート・インバージョンへの我が国での対応は、①組織再編成取引段階の規制、②再編取引後の規制からなる[20]。①は、一定の組織再編成について、再編時に株主、法人段階の譲渡損益を認識する適格性否認ルールである。②は、一定の組織形態において外国親法人の留保所得を持分割合に応じて、株主の所得に合算課税するコーポレート・インバージョン対策税制である。

　例えば、特定グループ内合併に該当し、軽課税国に所在する外国親会社株式を対価とするものについては、合併の適格性が否認されるとともに（租特68条の2の3第1項）、被合併法人等の株主段階で譲渡損益に課税される（租特37条の14の3、68条の3）①の規制で対応する。特定グループ内合併とは、(1)被合併法人と合併法人との間に特定支配関係があること、(2)被合併法人の株主等に合併親会社法人（「特定軽課税外国法人」に該当する外国法人の株主に限る）が交付されることの2要件に該当する合併をいう。これは、「特定軽課税外国法人」の株式を対価とする三角合併が行われると、その経済実態や株主構成が実質的に変わらないにもかかわらず、軽課税国にある実態のない外国法人を通じて内国法人を子会社とすることになり、外国子会社合算税制の適用を免れる可能性があるから、それを防止しようとするものである。「特定軽課税外国法人」は、その本店又は主たる事務所の所在する国又は地域でその所得に対して課される税が存在しない、あるいは、20％未満の外国法人であるが、事業関連性を含む一定の要件を満たすものは除かれる（租特令39条の34の3第5項）。

　次に②のコーポレート・インバージョン対策税制は、組織再編成等により、内国法人の株主とその内国法人との間に外国法人を介在させることにより、その株主が外国法人を通じてその内国法人を間接保有することで、内国法人が外国法人の子会社となる「コーポレート・インバージョン」に対抗する制度である。当該制度は、組織再編成等により、外国法人を通じてその内国法人の株式の80％以上を間接保有することとなった場合に、その外国法人の各事業年度の所得のうち、その有する直接及び間接保有の株式等の数に対応する金額に相当

20　緒方健太郎前掲注16、50頁、倉見智亮前掲注16、52頁。

する金額をその外国法人の株主である居住者又は内国法人の所得に合算して課税することとされている（租特66条の9の2第1項）。

　これらのコーポレート・インバージョンへの対応は、法人が課税管轄を離脱することによる課税権の喪失への対抗措置としては、限定的な措置にすぎない。例えば、ドイツは法人の国外移転などによって、自国の課税権が制限又は喪失する場合に法人に対する出国課税を行うが[21]、我が国は、法人税分野における出国課税制度は導入していない。

〈主な参考文献〉

大橋智哉「個人の移動による国際的二重課税の調整に関する一考察―株式に対するみなし譲渡課税（出国税）を中心に―」税研20巻2号（2004）74頁

原武彦「出国に伴う所得課税制度と出国税等の我が国への導入―我が国と米国等の制度比較を中心として―」税大ジャーナル14号（2010）95頁

原武彦「非居住者課税における居住性判定の在り方―出国税（Exit Tax）等の導入も視野に入れて―」税大論叢65号（2010）1頁

古山春花「我が国における国外転出時課税制度の創設―国外転出時課税制度における基礎理論―」経営学研究論集47号（2017）127頁

松田直樹「法人資産等の国外移転の対応－欧米のコーポレイト・インバージョン対策税制及び出国税等が包含する示唆」税大論叢67号（2010）1頁

21　例えば、ドイツ法人税法12条1項は、「法人…の場合、経済財の譲渡又は利用から生ずる利益について、ドイツの課税権が喪失又は制限される場合は、その経済財の譲渡は時価で行われたものとみなす」と定めており、課税権の喪失に対する対抗措置として、広く出国課税を行っている。村井正編著『入門国際租税法』（清文社・2013）10頁のColumn　課税管轄の喪失の本文及び参考文献参照。

補論　出国課税とEU法

　EU加盟国には、個人及び法人の居住地等の国外移転に対する出国課税を国内税法で定める国がある。出国課税を定めた加盟国の国内税法が、欧州機能条約の開業の自由や資本移動の自由に抵触するかどうかについて、欧州司法裁判所で争われてきた[1]。

　まず、個人に対する出国課税を定めた国内税法とEU法の抵触については、Lasteyrie事件（C-9/02, EU:C:2004:138）とN事件（C-470/04, EU:C:2006:525）がある。Lasteyrie事件では、フランス内国法人の株式を実質的に支配するフランス居住者が、ベルギーに居住地を移転するにあたり、当該移転時に株式の含み益への即時課税を定めた国内税法に基づく保有株式の未実現利益への出国課税が、EU法に抵触するとされた。N事件では、オランダ出国課税に対する納税の猶予を受けるにあたり、担保の供与と査定（Self-Assessment）義務を課した国内税法とEU法との抵触が争われ、担保の提供義務を課すことがEU法に抵触するとされた。いずれも個人に対する出国課税を定めたEU加盟国の国内税法とEU法との抵触可能性が争点になったものである。欧州司法裁判所は、出国課税を国内税法で定めることについては認めるものの、比例性の原則に照らし、他の加盟国に居住地を移転する者がその国にとどまり続ける者に比べて不利な扱いになる場合は、EU法に抵触する可能性があると判断した。N事件では、将来の譲渡時に移転資産の譲渡価額が出国時の時価より下落している場合に、流入国で譲渡所得の算定において考慮がなされなければ、流出国で二重課税を調整する必要があることについても言及されている。

　法人に対する出国課税を定めた国内税法とEU法の抵触が争われたものに、National Grid Indus事件（C-371/10, EU:C:2011:785）、DMC事件（C-164/12, EU:C:2014:20）などがある。

1　Lasteyrie事件については、宮本十至子「EU域内における課税管轄の喪失と個人の自由移動を巡る相克」立命館経済学54巻5号（2006）121頁、出国課税とEU法の抵触にかかる一連の判決を概観したものとして、宮本十至子「組織再編成における出国課税とEU法」立命館経済学63巻5・6号（2015）1頁。

398

National Grid Indus 事件では、オランダの有限責任会社が英国に管理地を移転するにあたり、当該会社の移転資産の含み益に対するオランダ出国課税が欧州機能条約の開業の自由に反するとされた。National Grid Indus 事件は、個人の出国課税と EU 法の抵触が争点となった N 事件の判断を踏襲して、課税権配分の観点から国内税法で出国課税を行うことは認めたものの、国内の会社と他の EU 加盟国にある会社とを比較考慮して、出国時の即時課税は EU 法に抵触すると判断した。ただし、出国時の移転資産の時価から実際の実現時までに価値の下落があったとしても、流出国での調整を求めていない。

DMC 事件は、国内の現物出資にかかる移転資産のキャピタル・ゲインには課税繰延を認めるのに対して、国外の現物出資にかかる資産の時価での課税を定めた1995年ドイツ組織再編税法が欧州機能条約の資本移動の自由に抵触するとされた。このように EU 加盟国が国内法で出国課税を定める場合には、EU 法との整合性が求められる。

EU は、BEPS 報告書の議論を受け、租税回避防止指令（ATAD）[2]を制定し、出国課税条項を定める（5条）[3]。当該条項によれば、(a) 加盟国の本店から他の加盟国又は第三国にある恒久的施設に資産を移出し、本店のある加盟国が当該移出による移出資産への課税権をもはや有しない場合、(b) ある加盟国の恒久的施設から他の加盟国又は第三国にある恒久的施設に資産を移出し、恒久的施設のあった加盟国が当該移出による移出資産への課税権をもはや有しない場合、(c) 当該資産が加盟国にある恒久的施設と実質的な関連がある場合を除き、納税義務者が他の加盟国又は第三国に住所を移転した場合、(d) ある加盟国の恒久的施設により遂行される事業が他の加盟国又は第三国に移転し、恒久的施設のあった加盟国が当該移転による移転資産への課税権をもはや有しない場合に、

---

2 Council Directive 2016/1164 of 12 July 2016 laying down rules against tax avoidance practices that directly affect the functioning of the internal market, OJ L 193/1, 19. 7. 2016.

3 宮本十至子「外国事業所への事業用資産の再投資・移転に関するドイツ出国税の最近の動向」木村弘之亮先生古稀記念論文編集委員会編『公法の理論と体系思考』（信山社・2017）363頁、375頁、宮本十至子「国外転出時課税の執行上の課題」税研204号（2019）23頁。

移転時の譲渡資産の時価に相当する金額で課税されるとする（1項）。加盟国又はEU指令で定められる徴収共助に相当する協定を締結するEEA国への移転について、納税義務者は少なくとも5年にわたる支払い繰延ができる（2項）。加盟国は、当該支払い繰延に対して国内法で定めた利子の徴収や徴収リスクがある場合に担保の提供を求めることができる（3項）。資産の譲渡又は事業の譲渡、第三国への資産移出、第三国への住所移転、恒久的施設により遂行される事業の移転、納税義務者の破産又は清算があった場合には、支払い繰延が取り消され、即時徴収が行われる（4項）。他の加盟国への資産、住所、恒久的施設の移転について、流入国である他の加盟国は、当該資産を時価で受け入れる（5項）こと、時価の定義（6項）、一時移転の場合の適用除外（7項）などが定められている。

　本指令は、企業課税分野を対象とし、EU法に整合するものとなっているが、欧州委員会対ドイツ事件（C-591/13, EU:C:2015:230）で争点となった課税繰延を定めたドイツ国内税法に対する取り戻し課税については、盛り込まれていない。

〈参考文献〉
髙橋里枝「EU法と加盟国の個人出国時課税制度の抵触問題」法学政治学論究121号（2019）175頁以下。

第19章　国際租税手続

事例

(1) 日本のP社が、米国の子会社S社に自社製品を200で売却したところ、日本の国税庁が、P社に対して、移転価格税制に基づき、当該製品の独立企業間価格を500とする増額更正処分を行った場合、

① P社は、当該増額更正処分に対して、どのような方法を取ることによって、二重課税を排除することができるのか。

② 上記のような国際取引をめぐる二重課税に係る紛争を予防するために、P社はどのような方法を取ることができるのか。

(2) 日本の納税者Aが、B国に財産を有し、他方、B国の納税者Bが、日本において取引先のC社や財産を有している場合、

① 日本の国税庁は、納税者AのB国の財産に関する情報をどのような方法によって把握することができるのか。

② 日本の国税庁は、納税者Bの日本の取引先のC社に係る情報をB国の税務当局に提供することができるのか、また、B国の税務当局のために、C社に対して税務調査（査察調査）を常に行うことができるのか。

③ 納税者Bが、B国において滞納した場合、日本の国税庁は、B国の税務当局のために、納税者Bの日本の財産を常に差押えすることができるのか。

19-1　相互協議

19-1-1　相互協議の意義・類型

相互協議とは、法令上、明確な定義はないが、例えば、「租税条約の規定に基づく、我が国の権限ある当局と相手国等の権限ある当局との協議」（平成29

年6月30日付官協8－7ほか「相互協議の手続について（事務運営指針）」）とされている。

　また、租税条約において、3つの類型の相互協議が定められる場合がある[1]。

　第1の類型は、条約に適合しない課税を受けた場合、納税者の申立てに基づいて行われる相互協議（個別事案協議）である（OECD モデル租税条約25条2）。

　第2の類型は、条約の解釈又は適用に関して生ずる困難又は疑義を解決するための相互協議（解釈適用協議）である（OECD モデル租税条約25条3の前半）。

　第3の類型は、条約の定めのない場合における二重課税を除去するための相互協議（立法的解決協議）である（OECD モデル租税条約25条3の後半）。

19－1－2　相互協議の特徴等

　相互協議の特徴として、①条約の締約国の権限のある当局間の直接の協議であることから、例えば、日本と米国の権限のある当局（competent authority）間の協議が合意に至った場合、移転価格税制による課税が統一的に行われることにより、日米の親子会社に生じている経済的な二重課税の問題が適切に解決される可能性があること、②相互協議は裁判上の手続ではなく、一種の外交交渉と位置付けられていること[2]から、ある意味、柔軟性があるが、同時に、条約上、締結国は合意に至る義務がないことから、最終的な解決が保証されていないこと、③相互協議自体に納税者が直接参加できず、合意の内容等も公表されないこと、④相互協議は、租税条約の締結国間の協議であることから、租税条約を締結していない国（地域）との間においては行われず、また、租税条約に定めがない税目については、相互協議の対象とならないことが指摘されている[3]。

1　金子宏「相互協議（権限のある当局間の協議および合意）と国内的調整措置—移転価格税制に即して—」金子宏『所得課税の法と政策』（有斐閣・1996）395頁。

2　金子・前掲注1・398頁。

3　中里実ほか編『租税法概説　第3版』（有斐閣・2018）356頁（伊藤剛志執筆）。

19-1-3　相互協議の流れ

　租税条約の規定、租税条約等の実施に伴う所得税法、法人税法及び地方税法の特例等に関する法律の施行に関する省令（以下、「租税条約等実施特例省令」という。）12条第1項等の規定に基づき、相互協議手続を具体的に定めた通達である事務運営指針に沿って、納税者の申立てにより相互協議が開始されるが、両国の権限のある当局により協議が進められ、納税者は直接参加することはできない。

　ただ、国税庁の担当部局は、相互協議を申し立てた納税者に対して進捗状況の説明、あるいは、相互協議の合意に先立って、合意内容に納税者が同意するかの確認を行うとされている。

　納税者が合意内容に同意し、相互協議が合意に至った場合、合意内容に沿って、国内法上、納税者の更正の請求に基づき、還付等の必要な措置が行われる（実特法7条：いわゆる対応的調整）。

　また、成立したすべての合意は、両締結国の法令上のいかなる期間制限にもかかわらず、実施されなければならないとの条項（OECDモデル租税条約26条3）に沿って、課税処分の期間制限に係る特例が設けられている（税通23条2項、71条1項2号等）。

　さらに、相互協議の合意に沿って、納税者からの更正の請求等により、県等の法人県民税等が還付される（参考：東京高判平8・3・28（訟月42巻12号3057頁））。

　なお、還付金に対して還付加算金は付されず（実特法7条5項）、移転価格税制の相互協議に関して、二国間での合意が得られるまでの間、二重課税に伴う負担軽減の観点から、相互協議を申し立てた納税者については、担保の提供等の一定の条件を満たした場合、納税の猶予を受けることができる（租特66条の4の2）。

　一方、仮に、納税者が合意内容を受け入れない、あるいは、相互協議が合意に至らない場合、相互協議の手続は終了する。

　なお、相互協議（仲裁手続）は、租税条約に基づき行われる権限のある当局
間の外交交渉の一つであることから、国税不服審判所における審査請求に係る
手続、あるいは、司法機関である裁判所における裁判手続である税務上の争訟
手続（19-3-1参照）とは別個の手続である。例えば、移転価格税制に基づく
更正処分による二重課税を排除するための救済手段として、①相互協議の申立
てのみを行う、②相互協議の申立て及び税務上の争訟手続の両方を並行して行
う、あるいは、③税務上の争訟手続のみを行う、のいずれかを納税者は選択す
ることとなる。

　国税通則法等の国内法は、審査請求前置主義（税通115条）のように、国内争
訟手続と相互協議（仲裁）の両手続の優先関係を規定していないことから、納
税者は、一方の手続のみを選択すること、あるいは、両手続を並行して進める
ことを選択することが可能である。

　ただ、課税実務上、相互協議（仲裁）の申立てと不服申立ての両方手続が選
択された場合、当該不服申立てに係る手続（審理）は進められず、相互協議（仲
裁）に係る手続が優先されること[4]により、納税者の裁判を受ける権利は留保
される[5]。

　なお、平成29年度税制改正により、相互協議の申立手続に関して、租税条約
の相手国等の居住者である非居住者や外国法人も国税庁長官に対し相互協議の
申立てを行うことができることとされた（租税条約等実施特例省令12条1項）。

19-2　仲裁

19-2-1　仲裁の意義

　租税条約上、締約国は、相互協議の合意に至る義務がないことから、相互協

4　「1　標準審理期間の設定について　注（1）相互協議（租税条約の規定に基づく、我が国の権限あ
る当局と相手国等の権限ある当局との協議をいう。）の申立てがされた事件」（国管管2-7平成28年3
月24日「審査請求に係る標準審理期間の設定等について（事務運営指針）」）。
5　赤松晃「第14章　相互協議と仲裁」金子宏監修『現代租税法講座　第4巻　国際課税』（日本評論
社・2017）388頁。

議による二重課税の解消に限界があることは、従前より指摘されている[6]。

このような指摘を踏まえ、国際的な二重課税の排除の早期かつ最終的な解決方法として、仲裁手続の導入の必要性が議論されており、例えば、OECDモデル租税条約25条5において、仲裁に付託されるための要件等が示されている。

また、オランダ王国との租税条約（以下、「日蘭租税条約」という。）（平成23年12月29日発効）の第24条の相互協議手続の条項の第5において、税務当局間の協議に係る仲裁手続が日本にとって初めて導入された[7]。

19-2-2　仲裁手続の概要

租税条約の規定、租税条約等実施特例省令12条3項の規定に基づき、通達である事務運営指針に沿って、納税者により仲裁の要請が行われ、仲裁手続が開始される。

例えば、日蘭租税条約24条5において、仲裁手続の開始は、①相互協議の開始から2年以内に合意に達することができない場合で、②相互協議の申立者が要請する場合、未解決の事項が仲裁に付託されることが規定されており、仲裁手続は、相互協議上の手続の一つと位置付けられていることから、ある意味、相互協議前置主義[8]が採用されている。

なお、未解決の事項について、日本あるいはオランダの裁判所又は行政審判所が既に決定を行った場合には、当該事項は仲裁に付託されない。

また、事案によって直接に影響を受ける者が、仲裁決定を実施する両国の合意を受け入れない場合を除き、仲裁決定については、日本とオランダの両国を拘束し、両国の法令上のいかなる期間制限にもかかわらず実施されることから、条約上、仲裁を申し立てた納税者は、仲裁の内容を受け入れないことを選択できると言える。

6　水野忠恒「仲裁制度の検討」金子宏編『国際課税の理論と実務』（有斐閣・1997）65頁。

7　大蔵財務協会『平成23年版　改正税法のすべて』（2011）549頁。

8　水野・前掲注6・65頁。

　さらに、日蘭租税条約の議定書12において、仲裁のための委員会は３人の仲裁人で構成されること、仲裁人の資格、仲裁人に係る費用の分担者、仲裁人に対する情報の提供、仲裁決定が先例としての価値を有しないこと、あるいは、仲裁決定前において相互協議において未解決の事項が解決される可能性があること等が規定されている。

　加えて、「所得に対する租税に関する二重課税の回避及び脱税の防止のための日本国とオランダ王国との間の条約第二十四条５に係る実施取決め」において、仲裁の付託に係る具体的な窓口（日本の場合、国税庁相互協議室）、仲裁の要請者の仲裁手続への参加の内容、仲裁決定が多数決によって決される等の詳細な手続が規定されている。

　上記の日蘭租税条約が規定する仲裁手続は、仲裁人が両国の権限のある当局から提出された意見や納税者から提出された資料等を参照した上で、解決を決定し、理由を示す「独立意見方式」[9]であり、OECD モデル条約25条（相互協議）コメンタリーの付録（仲裁に関する合意見本）（Annex Sample Mutual Agreement on Arbitration）に定める類型と同様であり、また、同コメンタールで示された事案を仲裁に付託する時期や仲裁人の選任等の各種手続を範とするものである。

　なお、仲裁条項については、例えば、中華人民共和国香港特別行政区との租税協定（平成23年８月14日発効）第24条（相互協議手続）５、ポルトガル共和国との租税条約（平成25年７月28日発効）第24条（相互協議手続：移転価格課税の対象となる事案のみ対象）５、英国との租税条約（平成26年12月12日発効）第25条（相互協議手続）５、チリとの租税条約（平成28年12月28日発効）25条（相互協議手続）５、スロベニアとの租税条約（平成29年８月23日発効）24条（相互協議手続）５においても規定が設けられている。

　また、平成25年１月25日に署名された米国との租税条約を改正する議定書（平成25年６月17日国会承認・令和元年８月30日発効）においても、相互協議

9　赤松・前掲注５・393頁。

手続に仲裁手続が導入されることが盛り込まれている。

　日米租税条約の改正議定書に盛り込まれた相互協議手続の特色として、日蘭租税条約と異なり、①両締約国の権限のある当局は、仲裁による解決に適しない旨を合意した場合、事案は仲裁手続に付託されないこと、②仲裁手続に関連する情報の秘密保持・開示について、詳細な規定が設けられていること、③仲裁のための委員会の決定は、両締約国の権限のある当局の合意による事案全体の解決とみなされること等が挙げられている[10]。

　今後、租税条約の締結・改正において、仲裁条項の導入は増加するものと考えられる。

　なお、平成29年度税制改正により、仲裁の要請手続について、租税条約の相手国等の権限ある当局に対し相互協議の申立てをした者は、相互協議の合意に至らない場合等において、国税庁長官に対し仲裁の要請をすることができることとされた（租税条約等実施特例省令12条3項）。

19-3　相互協議（仲裁）に関連する問題

19-3-1　国内の争訟手続との関係

　租税に関する法的な紛争は、税務署長等への不服申立てと裁判所における訴訟から成り、両者を併せて、税務争訟と呼ばれている。

　行政事件訴訟法8条や国税通則法115条等において、納税者から税務署長等への適法な不服申立てが、更正処分等の取消訴訟を裁判所に提起する上で必要とされる。

　具体的には、課税処分に不服のある納税者は、原則として、審査請求についての裁決を経た後、はじめて、裁判所に課税処分の取消の訴えを提起することができる（税通115条）。

10　増井良啓「国際課税関係の法令と条約の改正」ジュリスト1455号（2013）70頁。

　現行法上、例えば、移転価格税制の適用により増額更正処分がされた場合、納税者が裁判所に当該処分の取消を求める上で、国税通則法等に基づき、原則として、所定の期間内に不服申立てを行う必要がある（税通77条）。

　ただ、国税通則法等において、例えば、納税者による相互協議の申立て等によって、税務争訟手続の停止や不服申立期間の延長がされるとの規定は設けられていない。

　仮に、相互協議が合意に至らない場合、あるいは、納税者が相互協議の合意内容を受け入れない場合、裁判所等によって課税処分が取り消されない限り、二重課税の状態が残ること[11]から、納税者は、相互協議の申立てとは別に、不服申立てや訴訟の提起を行う必要があると言える。

　結果として、相互協議と争訟手続が同時に進行する[12]場合もあるが、裁判所の判決と相互協議の合意の内容が異なった場合の関係については、現行法上、必ずしも明確に整理がされていない。

　ただ、税務当局間の外交交渉である相互協議は、司法機関である裁判所の判決の法的性質と異なること、また、納税者の裁判を受ける権利を保障する必要があることから、制度上、相互協議の申立ての機会とは別に、納税者が争訟手続を選択できる機会を設ける一定の意味はあるのではないかと考えられる。

　なお、訴訟は公開が前提であり、また、課税処分が取り消される場合、判決において取消理由が明示されるが、取消判決は、日本の課税処分のみを対象とすること、つまり、日本における納税者の税負担のみを問題とすることから、必ずしも、課税処分の取消によって、二重課税の状態が完全に解消されるわけではない。

　他方、相互協議において、合意内容や合意に至った経緯等は公表されないが、複数の国の税務当局において税負担の調整が図られる可能性があることから、結果として、納税者の二重課税が解消される場合があると考えられる。

11　伊藤剛志・小原英志「相互協議と国内救済制度」中里実ほか編『移転価格税制のフロンティア』（有斐閣・2011）284頁。

12　伊藤・小原・前掲注11・293頁。

相互協議（仲裁）をめぐる国際的な議論に関しては、2015年10月、BEPS最終報告書行動12「紛争解決メカニズムの効率化」（"Make Dispute Resolution Mechanisms More Effective"）が提示された。

当該最終報告書においては、相互協議に係る条約上の義務の誠実な履行と、相互協議事案の迅速な解決、租税条約に関連する紛争の予防及び迅速な解決を促進するための行政手続の実施、納税者に対する相互協議の機会の保証を実現するための措置が勧告された。

日本において、相互協議に係る一定の手続が整備されていることから、最終報告書で勧告された内容は概ね実施されているとされているが、当該勧告の内容を踏まえ、相互協議による迅速な紛争解決をより可能にするための制度の改訂や仲裁条項等の関連する措置を規定する租税条約の拡充が進められると考えられる。

19－4　事前確認制度（APA：Advance Pricing Arrangement）

19－4－1　事前確認制度の意義・類型

事前確認とは、「事前価格取決め」（日米租税条約25条3）と称される場合があるが、国内法上の定義はなく、例えば、「納税者が税務当局に申し出た独立企業間価格の算定方法等について、税務当局が事前に確認を行うことをいいます。納税者は、確認された内容に基づき申告を行っている限り、移転価格課税を受けることはありません。」[13]と説明される場合がある。

事前確認の類型として、納税者が一国の税務当局に対してのみ確認を求めるユニラテラルの事前確認、納税者の国外の関連者が所在する国の税務当局にも確認を求めるバイラテラルの事前確認、3か国以上の税務当局が関連するマルチラテラルの事前確認と区分される場合があるが、複数の国の税務当局におけ

13　平成28事務年度の「相互協議の状況」について（国税庁ホームページ）（https://www.nta.go.jp/information/release/kokuzeicho/2017/sogo_kyogi/index.htm）（最終訪問日2020年2月11日）。

る事前確認は、相互協議の合意に基づいて行われることから、相互協議を伴う事前確認とされる場合もある[14]。

ユニラテラルの事前確認と相互協議を伴う事前確認を比較した場合、前者については、日本の税務当局のみの確認であることから、確認期間が短く、納税者にとって事務負担は重くないと言える。

ただ、国外取引の相手方である子会社の所在する国の外国税務当局による移転価格税制の適用により、企業グループ全体の税負担が増加する可能性が残る。

他方、相互協議を伴う事前確認の特徴として、納税者の独立企業間価格の算定方法等が日本及び外国税務当局の双方によって確認され、当該確認の内容が合意されることを意味することから、日本及び外国における移転価格税制の適用による二重課税を避けることができ、結果として、納税者の企業グループ全体の税負担に係る予測可能性や法的安定性が確保できると考えられる。

19-4-2　事前確認制度の流れ

事前確認制度は、平成30年2月16日付査調9-45ほか「移転価格事務運営要領の制定について（事務運営指針）」の第6章の「事前確認」に基づき実施され、移転価格税制の適用となる国外関連取引に係る納税者（法人）が採用する独立企業間価格の算定方法等が最も合理的であるかが確認の対象とされている。

まず、事前確認を求める納税者が、事前確認の対象となる国外関連取引や独立企業間価格の算定方法等を記載した申出書を税務署長に提出することによって手続が開始される。

なお、必要に応じて、税務当局は納税者に情報提供を行い、相互協議の申立てを行うよう勧奨することができるとされている。

審査の結果については、納税者に対して、事前確認する旨の通知、あるいは、事前確認できない旨の通知が行われ、さらに、相互協議の合意が成立した場合

14　大野雅人「事前確認手続の現状と課題」本庄資編著『移転価格税制執行の理論と実務』（大蔵財務協会・2010）803頁。

410

には、当該合意に基づき事前確認する旨が定められている。

　事前確認する旨の通知の効果として、事前確認の通知を受けた納税者が事前確認の内容に適合した申告を行っている場合には、事前確認を受けた国外取引は独立企業間価格で行われたものとして取り扱うとされるが、例えば、法人が事前確認の内容に適合した申告を行わなかった場合や事前確認の基礎とした事実関係が真実ではない場合等において、税務署長は、事前確認を取り消すことができる。

　このような事前確認制度において、少なくとも、特段の事情がない限り、事前確認された独立企業間の価格の算定方法と異なる算定方法に基づき、増額更正処分が行われることは、当該処分により納税者に経済的不利益をもたらすことから、法の一般原則である信義則の適用によって、違法であると考えられる[15]。

　なお、事前確認制度の利用に際して、手数料は徴収されていない。

19-5　徴収共助

19-5-1　徴収共助の意義

　税務調査や滞納処分は、国家主権の行使の執行管轄権に属するものとされ、国際法上、執行管轄権は、国家の領域内に限定されることが原則であるとされている[16]。

　また、課税は公権力の行使であるという点を重視すると、民事執行における外国法判決の承認執行手続（民訴118条）を通じて外国の租税債権を執行するという考え方は採り難いとされている[17]。

　ただ、執行管轄権の地理的な制約を放置した場合、例えば、日本国外へ財産

15　大野・前掲注14・804頁。

16　増井良啓・宮崎裕子『国際租税法　第4版』（東京大学出版会・2019）17頁。

17　税制調査会専門家委員会「国際課税に関する論点整理」（平成22年11月9日）16頁（https://www.cao.go.jp/zei-cho/history/2009-2012/gijiroku/zeicho/2010/__icsFiles/afieldfile/2010/11/24/22zen8kai11.pdf）（最終訪問日2020年2月11日）。

を移転することによって、日本の租税の徴収を免れることが可能となり、結果として、公平な課税の負担を図ることができないとの弊害が生じる。

このような国境を跨ぐ脱税等への対応として、例えば、相互主義の下、ある国の税務当局が、他国の税務当局からの要請に基づき、当該他国の租税債権を当該他国のために、当該他国の納税者又は納税者の財産から徴収するとの徴収共助[18]の枠組みの必要性が認識されている。

具体的な対応として、二国間の租税条約、あるいは、税務当局間における情報交換、徴収共助、あるいは、文書送達共助の税務行政に関する国際的な協力を行うための多国間条約である「租税に関する相互行政支援に関する条約及び租税に関する相互行政支援に関する条約を改正する議定書」（以下、「税務行政執行共助条約」という。）（平成25年10月1日発効）の活用が挙げられる。

また、税務行政執行共助条約等の国内担保法を整備する観点から、租税条約等の実施に伴う所得税法、法人税法及び地方税法の特例等に関する法律や破産法等が改正され、徴収共助の具体的な手続、他国から要請される徴収共助に応じない場合の事由、外国租税債権の優先権の否定、あるいは、国内の倒産処理手続と徴収共助の関係等が整備された。

19－5－2　二国間条約の概要

二国間条約において徴収共助が設けられている条約に関して、徴収共助の対象となる税目は、大きく分けて、2つに区分される。

条約の対象となる租税（例えば、所得税、法人税、復興特別所得税及び復興特別法人税）以外の租税（消費税、相続税及び贈与税）についても適用されるタイプと条約の対象となる租税に限定されるものの2つのタイプに区分される。

前者のタイプの条約として、例えば、ニュージーランドとの租税条約（平成

18　平成23年度第15回税制調査会（11月8日）資料一覧国際課税【資料】【資料5】4頁（https://www.cao.go.jp/zei-cho/history/2009-2012/gijiroku/zeicho/2011/__icsFiles/afieldfile/2011/11/08/23zen15kai6.pdf）（最終訪問日2020年2月11日）。

図表19-1　徴収共助の枠組み

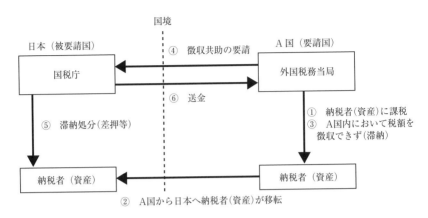

25年10月25日発効)、インドとの租税条約（平成28年10月29日発効）25条、スロベニアとの租税条約（平成29年8月23日発効）が挙げられる。

　後者のタイプの一つである日米租税条約（平成16年3月30日発効）の26条において、徴収共助の対象となる者の範囲等は、条約に基づいて租税の免除や税率の軽減を受ける権利を有しない者と規定されており、例えば、日本の居住者が、米国で納税せず日本に帰国した場合、当該居住者については、必ずしも、徴収共助の対象とならないことから、徴収共助の対象は非常に限定されている。

　なお、平成25年1月25日に署名された米国との租税条約を改正する議定書（平成25年6月17日国会承認・令和元年8月30日発効）において、徴収共助の対象が拡大されることとされているが、ただ、例えば、個人に係る租税債権については、当該個人が徴収共助を要請された締約国の国民である場合、①詐欺的な租税の申告又は詐欺的な還付請求、②租税を免れるために故意に租税の申告を怠ること、③当該租税債権の徴収の回避を目的とする被要請国への資産の移転のいずれかの行為を行ったときに限る（新日米租税条約27条2項(b)）として、徴収共助の対象については、一定の限定が規定されている[19]。

19　増井・前掲注10・71頁。

19-5-3　多国間条約の概要

　税務行政執行共助条約において、対象となる租税の範囲、対象となる人的範囲、要請国の義務、被要請国の拒否事由・義務、納税者の権利の保護に係る条項等が規定されている。

　条約の規定上、対象となる租税の範囲は、所得又は利得に対する租税、譲渡収益に対する租税、相続税、一般消費税等、あるいは、社会保障機関に対して支払われるものを含むといったように、原則として、特定の税目に限定されない（2条）とされているが、日本において、徴収共助が実施される税目は、所得税、法人税、復興特別所得税、復興特別法人税、相続税、贈与税、消費税とされている[20]。

　また、徴収共助等の行政支援の対象となる者の範囲は、締約国の居住者、国民、又は締約国以外の国の居住者若しくは国民に関わらず対象となる（1条3）。

　要請国の租税債権に関して、①執行を許可する文書の対象となる租税であること（11条2）、②原則として、争われていないもの（11条2）、③要請国が自国の法令又は行政上の慣行の下でとることのできる全ての合理的な措置をとったこと（21条2g等）等の条件を満たす必要があり、また、徴収共助等の要請において、要請国における執行を許可する文書の公式な写し等の書類の添付が必要となる（13条）。

　条約上、被要請国における手続は明記されていないが、①被要請国は要請国の租税債権を自国の租税債権と同様に徴収しなければならないこと（11条1）、②要請国の租税債権は、被要請国において、被要請国の租税債権に特別に与えられるいかなる優先権も与えられないこと（15条）、③租税債権の成立等は要請国の法令に基づくこと（徴収権の消滅時効は要請国の法令に基づくこと（14条1））の3つの原則が規定されている。

20　財務省ホームページ（https://www.mof.go.jp/tax_policy/summary/international/tax_convention/press_release/250701pt2.htm）（最終訪問日2020年2月11日）。

414

　要請に係る手続等に関して、徴収共助を要請した場合の効果として、条約上、例えば、被要請国における時効中断の効果について、要請国においても同様の効果が生じることが規定されている（14条2）。

　なお、税務行政執行共助条約に署名した国（地域）は、令和2年2月6日時点で、136である[21]。

19−5−4　国内法の概要

　租税条約等に基づき徴収共助が要請された場合、平成24年度税制改正において整備された租税条約等の実施に伴う所得税法、法人税法及び地方税法の特例等に関する法律における具体的な手続等に基づき、日本において、徴収共助が行われる。

　また、破産法等の倒産処理に係る法律においても、平成24年度税制改正により共助の要請のあった外国租税の取扱い等が明確に規定されている。

　まず、徴収共助の対象となる租税の範囲及び徴収共助の対象となる者は、国内法上、特段の定めはなく、租税条約等に規定されている租税債権等が対象となる。

　また、被要請国の日本の拒否事由として、例えば、徴収の共助の対象となる外国租税の存否又は額について争う機会が与えられていないと認められるとき（実特法11条1項1号）、要請国が徴収共助の対象となる外国租税を徴収するために通常用いるべき手段を用いなかったと認められるとき（同条1項3号）との内容が規定され、さらに、共助を行うことが我が国の利益を害することとなるおそれがあると認められるとき（同項2号）、破産法等の規定により外国租税の全額について責任を免れているとき（同項4号）等が規定されている。

　なお、税務行政執行共助条約の第1の原則に対応して、例えば、所轄国税局長による共助実施決定等の手続（実特法11条1・2項）、督促の手続等、国税通

21　OECDホームページ（https://www.oecd.org/tax/exchange-of-tax-information/Status_of_convention.pdf）（最終訪問日2020年2月11日）。

則法や国税徴収法を準用する規定（4項）、納付の受領（6項）等が規定されている。

　また、第2の原則に対応して、外国租税にわが国の国税に与えられている優先権を認める規定は設けられていない（実特法11条4項）。

　さらに、倒産処理法上、例えば、実特法11条1項に規定する決定を得ている外国租税のみが、倒産処理手続に参加できること（破103条5項等）、共助対象の外国租税は、優先して弁済を受けることのできる財団債権に該当しないこと（破148条）、外国租税の滞納処分が裁判所による中止命令の対象となること（破24条等）、免責の対象となる（破253条等）といった優先権を有する日本の租税とは異なる取扱いが明文化されている[22]。

　加えて、第3の原則に対応して、例えば、徴収共助の対象の外国租税に関して、納税義務の成立（税通15条）、納税義務の確定（税通16条）、更正の期間制限（税通70条）、国税の徴収権の消滅時効（税通72条）、第二次納税義務の規定（税徴32条等）等は準用されない。

　また、徴収共助に係る争訟において、共助対象者は、共助の対象となる外国租税の存在又は額が租税条約等の相手国の法令に従っているかどうかを主張できない（実特法11条13項）。

　なお、相互主義の考え方から、租税条約等の定めによって相手国（要請国）が実施する義務を負わないとされる措置については、日本（被要請国）において実施できるものであっても、その権限を行使しないとされている[23]。

　最終的には、徴収した金銭は要請国に譲与（送金）される（実特法11条7項）。

　また、国内法上、被要請国の税務当局による徴収の効果として、例えば、国税の徴収権の時効の中断（実特法11条の2第1項）、あるいは、外国における徴収の時に、当該徴収した金額（相手国の為替相場で本邦通貨に換算した金額）に相当する共助対象金額を滞納者から徴収したものとみなすとされている（実特法11条の2第2項・3項）。

22　大蔵財務協会『平成24年版　改正税法のすべて』（2012）515頁。

23　大蔵財務協会・前掲注22・519頁。

19－6　情報交換

19－6－1　情報交換の意義・類型

　納税者の日本国外の財産等の情報を収集する手段として、①外国税務当局からの情報の提供、②国内の納税者や金融機関等からの情報の提供（申告）（19－7参照）が挙げられる。

　前者に関して、租税条約上の情報交換の規定を活用するものである。

　また、情報交換の類型としては、個別の納税者に対する調査等において、国内で入手できる情報だけでは事実関係を十分に解明できない場合に、条約等の締結相手国・地域の税務当局に必要な情報の収集・提供を個別に要請するもの（個別的情報交換）、自国の納税者に対する調査等の際に入手した情報で外国税務当局にとって有益と認められる情報を自発的に提供するもの（自発的情報交換）及び法定調書等から把握した非居住者への支払等に関する情報を、支払国の税務当局から受領国の税務当局へ送付するもの（自動的情報交換）の3つに区分される[24]。

19－6－2　二国間条約の概要

　例えば、OECDモデル租税条約26条において、情報交換条項が設けられ、適用範囲、情報の取扱いのルール等が規定されている。

　第1項において、条約の規定又は締約国により課されるすべての種類の税目の適用や執行に関連する情報を交換するとされている。

　さらに、第2項において、締結国が受領した情報は、締結国の法令に基づいて、入手した情報と同様に秘密に扱うこと、租税の賦課・徴収に関与する行政

24　増井良啓「租税条約に基づく情報交換：オフショア銀行口座の課税情報を中心として」金融研究30巻4号（2011）259頁。

機関、あるいは、裁判所に対してのみ、開示されること等が規定されている。

　さらに、情報の提供を行う国の法令及び行政上の慣習に抵触する行政上の措置をとることを行う義務を課するものではないといった情報交換に係る制限（3項）、情報の交換を実効あるものとするため、情報交換の入手のために必要な手段を講ずること（4項）等が規定されている。

　租税条約の情報交換条項が活用された実例として、例えば、東京高判平成25年5月29日（税資263号順号12220）において、日本の税務当局は、二国間条約の情報交換条項に基づき、シンガポールの税務当局から入手した情報を課税処分の妥当性の根拠として、裁判所に提出したところである。

　また、租税条約の情報交換条項に基づき、我が国が要請国としてする情報の要請行為は、抗告訴訟の対象となる行政処分に当たらないとの判断が示されている（東京地判平成29・2・17（裁判所ウェブサイト））。

19－6－3　多国間条約の概要

　税務行政執行共助条約上、情報交換の対象となる租税の範囲や対象となる者は、徴収共助の場合と同様である。

　また、情報交換の類型については、①要請に基づく情報の交換（5条）、②自動的な情報の交換（6条）、③自発的な情報の交換（7条）が規定されている。

　なお、税務調査に関して、①同時税務調査（8条）、②海外における租税に関する調査（要請国の当局者の立会の容認）が規定されている。

19－6－4　国内法の概要

　国内法の整備に関して、「わが国においては現在、条約相手国からの情報提供要請に応じるための税務当局の情報収集権限は認められていない。このため、租税条約が相互主義を前提としている結果、わが国が条約相手国から得られる情報の範囲が制約されている。条約相手国からわが国の必要とする情報の提供

を受けることができるよう、わが国としても条約相手国からの情報提供要請に応じて情報を収集するための制度を早急に整備すべきである。」（税制調査会「平成15年度における税制改革についての答申―あるべき税制の構築に向けて―」（平成14年11月））として、平成15年度税制改正において、租税条約上の情報交換に対応するため、質問検査権等に係る規定が整備された。

　また、平成18年度税制改正において、脱税等の犯則事件調査に関する情報交換に対応するための規定の整備が行われた。

　具体的には、租税条約等の相手国から当該相手国の租税に関する調査に必要な情報の提供の要請があった場合、要請において特定された者に対して、税務職員が質問検査権を行使できることが規定されている（実特法9条）。

　なお、同条に基づく質問検査は、犯罪捜査のためではない（実特法9条）。また、質問検査を拒否した場合には、通常の税務調査と同様、罰則が科される（実特法13条）。

　さらに、租税条約等の相手国から当該相手国の租税に関して当該相手国の租税に関する法令を執行する当局が行う犯則事件の調査に必要な情報の提供の要請があった場合、要請において特定された者に対して、日本における犯則調査（いわゆる査察調査）と同様、日本の税務当局の職員（当該職員）が質問等を行うことができる（実特法10条の2）。

　加えて、日本における強制調査の必要性が不可欠であることを示した相手国から書面の提出がある場合、当該職員は、地方裁判所の裁判官へ許可状を請求し、裁判官が発する許可状により、通常の査察調査と同様、当該職員は臨検、捜索又は差押えといった強制調査を実施することができる（実特法10条の3）。

　また、平成22年度税制改正において、創設された実特法8条の2によって、情報提供と守秘義務の関係が明確にされ、財務大臣が租税条約等の相手国の税務当局へ情報を提供する根拠、併せて、同条項において、相手国において、提供する情報について秘密の保持が担保されないと認められるとき等といった情報の提供を拒否する事由について、横断的に整備された。

　平成30年度税制改正において、租税条約等に基づき提供した情報に係る条約

相手国による犯則事件等以外の目的での利用について、その相手国等の刑事事件の捜査又は審判に使用することについて、財務大臣の同意等を要件として許容すること等の手続規定が整備された（実特法8条の2第2項）。

　なお、平成22年度税制改正において、租税条約等の定義として、租税条約及び租税条約以外の日本が締結した国際約束（行政取極）で租税に関する情報を相互に提供することを定める規定を有するものが含まれることとされたことに伴い、租税条約の実施に伴う所得税法、法人税法及び地方税法の特例等に関する法律の名称が租税条約等の実施に伴う所得税法、法人税法及び地方税法の特例等に関する法律に変更されている[25]。

19-6-5　タックス・ヘイブンとの協定

　OECDやG20等における議論等を踏まえ、タックス・ヘイブンの国・地域と日本との間において、情報交換に主眼を置いた租税協定（租税情報交換協定）が締結されている。例えば、バミューダとの租税協定（平成22年8月1日発効）が、初めて締結された[26]。

　この協定において、対象となる租税の範囲、銀行等の保有する情報の入手・提供、国外における租税に関する調査において、要請当局の代表者の立会を認めることができること、要請の拒否事由、受領した情報が秘密とされることといった情報交換に係る詳細な内容が規定されている。

　平成30年7月1日現在、11か国・地域との租税情報交換協定が発効しており、今後、情報の交換に係る租税協定の改正・締結の数は増加するものと考えられる。

25　大蔵財務協会『平成22年版　改正税法のすべて』（2010）537頁。

26　大蔵財務協会・前掲注25・541頁。

— **Column　オフショア・タックス・ヘイブン** —

　そもそもオフショアとは、陸地から離れた沖合を意味する用語であり、厳密な学術的定義は存在していないが、小規模な国家・地域の場合は、その規模に不釣合いな金融業を中心とした経済圏を有し、厳格な為替管理を伴わない領域とされる。このオフショア地域が特に金融業を中心とした当該地域の非居住者に対する業務を提供している際には、オフショア金融センターと呼称され、代表的な領域としては、英領バージン諸島、ケイマン諸島、バミューダ等が挙げられている。

　このオフショア金融センターは低税率を伴うことが多く、「オフショア金融センター」と「タックス・ヘイブン」とは、類似の概念として使用されていることも多いが、「オフショア・タックス・ヘイブン」と特別に呼称する場合は、タックス・ヘイブンにおいても、金融に関する強固な守秘義務を同時に有している場合が一般的である。

　従来、このオフショア・タックス・ヘイブンを利用した国際的な租税回避に対する問題意識からOECD等による国際機関及び各国における対策（例えば、CFC税制、外国子会社合算税制等）が進められてきたが、2009年のG20において、課税権の浸食に対する危機意識が共有され、銀行秘密の開示に対する要求が高まり、我が国においても、各国・地域と租税に関する情報交換を目的とした租税協定が拡大している。

（濵田　洋）

19- 6 - 6　最近の問題（FATCAへの対応等）

　情報交換をめぐる最近の問題の一つとして、米国のFATCA（Foreign Account Tax Compliance Act：外国口座税務コンプライアンス法）への対応が挙げられる。米国のFATCAは、米国人の脱税や租税回避等を防止するために、米国外の金融機関に対して、米国人の口座に係る情報をIRS（米国内国歳入庁）への提供を求めるものである。

　ただ、日本の金融機関からのIRSへの報告等は日本国内法との抵触等の課題を生じさせることから、日本当局（金融庁、財務省及び国税庁）は、米国財務省とともに、「FATCA実施円滑化と国際的税務コンプライアンス向上のための政府間協力枠組みに関する日米当局声明」（平成24年6月21日）、「米国のFATCA（外国口座税務コンプライアンス法）実施円滑化等のための日米当局の相互協力・理解に関する声明」（平成25年6月11日）を公表し、口座保有者から同意を得られた情報に関して、日本の金融機関からIRSへの提供、同意

が得られなかった情報に関して、日米租税条約の規定の活用等のFATCA実施を円滑化するための枠組みを明確にした。

　また、FATCAの制定に関連する国際的な動きとして、OECD等において、自動的情報交換の国際基準の策定に係る議論が進められた。

　このような国際的な動きに関しては、2014年2月13日、OECDが公表した共通報告基準（"Standard for Automatic Exchange of Financial Account Information Common Reporting Standard"）に係る対応として、平成27年度税制改正において、銀行等の国内の金融機関の営業所等を通じて取引を行う非居住者は、氏名、住所、生年月日、居住地国等の情報を金融機関に提出しなければならないこと、当該情報の提出を受けた金融機関は、当該非居住者の金融口座情報を税務署長に提供しなければならないことを規定した非居住者に係る金融口座情報の自動的交換のための報告制度（実特法10条の5等）が設けられた。

　また、平成30年度税制改正において、自動的情報交換を行う国・地域である「報告対象国」（実特法10条の6第2項1号）として、租税条約等の相手国等である83か国・地域が定められた（租税条約等実施特例省令16条の12第8項、別表）。

19－7　国外財産調書等の資料情報制度

　国内の納税者や金融機関等からの情報の入手に関して、大きく分けて、納税者の国外への資金移動に係る情報の把握を目的とする制度と納税者が保有する国外財産に係る情報の把握を目的とする制度が存在する。

　前者の制度として、例えば、平成9年の外国為替及び外国貿易管理法の改正により国外への送金等が原則として自由に行えることとなったことに伴い、創設された国外送金等調書提出制度が該当する[27]。

　この制度は、国外送金等による課税漏れを防止し、適正な課税を確保するため、銀行等の金融機関が顧客の国外送金等に係る調書を税務署に提出すること

27　加藤治彦・谷口和繁「国境を越える資金移動の自由化に対応した税法上の2制度の導入について」水野忠恒編著『国際課税の理論と課題（二訂版）』（税務経理協会・2005）317頁。

等を定めた「内国税の適正な課税の確保を図るための国外送金等に係る調書の提出等に関する法律」（以下、「内国税」という。）が平成9年12月に成立したことにより創設されたものである。

制度の概要は、銀行等の金融機関に対して、顧客が国外送金や国外からの送金等を受領する場合、本人確認を行った上（内国税3条）で、送金等の金額が100万円を超えるもの（内国税令8条）については、顧客の氏名、住所、送金額等を記載した調書の税務署長への提出を求めるものである（内国税4条）。

また、他の制度として、民間国外債の利子の非課税制度措置に係る非居住者確認制度（租特6条）、非居住者や外国法人に対して利子等の支払をする場合の支払調書の提出（所税225条）が設けられている。

さらに、現金での資金移動に加えて、有価証券の国境を越えた移管を行うことにより、有価証券の運用所得や譲渡所得を逃れる事例が散見されることから、平成26年度税制改正において、国境を越えて有価証券の移管等を行った場合に調書の提出を義務付ける国外証券移管等調書制度が創設された。

制度の概要は、金融商品取引業者等は、本人確認を行った上（内国税4条の2）で、顧客からの依頼により有価証券を国外に移管等したときは、移管等ごとに、当該顧客の氏名又は名称及び住所、移管等をした有価証券の種類及び銘柄等の一定の事項を記載した調書である国外証券移管等調書の税務署長への提出を求めるものである（内国税4条の3）。

後者の制度として、①執行管轄権の制約から、国外の金融機関等に対して情報の提出を求めることや税務調査を行うことが困難であること、②租税条約等に基づく情報交換について網羅的に行使することが困難であることから、平成24年度税制改正において、納税者本人から国外財産の保有について申告を求める国外財産調書制度が創設された[28]。

この制度の概要として、居住者は、その年の12月31日において、その価額が5,000万円を超える国外財産を有する場合、その財産の種類、数量及び価額そ

28　西方健一ほか「国際租税手続―徴収共助、国外財産調書制度、二国間租税情報交換協定について」ジュリスト1447号（2012）49頁。

の他必要な情報を記載した調書を、翌年の３月15日までに所轄の税務署長に提出をしなければならない（内国税５条１項）。

　また、国外転出をする場合の譲渡所得等の特例の創設に伴い、適正公平な課税を確保するためには、保有する有価証券の情報把握が不可欠であることから、平成27年度税制改正において、財産債務調書制度が創設された。

　この制度の概要として、所得税等の確定申告書を提出しなければならない者は、①所得金額の合計額が2000万円を超え、かつ、②その年の12月31日において、その価額が３億円以上の財産又はその価額の合計額が１億円以上の国外転出特例対象財産（所税60条の２第１項に規定する有価証券等）を有する場合には、その財産の種類、数量及び価額並びに債務の金額その他必要な情報を記載した調書を、翌年の３月15日までに所轄の税務署長に提出しなければならない（内国税６条の２第１項）。

　なお、「国外財産」とは、「国外にある財産をいう。」（内国税２条14号）とされ、財産の所在地の判定は、原則として、相税10条等の規定に基づくこととなる。

　例えば、不動産の上にある権利は、不動産の所在地、金融機関の預金等は、預金等を受け入れた営業所の所在地等によって判定される。

　さらに、適正な調書提出に向けたインセンティブとして、所得税と相続税に対して、加算税の優遇（軽減）措置が、所得税に対しては、加算税の加重措置の特例が設けられていることが国外財産調書制度の特色である[29]。

　優遇措置として、国外財産調書を提出した場合に記載された国外財産に関して所得税・相続税の申告漏れがあった場合、過少申告加算税等の計算の基礎となる税額から当該税額の５％の金額が控除される（内国税６条１項）。

　逆に、国外財産調書の提出がない場合や国外財産の記載がなく、当該国外財産に係る所得税の申告漏れがあった場合、過少申告加算税等の計算の基礎となる税額に当該税額の５％の金額が加算される（同条２項）。

　また、上記の所得税等に係る加算税の優遇（軽減）や加重の特例に関しては、

29　増井良啓「国外財産調書制度の適用」税務事例研究132号（2013）59頁。

図表19-2　情報交換・国外財産に係る情報の把握の枠組み

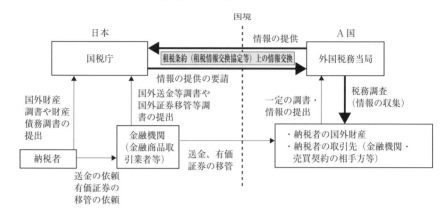

財産債務調書の提出に準用される（内国税6条の3第1項・2項）。このような加算税の優遇（軽減）や加重の特例といったインセンティブ措置は、納税者等が自己の取引や財産等に係る情報を税務当局へ自発的に提供することを促すための制度の一つとして、今後活用される法的な枠組みではないかと考えられる。

　なお、国際的なタックスプランニングの販売者、あるいは、納税者に一定の取引や情報を税務当局へ報告することを義務付ける制度の導入を検討することが、2015年10月、BEPS最終報告書行動12「義務的な開示のルール」（"Mandatory Disclosure Rules"）において、提示された。

　当該最終報告書においては、国際的なタックスプランニング等の取引等を税務当局へ報告しなければならない者の範囲、税務当局へ報告しなければならない取引等の内容、報告時期、報告しなかった場合の罰則の構造等に係る複数の選択肢が勧告された。

　ただ、当該最終報告書において勧告された、国際的なタックスプランニング等の一定の取引等を税務当局への報告を義務付ける枠組みは、現行法上、設けられていない。したがって、我が国において、当該最終報告書が勧告した内容を円滑に執行するためには、取引等を報告しなければならない者の範囲、報告義務の対象となる取引等の内容、開示義務の違反者に対する制裁等に係る国内

法上の根拠規定の検討が必要となる。

─ Column　マネー・ロンダリング ─

　警察庁は、「マネー・ロンダリングとは、犯罪によって得た収益を、その出所や真の所有者がわからないようにして、捜査機関による収益の発見や犯罪の検挙を逃れようとする行為」と定義した。例えば、麻薬譲渡人が正当な商品を譲渡したかのように装い売買契約書を作成する行為、あるいは、借入金、預り金等を装い架空の契約書を作成し、偽装する行為とされる。こうした行為は、極めて潜在性が高く、その解明には相当な困難を伴うことになる。そのため、マネー・ロンダリング行為を放置すれば、犯罪収益が将来の犯罪活動に使われることを放任することとなる。また、犯罪収益は、規制の緩い国へ流れていくという特徴を有することから、国際社会は、これまでマネー・ロンダリングを防止し摘発するための制度を工夫し発展させ、連携してこれに対抗してきた。OECD租税委員会は、関係当局間での情報共有が重大犯罪の発見や捜査を前進させることができると考え、モデル租税条約26条2項に、情報交換で入手した情報の共有使用を認める規定を追加した。また、2010年には、高度の優先事項（例えばマネー・ロンダリング、テロリズム・ファイナンス、腐敗との戦いなど）を租税条約に含めることを勧告し、「重大な犯罪と闘うために執行当局間の協力を促す勧告」を行った。

　わが国では、麻薬特例法及び「組織的な犯罪の処罰及び犯罪収益の規則等に関する法律」（平11法律136号）により、一定の犯罪により得た財産の取得、処分について事実を仮装すること、このような財産を隠匿すること等を犯罪として処罰している。法人税法55条も不正行為等（隠ぺい、仮装行為等）に係る費用等を損金不算入としている。国境を跨ぐ犯罪・テロ等の防止対策として、国境を跨ぐ不正な資金移動に関する国内金融機関等からの情報の収集、あるいは、国際的な情報交換が進められ、日米の果たすべき義務の限度がさらに拡充されたものになった。わが国でも、国際社会と歩調を合わせて国内的にも国際的にも対策の強化を図りマネー・ロンダリングの防止が重要な課題となっている。

（水野惠子）

〈参考文献〉
●相互協議
・藤井保憲「相互協議制度と問題点」金子宏編『国際課税の理論と実務』（有斐閣・1997）
・赤松晃「移転価格課税に係る紛争の処理—租税条約に基づく相互協議における仲裁手続を中心に—」日税研論集64号（2013）
・赤松晃「第14章　相互協議と仲裁」金子宏監修『現代租税法講座　第4巻　国際課税』（日本評論社・2017）

・増井良啓「非居住者に係る金融口座情報の自動的交換―CRSが意味するもの」論究ジュリスト14号（2015）

●事前確認制度

・村井正編著『教材国際租税法新版』（慈学社・2006）197頁（川端康之執筆）

・谷口勢津夫「事前確認制度」日税研論集64号（2013）

・弘中聡浩・中村真由子「事前確認制度の日米比較―事前確認の取消しの適法性に関する米国裁判例（イートン事件）の検討」『クロスボーダー取引課税のフロンティア』（有斐閣・2014）

●徴収共助

・吉村政穂「徴収共助の許容性に関する法的視点―レベニュールールの分析を素材として―」フィナンシャル・レビュー94号（2009）

・村松秀樹・今井康彰「外国租税債権の徴収共助制度の創設と執行法制・倒産法制の整備（上）」NBL999号（2013）

・金丸和弘・酒井真「第13章　国際課税執行上の諸課題―徴収共助と送達共助」金子宏監修『現代租税法講座　第4巻　国際課税』（日本評論社・2017）

●情報交換

・村井正編著『教材国際租税法新版』（慈学社・2006）234頁（川端康之執筆）

・増井良啓「タックス・ヘイブンとの租税情報交換条約（TIEA）」税大ジャーナル11号（2009）

・一高龍司「所得課税に係る情報交換を巡る動向とその含意」租税法研究42号（2014）

・吉村政穂「国際課税における金融口座情報の共有体制の確立」金子宏ほか編『租税法と市場』（有斐閣、2014）

・伊藤剛志「国家間の課税目的の情報交換の発展―on demandからautomaticへ」中里実ほか編著『クロスボーダー取引課税のフロンティア』（有斐閣・2014）

・増井良啓「租税手続法の国際的側面」宇賀克也・交告尚史編『現代行政法の構造と展開』（有斐閣・2016）

・笹倉宏紀「第12章　手続間情報交換」金子宏監修『現代租税法講座　第4巻　国際課税』（日本評論社・2017）

第20章　相続税法・消費税法の国際的側面

20-1　国際相続税法

20-1-1　相続税・贈与税の課税管轄

　国際相続、贈与の問題を検討するうえで、準拠法の決定は不可欠であるが、ここでは、税法の議論のみを扱うこととする。

　相続税、遺産税及び贈与税の課税権を行使するうえで重要な要素は、**人的関連性（personal nexus）** と**財産の所在（*Situs* of property）** である[1]。人的関連性がある場合には、国外財産も含め、全世界財産が課税対象として、無制限納税義務を負い、人的関連性がない場合には、自国に所在する国内財産を課税対象として、制限納税義務を負うという課税原則が一般的である。

　人的関連性を決定する基準として、恒久的住所（permanent address）、常用の住居（habitual abode）、居所（residence）、住所（domicile、以下「住所」[2]という）、国籍（nationality）といった概念が各国で用いられている[3]。

　居所や住所に基づく居住概念は、広く人的関連性を決定する基準として用いられているが、居所や住所の意義は各国でかなり異なる。例えば、住所概念は、居住意思を考慮に入れる国とそうでない国がある。ノルウェーでは、所得税法上の「住所」と相続税法上のそれは、異なる意味を持つとされ、所得税法上は、

（注）　本章の内容は、2019年4月1日現在の法令による。

1　関野泰子「相続税・贈与税の課税管轄をめぐる諸問題―財産の所在の判定を中心として」税大論叢25号（1995）284頁。

2　住所（domicile）は、厳密には、我が国の住所（jusho）と異なるため、前者の引用を「住所」とする。

3　Maisto, Death as a taxable event and its international ramification, General report for the 2010 Rome Congress of IFA, Cahiers de droit Fiscal international, Vol. 95b, 39, 2010. 根岸英人「国際課税における死亡税の理論と執行上の問題点」本庄資編著『国際課税の理論と実務　73の重要課題』（大蔵財務協会・2011）845頁、宮本十至子「国際相続と二重課税」立命館経済学59巻6号（2011）651、652頁。

居住意思は無関係である[4]。

我が国の住所の概念は、各国で用いられている居所の概念とは異なり、「住所」（domicile）とも必ずしも同一ではないといわれている[5]。住所は、民法の借用概念であり、各人の生活の本拠をいい、それは客観的事実によって判定するものとされる（相基通1の3・1の4共－5）。住所が国内にあるかどうかについては、相続税法上しばしば争いがある[6]。このような解釈の違いによって、両国がともに人的関連性があるとして同一の相続財産に対して課税すると、国際的二重課税となってしまう。このような二重課税は租税条約の振分規定によって調整するのが望ましいが、我が国が締結している相続税（遺産税）および贈与税の二重課税の防止に関する条約（以下、「日米相続税条約」という）は、米国一ヶ国のみである[7]。

20－1－2　相続税法上の納税義務者の範囲

我が国の相続税法は、人的関連性の決定に「住所」基準を用いており、納税義務者の判定の重要な要素となっている。平成12年度改正前までは国内の住所の有無によって、無制限納税義務者と制限納税義務者を区分していた。相続又は遺贈（死因贈与を含む）により財産を取得した個人が、当該財産の取得時に日本国内に住所があれば、無制限納税義務者として、国内財産又は国外財産にかかわらず、取得したすべての財産に課税され、日本国内に住所がなければ、制限納税義務者として、国内財産のみに課税されていた。ところが、人や財産の動きが国境を越えて活発化し、単に財産の取得者の住所地のみで納税義務の

4　Maisto, *op. cit.*, 40.

5　Maisto, *op. cit.*, 40. IFA, Inheritance and Wealth Tax Aspects of Emigration and Immigration of Individuals, Oslo, 2003.

6　最判平23・2・18（判タ1345号115頁）。例えば、住所概念については、占部裕典「租税法における『住所』の意義とその判定基準・考慮要素」同志社法学60巻1号（2008）21頁。

7　武田税法研究グループ「相続税・贈与税に関する日米租税条約（1）（2）」国際税務23巻10号（2003）40頁、23巻11号（2003）46頁、小沢進・矢内一好『租税条約のすべて』（財経詳報社・2000）33頁。

範囲を区分する制度では、住所や財産を国外に移転し、課税管轄を変更することによる課税逃れに適切に対応できなくなった。そこで、平成12年度、平成25年度改正で、国籍基準を導入し、国外に住所を有する一定の者にまで無制限納税義務の範囲を拡張した。平成12年度改正では、相続又は遺贈（死因贈与を含む）により財産を取得した個人が、当該財産の取得時に日本国内に住所がない場合であっても、日本国籍を有する個人で、当該個人又は当該相続若しくは遺贈に係る被相続人（遺贈をした者を含む）が、相続開始前5年以内のいずれかの時において日本国内に住所があれば、無制限納税義務者として、取得したすべての財産に課税されることとなった。

　これらは、住所を国外に移すことによる租税回避を封ずるためのものであり[8]、人的関連性の判定に国籍基準を導入した拡張的無制限納税義務は、課税管轄変更による自国の課税権喪失に対する制限措置であるとみることができる。国籍基準はドイツをはじめいくつかの国で導入されているが[9]、当該措置により国際的二重課税のリスクは高くなり、国際的二重課税の調整についての課題があった[10]。

　その後、海外に生まれた孫等で、日本国籍がない者に国外財産を取得させることによる平成12年度改正では未対応であった租税回避行為が見受けられるようになってきた[11]。そこで、平成25年度改正では、日本国籍を有しない国外居住者が、相続開始時に国内に住所をもつ被相続人から財産を取得すれば、取得したすべての財産に課税されることとなった。

　これらは、租税回避行為防止のために、相続人の国内居住だけでなく、国籍や被相続人の国内居住に日本とのネクサスを見ているが、平成25年度改正措置

8　金子宏『租税法（第23版）』（弘文堂・2019）674頁及び702頁。
9　ドイツ相続税・贈与税については、渋谷雅弘「ドイツにおける相続税・贈与税の現状」日税研論集56号（2004）155頁。
10　高野幸大「相続税等の特例無制限納税義務と相続税等の課税問題」税務事例研究69号（2002）78頁。なお、拡張的無制限納税義務を定めた国内法とEU条約との抵触が欧州司法裁判所で争点になった事件がある（van Hilten-van der Heijden C-513/03 (2006), ECR I-11353）。
11　大蔵財務協会『平成25年版　改正税法のすべて』（2013）576頁。中央出版事件については、名古屋地判平23・3・24訟月60巻3号655頁、名古屋高判平25・4・3訟月60巻3号618頁。

に対して日本国籍を有しない国外居住者が租税回避行為を意図せず国外財産を取得した場合の日本での課税根拠や執行可能性を問題視する指摘もあった[12]。

平成29年度改正では、被相続人等と相続人等がともに5年超国外に住所を有することによる租税回避を防止するために、その期間を10年超に延長する一方で、我が国に一時的に就労しようとする外国人労働者にとって納税義務の拡張による予期せぬ相続税の負担が阻害要因になっていることから、短期滞在の外国人に対しては国内財産のみを課税対象とする納税義務の緩和を行った[13]。さらに、平成30年度改正では、課税逃れ防止を確保しつつ高度外国人材等の受入と長期滞在を促進する観点から、外国人が出国後に行った一定の相続又は贈与について、国内財産のみを課税対象とすることとされた[14]。

相続又は遺贈（死因贈与を含む）により財産を取得した一時居住者でない個人、一時居住者である個人（被相続人が一時居住被相続人又は非居住被相続人以外の場合）が、当該財産の取得時に日本国内に住所がある場合には、居住無制限納税義務者として、国内財産、国外財産にかかわらず、取得したすべての財産の納税義務を負う（相税1条の3第1項1号、2条1項）。相続又は遺贈により財産を取得した個人が当該財産の取得時に日本国内に住所がなくとも、日本国籍がある個人で、相続開始前10年以内のいずれかの時において日本国内に住所があった、又は、被相続人が一時居住被相続人又は非居住相続人以外の場合でいずれの時においても住所がない、あるいは、日本国籍がない個人で、被相続人が一時居住被相続人又は非居住相続人以外の場合には、非居住無制限納税義務者として、無制限納税義務を負う（相税1条の3第1項2号、2条1項）。日本国内に住所がある者で、居住無制限納税義務者に該当しない者、あるいは、住所がない者で非居住無制限納税義務に該当しない者は、制限納税義務者として国内財産のみに課税される（相税1条の3第1項3号、4号、2条2項）**（図表**

---

12 渋谷雅弘「相続税・贈与税の改正と問題点」ジュリスト1455号46頁、高野幸大「国家管轄権と国際租税法の関係—資産税の側面からの基本的考察」租税法研究42号（2014）79、80頁、髙橋祐介「相続税・贈与税の租税回避と立法的対応の限界」清永謝恩（2015）153、177頁。

13 大蔵財務協会『平成29年版　改正税法のすべて』（2017）577頁。

14 大蔵財務協会『平成30年版　改正税法のすべて』（2018）579頁。

20-1)。

　贈与税についても、贈与により財産を取得した一時居住者でない個人、一時居住者である個人（贈与者が一時居住贈与者又は非居住贈与者以外の場合）が、当該財産の取得時に日本国内に住所がある場合には、居住無制限納税義務者として、取得したすべての財産の納税義務を負うといった同種の規定がある（相税1条の4第1号から4号、2条の2第1・2項）。ただし、相続の場合と異なり、贈与者が一時的に住所を外国に移すことによる課税逃れが想定されることから、非居住贈与者は10年以内に国内に住所がある短期滞在外国人と長期滞在外国人、10年以内に住所がない者に限定されている（相税1条の4第3項3号）**（図表20-2）**。

図表20-1　相続税・贈与税の納税義務者の区分と課税財産の範囲

納税義務者の区分		課税財産の範囲
無制限納税義務者	居住無制限納税義務者	国内財産及び国外財産
	非居住無制限納税義務者	
制限納税義務者	居住制限納税義務者	国内財産
	非居住制限納税義務者	

※　相続時精算課税の適用を受けた特定納税義務者については省略する。

図表20-2　相続税・贈与税の納税義務の範囲（平成30年度税制改正）

相続人 受贈者　　　　被相続人 贈与者		国内に住所あり		国内に住所なし		
			一時居住者（1）	日本国籍あり		日本国籍なし
				10年以内に住所あり	左記以外	
国内に住所あり	一時居住被相続人・一時居住贈与者（1）	国内財産・国外財産ともに課税	国内財産のみ課税		国内財産のみ課税	
国内に住所なし	10年以内に住所あり [相続税]外国人 [贈与税] 短期滞在外国人（2） 長期滞在外国人（3）		国内財産のみ課税		国内財産のみ課税	
	10年以内に住所なし					

（1）　出入国管理法別表第1の在留資格で滞在している者で、相続・贈与前15年以内において国内に住所を有していた期間の合計が10年以下の者

（2）　出入国前15年以内において国内に住所を有していた期間の合計が10年以下の外国人

（3）　出入国前15年以内において国内に住所を有していた期間の合計が10年超の外国人で出国後2年を経過した者

（大蔵財務協会・前掲注14　581頁を参考に筆者作成）

20-1-3　相続税法上の財産の所在の判定基準

　相続税又は遺産税の課税権を配分するうえで重要なもう一つの要素は、「財産の所在」である[15, 16]。国内財産か、国外財産かを決定する「財産の所在」基準は制限納税義務者の課税範囲と無制限納税義務者の外国税額控除の金額に影響する。「財産の所在」を決定するルールは、①国際私法の基準に依拠する国と②税法で基準を定める国に分かれる。

　我が国の相続税法では、制限納税義務者は、取得財産のうち国内財産に対してのみ相続税又は贈与税が課税される。相続税法10条は、「財産の所在」ルールを定め（**図表20-3**）、財産の種類ごとに所在地を決する（相税10条1項）。日本国債、地方債は日本、外国又は外国の地方公共団体その他これに準ずるものが発行する公債は外国が財産の所在地となる（相税10条2項）。それ以外の財産の所在は、被相続人又は贈与者の住所地となる（相税10条3項）。財産の所在の判定は、当該財産を相続、遺贈又は贈与により取得した時の現況による（相税10条4項）。当該「財産の所在」基準の適用にあたり、海外送金の資金が国内財産か国外財産かについて争われた事件がある[17]。「財産の所在」基準が各国で異なることによって、国際的二重課税が引き起こされる。相続税法20条の2が定める外国税額控除の範囲は、国外財産に限定されているため、当該規定では、他国で国内財産に相続税が課されたならば、二重課税は調整できない[18]。

　例えば、ドイツで死亡した被相続人の財産の一部であるスペインの銀行口座

15　Maisto, *op. cit.*, 41.

16　関野・前掲注1、284頁。藤谷武史「外国法上の相続代替制度に対する日本租税法の適用」論究ジュリスト22号（2017）235頁、藤谷武史「グローバル化・多様化する財産保有形態と租税法」民商法雑誌155巻3号（2019）466頁。海外信託、ジョイント・アカウント、ジョイント・テナンシーを利用した財産の取得の課税問題も議論が多い。名古屋地判平29・10・19（税資267号順次13079）、東京地判平26・7・8（判タ1415号283頁）、静岡地判平19・3・23（税資257号順10665）等。

17　東京地判平14・4・18（税資252号順号9110）については、水野忠恒「相続税・贈与税の国際的側面」税務事例研究82号（2004）74頁、高野幸大・前掲注10、83頁、東京高判平14・9・18（判時1811号58頁）については、西山由美「海外電信送金による贈与における取得財産の所在地」ジュリスト1243号（2003）157頁。

18　仏独間の国際相続においても問題になり、両国で条約が締結された。

図表20-3　相続税法10条の財産の所在基準

財　産　の　種　類	所　在　地
動産	動産の所在地
不動産・不動産の上に存する権利	不動産の所在地
船舶	船籍の所在地
航空機	登録機関の所在地
鉱業権・租鉱権・採石権	鉱区の所在地、採石場の所在地
漁業権・入漁権	漁場に最も近い沿岸の属する市町村
預金、貯金、積金又は寄託金	金融機関の営業所の所在地
保険金	保険会社の本店等の所在地
退職手当金、功労金その他これらに準ずる給与	支払会社の本店等の所在地
貸付金債権	債務者の住所、本店等の所在地
社債若しくは株式、法人に対する出資、一定の有価証券	発行法人の本店等の所在地
集団投資信託又は法人課税信託に関する権利	引受けをした営業所等の所在地
特許権、実用新案権、意匠権、商標権、回路配置利用権、育成者権等で登録されているもの	登録機関の所在地
著作権、出版権	発行する営業所等の所在地
低額譲受により贈与又は遺贈により取得したものとみなされる金銭	そのみなされる基因となった財産の種類に応じ、この条に規定する場所
営業上又は事業上の権利	その営業所等の所在地
その他の財産	権利者であった被相続人の所在地

に対して、スペインが課税した相続税がドイツで相続人が支払うべき相続税から税額控除できないとするドイツ相続税法（Erbschaftsteuer-und Schenkungsteuergesetz, ErbStG）とEU法との抵触が争われた事件がある[19, 20]。ErbStG21条1項及び2項は、取得者の国外財産に対して、外国で支払った相続税について外国税額控除を定め、国外財産は、評価法（Bewertungsgesetz, BewG）121条でいう国内財産以外の財産とされる。ところが、スペインの銀

19　C-67/08 Block (2009), ECR I-00883.

20　Liberatore, Death as a taxable event and its international ramification, EU Report for the 2010 Rome Congress of IFA, Cahiers de droit Fiscal international, Vol. 95b, 78, 2010.

行口座は国外財産に該当せず、外国税額控除の対象ではないので、スペインで課された相続税はドイツの相続税から控除できないとされた。

このような国際的二重課税は、国内法による救済は困難であり、租税条約による調整が必要になる。日米相続税条約3条では財産の所在地についての調整規定が定められている。

負の財産である債務の所在は債務控除との関係で問題となる[21]。例えば、デンマークやドイツでは、債務控除は、当該国にある課税財産に関連した債務に限定される。フランスでは、人的関連性がない場合に、債務は、その源泉が国内財産との関連性にかかわらず、国内にある場合には、控除される。対照的に、米国は、当該国に住所もなく、国民でもない人の死亡に対して、米国財産が全世界財産に対する債務の割合の控除を認める。

20-1-4　二重課税の救済

相続税・贈与税における国際的二重課税の主な発生原因は次のとおりである。
　①(被相続人／贈与者又は相続人／受贈者の)居住地対財産の所在地の抵触
　②人的関連性ルールの抵触
　③財産の所在ルールの抵触
　④課税方式の違い

相続税・贈与税における国際的二重課税の救済方法には、国内法と租税条約による救済がある。以下ではそれぞれの救済方法をみてみよう。

(1)　国内法による救済

国内法による国際的二重課税の救済措置として、免除方式と税額控除方式を採用する国がある[22]。我が国では、国外財産について、外国によって相続税が課された場合には、我が国の相続税額を限度として当該相続税を税額控除する

21　Maisto, *op. cit.*, 41.
22　Maisto, *op. cit.*, 41.

ことが定められており（相税20条の２、贈与税については相税21条の８）、当該規定が機能する限りにおいて、相続税の国際的二重課税が調整される。

$$相続税額 \times \frac{国外財産の価額（債務控除後）}{\begin{array}{c}適用対象者が相続又は遺贈により\\取得した財産の価額（債務控除後）\end{array}}$$

　相続税又は遺産税は、税収に占める割合が少ないことから、相続税又は遺産税を廃止した国や所得税を代替的に課税する国が増えてきている。

　外国税額控除による控除可能な外国税の範囲について、相続時に課税される被相続人の財産について所得税が課税される場合に、当該外国税額控除の対象になるかどうかが問題になる。我が国では、当該控除は無制限納税義務者の国外財産に対する二重課税の排除に対して及ぶものであり、国外財産に対して第三国が課税した場合や国内財産に外国政府が相続税を課税した場合は対象とされていないとされる[23]。

(2)　租税条約による救済

　相続税の国際的二重課税に対して、租税条約を締結して調整する方法がある。相続税租税条約の締結数は、100以下と、極めて少なく、増加していない状況にあり、必ずしも広く行われているとはいえない[24]。我が国では、1954年に米国と日米相続税租税条約を唯一締結している。日米相続税条約は、米国の遺産税及び贈与税が被相続人又は贈与者基準で課税されるのに対して、日本の相続税及び贈与税は相続人又は受贈者基準で課税されるため、制度上の違いによる国際的二重課税を防止するために締結された[25]。

　OECDは、1966年に、相続税の国際的二重課税の救済として、遺産税及び相続税モデル条約草案を承認してきた[26]。当該モデル条約は、1988年には改定

23　佐藤英明「相続税と国際的二重課税」日税研論集33号（1995）275頁、武田昌輔『DHCコンメンタール相続税法』1553頁。

24　Copenhagen Economics, Study on Inheritance Taxes in EU Member States and Possible Mechanisms to resolve Problems of Double Inheritance Taxation in the EU, 2010.

25　武田税法研究グループ・前掲注７、40頁。

436

が行われ、贈与税も対象となった。OECD モデル相続税条約は、各国の相続
税条約の締結や解釈の参考にされてきたが、現状では、国内法と国際的二重課
税回避の矛盾にはうまく対処できていない[27]。なぜなら、OECD モデル相続税
条約は1982年以降改定されず、時代遅れのままであり、多くの現実問題をカバ
ーしていないからである。

図表20-4　1982年 OECD モデル相続税条約と日米相続税条約の概要

1982年 OECD モデル相続税条約	日米相続税条約
第1章　条約の範囲 　第1条　対象となる遺産、相続財産及び贈与財産 　第2条　対象税目	 第1条　対象税目
第2章　定義 　第3条　一般的定義 　第4条　課税上の住所地	 第2条　一般的定義
第3章　課税方法 　第5条　不動産 　第6条　恒久的施設又は固定的施設の動産 　第7条　その他の財産 　第8条　債務控除	 第3条　財産の所在地 第4条　制限納税義務者に対する控除の配分
第4章　二重課税排除の方法 　第9条A　免除方式 　第9条B　税額控除方式	 第5条　二重課税の排除
第5章　雑則 　第10条　無差別取扱い 　第11条　相互協議 　第12条　情報交換 　第13条　外交官 　第14条　適用地域の拡張	 第7条　相互協議の申立て 第6条　情報交換及び徴収共助 第8条　本条約の解釈
第6章　最終規定 　第15条　発効 　第16条　終了	 第9条　条約の発効及び終了

26　OECD, Draft Convention for the avoidance of Double Taxation on Estates and Inheritances (1966), Model Double Taxation Convention on Estates and Inheritances and on Gifts (1982).
27　Maisto, *op. cit.*, 45.

　以下では、OECD モデル相続税条約と日米相続税条約を比べてみよう（**図表 20-4**）。OECD モデル相続税条約第 2 条では対象税目を定めているが、local authorities の範囲が明確でなく、「税の範囲」が曖昧である。日米相続税条約では、我が国については相続税及び贈与税、米国については連邦遺産税及び連邦贈与税が対象税目とされる。OECD モデル相続税条約は「住所」の定義を定めるが、二国間で「住所」の概念が異なる場合がある。さらに、相続税を回避するために、他の国に「住所」を移転することがしばしば行われやすい。その対抗措置として、以前の居住地国が課税権を行使するために、拡張的無制限納税義務を定める国がある。例えば、ドイツ、オランダ、英国、米国、日本の住所基準と国籍基準の併用による納税義務の拡張規定は、OECD モデル相続税条約にはない。我が国の無制限納税義務の範囲の拡張については、米国との相続税租税条約でも対応できない状況にある。

　OECD モデル相続税租税条約も日米相続税条約も、財産の所在ルールを定める。OECD 条約では、国内法では認められていないにもかかわらず、財産所在地の締約国が財産価額から債務を控除するものとされる。このことは、国内法と OECD モデル相続税条約において、評価方法が異なるという明らかな抵触問題を引き起こす。

　日米相続税条約は締結以来改定されておらず、二重課税の調整は十分ではない。課税方式が異なる OECD モデル相続税条約も必ずしも参考にならず[28]、国際相続・贈与税をめぐる課題は多いといえよう。

20-2　国際消費税法—消費税法の国際的側面

20-2-1　問題の所在

　我が国の消費税法は、国境を跨ぐ取引に対抗する仕組み（国際的側面）を十

28　1980年米国モデル相続税条約では国籍条項が定められている。赤松晃「米国モデル相続税条約の示唆—遺産取得税方式の純化と国際課税の側面—」租税研究711号（2009）158頁。

分整備しているといえるであろうか。以下で分析する通り、我が消費税法は専ら国内取引に対する自己完結的な構造に重点を置いており、国境を跨ぐ取引については、母法たるEU法と比べ不十分といわざるを得ない。取引のうちでも「資産の譲渡」、つまり「財の移転」（物品の移転）が国境を越えるときには国境税調整として税関手続が機能する。我が国でも国境を跨ぐ取引については、消費税行政は大きく税関に依存している。消費税法上、納税義務者は輸出入については、税関長に申告を行い、税関長が徴収する（消税47条、50条）。物理的に税関手続が働く（EU域内では国境コントロールの廃止に伴い財の移転についても国境税調整が難しくなった。EU以外の国では従来通り）。国境を跨ぐ取引に対する消費税については、保税地域から引き取られる外国貨物に課税される（消税4条2項）。消費税の国際的側面を考えるときに、国内取引と大きく異なるのは、役務の提供についてである。国内法上は、資産譲渡と役務提供は、ほぼ同様に扱う。しかし、国境を跨ぐ役務の提供については、取り扱いが必ずしも明確とはいえず、税関手続は、有効に働かない。国際役務提供については、国内法上課税要件化は、進んでいない。そもそも我が国では、消費税が導入される前の旧物品税法は、その名称が示す通り、専ら奢侈性の高い財（物品）の移転だけを課税対象としており、サービスの提供は全く標的とされていなかった。この点が他の先進諸国の旧法と大きく異なる。その結果国境を跨ぐ役務提供については、課税の空白が生ずるおそれがある。そうなれば、国内の役務提供との間に課税（競争）の非中立性が生ずる。そもそも消費税法を新しく制定する最大の理由の一つは、資産譲渡と役務提供という二つの取引間の課税中立性を確保することにあったはずである[29]。具体的に問題となるのは非居住者が国内で芸能等の活動を行ったり、国内事業者と委託販売契約（所得課税であるが、アドビ事件、最近アマゾンをめぐり日本でPE課税されたが日米租税条約の相互協議で一定の解決をみたようである。アマゾンは、PEのネガティブ・リスト（準備的補助的活動）の濫用事例と思われるが、日本の当局の

29　森信茂樹『日本の消費税』（納税協会連合会・2000）。

PE 認定が最終的にどうなったかは全く不明である。国内救済手続のルートにのらずに直接相互協議に行くと、アマゾン[30]がとったスキームが法的にどう判断されたか曖昧のままである。）を結ぶ場合である。この場合、非居住者は国内に PE をもたず、国外に所在するので、その役務提供に課税することは双方ともに難しい。加えて非居住者については、国内事業者と異なり、小規模事業者であるか否かに拘わらず、事業者免税点制度（中小事業者に対する特例措置）が事実上適用されている（消税 9 条）。PE をもたず、実際上課税が困難であるため非居住者は、小規模事業者か否かにかかわらず、すべて免税扱い（不課税）とされ、内国事業者との課税中立性（競争中立性）が不問に付されたままである。非居住者についても、小規模事業者でない場合は、免税扱いとせず、何らかの方法で国内課税を工夫、検討すべきであろう。EU 指令によれば、非居住者による物品又は役務提供には免税は適用されない。居住者とのインバランスを考慮されたものである。中立性の視点に立てば、我が国でも EU と同様に非居住者への免税の適用は排除すべきと思われる。少なくとも小規模事業者でない非居住者に対する免税適用は制限すべきである。

補論　「アマゾン税」の問題

　アマゾンは巨大インターネット販売業者であるだけに、そのオンライン販売をめぐる州際課税及び国際課税のインパクトは、地球規模大である。アマゾンの各国、各州に所在する配送センターを租税法上どうみるかをめぐっては、我が国では日米租税条約の相互協議で扱われたため、その内容については、コンフィデンシャルなままで終わってしまったが、これは、あくまでも所得課税の話であって、消費税については、話は別である。配送センターをどう見るかは、消費税では、問題とならず、少なくとも、取引が資産の移転に関する限り、配送センターに保管される前に税関手続をクリアーしなければならず、保税地域

30　藤田耕司「支店なしの外国法人の課税―電子書店への課税事例にちなんで」ジュリスト1447号（2012）21頁。アマゾンの物流拠点「市川フルフィルメントセンター」については、朝日新聞2013年7月15日を参照。

440

から外国貨物（資産）が引き取られる際に輸入課税されているはずである。問題は、デジタル財である。これには税関手続が働かないから、所得課税も消費課税も、今のところお手上げのままであろう。

　最近のアマゾンに対する所得課税事件に先行して、アメリカでは、アマゾン対各州間で「アマゾン税」をめぐる熾烈な攻防が展開されていた[31]。この税は、州売上税である。州売上税の州際取引については、国際取引のような税関手続が働かないから、国際取引のように水際で課税する訳にはいかない。アマゾンのような州外事業者が州際取引を行った場合、合衆国憲法の州際通商条項及び適正手続条項との関連で、当該州の課税管轄については、これまでのネクサスのままでは、消極的に解さざるを得ず、そこで各州は、新しいネクサスを拡げて「アマゾン税」の立法化を競ったというのが、その実状である。課税管轄の最大の要件は、業者と州間のネクサス（結びつき）である。それまでのネクサスの要件は、「物理的所在」[32]を要求していたが、Quill判決[33]では、最高裁のスタンスを変更し、「もし州外企業が当該州の経済市場の恩恵を自ら利用しようとする場合には」物理的所在要件は不要であるとして、ネクサスの適用要件を緩和した。ニューヨーク州は、アソシエイト・プログラムに注目し、オンライン販売業者が、ウエブサイト開設者と契約し、アソシエイトのサイト上に設置された広告経由で商品を購入する消費者が現れたならば、当該アソシエイトに当該購入代金の4～15％相当額の売上税を支払うという制度を導入した。納税義務者である「販売者」に従来の要件に加えて、「居住者との間に、ウエブサイト上のリンクに基づく販売に係る歩合制の合意が存する場合」を含むものと

31　吉村政穂「アマゾン税をめぐる議論は州売上税の将来に何をもたらすのか？」論究ジュリスト4号（2013）207頁以下。E.g.Erika K. Lunder and John R.　Luckey, *'amazon' Laws and Taxation of Internet Sales: Constitutional Analysis*, CRS report for Congress, R42629 (July 26 2012) : Geoffrey E.Weyl, *Quibbling with Quill: Are States Powerless in Enforcing Sales and Use Tax-related Obligations on Out-of-State Retailers ?* 117 Penn.St.L.Rev. 253 (2012).

32　*National Bellas Hess v. Dep't of Revenue*, 386 U.S.753 (1967).

33　*Quill Corp. v. North Dekota* , 504 U.S. 298 (1992). なおQuill判決を更に発展させたGeoffrey判決については、吉田貴明「州外法人に対する課税とその限界─Geoffrey判決の意義─」法学新報123巻11・12号285頁以下をみよ。

改められた[34]。アマゾンは、この改正が Quill 基準に反するとして訴訟を提起
したが、裁判所は、この改正要件等の合憲判断を下した[35]。課税管轄を拡大す
るネクサスとして、各州が採用したものとしては、referrernexus, click-
through nexus, related-entity nexus に大別されるが、ニューヨーク州は、こ
のうち「関連企業ネクサス」を、カリフォルニア州は、「リファラ・ネクサス」
と「関連企業ネクサス」をそれぞれ新たに加えたのである。アマゾン等による
得べかりし税収減が無視できないという理由で各州の課税攻勢が始まったので
あるが、この結果、アソシエイト・プログラムの解約・廃止や配送業務の州外
移転等という副次的事象のおそれが生じたため、業者と州の間で色々の妥協的
解決が行われた。

　この一連の事象から、我々が学ぶべきことは、アメリカの州売上税という特
殊性の故に直接学ぶことは必ずしも多くないが、課税管轄の要件である nexus
の拡げ方は、興味のあるところである。機能的にみれば、ネクサスは、国際課
税における恒久的施設に相当する。「物理的所在」というネクサスでは対抗で
きないとなれば、どんどんこれを緩和し、創意工夫する弾力性は参考となる。
我が国も時たま納税義務の拡張を行うことがあるが、必ずしもその立法理由を
明示しないのに対し、アメリカの nexus については、我々外国人が納得でき
るか否かは措くとして、一応合理的と思われる理由をつけて、その課税管轄の
拡大を図る立法態度は参考になる。nexus とは、平たくいえば、課税の根拠、
正当化事由である。我々の理解では、そんな簡単な理由づけでは済まされない。
従来から、アメリカが域外課税をするとき、何らかの nexus を示してきたが、
その場合、それは万人を納得させるものであったかと問われれば、必ずしもそ
うではなかったと答えざるを得ない。国際課税において nexus の果たす役割
の重要性に鑑み、これまでの nexus の立法史の研究が必要である。

34　N.Y. Tax Law §1101(b)(8)(vi).

35　*Amazon. Com, LLC v. New York State Department of Taxation and Finance*, 2010 NY Slip Op
　07823 (N.Y. Sup. Ct. App Div. 1st Dept. Nov. 4, 2010).

20-2-2 輸出免税

　消費税では、仕向け地原則に基づき、輸出又は外国貨物の譲渡または貸付が
ある場合は、輸出免税を認めている（消税7条1項1・2号）。この場合にも問
題は、サービス輸出については、免税規定はない。但し資産貸付については、
それが役務提供にあたるか否かの議論の余地がある。役務提供の免税について
は、旅客、貨物輸送、通信、貨物輸送の用に供される船舶又は航空機の譲渡、
貸付、修理及びこれらに類するものについては、特定の国に限り免税規定の適
用がある。これらの輸出取引等の範囲のうち、サービスの範囲については、拡
大されつつある（消税令17条）。

20-2-3 輸入の消費課税

　輸入品については、保税地域から引き取られる外国貨物に限り消費課税され
る（消税4条2項）。ここでも、役務提供については、要件化されていない。仕
向け地原則をとれば、貨物の輸入であるか、サービスの輸入であるかを問わず、
輸入時に課税するのが筋であって、輸入貨物に限定するのは、課税中立性に照
らし問題である。そうした規定を欠くのは、行政上の実効性の困難に由来する
ものと思われるが、二つの取引の課税上の扱いとその実行可能性の困難とは、
切り離すべき問題である。その点については、将来の課題として、役務提供に
ついても、実行可能な要件化を考えるべきである。

20-2-4 国境を跨ぐ役務提供に有効な手段は何か

　非居住者の役務提供に対する課税が困難とすれば、これを担保する他の方法
は考えられないであろうか。第一は納税管理人、第二はリバース・チャージが
考えられる。いずれの方法も EU では積極的に活用されている。第一について
は、我が国でも納税管理人制度（税通117条）をもっと活用すべきであろうが、

あまり使われていないようである。その指定を強制する EU 指令の例を参考とすべきである。しかし、これを担保する最良の切り札は、EU のリバース・チャージ[36]の制度のようである。

　付加価値税は、EU 予算の財源を構成するものであり、域内の税制のうち、最も整備されている。その意味で EU 付加価値税は、最も共通化に近いといえる。域外の国でも付加価値税を採用する例が後を絶たず、EU のみならず、OECD も検討を始めた。OECD 加盟国30か国のうち EU 加盟国が24か国（2008年当時）を占めることに照らせば、当然といえる。EU 税制の OECD に及ぼす影響は避けられない（レードラーの tax science fiction における Pistone の見解[37]）。EU 域内のみならず域外においても付加価値税を採用する国が増えつつあるが、制度のバラツキをそのままにしておくと、国際的な二重課税や二重不課税が生ずる。特に役務提供、無体財産について顕著である。物理的に税関チェック（但し国境コントロールの廃止によりこの機能が減殺された）が働く資産譲渡と異なり、役務提供の場合はそうはいかない。

　そこで OECD における議論の流れを見てみよう。

20－2－5　原産地原則か仕向地原則か

　元来原産地原則をとるか、それとも仕向け地原則をとるかについては、決定的な決め手はないと思われる。世界の消費税は、これまでこの二つの主義が並存していた。例えば EU 域内においても欧州委員会は、欧州理事会のコミットメントを受けて、1987年に「域内貿易に関する原産地課税原則」（the principle of taxation in the country of origin）に基づく仕組みを提案している。但しこの提案は VAT 税収を消費地国に分配するクリアリング・システムの実現を前提

36　Terra Ban／Kajus Julie, Introduction to European VAT 2012 Chap.18 P.1163.

37　Pasquale Pistone, Wie sich das Europaeische Internationale Steuerrecht in den naechsten Jahrzehnten entwickeln koennte—aus der Sicht von P.Pistone in Albert Raedler, Tax Science Fiction Wie sieht unser Steuerrecht in 25 Jahren aus (2008) S.28.

とするものであった。その意味では原産地課税原則といってもこれは課税地を意味するにすぎず、税収については、最終的にはそれぞれの消費地国に帰属することが意図されたものである。消費地国での課税といえば、これは仕向け地原則を意味するが、課税地と税収の帰属地を区別すれば、EUが当初意図した原産地原則も結果的には仕向け地原則と変わらないというべきかもしれない。この原産地原則が前提としたクリアリング・システムの実現が困難であるため結果的には仕向け地原則が残ってしまった。

　その後OECDがVATとの関連で最も重点を置いたのは、課税中立性である。この視点に立てば、最も望ましいVATの課税ルールは、原産地原則でなく、仕向け地原則である。VATの前提とする取引が国境を跨ぐ場合は、従来から原産地原則と仕向け地原則という二つの選択肢がある。それが財の移転に限定すれば、国境税調整が機能する限りは原産地原則が適用される余地もあろう。しかし、無体財産、サービスの提供が国境を跨ぐ場合は、関税機能なり、国境税調整が機能せず、原産地原則にせよ、仕向け地原則にせよ五十歩百歩である。国境を跨ぐサービスの提供等においては、機能的には二つのルールは、いずれも機能麻痺に陥っているにもかかわらず、最近の世界の流れは原産地原則から仕向け地原則に転換しつつあるようである。特に我が国がその流れに沿って転換しようとしているのは何故か。それは原産地原則が消費地課税原則に背馳するからである。つまりその最大の理由は、VATを最終的に負担するのは消費者であり、そうなると消費地、消費の場所はどこかということが決め手となる。米のアマゾン社が消費者の国にPE等を置かずに（倉庫だけを借りて書籍等を保管する）国境を跨いで書籍等のサービスを提供する場合は、所得課

38　OECD, Discussion draft on proposed commentary changes on the tax treaty treatment of services（8 Dec.2006）, Carol A. Dunahoo, Multinationals Ask OECD to Withdraw Services Proposal, 45 Tax Notes International 769（26 Feb.2007）. サービスPEの課税問題については、2017年版 OECD Model Tax Convention on Income and on Capital の5条のコメンタリーのパラ132〜パラ169（p.p.154-164）で詳しく分析されている。所得課税に関するものであるが、役務提供に対する消費課税を考えるのに有益である。OECD は、その後 VAT/GST に関する包括的なガイドラインを公表した。OECD, International VAT/GST GUIDELINES, Nov. 2015　小川廣明「OECD VAT ガイドラインの課題等―本支店間取引を中心に―」税大論叢87号483頁以下。

税上の PE 課税に当たらない（サービス PE の問題）[38]のみならず、消費課税も仕向け地原則に転換しない限り課税は困難と思われる。この場合、国外のサービスの提供者に申告等のコンプライアンスを求めることは実際問題としては困難かつ負担の加重を強いることにならないか。理屈からみれば、そうした国外のサービス提供者に徴収の一部を委ねることも可能であるが、実現可能性はやや乏しい。その意味でサービス提供者の取引の相手は消費地に所在するわけであるから、サービス提供者のコンプライアンスに替えて、いわば代替的に取引の相手（通常は事業者、BtoB）に納税義務の履行を求めるリバース・チャージの制度が最も現実的な選択肢と思われる。その場合、所得課税との整合性が問われるとすれば、国外のサービス提供者は国内源泉所得に該当するとはいえず、そうなると取引相手の居住者だけが国内源泉所得の該当者ということになろう。課税中立性の視点に立てば、居住者の場合は、事業者免税点の要件が厳格に区別されているのに対し、非居住者の場合は区別せずに実際上不課税扱いのままというのは説得力を欠くといわざるを得ない。中立性の視点に立つのであれば、免税点についても非居住者に厳格に適用するのが筋であり、それとリンクしてはじめてリバース・チャージは機能するといえる。リバース・チャージには少なくとも二つのメリットがある。第一に、VAT が免除又は部分的に免除となっている事業者（特に金融機関）が輸入するサービス・無形資産にVAT を課する国に有用である。これは内外の事業者間の競争中立性を担保する。リバース・チャージがなければ、国内事業者が競争上不利となる。第二に、リバース・チャージにより輸入事業者の情報を税務当局は入手できるので、移転価格にも使える。リバース・チャージの情報収集手段に税務当局は関心がある。

20-2-6　ボーダーコントロールがない場合に仕向地原則を実現するにはどうすればよいか

　国境税調整の条件がすべて整っている場合の仕向け地原則はどうか。輸出品

446

にはゼロ税率が適用され、その前段階で負担したVATは全額還付され、一方
輸入国では水際でVATが課税され、VATを含む価額で輸入品を購入し、同
額の仕入税額控除が認められる。

　ボーダーコントロールがない場合は、我が国でも役務提供の事例と地方消費
税の1％分税収の配分方式における最終消費地基準が問題となり、参考になる。
　世界の流れは仕向け地原則である。だが原産地原則をとる国もある。これに
よれば、輸出品に課税され、輸入品には課税されない。それでは仕向け地原則
のメリットは何か。①原産地原則では、原産地の税率を反映するから、購入行
動に歪みが生ずる。②仕向け地原則であれば、輸入品も国内産品も同じ税額を
払う。③原産地原則では多国籍企業が移転価格を利用して低税率国に付加価値
を移転するおそれがあり、移転価格操作を排除する方式が望ましい[39]。

20-2-7　役務提供の場合はどうか

　仕向け地原則では国境税調整は難しい。我が国でも、水際でなく流通の第一
段階（繰り延べ支払い方式）で課税する。輸入業者の段階では仕入れ税額控除
ができず、流通段階で輸入品を含む付加価値全体に課税される。EUは
reverse-chargingをとる。これは売り手の外国事業者でなく、買い手である国
内事業者が納税義務を負担し、同時に仕入税額控除を行う。水際でなく、流通
第一段階で行う点がこの方式の特徴である。我が国で採用する繰り延べ支払い
方式とどこが違うか。繰り延べ方式では、この段階で仕入税額控除が認められ
ないので、輸入品のVAT額は明確とならず、リバース・チャージでは明確で
ある。しかし課税のタイミングは同じである。リバース・チャージの利点は、
非課税取引等のため仕入税額控除を殆ど利用できない企業に生ずる輸入バイア
スを是正できる。非課税金融サービスであるため金融機関は仕入税額控除を利
用できないから、国内企業からVATを含む国内サービスを購入するよりも

39　Crawford. L., Keen. M. and Smith. S., Value Added Tax and Excises, in IFS/MIRRLEES, J.(eds.),
　　TAX BY DESIGN: THE MIRRLEES REVIEW, (2011), 273, 277-278.

VATを含まない輸入サービスを購入する方が有利となる。金融機関はリバース・チャージでは課税売り上げ割合しか仕入税額控除を利用できないので、輸入サービスの優位性はなくなる。リバース・チャージの利点は、外国事業者による国内オフィスの賃貸に課税できる、輸入サービスに対するVATが明確になるから無形資産の取引価格を知りうる。リバース・チャージの欠点はB2Cに適用できない。EUは域内でのVAT登録を導入したが、まだ一部にとどまる。リバース・チャージの他の欠点は仕向け地の特定が困難であることである。サービスの供給場所とサービスの消費場所が乖離するときは無理である。(消費地が明確でないサービスとしてはコンサルタント、会計、法律のサービス、金融、所有権の移転、情報、データプロセス、放送、通信が考えられる)→OECDガイドラインによれば、B2Bでは、サービスの受け手のbusiness presenceとなり、B2Cでは、受け手のusual residenceとなる。

　EUは2010年B2Bについては、サービスの供給場所から受け手の活動場所へ、B2Cについては、サービスの供給者が事業を営む場所 |原産地主義| となる。

20-2-7-1　電気通信利用役務の提供・国境を越えた役務の提供に対する消費課税（平成27年・28年改正）

内外判定基準

　消費税は、原則として国内取引に課されるが、その内外判定が問題となる場合がある。資産の譲渡・貸付については、資産の所在場所により判定される（消税4条3項1号）。但し船舶・航空機・無体財産権等については、登録機関の所在地等で判定される（同号括弧内、消税令6条1項）。役務の提供については、それが行われた場所で判定される（消税4条3項2号）が、運輸・通信等国内外にわたる場合は、出発地・発送地又は到着地、差出地又は配達地で判定する（消税令6条2項）。消税令6条2項7号でいう「国内及び国内以外の地域にわたって行われる役務の提供その他の役務の提供が行われた場所が明らかでないもの」については、役務の提供にかかる事務所等の所在地で判定される（東京

448

地判平成22年10月13日訟月57巻2号549頁）。

リバースチャージ方式の導入

　従来は、国外事業者によるインターネットを介したデジタルコンテンツの配信サービスは、国内の役務提供にあたらないとされていたところ、それは国内事業者との競争上の中立性に反するのではないかが問題となった。BEPSでもその点が問われた結果、平成27年改正は、仕向け地主義に基づき、国外事業者が国内事業者や消費者に行う電気通信利用役務の提供についても、これを新たに国内取引として課税対象とされた（消税2条1項8号、4条3項3号）。更に内国法人の国外PEが国外事業者から受ける電気通信利用役務の提供について、実質的に国外で役務の提供を受けているにもかかわらず、リバースチャージ方式により、事業者向け電気通信利用役務の提供を受けた課税事業者に納税義務が生ずるとされた（消税5条1項）。

　電子書籍・音楽・広告等のデジタルコンテンツの電気通信回線を介した役務提供を「電気通信利用役務の提供」と呼び（消税2条1項8号の3）、内外判定基準を役務提供に係る事務所等の所在地から、役務提供を受ける者の住所地等とする（消税4条3項3号）。

　国外事業者が行う電気通信役務の提供のうち、当該役務の性質又は当該役務の提供に係る契約条件等により、当該役務の提供を受ける者が事業者であることが明らかなものを「事業者向け電気通信役務の提供」とし（消税2条1項8号の4）、その取引に係る消費税の納税義務を役務の提供を受ける事業者に転換する。

　資産の譲渡等から事業者向け電気通信役務の提供を除くとともに、事業として他の者から受けた事業者向け電気通信利用役務の提供（特定仕入という）を課税対象（消税4条1項）とした。

　内国法人の国外PEが国外事業者から受ける電気通信利用役務の提供のうち、国内において行う資産の譲渡等に要する、他の者から受けた事業者向け電気通

信利用役務の提供に該当するものを「特定仕入」として、国外事業者の国内Ｐ
Ｅにおいて、国外事業者から事業者向け電気通信利用役務の提供を受けた場合
には、国内において行う資産の譲渡等に要する特定仕入については国内取引と
なるため、仕入れた国外事業者がリバースチャージとして、その特定仕入につ
き、納税義務を負う（平成28年改正）。

　国内事業者の国外事業所等（所税95条4項1号又は法税69条4項1号）で受け
たもののうち、国内以外の地域において行う資産の譲渡等にのみ要する特定仕
入については、国内以外の地域で行われたものとされた。平成28年改正により、
国内以外の地域において行う資産の譲渡等にのみ必要な特定仕入については、
国外取引とされ、課税されないことになった。

　国外事業者が国内において行う芸能・スポーツ等の役務の提供について、そ
の取引に係る消費税納税義務を、役務提供を行う事業者から役務提供を受ける
事業者に転換した（消税2条1項8号の2、8号の5、4条1項、5条1項）。

20-2-8　繰り延べ方式の様な経過措置をとると Carousel Fraud[40], Missing Trader のおそれ

　輸出品はゼロ税率、輸入品には流通の第一段階まで課税繰り延べ（ボーダー
コントロールの廃止に伴い1993年導入）となる。

　取引が回転木馬のように回転するうちに missing trader の企業が納税せずに
姿を消してしまうという fraud が生ずる。

Carousel Fraud の仕組み図

　次の図は、EU の域内供給において輸入業者が姿をくらます（Missing
Trader）という Carousel Fraud の事例として、HMRC（HM Revenue &
Customs）が示しているものである。

40　Crawford. L., Keen. M. and Smith. S., *op. cit.*, 311-313. 西山由美「EU 付加価値税の現状と課題―
　　マーリーズ・レビューを踏まえて―」フィナンシャル・レビュー102号（2011）146頁以下。

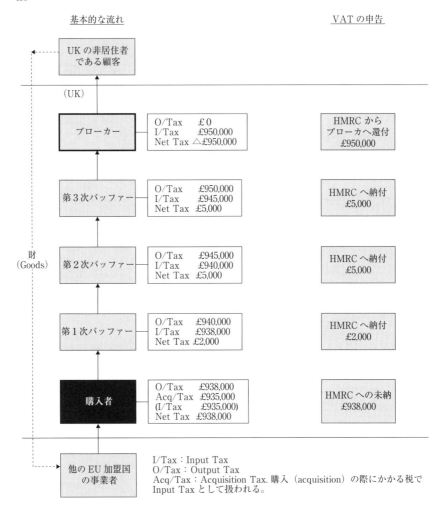

<u>基本的な流れ</u>   <u>VAT の申告</u>

（https://www.gov.uk/hmrc-internal-manuals/vat-fraud/vatf23540（2020 年 2 月 11 日閲覧）に掲載の
図を参考に筆者作成）

　　購入者（Acquirer）は、他の EU 加盟国の事業者である供給者からゼロ税率
で財を購入し、第 1 次バッファー（Buffer。取引上、緩衝として置かれる。）
への財の供給時に支払うべき VAT を支払わないで姿をくらます。その財の供

給に係る £938,000 の VAT は、未納であるが、第1次バッファーから第3次バッファーまでを通じて販売されることにより仕入税額控除の対象とされる。その後、輸出業者であるブローカーによってその財が輸出される結果、HMRC からそのブローカーへ VAT の還付が行われる。この過程は同じ財を使って何度も繰り返される。これが、Carousel Fraud のスキームである。

20-2-9　Carousel Fraud をいかに防ぐか

Pay first モデルによれば、輸入企業が納税しない限り、後の還付は認めない。VAT の納付を税務当局が確認できたときに限り還付を認める。

Reverse-charging とは納税義務が買い手に転換する。つまり納税義務の先送り、小売段階で納付することを意味する[41]。

〈参考文献〉
●国際相続税法に関する文献として、
赤松晃「米国モデル相続税条約の示唆―遺産取得税方式の純化と国際課税の側面―」租税研究711号（2009）158頁
大塚正民「相続および贈与に関する国際的課税の研究（その1から3）」『日本税法学会創立40周年記念祝賀税法学論文集』（1991）109頁、『津田顕雄先生・竹下重人先生古稀記念論文集』（1992）147頁、税法学536号（1996）17頁
奥村眞吾『グローバル化時代の相続税対策』（清文社・2013）
海外信託税務研究会『国別でわかる！海外信託による相続の税務＆法務』（第一法規・2019）
小林尚志「相続・贈与税に係る国際的二重課税―外国税額控除の在り方を中心として―」税大論叢59号（2008）715頁
小林栢弘「国際化と相続―外国人の相続に係る本国法と相続税法の用語の解釈を中心として」税研184号（2015）57頁
首藤重幸他『世界における相続税法の現状』日税研論集56号（2004）
水野忠恒「相続税・贈与税の国際的側面」税務事例研究82号（2004）74頁
松原有里「エステート・プランニング―相続・贈与税の国際課税をめぐる基本問題」金子宏編『租税法の基本問題』（有斐閣・2007）648頁

41　Terra, B., Kajus, J., A Guide to the European VAT Directives, Introduction to European VAT 2012 Chapter 18 "Obligations of Taxable Persons and Certain Non-Taxable Persons" p.p.1163.

宮本十至子「国際相続と二重課税」立命館経済学59巻6号（2011）651頁

宮脇義男「相続税・贈与税の納税義務制度に関する研究」税大論叢69号（2011）261頁

横浜国際租税法研究会「1982年 OECD モデル相続税条約」租税研究619号（2001）97頁

●国際消費税法に関する文献として、

Terra/Kajus, A Guide to the European VAT Directives; Introduction to European VAT 2012 *OECD*, Working Party No9 on Consumption Taxes "OECD International VAT/GST Guidelines" "International Trade in Services and Intangibles" (1 Feb. to 30 June 2010)

天野史子『欧州付加価値税ハンドブック』（中央経済社・2009）

水野忠恒『消費税の制度と理論』（弘文堂・1989）

森信茂樹「国境を越えるデジタル財の取引と消費税」税務弘報60巻10号（2012）33-41頁

志賀櫻「国際消費税」月刊税務事例44巻9号（2012）1-9頁

玉岡雅之「原産地主義課税再考：電子商取引を考慮に入れて」国民経済雑誌188巻3号（2003）81-95頁

西山由美「付加価値税の EU 域内協調」租税法研究26号（1998）43-59頁

沼田博幸「クロスボーダー取引と消費課税—EU 付加価値税との比較を中心として—」租税研究728号（2010）191-222頁

第21章　地方税と国際租税法

―――― 事例 ――――

(1) 日本の内国法人であるＡ自動車株式会社は、米国において子会社Ｂ社を設立し乗用車を現地生産するとともに、日本国内の工場で生産した乗用車を米国に向けＢ社を通じて輸出してきた。移転価格税制と地方税の関係が問題となった次の判例を読み検討しなさい。

東京高裁平成 8 年 3 月28日判決・訟務月報42巻12号3057頁。

(2) 日米租税条約においては地方税はどのように扱われているか？
その他の国との租税条約ではどうなっているのか？

(3) 自動車税の減免について、租税条約において定めれば、条例に規定を設けなくても減免することは可能か？

(4) 条例に基づいて賦課徴収している地方税をＢ国との条約に基づいてＢ国民について、免除することの法的問題としてどのようなことが考えられるか。

21-1　はじめに

本章では、地方税に関する国際租税法上のいくつかの問題点を指摘して、今後の課題を整理したい。そのために、まず、地方税の国際租税法上の特徴を概念的に整理（21-2）して、そののち、日本の現行制度の上に現れる問題点の指摘（21-3）を行う。

21-1-1　地方税と国際課税

国際租税法上の問題点については、主として所得課税の問題として議論されている。地方の中でも、住民税（市町村民税・府県民税）は、所得課税としての側面が強い。所得課税の問題として議論されることの多くが、住民税につい

てもあてはまる。この章では、そのような所得課税と共通する問題点ではなく、地方税であるがゆえに生じる問題点を取り上げることを考えている。

　所得税、法人税の場合とは異なる、何らかの意味で地方税特有の問題を考えるということである。

21-1-2　国際租税法における地方税

　この章では、一応日本国の地方税を念頭にした議論を行いたい。これには、2つの場面がある。ひとつは、外国税額控除を例にとると、日本の地方税額から外国所得税額又は外国法人税額（いずれも外国の地方税を含む）の税額控除を考えるという場面である。もうひとつは、相手国における納付税額の算定をするときに、日本の地方税額の控除を行うという場面である。

21-2　理論的にみた国際租税法における地方税

　ある研究[1]によれば、「国際租税法において、地方税を考えるにあたって留意点がいくつかある」として、次の3点を挙げている。

⑴　所得に課せられる租税についていえば、国税と地方税の二重課税の問題がある。

⑵　地方税は租税条約の対象になっていない場合がある。

⑶　地方税の課税方式が国税と違う場合がある。

　という3点である。

　まず、⑴について、「日本の場合は事業税は所得税・法人税の計算上控除が認められている。他方、住民税は控除が認められていない。アメリカ合衆国では、州の所得税は連邦の所得税の計算上控除が認められる。」という指摘を行っている。これは、日本の事業税と所得税・法人とは二重課税にはならない関

1　宮武敏夫『国際租税法』（有斐閣・1993）183頁以下。

係であるのに対して、住民税と所得税・法人税とは二重課税になり得る関係だということであろう。この関係が外国のこれらに対応する租税にも及ぶと考えることができれば、日本の事業税と外国の所得税・法人税とは二重課税にはならないし、日本の所得税・法人税と外国の事業税とは二重課税にならない。これに対して、日本の住民税と外国の所得税・法人税とは二重課税になり得るし、日本の所得税・法人税と外国の住民税とは二重課税になり得るということになる。このような整理に基づけば、二重課税となり得るケースを中心に考えていくことで国際租税法上の問題が解決できる方向に向かう。

つぎに、(2)について、日本が締結している租税条約について、地方税をも対象としているもの、地方税を対象から外しているものに分けて考察している。2019年1月署名のエクアドルとの条約まで[2]含めて、日本側について、地方税（主として住民税）[3]をも対象としているもの50で[4]、地方税を対象から外しているもの13である。

地方税を対象から外している条約の場合は、「地方税に対して租税条約上の課税権行使の制限に関する規定が適用されない。アメリカ合衆国におけるユニタリー・タックスの問題点も、州税が租税条約の対象となっていれば、その不当性が容易に明らかにされ得た問題である」[5]と指摘している。

なお、OECDモデル条約24条（無差別取扱い）第6項では、「この条の規定は、第2条の規定にかかわらず、すべての種類の租税に適用する」と規定されている。2004年署名の日米租税条約第24条（無差別取扱い）第6項では、「この条の規定は、第2条及び第3条1(d)の規定にかかわらず、一方の締約国又は一方の締約国の地方政府もしくは地方公共団体によって課されるすべての種類の租税に適用する」と規定されている。これらの規定の文言では、規定が主語となっているが、地方税を賦課徴収する地方政府又は地方公共団体がこの規定に従

2　『令和元年版租税条約関係法規集・Ⅱ』（納税協会連合会発行・2019）1274頁以下による。

3　ドイツとの租税条約のみ、住民税及び事業税をも対象としている。

4　50の中には、台湾との民間取決を含む。

5　宮武敏夫前掲書、184頁。

わなければならないということを意味している。

そして、(3)について、指摘されているのは2つの側面である。ひとつめは、「課税標準の算定、税率、申告又は賦課等という通常租税の算定等の方式である。この面で、地方税は、国税の課税方式に従っている場合が多く、その結果、納税手続のコストは少なくなる」[6]ことである。国際租税法上、このような地方税を国税に随伴するものと考えてよいということを意味するのだろうか。

「もう1つの側面は、地方税を他の地方政府との相互関連で1つの地方政府に関連するものに限定する方式である。地方税は、納税義務者が他の地方政府の下でも事業を行っている場合、2つの地方政府の間で課税権を分配する必要が生じる。このことは法人所得税において顕著である。」

21-3　日本の地方税について

21-3-1　住民税

住民税に関する規定の中で、非居住者又は外国法人に関するものを検討したい。

21-3-1-1　納税義務者・課税標準

住民税は、個人については、所得税法の規定するところを基礎として、法人については、法人税法の規定するところを基礎として課税されている[7]。

21-3-1-2　外国税額控除

(1)　外国税額控除に関しては、所得税と個人の住民税、法人税と法人の住民税とを一体的に処理しようとしている。所得税法95条2項では、「……控除対象外国所得税の額がその年の〔所得税の〕控除限度額と地方税控除限度額として政令で定める金額の合計額を超える場合において」過去3年前

6　宮武敏夫前掲書、184頁。

7　外国企業が日本で活動する場合に支店と子会社では地方住民税について違いが出ることがあるとの指摘がされている。増井良啓・宮崎裕子『国際租税法（第4版）』（東京大学出版会・2019）128頁。

から繰り越されてきている控除枠を使える旨の定めがある。地方税の控除限度額を使って外国所得税を税額控除しようということである。

　法人税法69条2項は、法人税について、同趣旨のことを規定している。ただし、法人税法では、法人税の控除限度額と地方税控除限度額との間に「地方法人税控除限度額」というものを挟みこんでいるという点で所得税の場合とは異なるのである。

(2)　地方税法37条の3では、所得税法95条で控除限度額を超えるとその分を道府県民税の所得割の額から控除することを認める規定をおいている。外国所得税額の一部を使って、道府県民税の所得割を減額することを認めるということである。

　法人の道府県民税について、地方税法53条24項が同趣旨の規定をおいている。

21−3−2　事業税

21−3−2−1　納税義務者・課税標準

　納税者としては、日本に所在する「事務所又は事業所」を有する外国法人となる。恒久的施設（PE）の範囲には、専ら情報収集等の補助的業務を行う駐在員事務所等は含まれないが、事業税の課税を行う場合の「事務所又は事業所」の範囲も、これと同様に考えられる。ただ租税条約で、PE について異なる定めを置いている場合には、別の結果となりうる[8]。

　地方税法72条の12第1号が定める法人の事業税の課税標準は、「イ付加価値割、ロ資本割、ハ所得割」である。このうち、資本割に関して72条の22第2項では、「外国法人の資本割の課税標準は、当該外国法人の資本金等の額から、この法律の施行地外の事業の規模等を勘案して政令で定めるところにより計算した金額を控除して得た額とする」として、国内分のみに課税しようという意

8　渡辺淑夫編集代表『国際税務の疑問点』（ぎょうせい・2011）759頁以下。

図を示している。所得割に関して72条の23第1項3号は、同趣旨の規定をおいている。これも国内源泉所得に対応する部分のみを課税しようとする意図の表れとみることができる。ただ恒久的施設に帰属する所得を課税標準計算の基礎に含めているならば、外国における課税との二重課税が生じることになるかもしれない。

【令和元年度税制改正・令和２年度税制改正大綱】

【1】 三つの基本方針

　平成29年（2017年）度税制改正大綱の補論「今後の国際課税のあり方についての基本的考え方」では、今後の国際課税のあり方を考えるに当たっては、「グローバル経済の構造変化や日本経済の位置づけ等を踏まえた基本方針を明確にした上で、整合的・戦略的に検討することが必要である」とし、次の三つの基本方針を掲げた。

　　①　健全な企業活動を支えるグローバルに公平な競争条件の確立

　　　　（BEPS プロジェクトの合意事項の着実な実施に係る国際協調の促進）

　　②　健全な海外展開を歪める誘引の除去

　　　　（経済活動や価値創造の場と税が支払われるべき場所の一致）

　　③　税に関する透明性の向上に向けた国際的な協調

　この基本方針のもと、BEPS プロジェクトの議論を踏まえ、平成29年度税制改正で、「外国子会社合算税制」の抜本的な改正が行われた。同時に、「移転価格税制」、「過大支払利子税制」、「義務的開示制度」が、中長期的に取り組むべき事項として明示された。

【2】 令和元年度税制改正

　2018年12月14日に公表された与党大綱の中では、国際課税制度の構築に当たって、引き続き上記三つの基本方針にしたがい、「電子化を含む経済実態の変化や諸外国の動向を踏まえ、日本企業の健全な海外展開を支えるとともに、国際的な租税回避や脱税に対してより効果的に対応していく」必要性が示された。

　令和元年度改正では、「過大支払利子税制」及び「移転価格税制」について、BEPS プロジェクトの合意事項等に沿って諸外国で対応が進んでいることから、日本でも、企業実態に配慮しつつ、BEPS プロジェクトを踏まえて制度の必要な見直しが行われることになった。平成29年度に抜本的に改正された「外国子会社合算税制」についても、所要の改正が行われた。以下、それらを箇条書き

にて掲示する。なお、「義務的開示制度」については、引き続き検討事項となっている。

(1) 過大支払利子税制の見直し

税源浸食リスクに応じて利子の損金算入制限を強化するため、次のような見直しを行う。詳細については、**第16章**本文参照のこと。

① 対象となる利子等の範囲が、関連者純支払利子等の額から第三者を含む対象純支払利子等の額に拡大される。

② 調整所得金額の算定上、国内外の受取配当等益金不算入額が除外される。

③ 損金算入限度額を調整所得金額の50％から20％に引き下げる。

④ 適用免除基準の見直し

　イ　デミニマス基準を関連者純支払利子等の額の1,000万円以下から対象純支払利子等の額の2,000万円以下に引き上げる。

　ロ　関連者支払利子等の額の合計額が総支払利子等の額の50％以下である場合の適用免除要件を廃止する。それに代わり、国内企業グループ（持株割合50％超）の合算純支払利子等の額が合算調整所得金額の20％以下である場合を適用免除とする。

【図1】過大支払利子税制

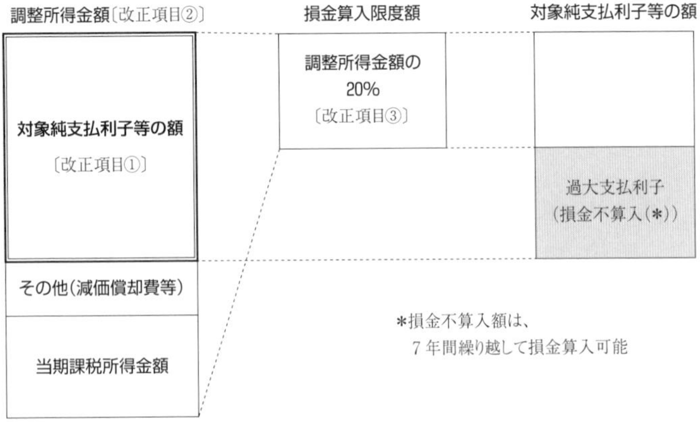

（出所：財務省『令和元年度税制改正の解説』566頁の図を参照のうえ加工し、筆者作成）

(2)　移転価格税制の見直し

　BEPS プロジェクトの勧告により改訂された OECD 移転価格ガイドライン等を踏まえて、以下の見直しをする。詳細については、**第14章**及び**第15章**本文参照のこと。

①　移転価格税制の対象となる無形資産の定義を明確化する。

②　比較対象取引が特定できない無形資産取引等に対する独立企業間価格の算定方法としてディスカウント・キャッシュ・フロー法を追加する。

③　評価困難な無形資産取引に係る価格調整措置を導入する。

④　移転価格税制に係る更正期間等を現行の６年から７年に延長する。

(3)　外国子会社合算税制の見直し

①　制度の適用を受ける内国法人の判定要件を見直す。

②　特定外国関係会社であるペーパー・カンパニーの範囲から一定の外国関係会社を除外する。

③　外国関係会社が現地で連結納税の規定及びパススルーとして取り扱われる規定を適用している場合の取扱いを明確化する。

④　保険業に関連する次の規定の見直しを行う。

　イ　ペーパー・カンパニー及び経済活動基準の判定における保険委託者特例の要件

　ロ　事実上のキャッシュ・ボックスの範囲

　ハ　非関連者基準の判定方法

　ニ　部分合算課税制度における部分適用対象金額の範囲

⑤　二重課税の調整について所要の見直しを行う。

（参考）財務省『令和元年度税制改正の解説』

【図2】外国子会社合算税制の見直し

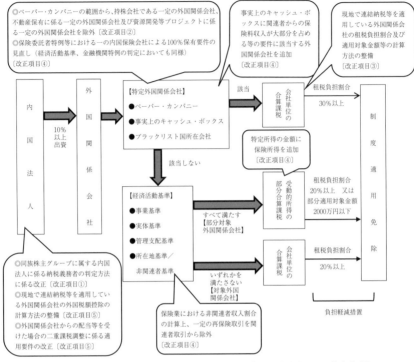

（出所：財務省『令和元年度税制改正の解説』605頁の図を参照のうえ加工し、筆者作成）

【3】 令和2年度税制改正大綱

　これまで BEPS プロジェクトの合意事項等を踏まえて所要の制度整備がされてきたが、引き続き、国際的な租税回避・脱税への対応に必要な見直しが行われる。令和2年度税制改正大綱での国際課税に関する改正項目は以下のとおりである。

(1)　子会社からの配当と子会社株式の譲渡を組み合わせた租税回避への対応

　特定関係子法人から受け取る一定の配当等の額が特定関係子法人株式等の帳簿価額の10％相当額を超える場合には、その配当等の額のうち益金不算入相当額をその株式等の帳簿価額から減額する。

(2)　非居住者に係る金融口座情報の自動的交換のための報告制度等の見直し

(3)　その他

　①外国子会社合算税制の見直し

　　イ　部分合算課税制度の対象となる受取利子等の額の範囲から一定のユーザンス金利を除外する。

　　ロ　投資法人等が合算課税の適用を受ける場合の二重課税調整に所要の措置を講じる。

　②外国税額控除における控除対象外国税額の範囲の見直し

　③過大支払利子税制における対象外支払利子等の額の範囲の見直し

　④店頭デリバティブ取引に係る証拠金の利子の非課税制度の対象範囲の整備

　⑤法人番号等の確認制度の見直し

【国際租税法を学ぶための基本文献】

青山慶二『現代税制の現状と課題―国際課税編』（新日本法規・2017）

赤松晃『国際租税原則と日本の国際租税法― 国際的事業活動と独立企業原則を中心に』（税務研究協会・2001）

赤松晃『国際課税の実務と理論―グローバル・エコノミーと租税法―（第3版)』（税務研究会・2011）

浅川雅嗣編著『コンメンタール改訂日米租税条約』（大蔵財務協会・2005）

井上康一・仲谷栄一郎『租税条約と国内税法の交錯（第2版)』（商事法務・2011）

占部裕典『国際的企業課税法の研究』（信山社・1998）

金子宏編『国際課税の理論と実務』（有斐閣・1997）

金子宏監修『現代租税法講義第4巻　国際課税』（日本評論社・2017）

川田剛・徳永匡子『2017　OECDモデル租税条約コメンタリー逐条解説（第4版)』（税務研究会・2018）

川端康之監訳『OECDモデル租税条約2010年版』（日本租税研究協会・2011）

木村弘之亮『国際税法』（成文堂・2000）

小松芳明『租税条約の研究（新版)』（有斐閣・1982）

小松芳明『国際租税法講義（増補版)』（税務経理協会・1998）

志賀櫻『詳解国際租税法の理論と実務』（民事法研究会・2011）

租税法研究10号『国際租税法の諸問題』（有斐閣・1982）・租税法研究21号『国際租税法の最近の動向』（有斐閣・1993）・租税法研究36号『国際租税法の新たな潮流』（有斐閣・2008）・租税法研究40号『国際化の中の企業課税の動向』（有斐閣・2012）・租税法研究42号『国家管轄権と国際租税法』（有斐閣・2014）

谷口勢津夫『租税条約論―租税条約の解釈及び適用と国内法―』（清文社・1999）

中里実『国際取引と課税―課税権の配分と国際的租税回避―』（有斐閣・1994）

中里実他編著『国際租税訴訟の最前線』（有斐閣・2010）

中里実・太田洋他編著『移転価格税制のフロンティア』（有斐閣・2011）

中里実・太田洋他編著『タックス・ヘイブン対策税制のフロンティア』（有斐閣・2013）

中里実・太田洋他編著『クロスボーダー取引課税のフロンティア』（有斐閣・2014）

中里実・太田洋他編著『BEPSとグローバル経済活動』（有斐閣・2017）

仲谷栄一郎他『外国企業との取引と税務（第5版)』（商事法務・2013）

藤本哲也『国際租税法』（中央経済社・2005）

藤本哲也編『設例から考える国際租税法』（中央経済社・2019）

渕圭吾『所得課税の国際的側面』（有斐閣・2016）

本庄資『国際的租税回避　基礎研究』（税務経理協会・2002）

本庄資『国境に消える税金』（税務経理協会・2004）

本庄資『国際租税法（4訂版)』（大蔵財務協会・2005）

本庄資編著『国際課税の理論と実務　73の重要課題』（大蔵財務協会・2011）

増井良啓・宮崎裕子『国際租税法［第4版］』（東京大学出版会・2019）

水野忠恒『国際課税の制度と理論—国際租税法の基礎的考察—』（有斐閣・2000）

水野忠恒編著『国際課税の理論と課題（二訂版)』（税務経理協会・2005）

水野忠恒監訳『OECD モデル租税条約2017年版（所得と財産に対するモデル租税条約）簡略版』（日本租税研究協会・2019）

宮武敏夫『国際租税法』（有斐閣・1993）

村井正編『国際租税法の研究』（法研出版・1990）

村井正編『国際シンポジウム　国際租税秩序の構築』（関西大学法学研究所・1995）

村井正・岩田一政『EU 通貨統合と税制・資本市場への影響』（日本租税研究協会・2000）

村井正編著『教材国際租税法　新版』（慈学社・2006）

矢内一好『詳解日米租税条約』（中央経済社・2004）

矢内一好『改正租税条約のすべて』（財経詳報社・2013）

矢内一好『解説 BEPS 防止措置実施条約』（財経詳報社・2018）

『OECD 移転価格ガイドライン　2017年版』（日本租税研究協会・2018）

日税研論集73号『「税源浸食と利益移転（BEPS)」対策税制』（日本税務研究センター・2018）

【国際課税に関する Web のアクセスの仕方】

　下記の Web サイト以外に、大学図書館のデータベースも有効である。

　リンク先は2019年12月31日現在のものである。変更されている場合は、タイトルなどで再検索をかけてみよう。

(1)　法令

　電子政府の総合窓口（e-Gov）の法令データ提供システムでは、法令（法律・政令・省令）を検索することができる。

　（https://elaws.e-gov.go.jp/search/elawsSearch/elaws_search/lsg0100/）

(2)　通達・質疑応答事例

　国税庁のホームページの「法令等」では、法令解釈通達、その他法令解釈に関する情報、事務運営指針、国税庁告示、文書回答事例、質疑応答事例を調べることができる。

　（http://www.nta.go.jp/law/shitsugi/01.htm）

(3)　租税条約

　納税協会連合会編『租税条約関係法規集』（清文社）が毎年出版されている。わが国が締結した租税条約（協定）のすべて、OECD 条約モデル・国連条約モデルが収録されているので、一覧に便利である。購入すると Web 版の閲覧が可能になる。

　財務省ホームページの税制サイト「国際課税」の「租税条約に関する資料」の箇所に、租税条約交渉の現状とともに租税条約・交換公文が公開されており、租税条約に関するプレスリリースが掲載されている（http://www.mof.go.jp/tax_policy/summary/international/）。また、外務省の「条約データ検索」（http://www3.mofa.go.jp/mofaj/gaiko/treaty/index.php）では過去の租税条約も含めて検索ができる。

(4)　税制改正

　財務省ホームページの税制サイト「毎年度の税制改正」では、税制をめぐる最近の動きや税制改正の概要が掲載されている。「税制改正の概要」では、大

蔵財務協会編『改正税法のすべて』と同じ内容のものが掲載されている。

　（過去3年度分は、http://www.mof.go.jp/tax_policy/tax_reform/index.html、それ以前のものについては国立国会図書館サイトで検索可（http://warp.da.ndl.go.jp/info:ndljp/pid/10404234/www.mof.go.jp/tax_policy/tax_reform/outline/index.html））

　税制調査会は、内閣総理大臣の諮問に応じて租税制度に関する基本的事項を調査審議し、その諮問に関する事項について内閣総理大臣に意見を述べることを目的として、内閣府に設置された合議制の機関である。内閣府ホームページの「税制調査会」では、その審議経過を過去のものも含めて調べることができる。

　（https://www.cao.go.jp/zei-cho/）

　日本租税研究協会のホームページの「税制調査会答申集」では、昭和24年以降の答申について有用な情報を入手できる。

　（https://www.soken.or.jp/toushinshu/）

(5)　裁判例

　裁判所のホームページの「裁判例情報」では、裁判所の判決を調べることができる。すべての判決が掲載されているわけではない。

　（http://www.courts.go.jp/search/jhsp0010?action_id=first&hanreiSrchKbn=01）

(6)　裁決例

　国税不服審判所のホームページの「公表裁決事例等の紹介」では、公表された裁決事例・要旨を紹介している。

　（http://www.kfs.go.jp/service/index.html）

　そのほか、海外のWebサイトで国際課税に関係する有用なものを以下に掲げる。

● OECD

　・OECD, Centre for Tax Policy and Administration

　　（http://www.oecd.org/ctp/）

・OECD iLibrary

（http://www.oecd-ilibrary.org/）

　　OECD の出版物を検索し、出版物のダウンロードもできる。なお、OECD 東京センター閲覧室（東京都千代田区）では、現物の閲覧もできる。

● EU

European Commission, Taxation and Customs Union

（http://ec.europa.eu/taxation_customs/index_en.htm）

●欧州裁判所

Court of Justice of the European Union

（http://curia.europa.eu/）

●アメリカ財務省・内国歳入庁

・Resources for Tax Professionals

（https://www.irs.gov/tax-professionals/resources-for-tax-professionals）

　　IRC の条文、Regulation などが検索できる。

・U.S. Department of the Treasury, Resource Center, Tax Policy

（https://home.treasury.gov/policy-issues/tax-policy）

アメリカが締結している租税条約などを調べることができる。

●英国歳入関税庁

HM Revenue & Customs（HMRC）

（http://www.hmrc.gov.uk/）

●ケルン大学租税法研究所

Universität zu Köln, Institut für Steuerrecht

（http://www.steuerrecht.uni-koeln.de/）

　　ドイツ租税法に関する情報（例えば、裁判所（ECJ、BVerG、BGH、BFH、FG）、連邦財務省及びドイツ国内の大学租税法講座（税務会計を含む）にアクセスできる。

●各国の財務省、大蔵省のホームページは参考になる。

索　引

470

判例索引

にゅうもんこくさい そ ぜいほう

入門国際租税法　改訂版

2020年 4 月10日　発行

編著者　　村井　正　©
　　　　　むらい　ただし

発行者　　小泉　定裕

発行所　　株式会社 清文社

東京都千代田区内神田 1 - 6 - 6 （MIFビル）
〒101-0047　電話03（6273）7946　FAX03（3518）0299
大阪市北区天神橋 2 丁目北 2 - 6 （大和南森町ビル）
〒530-0041　電話06（6135）4050　FAX06（6135）4059
URL http://www.skattsei.co.jp/

印刷：大村印刷㈱

ISBN978-4-433-73870-9